주역철학

김창식 지음

한학대학원 · 청어

주역철학(개정증보판)

김창식 지음

발행처 · 도서출판 **청어**
발행인 · 이영철
영 업 · 이동호
홍 보 · 이수빈
기 획 · 천성래 ㅣ 이용희
편 집 · 방세화
디자인 · 김바라 ㅣ 서경아
제작부장 · 공병한
인 쇄 · 두리터

등 록 · 1999년 5월 3일
(제321-3210002510019990000063호)

1판 1쇄 발행 · 2016년 5월 30일
1판 2쇄 발행 · 2017년 11월 10일

주소 · 서울특별시 서초구 효령로55길 45-8
대표전화 · 02) 586-0477
팩시밀리 · 02) 586-0478
홈페이지 · www.chungeobook.com
E-mail · ppi20@hanmail.net
ISBN · 979-11-5860-413-4(13150)

이 책의 저작권은 저자와 도서출판 청어에 있습니다.
무단 전재 및 복제를 금합니다.

이 도서의 국립중앙도서관 출판시도서목록(CIP)은 서지정보유통지원시스템 홈페이지
(http://seoji.nl.go.kr)와 국가자료공동목록시스템(http://www.nl.go.kr/kolisnet)에서 이용하
실 수 있습니다.(CIP제어번호: CIP2016008869)

*이 책은 2012년에 출간된 『주역철학』의 개정증보판입니다.

주역철학

차례

머리말 · · · · · · · · · · · · · · · · · · 19
알아둘 기본 사항 · · · · · · · · · · · · · 28
입문 · · · · · · · · · · · · · · · · · · · 34

1. 중천건(重天乾) – 천시(天時)와 섭리 · · · · · · · · 44
- 모든 것에는 때가 있다 / · 더 익혀라
- 세상에 나아가다 / · 노력하라
- 도전하라 / · 때를 만나다
- 욕망 / · 나의 인생

2. 중지곤(重地坤) – 상생(相生)의 철학 · · · · · · · · 62
- 이치에 순종하라, 노력하면 얻으리, 서로 도우라, 죽음의 연습
- 산다는 것 / · 인생은 연습이 없는 것
- 곤(坤)의 도(道) / · 독점하지 마라
- 사방이 땅이다 / · 신들의 전쟁 / · 인류 문명

3. 수뢰둔(水雷屯) – 사춘기의 첫사랑 · · · · · · · · 79
- 첫사랑의 본질 / · 아파도 방황하지 마라
- 첫사랑의 종말 / · 첫사랑의 독(毒)
- 첫사랑의 성공 / · 욕정
- 소년이여, 이상을 품어라

4. 산수몽(山水蒙) - 교육과 미래학 • • • • • • • 93
- 공부의 때, 공부의 본질, 공부의 자세
- 출세의 공부 / · 가정교육
- 공부와 여자 / · 공부가 만능은 아니다
- 배움은 끝이 없다 / · 공동체 교육

5. 수천수(水天需) - 기다림의 도(道) • • • • • • 109
- 기다림 / · 적극적으로 기다려라
- 순결한 기다림 / · 급하다고?
- 인내하라 / · 멋진 기다림
- 귀인이 오다

6. 천수송(天水訟) - 정치인의 도(道) • • • • • 122
- 정치인의 도(道) / · 청렴하라
- 정치판을 떠나라 / · 정치세습
- 국민이 다시 부르면 / · 정치인은 타고난다
- 권불십년(權不十年)

7. 지수사(地水師) - 전쟁과 군인 • • • • • • • 134
- 전쟁은 멸망이다 / · 군율은 지엄하다
- 외교로 이겨라 / · 전장에서의 사고
- 전술은 장수의 몫이다 / · 전공의 포상
- 누가 충신이가

8. 수지비(水地比) - 경쟁의 도(道) • • • • • • • 147
- 경쟁 / · 끝없는 경쟁
- 자신을 이겨라 / · 결과에 초연하라
- 당당하라 / · 상대를 배려하라
- 경쟁의 지도자

9. 풍천소축(風天小畜) - 가정 행복의 지혜 • • • • • • • 158

- 가정의 행복 / · 스스로 돌아오다
- 핑계를 찾아라 / · 가정의 근본은 부부다
- 부부일심만사성(夫婦一心萬事成)
- 나눔의 행복 / · 분수

10. 천택리(天澤履) - 직언과 2인자의 도(道), 언론의 역할 • • 170

- 직언의 도(道) / · 순결한 직언
- 자신을 죽여라 / · 언론직필(言論直筆)
- 두려워하라 / · 통쾌한 직언
- 리도(履道)

11. 지천태(地天泰) - 태평을 누리는 법 • • • • • • • • • 182

- 큰 것이 오게 하라 / · 태평은 준비하는 자의 몫이다
- 동지와 나누라 / · 내 인생은 나의 것
- 믿음이 태평이다 / · 국운이 우선이다
- 불행은 순식간에

12. 천지비(天地否) - 막힌 운을 뚫는 지혜 • • • • • • • 194

- 군자여 도전하라 / · 막히면 공부하라
- 운명에 도전하라 / · 떨쳐 일어나라
- 명을 받으라 / · 여기서 죽을 순 없다
- 영광을 구하는가?

13. 천화동인(天火同人) - 정치의 본질 • • • • • • • • 206

- 정치로 가는 길 / · 정치는 소통이다
- 파당정치의 해(害) / · 상대를 인정하라
- 정적(政敵)도 국가의 자원이다
- 정치는 협상이다 / · 물러난 정치인

14. 화천대유(火天大有) - 재벌(財閥)의 성장전략 · · · · · · · 218
- 재벌은 하늘이 낸다 / · 인간경영
- 자격을 갖춰라 / · 재벌은 왕(王)격이다
- 겸손과 소박 / · 절대자의 신뢰
- 하늘이 돕는다

15. 지산겸(地山謙) - 겸양의 도(道) · · · · · · · · · · 229
- 겸양은 군자의 덕 / · 겸손하고 겸손하라
- 식자(識者)의 겸손 / · 겸손을 향한 노력
- 튀어나온 겸손 / · 나누지 않으면 빼앗긴다
- 국제사회의 겸양

16. 뢰지예(雷地豫) - 계획과 실천 · · · · · · · · 241
- 계획은 행동과 미래를 지배한다
- 누설하지 마라 / · 계획 속에서 살아라
- 실현 가능한 계획 / · 믿음으로 수행하라
- 목표를 달성해라 / · 행운은 한 번뿐

17. 택뢰수(澤雷隨) - 직장인의 처세 · · · · · · · · 253
- 따르는 자의 도(道) / · 어려우면 더
- 난세의 처신 / · 대인은 누구인가
- 직장인의 도(道) / · 아름다운 믿음
- 잘못했으면 반성하라

18. 산풍고(山風蠱) - 졸부의 뒤안길 · · · · · · · · 265
- 베풀어라 / · 웃음을 사라
- 욕망의 여인 / · 독벌레
- 구두쇠 / · 명예를 찾아
- 고상함을 추구하라

19. 지택림(地澤臨) – 치자(治者)의 리더십 · · · · · · · · · 276

- 다스림 / · 통하는 다스림
- 사랑의 다스림 / · 속임의 다스림
- 지극한 다스림 / · 전문분야의 다스림
- 돈(敦)의 정신

20. 풍지관(風地觀) – 자신을 찾는 지혜 · · · · · · · · · 288

- 이치를 본다 / · 보는 기준
- 인생을 시기하지 마라
- 자신을 알라 / · 세상을 본다
- 너부터 알아라 / · 남을 본다는 것

21. 화뢰서합(火雷噬嗑) – 사법(司法)을 행하는 도(道) · · · · 300

- 사법활동의 근간 / · 범인을 놓치지 마라
- 어려운 수사 / · 압력이 거세도
- 목을 걸고 싸워라 / · 왕의 부정(不正)
- 정상참작

22. 산화비(山火賁) – 멋과 아름다움 · · · · · · · · 311

- 아름다운 외모 / · 여인의 꾸밈
- 군자의 치장 / · 아름다움의 꽃
- 바람둥이 난봉꾼 / · 허례허식을 경계함
- 자연미

23. 산지박(山地剝) – 절망을 넘어 · · · · · · · · 321

- 절망 / · 상(牀)을 잃었다
- 대화가 깨졌다 / · 깎아내라
- 피와 목숨 / · 평등이라는 이름으로
- 태풍

24. 지뢰복(地雷復) – 새로운 세상과 민주 · · · · · · · · 333
- 민주주의 구현 / · 다수결의 원칙
- 장기정책의 수립 / · 단기정책
- 의기의 투쟁 / · 덕을 품고
- 지도자의 신념

25. 천뢰무망(天雷无妄) – 무위(無爲)세계의 허실 · · · · · 345
- 자연을 동경하는가? / · 아! 무망의 삶
- 먹고 입는 것에 초연하라 / · 재물은 불행의 씨앗
- 수행의 끝은 죽음이다 / · 무망의 병
- 수행자의 목적

26. 산천대축(山天大畜) – 야망과 성공 · · · · · · · · · · 355
- 야망과 인생 / · 자신을 버려라
- 계획이 반이다 / · 비탈을 넘어
- 대축으로 가는 안전장치
- 불깐 돼지 / · 하늘의 길

27. 산뢰이(山雷頤) – 속세에서 닦는 도(道) · · · · · · · 367
- 속세의 도사 / · 내 얼굴을 보라
- 욕심으로 정치하지 마라
- 십 년 공부 말짱 도루묵 / · 순수한 욕망
- 함부로 모험 마라 / · 어렵지만 보람 있는 일

28. 택풍대과(澤風大過) – 능력에 넘치는 직분 · · · · · · 379
- 동량 / · 검소하고 겸손하라
- 스쳐가는 과오 / · 근본이 되는 품성
- 빌지언정 굽지는 마라 / · 흥분되는 인생
- 무리한 모험

29. 중수감(重水坎) – 함정에서 빠져나오는 법 · · · · · · 391
- 구덩이 속에서 / · 갇히다
- 할 수 있다 / · 졸지 마라
- 진정성과 정성
- 처세의 원칙 / · 범죄인

30. 중화리(重火離) – 열기 속의 혼란 · · · · · · 403
- 열기가 넘칠 때 / · 혼란 속의 질서
- 열기의 대처 / · 잔불을 조심하라
- 방심의 결과 / · 근신하라
- 포용의 군주

31. 택산함(澤山咸) – 참사랑의 실체 · · · · · · 413
- 사랑의 원천 / · 가장 위대한 가치
- 종아리 사랑 / · 사랑의 홍역
- 아름다운 결합 / · 사랑의 열매는 희생과 봉사다
- 끝없는 사랑

32. 뢰풍항(雷風恒) – 변화와 불변 · · · · · · 424
- 인간의 항구성 / · 이상한 것에 빠진 가장(家長)
- 후회 없는 삶 / · 마음이 뻗치는 곳
- 소출이 없다 / · 주부와 항덕(恒德)
- 나서지 마라

33. 천산둔(天山遯) – 물러남의 지혜 · · · · · · 434
- 사라짐의 때 / · 쫓겨남
- 때가 되면 물러나라 / · 동반 사퇴
- 좋은 시기 / · 아름다운 물러남
- 은퇴하고 나서

34. 뢰천대장(雷天大壯) – 힘을 쓰는 요령 · · · · · · · 445
- 큰 힘 / · 원초적인 힘
- 힘을 쓰는 시기 / · 대장의 망에 걸린 민초
- 남을 위한 힘 / · 힘을 복지에 쓰라
- 민초여 힘내세요!

35. 화지진(火地晉) – 권력의 본질 · · · · · · · · 457
- 무소불위(無所不爲) / · 덕으로 가는 길
- 그래도 덕이다 / · 백성이 찾는 자
- 간신배 / · 덕자(德者)의 순정
- 이웃을 치는 소인(小人)

36. 지화명이(地火明夷) – 캄캄할 때의 처세 · · · · · 468
- 암흑에 갇히다 / · 실패하고 다친다
- 쓰러지면 도움 받고 후퇴하라
- 돈이 생기면 들어갈 곳이 기다린다
- 적을 알고 나를 안다 / · 기자(箕子)를 보라
- 어리석은 자

37. 풍화가인(風火家人) – 자녀교육과 가정경제 · · · · · · 481
- 가정의 주인 / · 주부의 첫째 사명
- 주부의 두 번째 사명 / · 주부의 세 번째 사명
- 주부의 부가 옵션 / · 여인의 꿈
- 마지막 교훈

38. 화택규(火澤睽) – 배신과 자아발견 · · · · · · · 492
- 나의 배신 / · 나를 찾았다
- 배반과 조치 / · 천벌
- 배신의 외로움 / · 후회 말라
- 광명의 세계로

39. 수산건(水山蹇) - 고난 극복의 지혜 • • • • • • • 506
- 친구에게 답이 있다 / · 어려움을 이기는 첫째 조건
- 고난의 국운 / · 반대를 위한 반대
- 엎친 데 덮친다 / · 친구야!
- 영웅과 왕

40. 뢰수해(雷水解) - 운이 풀릴 때의 처세술 • • • • • 516
- 희망의 시대 / · 고난이 물러감
- 돈이 되는 새 정보 / · 도적은 근처에 있다
- 목표가 세워졌다 / · 성공한 사람
- 마지막 걸림돌

41. 산택손(山澤損) - 수익을 내는 투자법 • • • • • • • 527
- 투자 / · 투자의 시작
- 막장을 타지 마라 / · 운이 각각이다
- 위험 감지 / · 자문을 구하라
- 사람에게 투자하라

42. 풍뢰익(風雷益) - 지속적인 이윤추구 • • • • • • • 540
- 이익의 근본 / · 기업과 시운(時運)
- 무리해도 통한다 / · 위험한 일에 이익이 크다
- 경제와 정치의 결합 / · 믿음을 주고받는 것
- 쇠운(衰運)의 처방

43. 택천쾌(澤天夬) - 민초의 항쟁 • • • • • • • 551
- 항쟁의 기본 / · 분노와 오기의 투쟁
- 투사여! 두려워 말라 / · 열 받으면 끝까지 가라
- 투쟁의 지도자 / · 폭력은 금물
- 투쟁으로 얻어라

44. 천풍구(天風姤) – 만남과 결혼 · · · · · · · 562
- 음양의 결합 / · 여성의 길
- 먹는 것도 음양의 조화 / · 사랑은 가난도 이긴다
- 먹고살 수 없으면 / · 결혼의 조건
- 문화적 차이

45. 택지췌(澤地萃) – 집단화의 지혜 · · · · · · 573
- 모으기의 기본 / · 사람 모으기
- 정성으로 다가가라 / · 인기인의 걱정
- 구름 떼 / · 기업의 질서
- 반성하는 조직

46. 지풍승(地風升) – 성장과 발전 · · · · · · · 584
- 성장의 기운 / · 함께하는 성장
- 성장의 접근법 / · 방황 속의 성장
- 성장의 조건 / · 정상에 서다
- 성장의 기운이 없으면

47. 택수곤(澤水困) – 괴로움에서의 탈출 · · · · · 594
- 곤란한 운 / · 앉은 자리의 괴로움
- 가난의 괴로움 / · 떠돌이의 괴로움
- 부자의 괴로움 / · 명예 상실의 괴로움
- 겹친 괴로움

48. 수풍정(水風井) – 민심의 우물, 복지정책 · · · · · 605
- 우물 공동체 / · 망가진 우물
- 우물의 독 / · 청소를 마친 우물
- 드러내 알려라 / · 좋은 우물
- 믿음의 행복

49. 택화혁(澤火革) – 개혁과 혁명 • • • • • 616
- 개혁의 의미 / · 개혁의 첫 단계
- 개혁의 조건 / · 개혁의 과정
- 혁명의 길 / · 혁자(革者)의 자질
- 혁(革)은 혁(革)을 부르고

50. 화풍정(火風鼎) – 조화와 분배 • • • • • 626
- 분배의 원칙 / · 새 일의 시작
- 과실의 분배 / · 통치자의 전단(專斷)
- 민심의 이반 / · 공정분배의 실현
- 최고의 분배

51. 중뢰진(重雷震) – 자연의 공포 • • • • • 637
- 재해 대처요령 / · 삼가라
- 재해 대응 수칙 / · 방심 말라
- 세상사 진흙탕 / · 또 올 것임을 기억하라
- 재해는 다른 재앙을 부르고

52. 중산간(重山艮) – 욕망을 멈추는 도(道) • • • • • 648
- 완숙한 멈춤 / · 검토단계에서 멈춤
- 진행 중에 멈춤 / · 위태한 멈춤
- 몸통의 멈춤 / · 말의 절제
- 아름다운 멈춤

53. 풍산점(風山漸) – 결혼과 여자의 일생 • • • • • 658
- 시집가다 / · 가난한 남자와 결혼
- 좋은 집안에 시집감 / · 위험한 결혼
- 자수성가 / · 여인의 본분
- 모범 여성

54. 뢰택귀매(雷澤歸妹) – 정략결혼의 허실 · · · · · · 669
- 매부(妹夫) 덕에 출세 / · 정략결혼의 전형
- 아끼다가 처녀귀신 / · 위험한 결과
- 늦은 인연 / · 선택의 정략
- 사기 결혼의 종말

55. 뢰화풍(雷火豊) – 풍요의 길 · · · · · · · · · 680
- 참 풍요 / · 이상적인 풍요
- 가려진 풍요 / · 고지가 보인다
- 기도하라 / · 풍요의 잔치
- 풍요 속의 극빈

56. 화산려(火山旅) – 여행과 방랑 · · · · · · · · 692
- 인생이라는 여행 / · 구차한 여행길
- 여행의 조건 / · 인생의 여로
- 인생의 변수 / · 인생의 이정표
- 집을 팔면

57. 중풍손(重風巽) – 겸손의 도(道) · · · · · · · 704
- 지극한 겸손 / · 무인(武人)의 겸손
- 진정한 겸손 / · 찡그린 공손
- 겸손의 완성 / · 겸손의 장점
- 지나친 겸손

58. 중택태(重澤兌) – 쾌락의 근본 · · · · · · · · 715
- 기쁨 / · 본능의 기쁨
- 후회 없는 기쁨 / · 경계할 기쁨
- 쾌락의 매매 / · 일그러진 기쁨
- 기쁨의 제조자

59. 풍수환(風水渙) - 분열을 넘는 지혜 • • • • • • • 724
- 분열의 대응 / · 구원의 조건
- 피난처 / · 혼란과 싸운 투사
- 혼란의 뿌리 / · 왕의 임무
- 피에서 멀어져라

60. 수택절(水澤節) - 시대의 매듭 • • • • • • • 734
- 고통스러운 맺음 / · 물러난 군자
- 때가 되어도 나오지 않음 / · 늦은 맺음
- 즐거운 맺음 / · 기다리던 맺음 / · 버릴 것은 과감히

61. 풍택중부(風澤中孚) - 믿음의 정체 • • • • • • • 743
- 믿음의 힘 / · 믿음과 사심(私心)
- 믿음의 실체 / · 친구의 배신
- 동업자의 배신 / · 믿음의 인연 / · 과신(過信)

62. 뢰산소과(雷山小過) - 과장의 멋 • • • • • • • 754
- 절제하라 / · 나는 새(飛鳥)
- 음(陰)의 기운 / · 과장(誇張)
- 절제와 매듭 / · 능력 밖의 욕심 / · 재앙

63. 수화기제(水火旣濟) - 가진 자의 여유 • • • • • • • 765
- 젊은 날의 좋은 기운 / · 첫 번째 적응훈련
- 약간의 훼손 / · 큰일의 도모 / · 기제(旣濟)의 삶
- 상생의 삶 / · 정신을 잃다

64. 화수미제(火水未濟) – 모험과 투쟁 • • • • • • • 776
· 끝없는 도전의 시작 / · 부끄러운 달성
· 아름다운 도전 / · 자신의 일을 찾아라
· 참전의 모험 / · 목표는 군자(君子) / · 믿음

맺음말 • • • • • • • • • • • • • • • • 784

머리말

주역(周易) 강의 배경

5,000년의 역사를 자랑하고 문자시대 이래로 가장 위대한 학문인 주역(周易)과 성명학(姓名學)을 공부한 지 30여 년이 흘렀습니다.

주역 강의를 시작하여 3년여가 지나는 동안 주역을 묵상하면서 흥분과 두려움이 교차한 것은, 아직 깨달음이 미미한 까닭이라 생각합니다.

우리 민족은 주역사상의 기초 속에서 단군 이전의 환인시대로부터 고조선, 삼국시대와 고려, 조선의 유구한 역사를 이어왔습니다. 그러나 일제 이후부터 음(陰)의 사회에서 창궐한 마구잡이식 물질문명이 밀려와 우리의 고유사상은 황폐해졌습니다.

다행스러운 것은 음의 세계에서 전이된 물질문명을 우리가 받아들여 양의 기운으로 변환하고, 우리의 전통사상을 담아 새롭게 각색하고 보완하여 세계시장에 진출하고 있다는 것입니다.

현대사회에서 세계를 지배하는 과학문명은 컴퓨터라고 말할 수 있습니다. 컴퓨터야말로 음과 양의 태극사상을 바탕으로 하는 문명의 극치입니다. 2진법의 완성품이라고 할 수 있는 것이죠.

우리는 이 강의에서 역사적으로나 내용적으로나 만학(萬學)의 제왕이라는 최고의 학문을 만나게 될 것입니다. 옛말에는 3대를 적선해야 주역을 공부할 수 있다고 했습니다. 그만큼 귀하고 어렵다는 말입니다.

우리는 열정을 다해서 주역과 우리 몸속에 흐르는 양(陽)의 기운을 음미하고 굳건한 기상을 배우고 익힐 것입니다.

이 책에서 선보이는 각 괘(卦)의 효(爻)마다 붙여진 시(詩)는 필자가 주역을 묵상하면서 얻어진 열매라고 말할 수 있습니다. 아울러 수많은 주역의 저서 중에서 한글세대의 독자가 읽고 이해할 수 있는 현대시를 붙여 넣은 것은 최초의 시도이기도 합니다. 독자들을 묵상으로 끌어들일 수 있는 촉매의 역할을 하리라 기대해봅니다.

주역의 묵상

주역을 읽고 묵상하기를 반복하면서 깨달은 것이 있습니다. 주역은 단순히 읽고 마는 책이 아니라는 것입니다. 말 그대로 '경전(經典)' 입니다. 주역 원문 경전부분의 한자는 총 4,148자로 되어 있습니다. 각 괘마다 적게는 30자에서 많게는 95자까지 구성되어 있는데, 어려운 한자는 5~10% 정도이고 나머지는 흔히 쓰이는 한자로 구성되어 있습니다.

그러나 주역이 묵상을 요할 정도로 어렵다고 하는 이유는 표현이 압축되어 있다는 점, 생략이 과감하다는 점, 비유가 포괄적이라는 점, 시대적 환경의 이해가 필요하다는 점 때문입니다. 그래도 잘 들여다보면서 압축을 풀고, 생략된 부분을 가미하고, 포괄적인 비유를 삶의 일상으로 끌어들이고, 당시의 환경을 현대화시키는 작업이 곧 묵상이라고 말할 수 있습니다.

주역을 알고 싶은 모든 독자가 원본을 들고 헤쳐 나가기란 결코 쉬운 일이 아닙니다. 그래서 '주역은 난해하다' 라고 이구동성으로 혀를 내두르는 것입니다.

하지만 주역은 엄청난 매력을 지니고 있습니다. 묵상에 맛을 들이면 묘한 희열에 빠져드는 것입니다. 지혜가 꿈틀거리고, 기가 충전되며, 자부심이 생기고, 상상의 곳간이 열려 삶의 활력이 용솟음치는 것입니다.

독자들은 이 책을 통하여 주역을 새롭게 만날 수 있을 것입니다. 필자가 묵상하는 묵상의 방에서 묵상의 대열에 참여하여 함께 숨을 고르면서 지혜와 희열을 얻어 갈 것입니다. 주역이 이런 것이로구나, 주역이 점서가 아니라 인문학이구나, 철학이란 이런 거구나, 지혜는 여기에 다 숨어 있었구나, 이게 왜 지금에야 나타난 거지? 하는 흥분의 감흥으로 책을 손에서 놓지 못할 것입니다. 평생 동안 말입니다.

주역을 묵상하다 보면 자기도 모르는 사이에 어른이 되어 있음을 느낍니다. 나의 인생이 보이기 시작하고, 모든 인간의 삶과 세상이 보인다는 말입니다. 어떤 상황에서도 어른스럽게 행동하고, 어른으로서 조언하고 있는 자신의 모습을 발견하게 됩니다. 그것이 묵상의 힘입니다.

묵상의 주제는 인간의 본성, 인간의 사회성, 자연과 인간, 자신의 인생으로 압축하여 생각할 수 있습니다.

종합학문인 주역

주역은 전 세계적으로 연구되는 학문입니다. 특히 서양에서의 연구는 괄목할 만합니다. 미국에서만도 3,000여 편에 이르는 주역에 관한 저술과 논문이 나와 있습니다. 그 많은 저술의 대부분이 주역의 과학적 해석의 부분이라는 것입니다. 놀라운 일입니다. 주역 속의 수학, 천문학 등 과학적인 요소들을 집중적으로 연구한 결과입니다.

그도 그럴 것이, 공자까지만 거슬러 올라가도 2,500년 전의 일인데 방정식, 마방진이 들어 있고, 28숙(宿) 별자리 운행을 중심으로 천체와 절기, 시간의 개념을 정립한 명실 공히 종합과학서인 것입니다.

거기에 인간의 삶을 가미하여, 인간을 우주의 구성원으로서 자리매김 시킨 인문학이라고도 할 수 있습니다. 우주의 근원과 인간, 자연과 인간의 조화를 밝히고, 공동체적 삶의 지혜와 예지를 가르치고 있습니다. 또한 인간의 삶에서 파생된 명리학, 한의학, 상학(相學), 성명학, 풍수학(지리) 등 점서(占筮)적 성격을 띠고 있는 것들이 있습니다.

그런데 우리나라의 주역 연구는 과학과 인문학이 아닌 점서적 연구가 대부분입니다. 한국에는 약 300여 종의 저술과 논문이 나와 있는데, 불과 몇 편을 제외하고는 대부분이 점서를 논하고 있습니다. 안타까운 일입니다.

필자가 쓴 이 책은 인문학적 접근임을 밝힙니다. 과감하고 철저하게 철학적 해석을 통해 주역사상을 해부하였습니다.

희열이 있는 책

지금까지 읽었던 주역 서적에서 제시한 자구(字句)적 해석과 점서(占筮)적 해석으로는 주역이 가르치는 주제를 올바로 파악하지 못하였습니다.

이 책은 주역의 64괘마다 기자(記者)가 쓰고자 하는 주제가 있음을 밝히고, 그 주제를 중심으로 주역의 괘사와 효사가 일맥상통하고 질서정연하다는 것을 말하고 있습니다. 해석이 명쾌하고 주제가 분명합니다. 철학의 힘이 얼마나 강한지 놀라움을 금치 못할 것입니다. 분명 희열이 넘칠 것입니다. 과거에 주역을 공부했던 독자는 더욱 그럴 것입니다.

희열이 있다는 것은 앎의 기쁨으로 닭살이 돋을 만큼 주체할 수 없는 열기에 휩싸인다는 것입니다.

지혜의 책

주역은 다이내믹하게 지혜를 서술하고 있습니다. 어떤 처지에서든 그 답을 얻을 수 있습니다. 점을 칠 필요가 없습니다. 자신이 갈 길이 분명히 밝혀졌는데 점을 치는 어리석은 자가 어디 있겠습니까?

우리는 지혜서라고 하면 『탈무드』를 연상합니다. 이 책을 읽은 후부터는 주역을 통하여 '무한한 지혜' 의 곳간을 향해 나아가는 기쁨을 얻게 됩니다.

인문학으로서의 주역

상업적인 목적으로 주역을 접하는 독자들이 상당히 많습니다. 필자가 주역을 강의하다 보면 경전이 무엇인지도 모르고 점을 치기 위한 목적으로 수강을 시작한 사람들이 대부분입니다.

그러나 주역의 철학을 모르고 점을 공부하면 사상누각(砂上樓閣)입니다. 근본을 모르고 점술(占術)적 해석만 외워서 타인의 인생에 접근한다는 것은 매우 위험한 일이 아닐 수 없습니다. 인생은 매우 다양하고 천태만상(千態萬象)입니다. 그 인생의 양태를 다 외울 수 있는 사람은 없습니다. 모든 사람의 인생을 상상하고 유추할 수 있는 힘은 철학이고, 묵상입니다.

최근에 철학이 없는 문명, 철학이 없는 과학기술, 철학이 없는 문화는 빈껍데기라는 사실이 입증되고 있습니다. 모든 기술과 문화에는 인문학이 바탕에 깔려 있어야 한다는 근본의 명제를 강조하게 된 것입니다. 철학은 하루아침에 정립되는 것이 아닙니다. 형이상학과 형이하학의 결합이 잠시 생각으로 되는 일이겠습니까?

우리는 형이상학적 기반 위에서 정립되고 살아온 민족입니다. 미국이나 일본처럼 실용주의 문화에서 질서만이 으뜸 덕목인 민족이 아니라는 것입니다. 우리는 파격과 창조, 개인마다의 독특한 에너지 속에서 보이지 않는 질서와 융합, 진취적이고 우주적인 기운을 가지고 있습니다. 태극의 기운을 받고 있는 것이죠. 우리의 사상과 정체성을 알아야 합니다.

그러므로 주역의 인문학적 접근의 필요성은 절대적입니다. 그 후에 점을 공부할 사람은 간단히 기술적인 것만 추가하면 될 것입니다. 주역의 철학사상은 모든 점술의 근간을 포괄하고 있습니다.

시(詩)로 이해하는 경전

필자는 〈한맥문학〉을 통해 등단한 시인입니다. 재주가 대단하지는 않지만 주역의 해석에 시를 가미하는 파격적인 시도를 하였습니다.

주역의 경전부분은 64괘의 괘사와 용구(用九), 용육(用六), 384효의 효사를 합하면 450개의 문장으로 이루어져 있습니다. 이 책은 각 문장의 말미에 독자의 이해를 돕기 위해 시를 붙여 놓았습니다. 시는 경전의 해석을 간단하고 명쾌하게 하기 위한 필자의 창작이며, 현대시의 형식을 빌렸습니다.

주역에 시를 붙인다는 것이 여간 난감한 일이 아니었으나 묵상의 산물임에는 틀림이 없습니다. 아울러 독자들을 묵상의 연장선상에 들어가게 도와줄 것입니다.

주역에 시가 필요하였는가는 독자들이 판단할 몫입니다. 분명한 것은 시를 넣고 보니 주역이 더 명쾌해지고 일목요연해졌다는 것입니다. 이 책의 특징이나 장점은 주역의 현대적 해석에 시를 가미했다는 것입니다.

필자와 주역시대의 동질성

주역의 경전부분은 약 3,100년 전에 완성되었습니다. 지구상에 있는 문자화된 저술로는 최고(最古)의 위치에 있습니다. 서양문명의 지주인 그리스신화보다도 500년 정도 앞선 문헌입니다.

주역이 쓰여졌던 시대의 자연적·사회적 환경은 어떠하였습니까? 유목사회이며 농경사회였습니다. 농경문화의 배경 속에서 주역은 쓰여졌습니다. 그러므로 농경사회와 유목사회, 촌락과 공동체의 형성, 사계절과 절기의 이용, 가축과 농기구, 집단의 갈등 등을 이해하지 못하면 주역의 깊은 곳에 접근하기 힘듭니다. 쓰인 한자들의 속뜻을 이해하지 못하면 주역의 해석은 왜곡되어 참맛을 잃게 됩니다.

필자는 제주도에서 태어나고 45년간 살았습니다. 제주도의 동쪽 중산간마을이었습니다. 어린 시절 집집마다 소가 다섯 마리 이상 있었고, 말도 몇 마리씩 키웠습니다. 돼지, 개, 닭도 있었습니다. 소는 밭을 가는 농사꾼이었고, 재물의 상징이기도 했습니다. 말은 운송을 책임진 동력의 상징으로, 마차를 끌었습니다. 돼지는 혼사나 상사(喪事)를 위해 고기로 필요했고, 닭은 영양소의 조달을 위해 키웠습니다.

필자는 가축들을 키우는 일과 부리는 일, 씨 뿌리고 잡초 매고 거두는 밭일을 다 경험했습니다. 주역의 시대와 비슷한 삶을 살았다는 것입니다. 특히 제주도는 100여 년간 몽골의 지배를 강하게 받았던 지역으로, 대륙의 문화를 현재까지도 간직하고 있는 독특한 섬이기도 합니다.

주역의 기자(記者)가 자신이 살던 시기의 문화를 인용하여 글자 하나하나를 선택하여 쓴 것이기 때문에, 그 문화를 이해할 수 있는 사람이 해석해야 근사치에 갈 수 있다는 확신을 갖게 되었습니다. 강의를 통해 그 부분에 대한 공감대를 형성할 수 있었기에 이 작업을 시작하게 되었습니다.

대한민국은 주역의 나라

감히 대한민국은 주역의 나라라고 말할 수 있습니다. 이 말은 종교와는 아무 상관이 없는 말입니다. 가장 가까운 증거로 대한민국의 국기는 태극기입니다. 태극기야말로 주역의 엑기스만 압축시킨 순수한 주역입니다. 음과 양의 태극과 우주의 가장 기본이 되는 하늘, 땅, 물, 불의 상징기호를 주역의 질서에 맞게 그려 넣은 주역의 표본입니다.

필자는 태극기 강의를 여덟 시간 정도 합니다. 태극기에 주역의 기본이 다 들어 있기 때문에 그 사상을 전부 밝히려면 100시간도 모자랄 것입니다.

왜 태극기가 국기가 되었을까요? 주역사상이 우리 몸속에 유유히 흐르고 있기 때문입니다. 민족적 위기상황인 19세기 말, 우리의 정신을 일깨우기 위해 고종은 태극기를 국기로 창안하게 됩니다. 가장 민족적인 것을 채택한 것이라 할 수 있습니다.

태극기가 문제가 아니라 우리 민족의 삶 속에 주역사상은 뺄 수 없을 만큼 깊게 박혀 있다는 것입니다. 그런데 그것을 묵혀두고 있다는 데 문제가 있을 따름입니다. 일제(日帝)가 그 사상을 빼기 위해 명산의 혈맥에 쇠막대기 수만 개를 박고, 우리 민족의 영혼의 맥을 끊으려고 창씨개명을 시도했습니다. 그러나 우리 민족은 누구도 침범할 수 없는 태극의 기운을 갖고 있습니다. 태극의 기운은 우주의 기운이고, 창조의 기운입니다. 결국 우주를 지배할 창조의 힘을 갖고 있는 민족이라는 뜻입니다.

그 주역의 힘을 받은 우리의 조선(造船)산업은 세계 1위가 된 지 오래이고, 한국산 자동차는 세상의 곳곳을 누비고, 손에 손마다 들고 다니는 컴퓨터는 우리가 만든 것입니다. 그것은 그 속에 주역의 인문학적 힘이 숨어 있기 때문입니다. 그것은 일부분에 지나지 않습니다. 우리의 어린 청소년들이 파리의 광장에서 춤을 한번 추기만 하면 유럽이 들썩거리고, 뉴욕에서 노래를 한 곡만 불러도 미국은 환호합니다. 이것 또한 주역의 힘을 빼고는 설명할 수 없습니다.

대한민국은 지구상에서 양(陽)의 기운이 가장 강한 나라라는 것을 이 주역 공부를 통해서 쉽게 알게 될 것입니다.

상도동 연구실에서
김창식

알아둘 기본사항

1. 괘(卦)와 효(爻)

괘는 5,000년 전에 복희(伏羲)가 창안한 부호로 천지운행의 도(道)와 인간의 삶을 표현하는 도구에서 출발하여 주역의 기호로 자리하였다. 괘는 음·양의 기호인 '━' 은 양효, '--' 은 음효로 구성되어 있는데, 3효씩 되어 있는 것은 ☰ ☱ ☲ ☳ ☴ ☵ ☶ ☷ 의 팔괘로 소성괘(小成卦)라고 부른다.

1) 소성괘

① ☰ : 괘 이름은 '건(乾)' 이고, 괘의 모양으로 읽을 때는 '천(天)' 이라 한다. 굳건함(健)을 의미하고, 하늘이며 아버지다. 동물은 말(馬)이고 인체의 모습으로는 머리(頭)에 해당한다. 오행은 양(陽)의 기운을 가진 금(金)이고 방향은 서북방이다.

② ☱ : 괘 이름은 '태(兌)' 이고, 괘의 모양으로 읽을 때는 '택(澤)' 이라 한다. 기뻐함(열: 說)을 의미하고, 연못이며 소녀(小女)이다. 동물은 양(羊)이고 인체의 모습으로는 입(口)에 해당한다. 오행은 음(陰)의 기운을 가진 금(金)이고 방향은 서방이다.

③ ☲ : 괘 이름은 '리(離)' 이고, 괘의 모양으로 읽을 때는 '화(火)' 라

한다. 걸려 있음(離)을 의미하고, 불(火)이며 중녀(中女)이다. 동물은 꿩(雉)이고 인체의 모습으로는 눈(目)에 해당한다. 오행은 음의 기운을 가진 화(火)이고 방향은 남방이다.

④ ☳ : 괘 이름은 '진(震)'이고, 괘의 모양으로 읽을 때는 '뢰(雷)'라 한다. 움직임(動)을 의미하고, 우레이며 장남(長男)이다. 동물은 용(龍)이고 인체의 모습으로는 발(足)에 해당한다. 오행은 양의 기운을 가진 목(木)이고 방향은 동방이다.

⑤ ☴ : 괘 이름은 '손(巽)'이고, 괘의 모양으로 읽을 때는 '풍(風)'이라 한다. 들어감(入)을 의미하고, 바람이며 장녀(長女)이다. 동물은 닭(鷄)이고 인체의 모습으로는 대퇴부에 해당한다. 오행은 음의 기운을 가진 목(木)이고 방향은 동남방이다.

⑥ ☵ : 괘 이름은 '감(坎)'이고, 괘의 모양으로 읽을 때는 '수(水)'라 한다. 빠짐(陷)을 의미하고, 물이며 중남(中男)이다. 동물은 돼지(豚)이고 인체의 모습으로는 귀(耳)에 해당한다. 오행은 양의 기운을 가진 수(水)이고 방향은 북방이다.

⑦ ☶ : 괘 이름은 '간(艮)'이고, 괘의 모양으로 읽을 때는 '산(山)'이라 한다. 그침(止)을 의미하고, 산이며 소남(小男)이다. 동물은 개(犬)이고 인체의 모습으로는 손(手)에 해당한다. 오행은 양의 기운을 가진 토(土)이고 방향은 동북방이다.

⑧ ☷ : 괘 이름은 '곤(坤)'이고, 괘의 모양으로 읽을 때는 '지(地)'라 한다. 순함(順)을 의미하고, 땅이며 어머니(母)이다. 동물은 소(牛)이고 인

체의 모습으로는 배(腹)에 해당한다. 오행은 음의 기운을 가진 토(土)이고 방향은 서남방이다.

2) 대성괘(大成卦)

대성괘는 소성괘가 두 개씩 겹쳐서 이루어진 괘의 모양으로 육획괘(六劃卦)이다. 총 64괘로 되어 있으며, 주역은 64괘의 각 괘에 주제를 부여하여 설명하고 있다.

주역 64괘 주제 일람표

연번	괘상	괘명	주제	연번	괘상	괘명	주제
1	䷀	중천건 重天乾	천시(天時)와 섭리	2	䷁	중지곤 重地坤	상생(相生)의 철학
3	䷂	수뢰둔 水雷屯	사춘기의 첫사랑	4	䷃	산수몽 山水蒙	교육과 미래학
5	䷄	수천수 水天需	기다림의 道	6	䷅	천수송 天水訟	정치인의 道
7	䷆	지수사 地水師	전쟁과 군인	8	䷇	수지비 水地比	경쟁의 道
9	䷈	풍천소축 風天小畜	가정 행복의 지혜	10	䷉	천택리 天澤履	직언과 2인자의 道 언론의 역할
11	䷊	지천태 地天泰	태평을 누리는 법	12	䷋	천지비 天地否	막힌 운을 뚫는 지혜
13	䷌	천화동인 天火同人	정치의 본질	14	䷍	화천대유 火天大有	재벌의 성장 전략
15	䷎	지산겸 地山謙	겸양의 道	16	䷏	뇌지예 雷地豫	계획과 실천
17	䷐	택뢰수 澤雷隨	직장인의 처세	18	䷑	산풍고 山風蠱	졸부의 뒤안길
19	䷒	지택림 地澤臨	치자(治者)의 리더십	20	䷓	풍지관 風地觀	자신을 찾는 지혜
21	䷔	화뢰서합 火雷噬嗑	사법(司法)을 행하는 道	22	䷕	산화비 山火賁	멋과 아름다움

연번	괘상	괘명	주제	연번	괘상	괘명	주제
23	䷖	산지박 山地剝	절망을 넘어	24	䷗	지뢰복 地雷復	새로운 세상과 민주
25	䷘	천뢰무망 天雷无妄	무위세계의 허실	26	䷙	산천대축 山天大畜	야망과 성공
27	䷚	산뢰이 山雷頤	속세에서 닦는 도	28	䷛	택풍대과 澤風大過	능력에 넘치는 직분
29	䷜	중수감 重水坎	함정에서 빠져나오는 법	30	䷝	중화리 重火離	열기 속의 혼란
31	䷞	택산함 澤山咸	참사랑의 실체	32	䷟	뇌풍항 雷風恒	변화와 불변
33	䷠	천산둔 天山遯	물러남의 지혜	34	䷡	뇌천대장 雷天大壯	힘을 쓰는 요령
35	䷢	화지진 火地晉	권력의 본질	36	䷣	지화명이 地火明夷	캄캄할 때의 처세
37	䷤	풍화가인 風火家人	자녀교육과 가정경제	38	䷥	화택규 火澤睽	배신과 자아 발견
39	䷦	수산건 水山蹇	고난 극복의 지혜	40	䷧	뇌수해 雷水解	운이 풀릴 때의 처세술
41	䷨	산택손 山澤損	수익을 내는 투자법	42	䷩	풍뢰익 風雷益	지속적인 이윤추구
43	䷪	택천쾌 澤天夬	민초의 항쟁	44	䷫	천풍구 天風姤	만남과 결혼
45	䷬	택지췌 澤地萃	집단화의 지혜	46	䷭	지풍승 地風升	성장과 발전
47	䷮	택수곤 澤水困	괴로움에서의 탈출	48	䷯	수풍정 水風井	민심의 우물, 복지정책
49	䷰	택화혁 澤火革	개혁과 혁명	50	䷱	화풍정 火風鼎	조화와 분배
51	䷲	중뢰진 重雷震	자연의 공포	52	䷳	중산간 重山艮	욕망을 멈추는 道
53	䷴	풍산점 風山漸	결혼과 여자의 일생	54	䷵	뇌택귀매 雷澤歸妹	정략결혼의 허실
55	䷶	뇌화풍 雷火豐	풍요의 길	56	䷷	화산려 火山旅	여행과 방랑

연번	괘상	괘명	주제	연번	괘상	괘명	주제
57	䷲	중풍손 重風巽	겸손의 道	58	䷹	중택태 重澤兌	쾌락의 근본
59	䷺	풍수환 風水渙	분열을 넘는 지혜	60	䷻	수택절 水澤節	시대의 매듭
61	䷼	풍택중부 風澤中孚	믿음의 실체	62	䷽	뢰산소과 雷山小過	과장의 멋
63	䷾	수화기제 水火旣濟	가진 자의 여유	64	䷿	화수미제 火水未濟	모험과 투쟁

위의 주제들은 필자가 주역의 각 괘를 묵상하면서 도출한 것이다. 위의 주제를 중심으로 주역을 해석하면 훌륭한 인문학이 된다. 이렇게 인문학적 해석을 중심에 두고 살아간다면 점(占)으로 인생의 답을 구하지 않아도 자신의 길을 찾을 수 있으리라 확신한다. 설령 점을 목적으로 주역을 접하는 독자라 할지라도, 철학적 해석을 충분히 습득하고 나면 점(占)은 더 넓은 상상의 세계에서 답을 만들어낼 수 있을 것이다.

3) 효(爻)

효는 괘를 구성하는 획(劃)을 말한다.

효 읽는 법

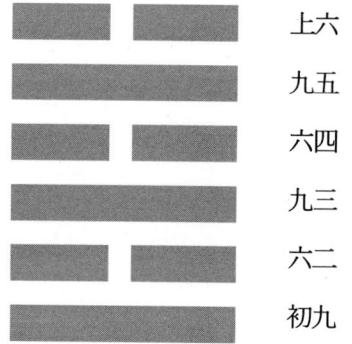

이 책의 본문에 쓰여진 효사는 좌측의 순서에 따랐다. 음효는 '六'이라 하고, 양효는 '九'라 한다. 맨 하래의 효는 초효(初爻)가 되고 맨 위의 효는 상효(上爻)가 된다.

2. 문장의 꾸밈

1) 장(章)의 표시
장을 나타내는 맨 앞의 숫자는 주역의 순서에 따라 1~64까지 붙였다.

2) 괘명(卦名)과 주제
괘명과 주제를 제목의 형식으로 써서 괘의 주제를 쉽게 이해할 수 있게 하였다.

3) 본문
본문은 괘의 해설을 1면 정도 쓰고, 괘사(卦辭)와 효사(爻辭)를 써내려 가고 괘사와 효사의 말미에 시(詩)를 한 편씩 넣어서 독자의 이해를 돕도록 하였다.

입문

1. 주역(周易)의 정의

역사적으로 『주역』은 최고(最古)의 학문이다. 유학 오경(五經)의 하나로, 만상(萬象)을 음양 이원으로써 설명하여 그 으뜸을 태극이라 하였고 거기서 64괘를 만들었는데, 이에 맞추어 철학·윤리·정치상의 해석을 덧붙인 것이다.

『주역』의 창안자는 복희(伏羲)라고 알려져 있는데, 복희가 살았던 시대를 살펴볼 필요가 있다. 복희는 중국 고대사의 전설적인 인물로 중국 역사상 최초이며 최고의 성인(聖人)으로 추앙받는 인물이다. 살았던 시대가 정확하다고 할 수는 없으나 기원전 3000년에서 2900년 사이에 중원을 다스렸던 통치자로 기록되어 있다. 지금부터 약 5000년 전의 일이다.

복희는 '복희선천팔괘'라고 불리는 ☰ ☱ ☲ ☳ ☴ ☵ ☶ ☷ 의 작대기 모양을 창안하였다. 자연의 이치와 인생의 변화와 인간생활의 중심이 되는 정치의 도(道)를 표현하고자 하였다.

『주역』이라는 학문은 복희가 창안한 팔괘를 중심으로 오랫동안 여러 학자들이 연구한 것들을 종합한 것이다. 기원전 1100년에서 1000년 사이에 살았던 제후국 주(周)의 문왕(文王)이 상(商, 또는 殷)의 마지막 황제인 주(紂)의 시기(猜忌)로 유리옥(羑里獄)에 유폐된 동안 8괘를 결합하여 64괘를 정리하고 괘사(卦辭)를 쓰고 옥에서 사망하고 만다.

문왕의 둘째 아들이 문왕의 뒤를 이어 제후국인 주나라의 왕위를 계승하고, 다음해에 자신의 상국(上國)이며 부친의 원수인 상(商)의 황제 주(紂)를 정벌하여 몰아내고 국호를 주(周)라 칭하고 황제가 되어 무왕(武王)이라 불린다. 문왕의 셋째 아들이며 무왕의 동생인 주공(周公)이 부친의 연구를 이어받아 주역 64괘를 구성하고 있는 384효(爻)의 효사(爻辭)와 용구(用九)와 용육(用六)을 씀으로써 주역의 본체(本體)인 『역경(易經)』을 완성하게 된다.

이렇게 주역은 중국 역사에 상세히 기록되지 않은 상고시대의 성인(聖人)인 복희에서 출발하여 주나라의 성인(聖人)인 문왕(文王)과 주공(周公)에 의하여 완성되었으므로 '주역(周易)'이라는 별칭을 쓰고 있는 것이다.

세계에서 가장 오래된 학문을 내용적으로 보면 역경(易經)과 같은 순수철학과 신화(神話)가 있는데, 역경(易經)은 3100년 전에 완성되었고 서양에서 가장 오래된 그리스신화는 2700에서 2500년 전에 쓰여진 것이다. 역경(易經)은 세계 최고(最古)의 학문일 뿐 아니라, 신화가 아닌 순수철학서라는 데서 그 가치는 독보적이라 할 수 있다. 그러므로 내용적으로도 최고(最高)의 학문적 위치를 차지하고 있다.

그 후 기원전 500년경인 2500년 전에 공자(孔子)라는 걸출한 성인(聖人)이 나와 47세에 『역경(易經)』을 접하고 심취하여 역(易)의 이치를 깨닫고 역경에 주석을 달아 후세의 독자들이 주역을 해석하는 데 초석을 마련하였는데, 그 책을 『십익(十翼)』이라고 명명하였다.

십익(十翼)이란 열 개의 날개라는 뜻으로, 역(易)의 뜻을 알기 쉽게 설명한 책이라고 할 수 있다. 「단전(彖傳)」, 「대상전(大象傳)」, 효사(爻辭)에 붙은 주석인 「소상전(小象傳)」, 주역의 입문에 해당하는 「계사상전」과 「계사하전」, 역경의 나열순서를 설명한 「서괘전(序卦傳)」, 주역 상경과 하경의 배열원리와 괘를 설명한 「설괘전(說卦傳)」, 건괘(乾卦)와 곤괘(坤卦)를 종합적으로 풀이한 「건문언전(乾文言傳)」과 「곤문언전(坤文言傳)」, 괘를 섞어서 풀이한 「잡괘전(雜卦傳)」 등으로 구성되어 있다.

주역(周易)의 역경('經'이라 함) 부분과 공자의 주석인 십익('傳'이라 함)을 합쳐 주역이라고 일컫는다. 주역의 '경(經)' 부분과 '전(傳)' 부분을 구분하여, 경(經) 부분은 순수철학적인 인문서로 이해하자는 것이 필자의 취지이다. 그러므로 필자는 주역의 경(經) 부분을 중심으로 본 강의서를 쓰고자 한다.

내용은 자연의 이치와 인간 군상들의 삶의 행태에 따른 변화를 기술하고 있다. 주역을 점술서로 이해하고 공부하는 학자들도 있지만, 점술서라고 단정하는 것은 매우 극단적이고 단편적인 생각이다.

2. 주역(周易)과 한민족

주역의 창안자는 복희인데, 복희는 우리 조상이라는 것이다. 환인(桓因)시대의 고조선인으로 태어난 복희는 중원(中原)의 허난성으로 이주하여 민심을 얻고 중원을 다스리는 과정에서 팔괘(八卦)를 창안하여 자연의 이치와 우주의 원리, 인간의 삶과 치세를 담아 인문학의 근간을 마련하였다.

그 후로 문헌상 주역사상을 공부한 우리의 조상으로는 신라의 최치원(崔致遠)으로 볼 수 있다. 최치원은 통일신라의 쇠퇴기인 857년 경주에서 출생하여 6살에 중국 당나라에 유학하였고, 12살이 되던 해에 당나라 과거에 합격하여 당에서 벼슬을 했다. 27세가 되던 884년 10월에 귀국하여 신라에서도 10여 년 벼슬을 하였으나 결국 적응하지 못하여 전국을 유랑하다가 사망하였으므로 정확한 사망연대를 알지 못하는 천재 학자였다. 최치원은 주역사상과 일맥상통하는 천부경(天符經)을 한문으로 번역하여 묘향산의 바위에 새겨놓았다.

· 천부경(天符經)

태백산의 단군전비(檀君篆碑)를 최치원이 번역하여 묘향산 깊은 곳의 바위에 새겨놓은 것을 묘향산에서 수도 중인 계연수가 1916년 발견해, 1975년 대종교의 경전으로 공인되었다. 모두 81자(字)로 되어 있으며, 천지인(天地人) 삼극이 태어나 생(生), 장(長), 노(老), 병(病), 사(死)가 끊임없이 반복하는 경위를 설명하고 있다. 만물은 하나에서 비롯되어 결국 하나로 돌아간다는 것을 말하고 있다.

〈천부경 원본〉

一始無始一析三極無	일시무시일석삼극무
盡本天一一地一二人	진본천일일지일이인
一三一積十鉅無匱化	일삼일적십거무궤화
三天二三地二三人二	삼천이삼지이삼인이
三大三合六生七八九	삼대삼합육생칠팔구
運三四成環五七一玅	운삼사성환오칠일묘
衍萬往萬來用變不動	연만왕만래용변부동
本本心本太陽昂明人	본본심본태양앙명인
中天地一一終無終一	중천지일일종무종일

천부경의 명쾌한 해석은 아직도 연구대상이다. 분명한 것은 주역의 사상과 상통하고 있다는 점이다.

 (*태백산은 강원도의 태백산이 아니라 중국 몽골고원과 둥베이(東北) 대평원의 경계를 이루는 대흥안령산맥(大興安領山脈)의 주봉인 대흥안령산을 의미한다.)

3. 한학(漢學)에서 주역의 위치

한학(漢學)의 수업과정은 크게 소학(小學), 사서(四書), 삼경(三經)으로 나누어 생각할 수 있다.

소학(小學)이라고 하면 현재 우리의 교육과정으로 볼 때 초·중등교육과정으로, 여덟 살부터 열다섯 살까지 천자문(千字文), 계몽편(啓蒙篇), 동몽선습(童蒙先習), 통감(通鑑), 산학(算學) 등을 수학한다.

사서(四書)는 대학과정 정도로 이해할 수 있는데,『대학(大學)』은 명명덕(明明德), 친민(親民), 지어지선(止於至善)인 외적(外的) 선(善)에 대하여 증자(曾子)가 쓴 것이다.『중용(中庸)』은 내적(內的)인 선(善)에 대하여 공자(孔子)의 손자인 자사(子思)가 썼고,『맹자(孟子)』는 표현력을,『논어(論語)』는 선비의 행동규범을 가르치는 것으로 대학과정의 교재에 해당되는 과목이다.

삼경(三經)은 유교의 경전으로 대학원의 과정으로 볼 수 있다.『시경(詩經)』은 선비의 풍류를 음미하는 것으로 작문(作文) 창작을 읽히는 과정이다.『서경(書經)』은 성군(聖君)들의 정치법도를 공부하여 군자로서 출사의 준비를 하는 과정을 공부한다.『주역(周易)』은 지혜서이고 제왕학(帝王學)이며 치세의 도(道)를 기술한 인문학이다.

- **주역(周易)의 전래**

주역이 한반도에 들어온 것은 언제일까?

신라시대의 최치원은 당나라 유학 중에 주역을 공부하고 귀국한 것은 틀림없으나 경전을 갖고 들어왔는지는 불확실하다. 중국에서도 반출이 금지된 서적이었으므로 갖고 왔다는 기록이 없는 것으로 봐서 고려 때 우탁(禹倬)에 의해 들어온 것이 정설로 되어 있다.

중국에 사신으로 갔던 우탁은 중국에서 가장 보배로운 것을 찾으니 주역이라 하여 얻어오고자 했지만 거절당하자 그 자리에서 한번 보고 외워버렸다. 우탁이 귀국 중에 동쪽으로 서기가 뻗치는 것을 본 중국 조정에서 우탁을 잡아들여 "가져가는 것이 없느냐?"라 물으니 "다만 주역을 외워갈 뿐이다"라고 말하자 "오역동(吾易東)이라! 우리가 키운 역(易)이 제 고향을 찾아가는구나!"라고 탄식했다고 한다. 오역동을 우리는 우역동(禹易東)이라 하여 '우탁이 역을 중국에서 동으로 가지고 왔다'고 전하고 있다.

그 후 권양촌, 정도전, 이퇴계, 이율곡, 서화담, 이토정, 정다산 등이 주역을 전수하였다.

4. 태극(太極)사상

태극은 우주 만물이 생기기 전 카오스 상태의 큰 덩어리인 무극(無極)에서 시작했으며, 으뜸이고 근본인 상태를 의미한다. 인격적으로는 상제(上帝), 계절로는 봄, 방향은 동(東), 세계지리로는 간방(艮方)으로 한국을 의미하며, 자연상태 그대로 맑고 아름다운 것, 무욕과 정결의 세계를 말한다. 이러한 공허의 상태에서 최초의 질서를 생성하는데, 음양의 질서를 말하고 있다. 음양이란 크기와 형태를 초월하여 모든 사물은 음과 양의 두 기운이 반드시 공존하며 음양의 기운에 의하여 끊임없이 변화한다는 것이다. '크고 작은 무한대의 상상과 현실 속에서의 창의'를 태극의 사상이라고 할 수 있다. 이것이 한국인의 사상적 근간이다.

이렇게 음양의 질서가 생기고, 한국인의 고유사상인 천지인(天地) 삼재(三才)사상과 음양이 최초로 분화하여 사상(四象)을 낳고, 다시 천지변화의 도(道)인 오행(五行)원리로 발전한다. 여기까지가 자연상태 그대로인 것을 이름만 붙여 정의한 것으로 천역(天易)이라 하고, 천역에서 자연스럽게 팔괘(八卦)가 나오는데, 이것을 복희가 창안하고 작대기 모양의 부호를 이용하여 그렸을 뿐이다.

한국인은 이런 태극사상 속에서 태어나고 성장하고 변화하며 죽어간다. 그러므로 태극의 기운을 받아 형이상학적이며 양의 에너지를 분출하며 살아간다는 것이다.

그러므로 한국인은 공공의 질서는 약간 무시하는 경향이 있지만 큰 일이 있으면 누가 시키지 않아도 다른 나라의 부러움을 살 정도로 완벽한 팀워크를 발휘하는 장점을 갖고 있다. 예를 들면 2002월드컵 때 온 국민이 빨간 옷을 입고 뭉쳐 외치는 모습, IMF 당시에 온 국민이 장롱 속의 금을 털어 끝도 없이 줄을 서는 모습은 세계 어느 나라 역사에도 찾아보기 힘든 광경이었다. 이것이 우주만물의 근원이며 통일체인 태극의 힘이다. 자잘한 질서는 무시하여 볼품없는 민족으로 보이지만, 큰 틀의 질서에는 결집하는 놀라운 에너지를 지닌 것이다. 여름과 겨울은 정반대의 계절이지만 겨울이 여름에서 시작되듯 서로 독립적이면서도 유기적인 관계를 갖는 것과 같다. 예술에서도 마찬가지다. 둥글게 보여도 비대칭인 달항아리. 한없이 늘리기도 하고 빠르게 달리기도 하는 우리의 음악과 춤사위는 무질서 속에서 질서를 교묘하게 만들어가고 있다. 이렇게 형체가 없는 태극은 우주의 이치에 의해 매우 정교하게 자신을 복제하고, 우주의 모습을 우리를 통해 재현하고 있다.

한국인은 창의의 민족이다. 태극기의 유연하면서도 빈틈없이 결합되어 있는 태극의 모습에서 발견되는 곡선의 유려함과 귀퉁이에 배열된 직선과의 조화는 '한글'이라는 엄청난 발명으로 귀결된다. 세계에는 약 6,800여 종의 언어가 있고, 300여 종의 글이 있다고 한다. 하지만 그 어떤 문자도 한글처럼 목적과 이념, 철학을 토대로 창제되지는 않았다. 대부분의 문자는 쐐기문자를 시작으로 그림문자, 상형문자의 과정을 거쳐 오랜 세월 동안 다듬어지고 발전되고 있는 것이다. 한글은 세종대왕에 의해 훈민정음(백성을 가르치는 바른 소리)이라는 명칭으로 백성을 사랑하는 위민(爲民)·애민(愛民)정신을 담아 분명한 목적 하에 창제되었다.

또한 최초의 표의문자인 한자를 창안하여 쓰기 시작한 민족은 한민족이다. 그것은 중국의 어문학자들도 인정하는 사실이다. 그렇다면 우리 민족은 대단한 창의성을 지닌 민족이고 세계에서 유일하게 뜻글자와 소리글자를 동시에 보유한 민족이기도 하다. 세종대왕은 이러한 사실을 알고 있었으며, 우리 조상이 창안한 주역을 연구하여 주역에 토대를 두고 소리의 구조를 파악하고 소리오행에 입각하여 한글을 창제한 것이다. 만약 한글만이 우리 것이었다면 「훈민정음(訓民正音)」이라 명명하지 않았을 것이다. 뜻은 한자로 표기하고 소리는 한글로 표시하여 완벽한 문화국가를 만들고자 했던 것이다. 한글에 '소리'가 아닌 '문자'로서의 역할을 전담하게 할 생각이면 '훈민정음'이 아닌 '훈민정자(訓民正字)'라고 명명하였을 것이다. 한글은 음악의 음표와 같은 '음(音)'을 표현하는 역할을 하고 있다. 이것은 태극사상의 발로이다. 태극사상을 글로 열거하기란 끝이 없다.

태극의 음과 양은 무한한 에너지로 분화를 거듭하여 사상(四象)을 만들고, 팔괘(八卦)를 만든다.

중천건(重天乾)

하늘이 열리고 세상이 돌아간다. 모든 일에는 때가 있음이다. 건(乾)괘는 천시(天時)와 인생의 시절을 알려주는 주역의 시작이다.

第一卦 【乾】 重天乾　乾上乾下

卦辭：乾 元亨利貞
彖曰：大哉乾元 萬物資始 乃統天 雲行雨施 品物流形
　　　大明終始 六位時成 時乘六龍 以御天
　　　乾道變化 各正性命 保合大和 乃利貞 首出庶物 萬國咸寧
象曰：天行健 君子以 自強不息

初九：潛龍 勿用　象曰：潛龍勿用 陽在下也

九二：見龍在田 利見大人
象曰：見龍在田 德施普也

九三：君子 終日乾乾 夕惕若 厲 无咎
象曰：終日乾乾 反復道也

九四：或躍在淵 无咎　象曰：或躍在淵 進 无咎也

九五：飛龍在天 利見大人　象曰：飛龍在天 大人造也

上九：亢龍 有悔　象曰：亢龍有悔 盈不可久也

用九：見群龍 无首 吉
象曰：用九 天德 不可爲首也

1. 중천건(重天乾)

천시(天時)와 섭리

■ 건괘(乾卦) 해설

건(乾)은 '하늘, 임금, 아비'를 뜻하며 '으뜸의 이치'를 의미하고 있다. 하늘의 움직임이고 양(陽)의 세계를 대변하고 있으며, 시간적 개념을 설명하고 있다.

이 세상은 아무렇지 않게 굴러가는 것 같지만 매우 규칙적이고 오묘한 섭리 속에서 끊임없이 변화하고 있다. 봄이 가면 여름이 오고 가을이 오고 겨울이 온다. 그 계절의 변화에 맞춰 만물이 변화한다. 여름에는 빗방울이던 것이 겨울이면 눈송이가 되고, 잎이 무성한 나무도 겨울이면 앙상한 가지를 드러내어 눈의 짓누름을 피해 간다. 이것이 하늘의 섭리라고 하는 천시(天時)의 움직임이다.

인간 또한 태어나고(元의 시절), 자라는 시기에 자라고(亨의 시절), 일하는 시기에 일하고(利의 시절), 멸극의 시기에 이르러 죽음을 맞는다(貞의 시절). 몇 년을 덜 살고 더 살고는 큰 의미를 갖지 않는다. 다만 계절이 반복되듯 인간도 낳고 죽고를 반복하며 자연의 섭리와 변화의 틀 속에서 살아가는 것이다. 이것을 주역은 원형리정(元亨利貞)이라고 표현하고 있다.

그러면 이러한 변화의 틀 속의 인간은 어떻게 맞춰서 살아야 하는가? 성공한 인생을 살아가려면 때를 만나야 되고, 환경적 요소가 갖춰져야 하고, 능력 있는 사람들이 주위에서 도와야 한다. 즉, 천시(天時), 지운(地運), 인덕(人德)을 갖춰야 한다는 말이다. 건괘(乾卦)는 이런 요소들을 중심으로 인생의 성공과 실패를 규명하고자 한다. 자연은 규칙적으로 변화하고 있는데 어떤 사람은 그 변화에 잘 편승하여 성공에 이르게 되고, 어떤 사람은 자연의 변화에 역행하여 실패의 길을 가게 된다. 건괘(乾卦)뿐만 아니라 주역의 모든 괘에서 설명하고자 하는 것은 자연과 동화되어 순행하는 삶을 가르치고 있다. 또한 치열한 도전으로 자신이 처한 환경을 바꾸고 새로운 역사를 만들어가기를 요구하고 있다.

일단 현시점에서 자신의 위치를 아는 것이 중요하다. 그래야 변화하는 시간 속에서 주어진 환경을 극복할 수 있는 것이다. 절대적인 시간과 상대적인 공간의 만남이라고 할까? 그 틈바구니에 끼워져 있는 인생의 몸부림은 각자 다른 모양을 하고 있다. 그 몸부림을 어떻게 해야 하는지에 대한 지혜를 주역은 담아내고 있다.

필자는 주역의 첫머리에 나오는 '원형리정(元亨利貞)'은 주역의 어느 구절보다도 의미가 깊을 것이라는 생각이다. 붙여서 읽어보기도 하고 띄어서 궁리해보기도 하고, 하나 혹은 둘씩 짝을 이뤄 풀어보기도 하였다. 어느 것이 옳고 그르다기보다는 나름대로의 의미가 있다고 보인다. 그러나 원칙을 세웠다. '주역을 쓴 기자(記者)의 의도는 무엇이었을까?'를 고민한 끝에 인생의 마디마디를 표현한 것이라고 결론을 얻었다.

원(元)은 사람이 태어나게 된 배경과 조상, 부모, 형제, 그리고 지리적 환경, 물질적 환경, 그리고 자아를 인식하는 약 3세까지의 기간으로 정의하고자 한다. 형(亨)은 자라고 공부하는 시기, 호기심과 순수한 기운이 가장 강한 시기로 혼인을 하여 가정을 이루거나 취직이나 사업을 통하여 스스로 경제활동을 시작할 때까지라고 하겠다. 리(利)는 태어난 기운과 배운 기운을 바탕으로 사회에 진출하여 경제활동을 하는 시기 전체이다. 곤괘(坤卦) 용육(用六)에도 리영정(利永貞)이라 하여 利와 貞의 시절 사이는 매우 길다고 하였다. 정(貞)은 경제활동 시기를 다 마무리하고 죽음을 준비하는 시기라 할 수 있다. 아마 영면(永眠)의 시기도 일부 포함될 것이다.

건괘(乾卦)의 '원형리정'을 이런 기준으로 해석하면 주역은 철저하게 지혜서가 되고 인문학이 된다. 수없이 등장하는 주역의 원형리정은 주역을 해석하는 가장 기본적인 갈림길이고 지침이 되는 것이다. 필자는 주역이라고 표현하는 이 학문을 엄밀하게는 역경(易經) 부분만 인문학적으로 해석을 해냄으로써 역술(易術)로 공부하는 학자들에게도 분명한 지침서가 될 것으로 확신한다.

▣ 乾卦辭

乾 元亨利貞 (건 원형리정)

하늘의 이치는(乾) 모든 생물이 잉태하여 태어나고(元) 자라고 배우며(亨) 비로소 경쟁을 통하여 본연의 활동을 하며 살다가(利) 종자를 남기고 죽음에(貞) 이르는 것이다.

> 乾: 하늘 건 / 하늘, 임금, 아비   元: 으뜸 원 / 으뜸, 근본, 처음   亨: 형통할 형 / 형통하다, 제사 지내다   利: 이로울 이 / 이롭다, 좋다, 날카롭다, 통하다, 이기다
> 貞: 곧을 정 / 곧다, 정하다, 여자의 정조, 점치다, 끝

원형리정(元亨利貞)은 다양한 철학적 뜻을 내포하고 있다. 세상은 우주의 운행원리에 의해 철저하게 과학적이고 규칙적으로 움직이고 있으며, 모든 인간은 그 절대성을 벗어날 수가 없다는 것이다.

그 움직임의 절대성이란 시간의 절대성을 의미하며, 봄이 가면 어김없이 여름이 오고, 차례로 가을과 겨울이 오며, 다시 봄이 오는 절대적인 이치 속에서 만물이 잉태하여 태어나고 살다가 죽는다는 것이다.

元은 혼돈의 시절이고 무극의 때를 말한다. 만물의 근본을 말하며, 인간이 잉태되어 있는 시기와 영아(嬰兒)의 시절을 말하며 계절은 봄이다.

亨은 탄생 이후에 일어나는 성장과 교육을 포함한 발전의 시기이며 계절은 여름에 해당한다. 성장기의 젊은이가 가정과 사회의 보호를 받으며 교육 받고 자아를 형성하는 시기이다.

利는 자아를 드러내어 활동하고 풍요를 구하며 자식을 낳아 기르고, 세상과 타협하기도 하고, 미미하지만 세상을 바꾸기도 한다. 이렇게 왕성하게 생명력을 발산하다가 서서히 쇠퇴가 시작하는 시기까지 포함한다. 계절은 가을이다.

貞은 노쇠하고 병들고 죽음에 이르는 시기이다. 계절은 겨울이다.

乾의 원형리정은 시간의 절대성을 역설하고 있다. 그 시간의 흐름에 따라 모든 만물은 변화한다는 진리를 설파한다.

주역(周易)	식물	동물 (인간)	우주	龍	특성
元(春, 木, 東, 仁)	뿌리	포태양(胞胎養)	无極	잠룡	혼돈
亨(夏, 火, 南, 禮)	모	생욕대(生浴帶)	太極	현룡	창조
利(秋, 金, 西, 義)	꽃	관왕쇠(冠旺衰)	皇極	비룡	완성
貞(冬, 水, 北, 智)	열매	병사장(病死葬)	滅極	항룡	소멸

위의 표에서 보는바와 같이 원형리정의 의미는 자연적 요소와 형이상학적 요소를 내포하고 있다.

모든 것에는 때가 있다

나고
자라고 배우고
낳고 기르고

죽고 묻히고
다시 태어난다

모든 것은 지나가고
다시 돌아온다

세상은
때에 맞춰 돌고 있다

▣ 乾初九

潛龍 勿用 (잠룡 물용)
물속에 잠긴 용은(潛龍) 쓰지 마라(勿用)

潛: 잠길 잠 / 자맥질하다, 땅속으로 흐르다, 잠기다, 감추다   龍: 용 용 / 용, 임금, 뛰어난 인물   勿: 말 물 / 말다, 말라, 아니다, 없다   用: 쓸 용 / 쓰다, 베풀다, 부리다, 등용하다, 행하다, 다스리다

잠룡(潛龍)의 시절이란 인격을 갖추지 못한 혼돈의 시절을 말한다. 아직은 쓸 곳이 없는 사람이므로 쓰지 말라는 것이다. 공부하고 수련을 쌓는 중이다. 건괘(乾卦)는 군자의 성장단계를 설명하고 있다. 초효는 군자

의 인격수련기에 해당한다. 그러므로 본인은 물론 가정과 사회와 국가가 한 인격자를 양성하는 데 합심 노력해야 함을 밝히고 있다. 한 사람의 군자가 탄생하려면 교육과 수양을 거쳐야 하는데, 그 기간을 잠룡의 시간으로 표현하고 있다.

정치세계에서 대권(大權)을 꿈꾸는 예비후보를 통틀어서 잠룡이라 부른다. 표면화는 되지 않았지만 물밑작업을 하고 있는 상태를 표현한 말이다. 정치뿐만 아니라 우리의 일상생활에서 주역의 용어를 쓰는 경우가 많다. 그것은 주역사상이 한국인의 생활 속에 녹아 있기 때문이다.

잠룡은 자궁 속에서 사람으로 자라는 모습이라고 해석하기도 하는데, 자궁 속은 물속이기 때문이다. 다른 해석은 자라고 공부하는 시기인 형(亨)의 시기까지 확대하여 해석하는 것이다. 후자가 현실적으로 타당한 해석이라고 생각된다.

초구(初九)의 의미는 더 배우고 힘을 기르고 때를 기다려야 한다는 준엄한 가르침이다.

더 익혀라

퍼런 감은 떫고
노랑 포도는 시어
아무도 쪼지 않는다

서늘한 기운이
속을 영글게 하고
분칠하고
연지곤지 바르면

새도 부르고
사랑도 부르리

▣ 乾九二

見龍在田 利 見大人 (현룡재전 리 견대인)

용(군자)이 사냥터(일터)에 있으니(見龍在田) 리의 시절에 대인을 보라 (利 見大人)

見: 나타날 현, 볼 견 / 나타나다, 보다, 밝다   在: 있을 재 / 있다, 보다, 살피다
田: 밭 전 / 밭, 경지구획의 이름, 심다, 사냥하다

현룡(見龍)은 밭에 있는 용이므로 잠룡의 시절을 끝내고 세상에 자신의 존재를 드러낸 상황이다. 직장을 얻었거나 관직에 등용되어 사회생활을 시작한 단계다. 하늘이 그 쓰임을 허락했다 하더라도 앞으로 나아감에는 사람마다 다른 길을 갈 것이다. 누가 조화로움을 얻느냐에 따라 승승장구하느냐, 그저 그렇게 살아가느냐가 결정될 것이다.

하늘의 뜻을 받고 활동의 공간을 확보하고 환경을 득해야 조화를 이루었다고 할 수 있다. 현룡재전은 하늘의 뜻과 공간을 확보했다는 뜻이다. 그러나 환경을 득해야 한다는 것이 九二爻의 가르침이다. 그 환경이란 것을 利 見大人으로 압축해서 표현하고 있다.

사회생활을 함에는 무엇보다도 도움을 받을 수 있는 사람과의 교분이 중요하다. 대인을 만나야 한다는 것이다. 여기에서 천(龍), 지(地), 인(人) 三才의 중요성을 강조하고 있다. 천(天)은 천시(天時)를 얻었음이요, 지(地)는 환경적인 터전을 마련하였다는 것으로 지운(地運)을 얻었다고 볼 수 있다.

인(人)에 해당되는 것은 세상에 나와서 성공의 길로 가려면 주변의 교우관계는 물론이고 자기를 끌어주는 대인을 만나야 하는 것이 필수사항이라는 것을 강조하고 있다. 그러나 그것이 아무렇게나 만나게 되는 것

이 아니다. 어떤 사람은 상사를 잘 만나 어렵지 않게 출세의 길을 가는 경우도 있고, 어떤 이는 윗사람을 보필하며 열심히 일하여도 이용만 당하고 버림받는 경우도 있다.

우리는 구직을 하면서 직장만 보는 경향이 있다. 직장만큼이나 중요한 것이 직장의 상사이며 구성원이다. 그런 운명적인 요소가 숨어 있다는 것이다. 그러므로 우리는 노력하고 극복하려는 의지가 필요하다. 어느 직장만을 목표로 할 것이 아니라 누구와 함께 일해야겠다는 의식의 전환도 중요하다.

사회생활에서의 교우관계의 총체를 설명하고 있다. 사기꾼을 만나면 사기꾼이 될 확률이 많아지고 도박꾼을 만나면 놀음쟁이가 될 수도 있다. 반대로 어떤 분야의 전문가를 만나면 그 일을 하지 않더라도 그 분야의 박식한 지식인이 된다. 처가를 잘 만나 그 덕으로 사는 사람도 있고 친구 덕으로 출세하는 사람도 있다. 그런 교우관계에서 본받을 만하고 후원자가 되기도 하는 대인을 만난다면 인생이 이롭다는 가르침이다.

세상에 나아가다

어둠 속일지라도
새벽의 기운이 나를 낳게 하니
아침노을 붉은 욕망으로
구석구석 비춰보며
쟁기 챙겨
밭에 섰다

쟁기 끌어줄
힘세고 지혜로운 이
기다려 만나니

하늘이
나의 밭을 갈게 함이라

■ 乾九三

君子 終日乾乾 夕惕若 厲 无咎 (군자 종일건건 석척약 려 무구)
군자는(君子) 항상 최선의 노력을 다하고(終日乾乾) 저녁에는 하루 동안 한 일을 반성하니(夕惕若) 하는 일이 위태롭다(厲) 하여도 허물이 없다(无咎)

惕: 두려워할 척 / 두려워하다, 놀라다, 근심하다, 걱정하다   若: 같을 약 / 같다, 너, 만약   厲: 위태로울 려 / 위태롭다, 위험하다, 갈다, 괴롭다   无: 없을 무 / 없다   咎: 허물 구 / 허물, 재앙, 근심거리, 책망하다

사회생활의 자세를 설명하고 있다. 매사에 최선을 다하라는 것이다. 종일건건(終日乾乾)은 군자가 세상에서 일익을 담당하여 인생을 경영하는 모습을 담고 있다.

최선을 다하여 맡은 바 책임을 완수하고 저녁이 되면 하루의 일을 반성한다면 위태로움이 있다 한들 무슨 허물이 있겠는가?

여기에서 군자는 삼재를 갖춘 사람을 일컫는다. 하는 일마다 성과가 있을 것이다.

주역의 삼효(三爻)는 주로 노력을 많이 하고 바쁜 모습을 그리고 있다. 또 약간 위태롭기도 하다. 삼효는 원래 팔괘의 모습인 아래 괘 세 작대기의 맨 위에 있는데, 아래의 괘를 내괘(內卦)라고 한다. 내괘의 맨 위에서 외괘(外卦)로 옮아가는 과도기적인 역할을 하므로 삼효는 부지런해야 하

고 위태로움을 내포하고 있다. 그래서 종일건건(終日乾乾)과 려(厲)가 붙어 있는 것이다.

노력하라

일하고
점검하고 반성하고 발전시키고
극복하고…
다시
도전하고

끝없이 노력하는
인생은
아름답다

▣ 乾九四

或躍在淵 无咎 (혹약재연 무구)
혹 연못을 박차고 도약해도(或躍在淵) 허물이 없다(无咎)

或: 혹 혹 / 혹, 혹은, 있다, 늘, 언제나   躍: 뛸 약 / 뛰다, 뛰어오르다, 흥분하다
淵: 연못 연 / 연못, 소, 깊다, 조용하다

충분히 준비가 되었다면 과감하게 물 위로 용솟음칠 필요가 있다는 것이다. 군자의 용기와 결단, 판단력, 추진력을 요구하는 것이 주역이다.
 모험이 없는 성공은 있을 수 없다. 구사는 외괘(外卦)를 시작하는 힘찬 기운으로 상층부에 있는 지도자 격이며 후천의 시작이다. 인생의 후천이

란 부모의 그늘을 벗어나 사회생활에 더욱 박차를 가하는 강력함을 요구하고 있다. 그렇다고 아무나 대책 없이 도약하라는 것이 아니다. 그래서 '혹(或)'을 붙였다. 或은 '충분한 준비'라고 해석할 수 있다. 그것은 다른 차원의 신(神)과의 교감과 공간과 인적 환경의 확보를 요구하는 것이다. 재(在)는 '살피다'의 뜻이다.

사효(四爻)는 계급적으로 재상(宰相)의 자리에 해당되는데, 준비가 철저히 되었다면 대권의 자리로 도약해보라고 권하고 있다. 주역의 기자(記者)는 다분히 민주적인 사고를 갖고 있다. 왕권이 세습되어야 한다는 절대적인 사고가 아닌 것이다. 준비를 하고 절차를 밟아 과감히 도약하여 꿈을 이루라고 쓰고 있다. 오효(五爻)는 임금의 자리이므로 사효는 임금이 되기에 기본적인 자격을 갖추었다고 볼 수 있다. 맨 위의 상효는 상왕의 자리로 현직에서 물러나 죽음을 기다리는 정(貞)의 위치가 된다.

여기에 해석의 중요성이 있다. 관직에만 국한되어 해석할 일이 아니다. 부사장이 사장이 될 준비가 되었다면 과감하게 도약하라는 뜻이고, 선거에 출마하여 당선되는 것이 목표인 사람도 준비가 충분하면 도전하라는 뜻이다. 목표를 향한 도전을 의미하고 있다. 도전은 군자의 책무다.

도전하라

이상향을
추구하라

높은
가치에
도전하라

▣ 乾九五

飛龍在天 利見大人 (비룡재천 이견대인)
나는 용이 하늘에 있으니(飛龍在天) 대인을 만나면 이롭다(利見大人)

飛: 날 비 / 날다, 떨어지다, 오르다, 빨리 가다, 높다

자신의 능력을 최고도로 발휘하는 시기를 맞았다 하더라도 도와주는 사람이 있어야 목적을 달성할 수 있다는 말이다.

비룡은 말 그대로 하늘을 나는 용이므로 때를 만나 본연의 일을 거침없이 하고 있는 사람의 상징이다. 여기까지 올라오는 것도 하늘의 허락이 있어야 하고 땅의 입지를 얻어야 한다. 그리고 본인의 노력과 용기도 필요하다. 거기에 더하여 인맥을 강조하고 있다. 사람들로부터의 도움과 신뢰가 있어야 꿈꾸는 세상을 얻을 수 있다는 말이다.

하늘, 땅, 사람의 일체감을 다시 한 번 강조하고 있다. 이것이 주역의 근본 사상 중 하나이다.

주역을 구오학(九五學)이라고도 한다. 모든 괘에서 구오에 초점이 맞춰져 있음을 느낄 수 있다. 오효는 건괘(乾卦)의 작대기 부호 중 아래로부터 다섯 번째 작대기를 일컫는다. 구오가 상징하는 계급은 군왕이므로 정상(頂上)에 선 성공한 사람을 의미한다. 그래서 치자(治者)의 학문이라고도 부른다.

주역은 중(中)을 매우 중시한다. 그리고 정(正)을 가르치고 있다. 항상 중도를 지키고 제 위치에서 분수를 지킨다면 무슨 허물이 있겠는가? 그래서 2효와 5효를 중효(中爻)라고 하는데 2효가 음효(陰爻)이고 5효가 양효(陽爻)이면 중정을 얻었다고 한다. 중정을 얻은 효의 해석은 대체로 좋게 되어 있다.

분수를 지키고 겸손하게 본분을 다하고 있으면 운이 있는 사람은 자기의 하늘이 열릴 것이다. 머리를 내민다고 자기 것이 될 수는 없다.

그리고 한 시대를 풍미했으면 지극히 평범한 삶으로 회귀하고 자연과 친해져야 한다. 이것이 건괘가 가르치고자 하는 것이다. 하늘의 순리를 따르라고 명하고 있다.

때를 만나다

기도도 모여서 함께함이
힘이 있듯
하물며
세상이랴?

혼자 세상과 맞서 싸워
이길 수는 없다

사랑하는 사람
위해주는 사람
힘이 되는 사람
기분 좋은 사람

그들과
숨을 맞춰
두려움 없이 솟구쳐 올라라

지금이
하늘이 허락한
때다

■ 乾上九

亢龍 有悔 (항룡 유회)
때를 넘긴 늙은 용은(亢龍) 후회함이 있다(有悔)

亢: 지나칠 항 / 지나치다, 겨루다, 거만하다, 목, 목구멍

물러남의 타이밍이 매우 중요하다. 물러날 때가 되도 욕심으로 버티다가 후회할 일을 만들고 만다는 뜻이다.

항룡은 비룡의 시기를 넘어선 경우를 말한다. 교만의 경지를 뜻하기도 한다. 분수 밖의 과실을 넘보는 것이기도 하다.

항룡은 늙은 용이며 운이 다한 용이다. 욕심만 가득 찬 늙은이에 해당한다.

상효(上爻)는 주역부호의 여섯 작대기 중에 가장 위에 있는 작대기로 계급으로는 상왕의 자리이고 정(貞)의 시절이며 죽음을 준비하는 시기이다.

하늘을 나는 용은 그 하늘에서 떠날 채비를 했다가 더 힘찬 용에게 하늘을 물려주고 과감하게 떠나야 한다. 인간은 필히 자연으로 돌아간다. 자연의 품에 안기기 전에 자연과 친해질 필요가 있다. 물질문명을 맹신하고 쫓으면 언젠가는 화를 입는다는 것이 주역의 가르침이다.

욕망

멈추어라
욕망을

영혼이 가벼워야
하늘로 오를 수 있다

왔다가 가는 것
잎사귀의 일생과 같은 것
누가 겨울을 거역하리

조금 덜 푸르렀다고
조금 덜 붉었다고
후회하지 마라

올 때의 모습으로
가는 것이다

▣ 乾用九

見群龍 无首 吉 (견군룡 무수 길)
무리의 용들 속에서(見群龍) 머리를 내밀지 않으면(无首) 길하다(吉)

群: 무리 군 / 무리, 떼, 동아리, 동료   首: 머리 수 / 머리, 먼저, 앞   吉: 길할 길 / 길
하다, 좋다, 복

주역의 기자(記者)는 주역해석의 근간을 이루고 있는 건괘(乾卦)와 곤괘(坤卦)에서만 用九와 用六을 하나씩 덧붙여 쓰고 있다. 건괘는 순양효로만 되어 있고, 곤괘는 순음효로만 구성되어 있기 때문에 양효의 쓰임새와 음효의 쓰임새를 대표하여 밝히고자 한 것으로 이해가 된다. 여기에서 九는 양효를 뜻하는 것이며, 六은 음효를 의미한다. 九, 六 숫자의 의미를 자세히 알고 싶으면 '수(數)의 원리'에서 밝힌 생수(生數)와 성수(成數), 태양수, 태음수에 대하여 공부하기를 바란다.

군룡은 잠룡, 현룡, 비룡, 항룡들이 모여들어 다투는 모양이다. 함부로 성급하게 머리를 내밀면 흉한 꼴을 당한다는 뜻이다.

무수(无首)란 겸손, 순종, 협동, 봉사의 삶을 말한다. 함부로 머리를 내밀지 말고, 건방 떨지 말라. 생활 속에서 이런 것을 잘 지킨다는 것은 결코 쉽지가 않다.

나의 인생

아무리 우쭐대도
저마다의 삶이 있다

너,
나,
우리

나는 너를
너는 나를
겸손, 존중, 헌신, 사랑하라

중지곤(重地坤)

땅은 인간들이 사는 세상이다. 지지고 볶고 아웅다웅 사는 것은 세상이 호락호락하지 않음이다. 모든 생물을 품고 길러내고 죽음조차도 받아들이는 땅의 이치를 어떻게 이해해야 할까?

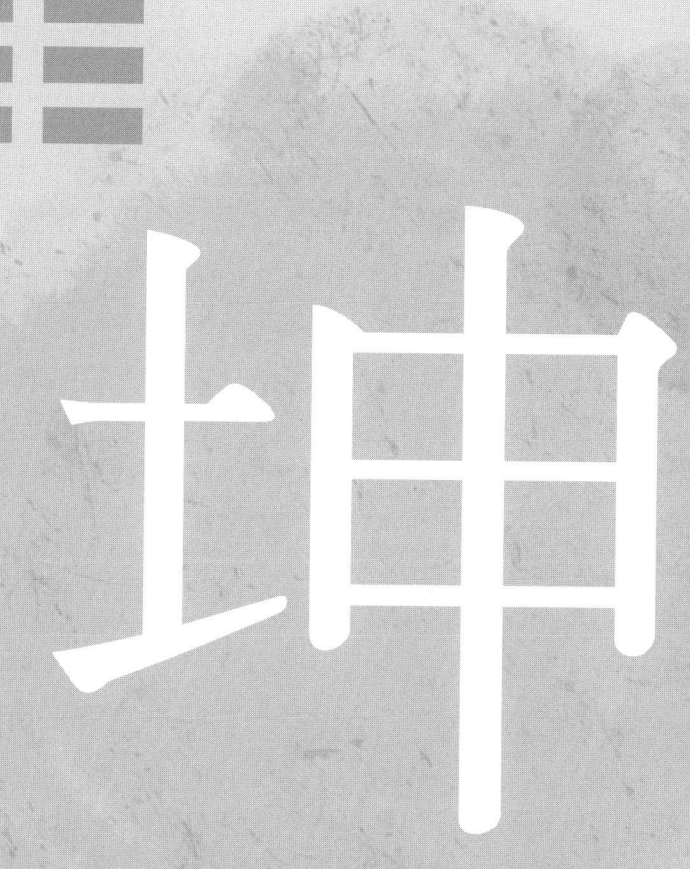

第二卦 【坤】 重地坤　　坤上坤下

卦辭 : 坤 元亨利 牝馬之貞
　　　　 君子 有攸往 先迷後得 主利 西南得朋 東北喪朋 安貞 吉
彖曰 : 至哉坤元 萬物資生 乃順承天 坤厚載物 德合无疆 含弘光大 品物
　　　　 咸亨 牝馬地類 行地无疆 柔順利貞 君子攸行 先迷失道 後順得常
　　　　 西南得朋 乃與類行 東北喪朋 乃終有慶 安貞之吉 應地无疆
象曰 : 地勢坤 君子以 厚德載物

初六 : 履霜 堅冰至
象曰 : 履霜堅冰 陰始凝也 馴致其道 至堅冰也

六二 : 直方大 不習 无不利
象曰 : 六二之動 直以方也 不習无不利 地道光也

六三 : 含章可貞 或從王事 无成有終
象曰 : 含章可貞 以時發也 或從王事 知光大也

六四 : 括囊 无咎 无譽　　象曰 : 括囊无咎 慎不害也

六五 : 黃裳 元吉　　象曰 : 黃裳元吉 文在中也

上六 : 龍戰于野 其血玄黃　　象曰 : 戰龍于野 其道窮也

用六 : 利永貞　　象曰 : 用六永貞 以大終也

2. 중지곤(重地坤)

상생(相生)의 철학

■ 곤괘(坤卦) 해설

　곤(坤)은 '땅, 대지'의 뜻이며 건(乾)이 양(陽)의 세계라면 곤(坤)은 음(陰)의 세계를 총칭하며, 건이 정신의 세계라면 곤은 물질의 세계이고 '인간이 살아가는 세상'을 의미한다.
　하늘의 도(道)를 알았으면 상생(相生)의 길로 나아가라는 가르침이다. 인간을 비롯한 삼라만상은 일정의 시간 동안 살아가다가 마침내 죽거나 흩어지게 된다.
　건(乾)이 밝음의 상징이라면 坤(곤)은 어둠의 상징이기도 하다. 건이 아버지라면 곤은 어머니이다. 모정과 사랑이며, 만물을 품어 기르는 땅이다. 또한 건은 하늘의 섭리, 즉 시간과 인생의 원리를 설명하고 있으며, 곤은 인간사회와 실용의 원칙을 풀어놓고 있다.
　인간의 삶이란 고난의 연속이라는 사상을 기초로 하여 그 고난을 이겨내는 등불의 역할이 무엇인가를 설명하고자 주역이 쓰여졌다면 그것이 곤에 함축되어 있다고 할 것이다. 욕심을 버리고 서로 도와야 한다고 가르치고 있다. 상생이야말로 평화와 번영으로 가는 지름길이다.
　인간이 살아가는 동안 많은 물질을 필요로 하는데, 그 물질을 대변하는 돈에 대하여 곳곳에 치밀하게 배치하여 설명하고 있다. 주역의 기자(記者)는 분명히 자본주의자의 성향을 갖고 있으며, 물질의 숭상과 폐해에 대하여 잘 표현하고 있다. 돈과 관련되지 않은 운명이 얼마나 되겠는가? 최근의 복지정책, 상생경영을 예견이나 한 듯 통렬하게 설명하고 있다. 그래서 인간의 삶은 아직도 주역의 체계를 벗어날 수 없다고 하여 주역으로 점을 치려고 하는지도 모른다.

인간사회는 매우 복잡하고 작은 흥망성쇠를 거듭하면서 나아가지만, 그 자체도 언젠가는 멸망하게 되어 있다. 그 멸망은 종교전쟁일 것이라는 암시를 하고 있다. 그러나 그 때는 아주 오랜 시간이 남아 있다는 것이며, 그것을 극복하는 방법도 제시하고 있다는 것이다.

죽어서 천당의 세계를 제시하는 것이 아니라 살아 있는 동안에 살아가면서 대처하는 방법을 상세히 기술하고 있다.

■ 坤卦辭

坤 元亨利 牝馬之貞 (곤 원형리 빈마지정)
곤의 원리는(坤) 원, 형, 리의 시절을 거쳐(元亨利) 貞의 시절에 이르렀을 때 순한 암말과 같이 순종하는 것이다(牝馬之貞)

君子 有攸往 先迷後得 主利 (군자 유유왕 선미후득 주리)
군자가(君子) 나아감에 있어서(有攸往) 처음은 혼미하여도 뒤에는 얻는 것이 있으니(先迷後得) 利의 주인이 된다(主利)

西南得朋 東北喪朋 (서남득붕 동북상붕)
서남쪽으로 가면 벗을 얻고(西南得朋) 동북쪽으로 가면 벗을 잃는다(東北喪朋)

安貞 吉 (안정 길)

貞의 시절(마지막 죽음의 때)을 생각하며 편안한 마음을 가져야(安貞) 길하다(吉)

坤: 땅 곤 / 땅, 대지 牝: 암컷 빈 / 암컷, 음, 골짜기 攸: 바 유 / 바(所), 어조사, 다스리다 迷: 미혹할 미 / 미혹하다, 헤매다 得: 얻을 득 / 얻다, 이익 朋: 벗 붕 / 벗, 친구, 무리를 이루다, 화폐단위 喪: 죽을 상 / 죽다, 망하다, 잃다, 복을 입다

땅 위에서 살아가는 인간의 삶이란 결국 죽음으로 마감하게 된다. 모든 생물이 그러하듯 인간의 유한성을 설명하고 있다. 빈마지정(牝馬之貞)은 건(乾)의 정(貞)과 달리 죽음 자체를 의미하고 있다. 모든 인간에게 맨 먼저 죽음이 있다는 것을 명심하라고 가르치고 있다. 사람은 세상을 살아가다가 죽음의 시기를 맞이했을 때 암말의 온순함과 같이 순명의 자세로 받아들이라는 것이다. 죽음의 철학을 인간사(人間事)의 첫머리에서 가르치고 있다.

주역은 군자학(君子學)이다. 군자는 '장성하여 의식을 깨우쳤으며 가정을 책임지고 세상에 나아가 봉사해야 하는 의무를 지닌 지식층'을 총칭하고 있다. 여기서는 '모든 사람이'라고 해석해도 좋다.

모든 인간에게 죽음을 생각하며 살라고 큰 틀을 이야기하고 나서 군자 개인에게 기본적인 가르침을 일갈하고 있다. "군자여! 어떤 일에 목적을 두었으면 처음에 어렵더라도 굳세게 밀고 나아가라! 그러면 세상의 주인이 될 것이다." 이것이 두 번째 구절의 가르침이다.

유유왕(有攸往)은 '살아가는 동안에'라는 의미다.

서남득붕 동북상붕은 주역의 기초인 오행의 이론을 대입시키면, 서남방은 상생의 방향이고 동북방은 상극의 방향이다.

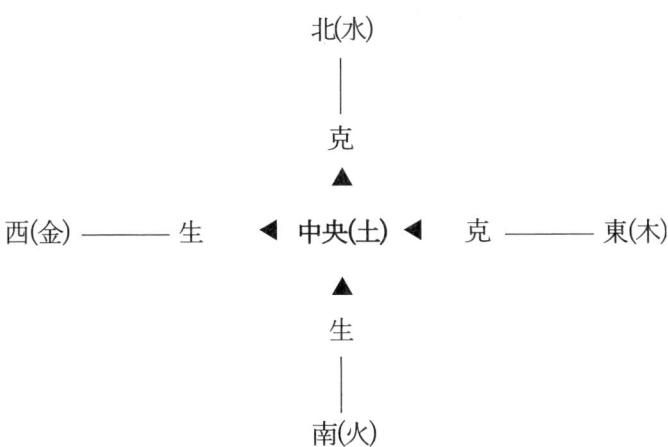

　붕(朋)은 벗을 의미하기도 하지만 고대의 화폐단위라는 점에서 재물을 의미하기도 한다. 살아가는 동안 상생의 방향으로 나아가라는 뜻이다.
　위의 표는 오행의 이론을 대입하여 풀어본 것이다. 중앙의 토(土)를 중심으로 하여 서쪽은 금(金)이므로 토생금의 원리를 적용하면 상생을 의미하고, 남쪽은 화(火)의 방향으로 화생토이므로 상생의 방향이다. 반면에 동쪽은 목(木)의 방향으로 목극토로 중앙의 자신과 극의 방향이고, 북쪽도 수(水)의 방향으로 토극수의 상극의 방향이다. 상극의 방향으로 나아가면 벗과 재물을 잃는다는 뜻으로 해석이 가능하고 상생의 방향으로 나아가면 필요한 것을 얻을 수 있다는 뜻이다. 이의 포괄적이고 철학적인 의미는 욕심을 버리고 상생의 길로 나아가라는 지극히 기본적인 가르침이다.
　이 구절은 앞 구절의 조건부에 해당한다. 앞에서는 '노력하면 얻을 것이다' 라는 의미로 성경의 '두드리면 열릴 것이다' 의 의미와 상통하다고 할 것이다. 그러나 여기서는 '서로 도우면서 노력하라' 는 뜻으로 조건을 달아놓고 있다.

상생의 방향이란 상대를 인정하고 서로 도우며 건전한 교류를 의미한다. 욕심 부리고 무시하고 홀로 나아가려는 것을 경계하고 있다.

안정(安貞) 길(吉)은 정(貞)의 시절, 곧 죽을 때를 생각하여 항상 겸허하고 편안한 생각으로 인생을 살아가면 길하다고 하였다. 주역은 모든 인간에게 죽음이 있다는 것을 가르치고 있다.

이치에 순종하라 (坤 元亨利 牝馬之貞)

이 땅의
모든 것을 누려라

그러나
인생은 유한한 것

죽음에 순종하라
자연에 안기는 영광에
감사하라

노력하면 얻으리 (君子 有攸往 先迷後得 主利)

흙은 정직하다
땅에 정성 들여
갈고 뿌리고 돌보면
거두는 기쁨이 있으리

얻으려는 자
노력하라
세상의 주인이 될지니

서로 도우라 (西南得朋 東北喪朋)

인간은 혼자 살 수 없다
서로
주고받는 가운데
벗을 중시하고
주고받는 그 무엇에서
정을 느끼고

인간의 역사는
협동의 역사다

죽음의 연습 (安貞 吉)

항상
오늘 밤 잠들어
아침에 깨지 못함을 상상하라

그래도
후회 없는 삶
아쉬움 없이 순간순간 최선을 다한 인생

매일
죽음의 연습이 쌓여
마지막에 편안히 잠들 수 있다면…

■ 坤初六

履霜 堅氷至 (리상 견빙지)
서리를 밟으면(履霜) 단단한 얼음에 도달한다(堅氷至)

履: 신 리 / 신발, 신다, 밟다   霜: 서리 상 / 서리, 해, 세월   堅: 굳을 견 / 굳다, 세다, 튼튼하다   氷: 얼음 빙 / 얼음, 얼다, 굳다

곤(坤)은 음효(陰爻)로만 이루어져 있고 땅의 기운이며, 이 세상에서 인간 군상들이 살아가는 삶을 설명하는 괘이다. 초효에서는 음의 기운의 특징을 설명하고 있다. 초겨울 아침에 서리를 밟을 때 오히려 기분이 좋다. 적당한 쿠션과 소리가 있어서 발걸음을 가볍게 하기도 한다. 그러나 며칠이 지나면 강한 얼음으로 변하여 힘들고 위험한 발걸음이 되고 만다. 현재는 부드러운 눈이나 서리로 보이는 것이 현상이지만 내면에는 견고하여 튼튼한 음의 세계가 버티고 있다는 뜻이다. 내면이 차고 강한 것이 우리가 살고 있는 음의 세계이고 경쟁과 질투의 세계이다. 세상은 생각보다 호락호락하지 않다는 뜻이다.

인생을 시작하는 젊은이는 용기백배하고 무지갯빛 미래를 생각하며 두려움 없이 나아가지만 결국 세상의 벽에 수없이 부딪히고 깨어지며 인생을 살아간다. 경험해보지 않고 미래를 아는 사람은 없듯이 우리가 살고 있고 살아가는 이 세상, 음의 세계이며 곤의 세계는 험난함이 도사리고 있는 얼음판 같다고 설명하고 있는 것이다.

산다는 것

세상은 만만치 않다

보기에는
곱고 푸석한 눈으로 보이나
밟을수록
단단하고 차가운 얼음처럼
녹록한 인생이 어디 있겠는가

산다는 것은
얼음판 위를 걷는 것

■ 坤六二

直方大 不習 无不利 (직방대 불습 무불리)
인간의 본성은 곧고 모나고 크며(直方大) 살아감에 있어서 특별히 학습을 하지 않아도(不習) 불리하지 않다(无不利)

直:곧을 직/곧다,바르다,고치다　方:모 방/모,사방,방위　習:익힐 습/익히다,배우다,닦다

인생은 태어나면서부터 고난의 항해를 하는 것이다. 그러나 모든 인간은 그 바다를 항해할 본능적인 자질을 부여받았다. 그러므로 자신의 자질과 능력을 살리며 노력한다면 무사히 항해를 마칠 수 있다. 인간이 부여받은 본능은 직방대(直方大)하므로 별도의 학습을 하지 않아도 크게 불리하지 않게 인생을 살아갈 것이라는 것이 주역의 입장이다. 그것은 인간도 자연의 일부에 지나지 않는다고 보고 있기 때문이다.

주역의 2효는 다분히 실무적인 요소들을 기술하고 있다. 여기서는 사람이 근본적으로 산다는 것은 매우 자연스러운 것이며, 다른 동물이나

식물들과 별 차이가 없다고 하였다. 특별한 학습이 없이도 번성하며 살아가는 소나 돼지처럼, 인간도 그렇게 사는 데에는 아무 이상이 없다.

또 하나의 해석은 인간은 누구나 평등한 위치에서(直方大) 자신의 인생을 개척하며 살아가는 것이다. 미리 살아본 사람도 없고(不習), 특별한 학습을 받은 사람도 없다. 그러니 누군들 불리함이 있겠는가?

인생은 연습이 없는 것

인생을
본능으로만 산다면
학습이 필요 없다

그러나 우리는
본능에 일탈을 더하여
곧고 방대한 여정을 걸어간다
연습해볼 수도 없는 인생길

모두 그렇게 사는 것
누구라고 특별히
유불리가 있겠는가?

▣ 坤六三

含章可貞 或從王事 无成有終 (함장가정 혹종왕사 무성유종)
  학문을 완성한 자가(含章可貞) 간혹 왕의 일을 돕는다는 것은(或從王事) 성공은 없고 마침만 있다(无成有終)

含: 머금을 함 / 머금다, 품다   章: 글 장 / 글, 문장   從: 좇을 종 / 좇다, 모시다
成: 이룰 성 / 이루다, 이루어지다, 정해지다   終: 마칠 종 / 마치다, 끝나다, 차다, 죽다

　합장가정(含章可貞)은 글을 끝까지 이룬 사람, 즉 학문의 완성자를 의미한다. 현대 물질문명을 공부한 지식인이다. 박사, 교수로 대변할 수 있다. 왕의 일을 돌본다는 것은 이런 학자가 정치에 관여한다는 뜻이다. 학자들이 정치에 참여하는 경우가 종종 있다. 평생 학문을 하던 학자가 하던 일을 그만두고 정치에 입문하여 자신의 소신을 펴고자 좌충우돌하며 불미스러운 모습을 보이는 경우가 있다. 정치는 정치영역의 전문성이 필요하다. 우리 조상의 왕조들은 왕자들을 조기교육시켜 왕재를 뽑아 세자로 세우고 임금의 자리에 오르게 하였다. 그렇게 전문교육을 시켜도 성공하는 왕은 흔치 않다. 현대 민주정치에서도 정치를 희망하는 영재를 뽑아 조기교육과 전문교육을 시킬 필요가 있다고 본다. 우리 사회에서 정치가 차지하는 비중이 막강함에도 불구하고 교육에는 너무 소홀한 것이 아닌가? 우리나라 지도자 중에 치자의 학문이며 제왕학이라고 불리는 주역을 공부한 사람이 몇이나 될까?
　정치는 과학과 기술, 경영의 기술을 넘어 도(道)와 철학이 필요하다. 정치철학을 갖추지 않은 자가 정치에 참여한다는 것은 성공을 기대하기 힘들다. 자기주장만 관철하려고 악을 쓰다가 마는 것이다. 그러므로 성공은 없고 마침만 있다고 하였다.

곤(坤)의 도(道)

기술과
인간의 논리와 열정이
시간을 매어둘 수는 없고

붉어가는 잎사귀를 푸르게 만들 수 없듯
땅과 하늘이 합작으로 만들어가는
멈추지 않는 세상의 열차 속에서
만물은 죽음을 맞을 뿐
뽐내지 말고 살아라
자연의 도(道)를 얻은 자가 땅을 다스리리니

▣ 坤六四

括囊 无咎 无譽 (괄낭 무구 무예)
돈주머니를 졸라 묶으면(括囊) 허물도 없지만(无咎) 명예도 없다(无譽)
(자식을 번성시키지 않으면 허물도 없고 명예도 없다)

括: 묶을 괄 / 묶다, 담다   囊: 주머니 낭 / 주머니, 불알   譽: 명예 예 / 명예, 기리다, 칭찬하다, 바로잡다

사람이 세상에서 출세하는 방법은 삼효에서 설명한 국정에 참여하여 권력을 얻는 방법과 지금 설명하려는 돈으로 부자가 되는 것이라고 설명하고 있다. 어느 것을 얻었든지 그것은 자신의 것만이 아니고 공동체의 테두리 안에 있는 것이고, 펼치고 나누어야 하는 대상일 따름이다. 또 하나의 가르침은 권력과 돈은 일맥상통하는 것이 아니라 별개의 것이라는 대원칙을 말하고 있다. 권력을 얻으면 부(富)도 얻을 수 있다는 생각은 매우 위험하다. 또 돈으로 권력을 산다는 발상도 위험천만이다.

이 구절은 부를 이룬 자가 돈주머니를 졸라매어 나누지 않으면 허물이라고 할 수는 없겠지만 이치에 반(反)한다는 가르침을 쓰고 있다. 어떤 노력을 하여 부자가 되었든지 부를 나누는 것에 인색하지 말아야 한다.

주역은 자본주의를 옹호하면서도 복지사회를 지향하고 있다.

다르게 해석해보면 낭(囊)을 남성의 씨(불알)로 해석할 수 있다. 불알을 묶어 자식의 번성을 게을리하면 인류는 발전할 수 없다는 것을 깨우치고 있다. 무자식이 상팔자라고 자식을 낳지 않으면 일신은 편안을 누릴지 몰라도 자식을 통한 영예도 누릴 수 없고 발전의 기운도 받지 못할 것이다.

독점하지 마라

홀로
많이 가졌다고
치장하고 상속하고
자기 소유라고 우기지 마라

하늘이 모두에게 공평하듯
땅이 모두를 품듯
펼치고 나눠라

▣ 坤六五

黃裳 元吉 (황상 원길)
황색치마는(黃裳) 근원적으로 길하다(元吉)

黃:누를 황 / 누르다, 누른 빛   裳: 치마 상 / 치마, 낮에 입는 옷, 화려한 옷

황색은 오행의 중앙이고 토(土)의 기운이다. 황(黃)은 중용의 덕을 의미한다. 치마는 아래로 펼치는 것이다. 권력을 가졌든지 돈을 가졌든지 아래로 덕을 베풀라는 것이다. 인간은 자연의 일부이고 삼라만상은 서로

의지하고 도우며 살아가고 있는데, 일부의 가진 자가 욕심을 부리는 것을 경계하고 있다. 황색은 부와 권력의 색이기도 하고 사랑과 희생의 색이기도 하다.

봉사의 삶은 아름답고 길하다.

사방이 땅이다

품어라
땅의 기운이 만물을 품듯이

펼쳐라
땅에서 엎으리니

희생, 박애
품고 나누는 땅의 정신처럼
사방에 펼쳐라

◉ 坤上六

龍戰于野 其血玄黃 (용전우야 기혈현황)

들판에서 용들이 전쟁을 하고 있으니(龍戰于野) 그 피가 검고 누렇다(其血玄黃)

戰: 싸울 전 / 싸우다, 싸움, 전쟁　于: 어조사 우 / 어조사, 가다, 행하다　野: 들 야 / 들, 거칠다

하늘에 있어야 할 용이 들판에서 싸움을 하고 있다는 것은 종교를 상징

하고 있다. 용은 신의 대리자를 의미한다. 야(野)는 땅을 대변하고 있으므로 이 세상을 뜻한다. 검은 피를 흘리는 용과 누런 피를 흘리는 용이 대판 전쟁을 벌이고 있다. 검은 색은 수(水)와 통하고 물과 관련된 종교를 의미한다. 누런색은 사막의 색이고 중앙 토(土)의 색이다.

두 종교는 필연적으로 싸울 수밖에 없는 것인가? 두 종교뿐만이 아니라 종교 간의 전쟁, 종교 내에서의 전쟁은 피할 수가 없는 것인가?

종교는 하늘과 땅을 이어주는 교량의 역할을 한다. 하지만 인간사회의 분열의 역할도 하고 있다. 이 세상의 종말이 온다면 종교에 기인할 것이라는 것이다. 종교를 기반으로 한 대륙 간, 국가 간, 종족간의 전쟁으로 언젠가 종말에 이르게 될 것이다.

이렇게 곤(坤)괘는 인간세상의 모든 일을 담고 있다.

신들의 전쟁

하늘의 용들이 벌판에서
전쟁을 벌인다
인간아!
신들의 전쟁에 끼지 말라
피 흘림도 모자라
영혼이 다친다

▣ 坤用六

利永貞 (리영정)
리의 시절에서 정의 시절 사이는 매우 길다

永: 길 영 / 길다, 오래도록, 길게 하다

리(利)의 시절은 문명의 시절을 의미한다. 인생에서의 리의 시절은 학업을 마치고 사회생활을 시작하고부터, 혹은 결혼하고부터 경제활동을 마칠 때까지라고 정의할 수 있다. 길고 중요한 시기이다. 이 시기는 인생의 문명기이기도 하다. 인류의 문명의 기간은 매우 길므로 인류멸망의 시기가 도래하기는 마직 멀었다는 말이다.

그러므로 이 세상은 현재 살고 있는 우리의 것만이 아니다. 자연과 문화를 잘 가꾸고 보존하여 후손들에게 물려줘야 한다.

공자(孔子)는 주역에 십익(十翼)을 붙이면서 자신의 글은 5000년 동안 고칠 수 있는 자가 나타나지 않을 것이고, 5000년 후에 간방(艮方: 대한민국)에서 그 성인(聖人)이 나타날 것이라고 밝혔다. 공자가 2500년 전에 이 말을 남겼으므로 앞으로 2500년 후에는 개벽이 일어나고 인간의 가치관이 변할 것이므로 공자의 의견에 이의를 제기할 수 있는 환경이 될지도 모른다. 주역이 밝힌 바에 의하면 일부 종교의 종말론은 아직 때가 아니라는 것이다.

인류 문명

내가 살다 죽어
흙을 만들고
자식이 살다 죽어
또 만들어
땅의 기운은 영원하리라

하늘을 사랑하라
나무를 사랑하라
개미보다 작은 벌레도
사랑하라
땅은 이미
우리를 사랑한다

수뢰둔(水雷屯)

하늘과 땅이 열린 다음 인간세상에서 가장 중요한 것은 '사랑'이다. 인간끼리의 사랑과 사람이 자연을 사랑하는 것을 천성적으로 깨닫게 되는 과정을 둔(屯)괘를 통해서 말해주고 있다.

第三卦 【屯】水雷屯 坎上震下

卦辭：屯 元亨利貞 勿用 有攸往 利建侯
彖曰：屯 剛柔始交而難生 動乎險中 大亨貞
　　　雷雨之動 滿盈 天造草昧 宜建侯而不寧
象曰：雲雷 屯 君子以經綸

初九：磐桓 利居貞 利建侯
象曰：雖磐桓 志行正也 以貴下賤 大得民也

六二：屯如邅如 乘馬班如 匪寇婚媾 女子 貞 不字 十年乃字
象曰：六二之難 乘剛也 十年乃字 反常也

六三：卽鹿无虞 惟入于林中 君子 幾 不如舍 往吝
象曰：卽鹿无虞 以從禽也 君子舍之 往吝窮也

六四：乘馬班如 求婚媾 往 吉 无不利
象曰：求而往 明也

九五：屯其膏 小貞吉 大貞凶
象曰：屯其膏 施未光也

上六：乘馬班如 泣血漣如
象曰：泣血漣如 何可長也

3. 수뢰둔(水雷屯)

사춘기의 첫사랑

■ 둔괘(屯卦) 해설

둔(屯)은 '진 치다, 어렵다' 의 뜻이다. 어렵다의 뜻에 가깝다고 하여 '준' 으로 읽기도 한다. 필자의 철학적인 해석은 '준' 으로 읽을 수도 있으나 '둔' 으로 읽기로 하겠다. 어느 의미도 통하고 있기 때문이다.

둔(屯)은 인생의 사춘기다. 사춘기는 자아의 완성기이고, 사랑을 알아가는 단계이고 인간의 아름다운 본성이다. 모든 사람이 사춘기 사랑의 감정을 간직하고 살아갈 수 있다면 인생이 얼마나 설렐까? 사춘기의 사랑은 덜 익은 사랑, 즉 풋사랑이라고도 한다. 그런데 순결이라는 것이 전제되어 있다.

주역은 사랑 중에서도 사춘기의 사랑을 세 번째 장에서 다루고 있다. 그만큼 사랑은 고귀한 가치라고 판단하고 있는 것이다. 그리고 군자가 되는 첫 번째 관문이기도 하다. 둔괘(屯卦)의 사랑은 선천적 사랑의 발로이다. 이에 반해 주역의 서른한 번째 쓰여진 함괘(咸卦)는 후천적 사랑의 시작이라고 할 수 있다.

사춘기는 욕정과 미래라는 인생의 언덕에서 끊임없는 고민을 유도하여 자아를 생성시킨다. 욕정에 이끌리면 인생 전체에 부정적인 영향을 미치는 경우도 있고, 욕망을 억누르고 미래를 설계하면 주역이 지향하는 군자의 길을 가게 된다.

최초로 음과 양을 인지하고 정신적인 융합이 시작되는 사춘기는 가장 소중하고 고귀한 기간이다. 여기에도 중용의 도가 필요하다. 넘치지도 모자라지도 않은 사랑의 깨달음을 얻을 수 있다면 인생의 중요한 자양분이 될 것이다.

주역은 사춘기의 사랑을 구분하여 설명하고 있다. 실패하는 사랑, 결혼까지 성공하는 사랑, 잘못된 사랑을 설명하고 잘못된 사랑에 대한 경계를 강조하고 있다.

사춘기는 인생의 가장 중요한 길목이다. 인생의 방향을 정하는 시기이기 때문이다. 리건후(利建侯)라는 말이 반복해서 나오는데, 직역하면 '제후를 세움이 이롭다' 이다. 제후를 세운다는 것은 인생의 계획을 세운다는 것이고, 목표를 정하여 일인자(侯)가 되는 꿈을 설계하라는 것이다. 영문으로 공부한 'Boys, be ambitious!(소년이여, 야망을 가져라!)' 와 일맥상통하는 말이다.

■ 屯卦辭

屯 元亨利貞 勿用 有攸往 利建侯 (둔 원형리정 물용 유유왕 리건후)

둔은 사춘기의 사랑이다(屯). 사랑은 원형리정의 단계를 거친다(元亨利貞). 첫사랑은 쓰지 말라(勿用). 사춘기에는 정진할 것이 따로 있고(有攸往) 제후가 될 큰 뜻을 세움이 이롭다(利建侯)

屯: 진칠 둔, 어려울 준 / 진 치다, 모이다, 취하다, 어렵다   建:세울 건 / 세우다
侯: 제후 후 / 제후, 후작, 아름답다, 과녁

둔(屯)은 인생을 배우는 첫 단계로 사춘기라는 진(陣)을 공략하고 넘어

야 한다는 것이다. 첫사랑을 의미한다. 사춘기의 사랑은 사랑의 근원(元)이며, 사랑에 눈뜨고 자라는 것이며(亨), 가슴 아리는 열애의 상태(利)를 거쳐 마침내 정리(貞)되는 것이다. 사춘기 첫사랑의 단계이다.

둔은 처음으로 이성에 눈을 뜨는 것이기 때문에 객관적이고 합리적인 판단에 기인하지 않고 지극히 감정적인 성향으로 흐른다. 굉장히 민감하고 위험한 감정의 상태에서 사랑에 빠지는 것이므로 이런 시기의 사랑은 쓰지 말라(勿用)고 가르치고 있다.

그러면 사춘기에는 어떻게 해야 하는가? 인생의 나아갈 바를 정립하는 시기(有攸往: 나아갈 바가 있다)라는 것을 분명히 밝히고 있다. 그리고 제후가 될 큰 뜻을 세우라는 것은 자신의 인생 목표 분야에서 일인자가 되는 계획을 세우라는 것이다.

사춘기의 사랑에 대하여 설명하면서 사춘기가 인생의 목표를 정하고 정진하는 중요한 시기라는 것을 강조하기 위하여 둔괘를 세 번째에 배치하였다.

첫사랑의 본질

사랑은 어디서 오는가?
머리?
가슴?

그것이 어디에서 오든
인생을 맛나게 한다

사춘기,
첫사랑의 향기가 감미롭더라도
인생은 사랑만이 아니다

큰 뜻을 세우고
정진하라

■ 屯初九

磐桓 利居貞 利建侯 (반환 리거정 리건후)

방황의 시절(磐桓)에는 끝까지 머물러 있어야 이롭고(利居貞) 제후가 될 큰 뜻을 세움이 이롭다(利建侯)

磐: 너럭바위 반 / 너럭바위, 뒤얽히다, 머뭇거리다   桓: 푯말 환 / 푯말   居: 있을 거 / 있다, 살다

사춘기에는 이성과 관련하여 첫사랑의 아픔을 거치며 방황하는 경우가 많다. 사춘기의 방황이 반환(磐桓)이다. 반환은 '목표를 세움에 머뭇거리다'는 뜻이다. 리거정(利居貞)은 방황의 시절이라 하더라도 방황하지 말고, 끝까지(貞) 안정되게 있음(居)이 이롭다(利)고 번역할 수 있다.

사춘기는 자아(自我)의 정신세계가 완성되지 않은 시기이므로 올바른 판단으로 사물을 보고 분석할 수 있는 능력이 아직은 완성되지 않아 충동적인 행동으로부터 자유롭지 못한 시기라고 할 수 있다. 위험한 시기이다. 심신을 안정시키고 올바른 자아의 정립과 첫사랑의 아픔에서 벗어나는 것이 중요하다는 것이다.

더구나 인생의 목표를 세워야 하는 시기이기 때문이다. 利建侯(리건후)의 진정한 의미는 사춘기의 시기에 인생을 설계하고 인생의 방향을 설정해야 하므로 목표하는 방향에서 '어떻게 일인자가 될 것인가?'를 고민하고 그 첫 매듭을 풀어가야 한다는 뜻이다. 우리는 후(侯)라고 하면 제후

만을 연상하게 되는데, 그것은 너무 경직된 생각이다. 제(帝)나 왕(王)이 아닌 후(侯)를 쓴 이유는 '자신이 세운 인생 목표에서 일인자가 되라' 는 뜻으로 새겨야 한다.

아파도 방황하지 마라

처음
신비하고 영롱한
첫사랑의 마법에 걸렸다
온통
사랑의 향기에 뒤범벅이 되었다

쓰리고 아파도
찾을 건 찾아야 한다
그대의 인생을!

▣ 屯六二

屯如 邅如 乘馬班如 匪寇 婚媾 女子 貞 不字 十年乃字
(둔여 전여 승마반여 비구 혼구 여자 정 불자 십년내자)

사춘기의 시절(屯)엔 머뭇거리며 방황한다(邅如). 말을 타고 멋을 부리며 여기저기 싸다닌다(乘馬班如). 도적이 아닌데도 도적으로 오해받고(匪寇) 소년은 청혼을 하게 되지만(婚媾) 여자는(女子) 떠나고 사랑은 끝난다(貞). 그러니 가정을 꾸리지 못하고(不字) 십 년 동안 허송세월하다가 비로소 가정을 이룬다(十年乃字)

遭: 머뭇거릴 전 / 머뭇거리다, 돌다, 돌아가다, 변천하다   乘: 탈 승 / 타다, 오르다, 업신여기다   班: 나눌 반 / 나누다, 나누어 주다, 헤어지다, 이어지다   寇: 도적 구 / 도둑, 원수, 해치다, 노략질하다   媾: 화친할 구 / 화친하다, 결혼할 사람   字: 글자 자 / 글자, 아이를 배다, 기르다, 成人이 되다

둔여(屯如)는 '사춘기의 시절에는' '첫사랑은'으로 번역할 수 있다. 전여(邅如)는 머뭇거리며 돌아다니는 모습을 표현한 말이다. 승마반여(乘馬班如)는 '말을 탔다 내렸다를 반복한다'는 뜻으로, 요즘의 세태로 해석하면 멋진 오토바이에 여학생을 태우고 폭주하며 뽐내고 싶은 사춘기의 행태를 표현한 말이라고 할 수 있다. 한시(時)도 앉아 있을 수가 없다. 그것이 정도를 넘으면 도적이라는 오해도 살 수 있다(匪寇). 첫사랑에 혼이 빠진 소년은 소녀에게 청혼을 하지만 성사될 리가 만무하지 않은가? 여자는 떠나고 첫사랑은 종말을 고하게 된다. '女子 貞'을 해석하기가 만만치 않고 학자마다 그 해석이 다르고 몹시 궁색한 해석도 보인다. 貞은 '마치다, 끝나다, 죽다'로 해석한다면 윤곽이 잡힌다. 여자는 마침내 떠나버렸다는 뜻이다. 주역은 여자를 주격으로 쓰지 않는다. 여기서는 남자인 소년을 주격으로 쓰고 있기 때문에 '소년과의 사랑의 대상자인 여자가 떠났다. 그러므로 첫사랑은 끝났다'로 표현함이 적절하다고 본다.

그 다음 문장도 해석이 쉽고 또렷해진다. '不字'의 '字'는 '성인(成人)'을 의미한다. 불자(不字)는 성인이 되지 못했다는 뜻이다. 혼인을 하지 못하였으므로 성인이 되지 못한다. 상투를 틀지 못하는 것이다. 그러므로 '성인이 되지 못하다가 십 년 후에야 마침내 혼인하고 성인이 된다'고 해석할 수 있다. 사춘기의 첫사랑은 이렇게 종말을 고한다. 현실과 너무도 흡사하다. 인간은 누구나 첫사랑의 시절이 있다. 설렘과 아쉬움과 아픔이 교차되는 아이러니를 지니고 살아가는 것이다.

이렇게 아름다운 이야기로 주역의 인간들에 대한 이야기가 시작된다.

건(乾)은 하늘의 존재와 역할을, 곤(坤)은 땅과 인간의 살아갈 환경에 대해서 쓰고 있다면, 3장(三章) 둔(屯)부터는 인간의 이야기다. 천(天), 지(地)를 설명하고 길고 긴 인(人)의 이야기를 풀어가는 것이다. 성인(聖人)의 상상력과 배려가 감동스럽다.

첫사랑의 종말

인생의 목표는 저만치
물려두고
목적 없이 멋 내고 방황하며
채워질 것 같지 않은 사랑의 욕망을
좇아
한 움큼 가슴살 도려내어
첫사랑에 바쳤다

그 사랑
살쾡이가 습격한 닭장처럼
공허만 남기고 달아났다

오랜 세월
도려낸 가슴 메우며
닭장을 수선한다
인생의 알을 품기 위해

▣ 屯六三

卽鹿无虞 惟入于林中 君子 幾 不如舍 往 吝
(즉록무우 유입우림중 군자 기 불여사 왕 린)

몰이꾼도 없이(无虞) 사슴사냥을 하러(卽鹿) 숲 속 깊은 곳으로 들어갔다(惟入于林中). 군자는(君子) 위태로운 낌새를 알았으나(幾) 포기할 수도 없어(不如舍) 나아가지만(往) 인색해진다(吝)

卽: 곧 즉 / 곧, 가깝다, 나아가다   鹿: 사슴 록 / 사슴, 권좌   虞: 헤아릴 우 / 헤아리다, 근심걱정 하다   惟: 생각할 유 / 생각하다, 도모하다, 꾀하다, 늘어서다   幾: 기미 기 / 기미, 조짐, 낌새, 위태롭다   舍: 집 사 / 집, 버리다, 포기하다, 내버려두다   吝: 아낄 린 / 아끼다, 인색하다, 주저하다

여기서는 첫사랑의 환경을 말하고 있다. 허락도 없고 돌봐줄 사람도 없고 중매쟁이도 없이 무작정 이성을 향해 돌진하는 모습을 그리고 있다. 그것은 도움받을 형편이 아직은 도래하지 않았다는 뜻이다. 록(鹿)은 사슴으로, 귀하고 예쁜 여인을 상징한다. 무우(无虞)는 헤아림이 없다는 의미로 숲 속에서 도와줄 사람이 없다는 뜻이다. 미팅을 하려고 해도 스펙을 갖춰야 비슷한 위치의 상대들과 주선을 하는 것이고, 소개팅을 하려고 해도 소개자가 있어야 하고, 중매를 원해도 중매쟁이가 있어야 하는 법이다.

맹목적으로 여자들이 많이 모이는 여인의 숲 속으로 뛰어들어 꽁무니를 졸졸 따라다녀도 소득은 없고, 돌아서서 후퇴하려니 자존심만 상하고, 더 따라가도 고생스럽기만 할 뿐, 고운 눈길 한번 받지 못할 것은 자명한 일이다.

첫사랑의 방황은 아무도 도와주는 사람이 없다. 홀로 아픔을 이겨내야 한다.

첫사랑의 독(毒)

첫사랑에는
중매쟁이도 없다
격려자도
후원자도 없다

그래도 첫사랑은
어디든 간다

그것은
마음을 붙들 기둥도 끈도 없으니
그저 몰입한다

돌아올 때는
만신창이다

◾ **屯六四**

乘馬班如 求婚媾 往 吉 无不利 (승마반여 구혼구 왕 길 무불리)
　치장하고 쫓아다녀서(乘馬班如) 청혼하고(求婚媾) 혼인하였다(往). 그것은 길하다(吉). 첫사랑의 결혼은 불리할 것이 없다(无不利)

　사춘기에 혼이 나가 치장하고 떠돌아다닌다. 그런 중에 첫사랑을 만났다. 첫사랑은 실패하는 경우가 대부분이지만, 실패만 하는 것이 아니라 드물게 성공하는 경우도 있다. 성공한 첫사랑에 대해서 설명하고 있다. 구혼구(求婚媾)는 청혼하여 뒤에 '往'이 붙어 있으므로 결혼에 이르렀다는 말이다.

첫사랑에 성공한 경우는 길하고 불리할 것이 없다고 하였다. 어린 나이에 결혼했다고 해서 나쁜 것만은 아니다. 첫사랑에 성공하여 가정을 이루고 평생을 살아간다는 것이 행복을 꾸리는 지름길일 수도 있다.

매우 드물지만 있을 수 있는 일이다.

첫사랑의 성공

어린 나이에
아름다운 사랑에 빠졌다

세상을 다 버렸다

세상을 다 가졌다

보금자리를 틀어
애가 애를 낳아 키우고
행복과 고난은 교차해도

사랑을 만드는 소리
들썩인다

■ 屯九五

屯其膏 小貞吉 大貞凶 (둔기고 소정길 대정흉)
첫사랑에 욕정이 가득하니(屯其膏) 짧게 끝내는 것은 길하고(小貞吉) 길게 끌면 흉하다(大貞凶)

膏: 살찔 고 / 살찌다, 기름지다

둔에 기름이 끼어 있다(屯其膏)는 것은 욕정이 가득한 첫사랑을 표현하고 있다. 욕정에 바탕을 둔 사랑은 짧게 끝내면 몰라도 길게 가면 흉해진다는 가르침이다. 사춘기의 사랑의 행태 중 세 번째의 경우를 설명하고 있다.
사춘기의 사랑에는 욕정을 동반한다. 그러므로 욕정의 억제와 자아의 발견, 이성(理性)적인 판단을 할 수 있는 능력을 키우는 것이다.

욕정

몸부림치며
솟아오르는 욕정의 기운
한달음에
세상 밖으로 나가
욕망의 방을 만들고 싶어라

질긴 가죽으로 끈 만들어
흔들리는 마음을
주춧돌에 매어두어라
묶인 가슴에서 멀미가 멈출 때까지

▣ 屯上六

乘馬班如 泣血漣如 (승마반여 읍혈련여)

사춘기 때 치장하고 떠돌아다니기만 하면(乘馬班如) 겉으로는 눈물을 감추지만 속으로는 피눈물을 흘린다(泣血漣如)

泣: 울 읍 / 울다, 울음, 근심, 눈물   漣: 잔물결 련 / 잔물결, 눈물 흘리다

사춘기의 속성을 한마디로 표현하고 있는 승마반여(乘馬班如)는 이성에 대한 호기심이 발로하여 치장하고 싸돌아다니는 모습을 말한다. 그러나 인간은 본성을 억누르고 이성적으로 살아야 한다는 것을 가르치고 있다.

인간은 청소년기를 잘 보내야 한다. 인생의 초석을 놓는 시기이기 때문이다. 목표를 설정하고 그 분야의 일인자가 되는 것이 곧 제후가 되는 것이다. 욕정에 휘말리는 삶을 살면 인생 전반적으로 피눈물을 흘리며 살아야 할 것이라는 메시지를 보내고 있다. 얼마나 통렬한 가르침인가? 사춘기의 욕정을 이겨내고 원대한 목표를 향해 군자의 길을 걸어갈 한 인간의 모습을 상상해보라.

소년이여, 이상을 품어라!

시간을 아껴라
치장하고 싸다니는 것도
잠깐이어야 한다

소년의 꿈
인생의 제후를 꿈꾸는 것임을
늦게 깨닫지 마라

꿈을 꾸고 펼치는
진정한 화려함의 때를 놓치면
눈에서 붉은 물방울이 흐른다

산수몽(山水蒙)

인간이 하늘을 이고 땅을 밟으며 자연과 더불어 생활하고, 공동체를 만들어 삶을 영위하기 위해서는 교육이 필요하다. 사랑의 깨우침 다음으로 중요한 것이 교육임을 강조하고 있다.

第四卦 【蒙】山水蒙　艮上坎下

卦辭：蒙 亨 匪我求童蒙 童蒙求我 初筮告 再三瀆 瀆則不告 利貞
彖曰：蒙 山下有險 險而止 蒙 蒙亨 以亨行時中也
　　　匪我求童蒙童蒙求我 志應也
　　　初筮告 以剛中也 再三瀆瀆則不告 瀆蒙也 蒙以養正 聖功也
象曰：山下出泉 蒙 君子以 果行育德

初六：發蒙 利用刑人 用說桎梏 以往 吝
象曰：利用刑人 以正法也

九二：包蒙 吉 納婦 吉 子 克家
象曰：子克家 剛柔接也

六三：勿用取女 見金夫 不有躬 无攸利
象曰：勿用取女 行不順也

六四：困蒙 吝
象曰：困蒙之吝 獨遠實也

六五：童蒙 吉
象曰：童蒙之吉 順以巽也

上九：擊蒙 不利爲寇 利御寇
象曰：利用御寇 上下順也

4. 산수몽(山水蒙)

교육과 미래학

■ 몽괘(蒙卦) 해설

몽(蒙)은 '어리다, 어리석다'의 뜻이다. 그러므로 가르쳐야 한다. 몽은 '교육'이다. 인간이 태어나서 자아를 알고 나면 본격적으로 교육해야 한다. 그래서 둔괘 다음에 몽괘를 놓았다.

인간이 태어나서 자라는 과정 중에 가장 중요한 것은 교육일 것이다. 대체로 자라나는 청소년기를 대상으로 교육하는 것을 의미한다고 할 수 있다. 『동몽선습(童蒙先習)』이나 『격몽요결(擊蒙要訣)』이라는 교과서의 몽과 같은 뜻이다. 몽괘(蒙卦)는 인간의 기초 교육을 설명하는 장이다. 교육에는 지향하는 목표가 있을 것이다. 어떤 이는 출세를 위한 공부에 중점을 두고 어려서부터 출세지향적인 공부에 몰두하는가 하면, 어떤 이는 진정한 인간의 도리를 연마하고 참다운 행복을 지향하는 공부에 중점을 두기도 한다.

어떤 공부에 지향점을 두어야 할 것인가에 대하여 주역은 상세히 적고 있다. 동몽(童蒙), 발몽(發蒙), 포몽(包蒙), 곤몽(困蒙), 격몽(擊蒙) 등으로 교육의 형태를 열거하고 인간이 지향해야 할 교육의 목표를 제시하고 있다.

오늘날 공부를 많이 했다는 지식층과 권력층의 비리가 왜 일어나는가? 우리 세대의 인간 교육에 문제가 있지는 않은가를 심사숙고해볼 필요가 있다. 너무 지식 위주의 교육, 현실에 치우친 기술교육 중심보다는 융화와 중용의 덕을 기르는 교육이 더 중요하지는 않을까?

주역이 말하는 참교육은 자연과 인간이 융화되어 배려와 조화로 행복을 느끼며 살아가는 인간상을 그 목표로 하고 있다.

몽괘를 역술적인 해석으로는 점괘(占卦)라고도 불린다. 해석하기에 따라서는 점에 대하여 설명해놓은 것 같이 이해가 되기도 하기 때문이다. 그러나 찬찬이 해석해보면 교육을 설명한 교육 괘임에 틀림없다. 교육에 대한 가르침부터 터득하고 나서 다르게 연구하는 것은 학자의 자유일 것이다.

▣ 蒙卦辭

蒙 亨 匪我求童蒙 童蒙求我 (몽 형 비아구동몽 동몽구아)

교육(蒙)은 형의 시절에 이루어진다(亨). 내가 동몽을 구하는 것이 아니라(匪我求童蒙) 동몽이 나를 구한다(童蒙求我)

初筮 告 再三 瀆 瀆則不告 利貞 (초서 고 재삼 독 독즉불고 리정)

처음 공부할 때는(初筮) 이치를 알려준다(告). 공부가 거듭될수록(再三) 순수성이 더럽혀진다(瀆). 더럽혀진 공부를 하게 되면 자연은 더 이상 이치를 알려주지 않는다(瀆則不告). 공부의 쓰임은 리와 정의 시절이다(利貞)

蒙: 어릴 몽 / 입다, 어리다, 어리석다, 속이다   匪: 아닐 비 / 아니다, 대나무 상자

童: 아이 동 / 아이   筮: 점 서 / 점을 치다   告: 알릴 고 / 알리다, 묻다, 가르치다, 깨우쳐주다   瀆: 더럽힐 독 / 더럽히다, 업신여기다, 구멍

몽형(蒙亨)은 교육의 시기를 말하고 있다. 교육은 자라나는 시기인 형의 시절에 대부분이 이루어진다. 받은 교육은 利와 貞의 시절에 쓰이게

된다. 형(亨)은 매우 힘찬 기운이기도 하다.

동몽(童蒙)이란 무엇인가? 주역이 추구하는 교육의 목표로서 자연과 융화되고 자연의 이치를 깨달아 세상만사에 거침이 없고 순수하게 인생을 살아가는 성인에 가까운 경지를 말한다. 그런 동몽의 경지를 공부만 한다고 아무나 성취하는 것은 아니다. 그러므로 내가 동몽을 구하는 것이 아니고(匪我求童蒙) 동몽이 나를 구하는 것이다(童蒙求我)라고 했다. 동몽의 경지는 그만큼 하늘이 도와야 이룰 수 있는 경지라는 것이다. 또한 참다운 진리는 자연 속에 있으며 자연이 가르쳐주는 것이다. 그 요체는 순수성이다.

초서(初筮)는 처음으로 점을 친다는 뜻인데 어린아이가 자신에게 펼쳐질 세상에 대하여 처음으로 교육을 받는다는 뜻이다. 주역은 미래에 일어나는 일을 생각하고 준비하는 것을 점(占)이라고 쓰고 있다.

우리는 누구나 개인적으로 하루에도 수십 번씩 점을 치면서 살아가고 있다. 아마 점을 치지 않은 인간은 죽은 인간일 것이다. 앞에 일어날 수 있는 모든 일에 대하여 생각하고, 기대치에 대하여 열망하며 나아가는 모든 것이 점이 아니고 무엇이겠는가? 몹시 궁금한 것에 대하여 미리 알고 싶은 것을 전문가에게 물어보는 것도 점이고, 점쟁이에게 물어보는 것도 점이다.

앞으로 펼쳐질 세상에 대하여 어린아이가 처음으로 공부하는 것을 초서(初筮)라고 주역의 기자는 표현하였다. 어린아이가 처음으로 의문을 갖고 어른에게 질문하는 것은 가장 순수하고 자연과 가까운 질문을 한다. "비는 왜 오는 거죠?" "햇볕은 왜 따가워?" 등 얼른 대답하기 힘든 질문들을 하는 것이다. 그것은 자연이 알려준다. 그러나 시간이 흘러 세상에 더럽혀지면서 질문의 양상이 달라진다. "대통령은 어떻게 되는 거야?" "선생님은 뭘 공부해야 되죠?" 이것은 자연이 알려주지 않는다(瀆則不告). 즉, 동몽은 자연과 함께 공부하고 자연의 도를 깨닫는 것이며,

가장 바람직한 이상향의 공부라고 설명하고 있으며, 출세를 위한 것이거나 장사의 기술 등은 자연의 공부가 아닌 인간의 공부라는 것을 밝히고 있다.

　어떤 공부든 형(亨)의 시절에 배운 것들은 利와 貞의 시절에 쓰이게 된다(利貞).

공부의 때

소년이여
쉼 없이 공부하라
힘차게

아버지와 할아버지를
준비하라

공부의 본질

누가 누구를
공부시키는 것인가

가장 순수한 가르침의 본질
하늘, 땅, 물, 불, 나무

우리는 평생
자연에서 배우며 산다

공부의 자세

공부를 시작한 소년
순수함이 자연과 같아
만물과 대화하고
진리를 해독하고

그냥 그렇게
살아도 되는 걸
인간을 공부하고 출세를 배우고
진흙탕에 들어섰다

다시는 자연과 하나 될 수 있을까?
인간은
자연이 스승이었음을
잊어버렸다

▣ 蒙初六

發蒙 利用刑人 用說桎梏 以往 吝 (발몽 리용형인 용탈질곡 이왕 린)

출세를 위한 공부(發蒙)는 利(리)의 시절에 형인으로 등용되는 것이 이롭다(利用刑人). 발몽은 개인적으로 어려움에서 벗어날 수 있음에(說桎梏) 쓰이지만(用) 자리에서 물러나면(以往) 어렵고 곤란해진다(吝)

發: 필, 쏠 발 / 피다, 쏘다, 가다, 떠나다, 드러내다, 파견하다   蒙: 어릴 몽 / 입다,
어리석다, 덮다, 속이다, 어둡다   刑: 형벌 형 / 벌하다, 죽이다   說: 말씀 설, 달랠

세, 벗을 탈, 기뻐할 열 / 말씀, 달래다, 벗다, 기뻐하다   桎: 차고 질 / 차고, 족쇄, 차고를 채우다, 자유를 속박하다   梏: 쇠고랑 곡 / 수갑으로 묶다, 붙잡다, 쇠고랑을 채우다

발몽(發蒙)은 인간이 만든 공부, 출세를 위한 공부를 총칭한다. 뒤에 형인(刑人)이라는 단어가 나오는 것으로 봐서 요즘의 판검사가 되는 사법고시에 합격하기 위한 공부로 봐도 무방하다. 생각건대, 사법고시에 합격하여 형인의 자리에 오르면 개인적인 어려움에서 벗어날 것이다. 먹고사는 것이 보장되고 업신여김에서 벗어날 수 있다. 이것을 "질곡에서 벗어나는 데 쓰인다"라고 써놓았다. 발몽이 인간의 본질적인 성취는 아니므로 利의 시절이 지나가면 어렵고 곤란해진다. 출세를 위한 공부로는 성취의 한계가 있으며 인간의 고뇌에서 벗어날 수 없다. 인신을 다루는 직에 있다가 퇴직 후에 존경받기는 쉽지가 않다.

이왕(以往)은 '이로써 더 나아간다'라고 직역할 수 있는데 앞에서 利의 시절을 이야기했으므로 貞의 시절을 의미하는 것이다. 정의 시절은 퇴직 후의 시절이다.

출세의 공부

읽고 외우고
뽐내고 군림하고

공부로 이룬 세상
자신이 쟁취한 것인 양 거들먹거려도
겨우 이룬 건
먹고사는 것

결국
고뇌로 얼룩진 인생
고귀한 삶을 마감할 즈음
품고 갈 것 하나 없어
부질없다고 깨달을까?

자연과 하나 되는 기쁨은
놓치고 말았다

▣ 蒙九二

包蒙 吉 納婦 吉 子 克家 (포몽 길 납부 길 자 극가)

포용의 공부(包蒙)는 길하다(吉). 부인이 금전출납을 맡으면(納婦) 길하다(吉). 자식은 포용을 배워(子) 가정을 다스릴 것이다(克家)

包: 쌀 포 / 싸다, 꾸러미, 보따리, 용납하다   納: 바칠 납 / 바치다, 헌납하다, 넣어 두다, 가지다   婦: 아내 부 / 아내, 며느리, 여자   克: 이길 극 / 이기다, 능하다, 능히

포몽(包蒙)은 포용을 공부하는 것이다. 서로 대화하고 배려하고 존중하는 가정의 모습을 보는 듯하다. 포몽은 가정교육의 중요성과 가정의 인화에서 참다운 교육이 나옴을 역설하고 있다.

대화와 존중이 있는 가정에서 부인이 경제권을 가졌다고 하면 오히려 바람직하다. 그런 환경 속에서 자란 아이들은 저절로 교육이 되어 훗날 자신의 가정도 화목하게 이끌어갈 것이다. 바람직한 가정교육상을 제시하고 있다. 주역은 행동에서 우러난 산교육을 주창하고 있는 것이다.

가정교육

가장은 가장의 일이
주부는 주부의 일이
아들은 아들의 일이

각자
책임과 권한 속에
보람과 발전, 혁신

가정이 현명하면
나라도 빛나고

둥글둥글 돌고 돌아
손자가 아들을 낳고
또 낳고

만 년도
하루 같다

■ 蒙六三

勿用取女 見金夫 不有躬 无攸利 (물용취녀 견금부 불유궁 무유리)

  사내를 돈으로 보는(見金夫) 여자를 취하지 말라(勿用取女). 공부하는 자(躬)가 할 바가 아니다(不有躬). (공부하는 자가 돈을 밝히는 여자와 사귀면) 利의 시절에(관직에 나아가서) 이로울 바가 없다(无有利)

取: 취할 취 / 취하다, 의지하다   躬: 몸 궁 / 몸, 자신, 몸소 행하다

   남자를 돈으로 보는 여자를 취하지 말라고 했다. 여기서는 공부하는 남자의 입장이다. 공부하는 남자에게서 돈이 나올 턱이 없다. 공부해서 관직에 나아갔다고 해서 돈을 버는 것은 아니다. 공직자는 청렴을 원칙으로 한다. 공부하는 자는 학문에의 성취, 명예, 보람을 추구해야 한다.
   그러므로 돈을 밝히는 여자는 공부하는 남자에게서 결국은 떠나게 되고 상처를 주게 되어 있다. 그러니 이로울 것이 없다. 돈을 밝히는 여인이 있어야 할 곳은 공부하는 남자가 아니라 사업하는 남자 곁이다.
   공부하는 남자의 이성문제를 밝힌 대목이다.
   삼효의 해석이 분분한 것은 주제를 파악하지 못한 오류라고 생각된다. 주역의 주제는 항상 군자가 되어야 한다. 불유궁(不有躬)을 '여인이 있어야 할 곳이 아니다'라고 해석하는 것은 큰 오류를 범하는 것이다.

공부와 여자

공부의 적은
찢어지는 가난과
여인이다

수행자를 따르는 여인은
나름
계산이 있을진대

가난하다고 여인을 쓰거나
욕정으로 허우적거리면

수행의 끝은

작아진다

▣ 蒙六四

困蒙 吝 (곤몽 린)
어렵고 싫은 공부는(困蒙) 고난이 많다(吝)

困: 괴로울 곤 / 괴롭다, 부족하다

적성에 맞지 않은 공부를 계속하거나, 경제적으로 어려운 상황에서 공부를 계속하는 것은 어려움의 연속이다.

실상에 가까운 공부를 해라. 공부가 적성이 아닌데 강요된 공부를 하여 행복할까? 우리 국민 모두에게 던져볼 화두인 것 같다. 공부로 성공할 수 있는 사람은 공부하고, 끼가 있는 사람은 끼를 키우고, 운동이 좋은 사람은 운동하고, 자연이 좋은 사람은 농사하며 자연도 가꾸는, 그런 세상을 만들 수는 없을까? 그것은 욕심을 많이 내려놔야 할 것이다. 특히 우리나라 학부모의 욕심을 말이다.

요즘의 공부는 경제력이 뒷받침되어야 하는데, 경제적 어려움 속에서 공부를 고집하는 것은 주제파악을 못하는 것일 수도 있다. 곤몽은 고난이 따른다.

공부가 만능은 아니다

공부가 싫으면 하지 마라
꽃만 찾는 나비도 행복하고
종일 노래하는 매미도 의미가 있듯

인간은
공부가 만능이 아니다
받은 재능 살려
세상을 둥글게 만드는 일

그것이
창조주의 뜻이다

▣ 蒙六五

童蒙 吉 (동몽 길)
동몽, 순수세계의 공부는(童蒙) 길하다(吉)

　동몽(童蒙)은 목적이나 실용성과 관계없이 세상이치의 궁금증으로 가득 찬 순수한 공부의 세계를 말하는 것이다. 철학, 인문학, 기초과학과 같이 자연과의 일체를 추구하는 학문이다. 성불(成佛)의 세계라고 할까? 동몽은 인간의 지은 책으로 이루어지는 것이 아니라 자연 속에서 자연과 하나 되어 깨달음을 얻을 때 이루어지는 것이다.
　항상 욕심을 내려놓을 수 있다면 동몽에 근접한 삶을 살아간다고 할 수 있겠다.

배움은 끝이 없다

농부는
땅을 배우고
하늘을 배우고
초목을 배우고

수행자는
자연을 배우고
일치를 배우고
깨달음을 배우고

관료는
사람을 배우고
분배를 배우고
중용을 배우고

배움은
끝이 없다

■ 蒙上九

擊蒙 不利爲寇 利禦寇 (격몽 불리위구 리어구)

질서교육(국가의 기초교육)을 행하면(擊蒙), (국민은) 도적이 됨이 불리함을 알게 되므로(不利爲寇), 도적이 됨을 막음에 이롭다(利禦寇)

擊: 칠 격 / 부딪치다, 배나 수레가 질서 있게 나아가다, 마주치다 寇: 도적 구 / 도둑, 떼를 지어 백성의 재물을 약탈하는 사람, 원수   禦: 막을 어 / 막다, 감당하다, 맞서다, 갖추다, 대비하다, 지키다

교육은 개인적인 선택의 문제이긴 하지만 그렇게 간단한 문제만은 아닙니다. 사회와 국가를 유지하고 발전시키기 위해서는 구성원들의 교육이 반드시 필요하다. 이때의 교육이 격몽이다. 질서와 준법을 가르치는 의

무교육과 같은 것이다. 나라가 가르치지 않으면 국민이 다 도적이 될 수 있으므로, 도적떼를 막는 노력보다 교육을 실시하여 도적이 되는 것을 막음이 이롭다고 하였다.

의무교육을 설파하고 있다. 九二는 안에서 다른 음들을 가르치고, 상구는 외부로부터 오는 유혹을 막아 도적의 무리에 물들지 않도록 교육하는 모습으로, 위아래가 순하도록 질서교육을 하는 것이다.

국가가 국민을 교육하지 않으면 국민들이 도적이 될 수 있다는 것이다. 국가가 국민에게 하는 교육은 질서교육이고 공동체 교육이다. 이러한 교육을 통해 국민은 자신의 의무와 권리를 자각하게 되고 공동체의 일원으로 살아갈 수 있는 것이다.

우리나라는 일반적으로 교육열이 높아 교육이 잘 되는 나라로 인식되고 있다. 그러나 국민의 정체성이나 철학, 사상에 대한 교육은 거의 없다는 생각이 든다. 왜 그럴까? 교육 프로그램이 잘못이다. 특히 위정자들이 그런 교육을 받지 못하였기 때문이다. 우리 교육의 가장 큰 병폐이다. 국민소득이 높아져서 물질적인 삶의 질은 높아가고 있는데 정신문명이 따라가지 못하고 있다. 전국에 1,000개가 넘는 문화교육시설을 갖고 있으면서 정작 노래교실이나 에어로빅 정도의 교육은 되고 있지만 우리의 전통사상과 전통문화, 고전교육과 같은 격몽(擊蒙) 수준의 교육은 너무 소홀히 하고 있다. 우리 젊은이들이 우리의 문화를 갖고 전 세계를 점령하고 있는 것은 우리 것의 위대함과 독특함에서 찾을 수 있다. 우리는 창의성을 타고난 민족이다. 그 유전자를 발전시키는 방법은 우리 사상, 즉 우리 유전자에 대한 교육이다. 필자는 개인적으로 주역사상, 태극사상을 전 국민을 대상으로 강의하고 싶다. 우리 국민 중에 과연 몇 명이 태극기 속에 숨겨진 철학사상을 알고 있을까?

너무 가슴이 아프다. 우리 조상이 만든 한자를 후손들이 잘 알지 못한다는 것이다. 아마도 초등학교 1학년 교과서에 한자를 100자만 섞어 넣는다면 우리 아이들은 취학 전에 3,000자를 익히는 아이가 수두룩할 것이다. 우리나라 어머니들의 극성의 정도로 볼 때 하고도 남는다. 그러면 문명선진국이 될 것이다. 앙드레김은 평생 동안 백의민족의 모토인 하얀색의 의상으로 세계 의상디자인계를 풍미했다. 우리 것을 갖고 세계시장에 나아가지 않으면 세계 제일이 될 수 없다는 것이다. 남의 것을 공부하고 남이 하는 것을 따라가면 언제 일등을 한단 말인가? 주역 속에 엄청난 지혜와 창의정신이 있다.

공동체 교육

양은 들판에서
범은 숲에서
저들의 규율이 있듯

큰 울타리
작은 울타리
그곳마다 도덕이 있고
복지가 있다

공동체는 교육이 만들어간다

수천수(水天需)

모든 인간은 태어나면서부터 기다림의 연속이다. 기다림을 상실하였다는 것은 죽음을 의미한다. 기다림이란 희망을 뜻하기도 한다. '인간아! 희망을 갖고 살아라' 라는 메시지를 주고 있다.

第五卦 【需】 水天需 坎上乾下

卦辭：需 有孚 光亨 貞吉 利涉大川
彖曰：需 須也 險在前也 剛健而不陷 其義不困窮矣
　　　需 有孚光亨貞吉 位乎天位 以正中也 利涉大川 往有功也
象曰：雲上於天 需 君子以 飮食宴樂

初九：需于郊 利用恒 无咎
象曰：需于郊 不犯難行也 利用恒 无咎 未失常也

九二：需于沙 小有言 終吉
象曰：需于沙 衍在中也 雖小有言 以吉 終也

九三：需于泥 致寇至
象曰：需于泥 災在外也 自我致寇 敬愼 不敗也

六四：需于血 出自穴
象曰：需于血 順以聽也

九五：需于酒食 貞吉
象曰：酒食貞吉 以中正也

上六：入于穴 有不速之客三人 來 敬之 終吉
象曰：不速之客來敬之終吉 雖不當位 未大失也

5. 수천수(水天需)

기다림의 도(道)

■ 수괘(需卦) 해설

　수(需)는 '기다림, 음식'을 의미한다. 인생을 살아가는 동안 우리는 기다림의 연속이다. 기다림에는 때를 알아야 한다는 전제조건이 필요하다. 그러므로 기다림이라고 하면 때를 알아보는 지혜가 필요하고, 기다리는 동안 무엇을 할 것인가가 중요한 것이다.
　때에 맞춰 산다는 것도 기다림의 일종이다. 인생에는 알맞은 때가 있는데 공부할 때와 결혼할 때, 나아갈 때와 멈출 때, 번창할 때와 죽을 때가 있는 것이다. 어떤 일을 하고 싶어도 그 행위에 맞는 때가 있음을 알고 기다리고 준비했다가 해야 하는 것이다.
　주역은 청소년기에는 인생의 목표를 위해 욕정을 억제하고 공부해야 하며, 중대한 기다림에 대해 준비를 마쳤다면 분명히 기회가 온다는 것을 굳게 믿어야 한다고 했다. 막연한 기다림은 허송세월임을 가르치고 있다. 적극적인 기다림을 강조하고 있는 것이다.
　기다리는 동안에도 신변과 가정을 튼튼히 해야 한다. 기다림에 부정한 요소나 술수를 경계하고 있다. 기다리던 일이 잘되려면 도움을 주는 사람이 나타나게 마련이고, 기회의 타이밍을 정확히 포착해야 성공할 수 있다.
　우리는 무엇을 어떤 모습으로 기다리고 있는가? 정작 죽음의 길로 가고 있으면서 죽음을 기다리지는 못하고 있다. 언제 홀연히 나타날지 모르는 죽음이 있다는 것을 매일 새기고 새겨야 한다. 그러면서 죽음도 기다리는 지혜를 키워야 한다.

죽음이 기다리는 종착역이 될 수 있어야 한다.

■ 需卦辭

需 有孚 光亨 貞吉 利涉大川 (수 유부 광형 정길 리섭대천)

때를 기다린다는 것은(需) 굳은 믿음이 있어야 한다(有孚). 한줄기 빛을(光) 향해 힘차게 기다리면(亨) 마침내 길하다(貞吉). 기다림의 결과로 利의 시절에 모험을 함이 이롭다(利涉大川)

需: 기다릴 수, 음식 수 / 기다리다, 구하다, 바라다   孚: 믿음 부 / 믿다, 참을성이 있다, 껍질, 붙다, 기르다   涉: 건널 섭 / 건너다, 이르다

기다림에는 확신에 찬 믿음이 있어야 한다(有孚). 확신을 갖는 믿음이란 만반의 준비를 마치고 기다린다는 것이다. 자신감을 갖고 기다려야 한다. 두 번째로는 목표가 분명해야 한다(光亨). 목표에 대하여 의심이 생기면 그 기다림은 혼선이 올 것이다.

끝까지 좋은 결과를 얻어내려면 적지 않은 인내가 필요하다. 리섭대천(利涉大川)은 '큰 내를 건넘이 이롭다' 는 뜻으로 어려움을 이겨내는 모험이 이롭다는 의미로 쓰인다. 기다림에 모험이란 어떤 것인가? 하나는 기다린다는 자체가 모험이라는 것이다. 다른 하나는 때가 오면 과감하게 모험을 하여 목적을 달성하라는 뜻이다. 리섭대천은 기다린 후의 민첩한 행동력을 의미하고 있다. 그리고 '利의 시절의 기다림은 큰 모험이 되는 것이다' 라고 해석할 수도 있다. 음미해 볼 가치가 있는 해석이다.

다시 정리하면, 기다림에는 ① 확신을 갖고 기다려라 ② 목표를 분명히 정하고 기다려라 ③ 때가 되면 민첩하게 행동하라 등을 말하고 있다. 얼마나 섬세하고 통렬한 가르침인가! 주역이 철학과 지혜서로서의 진면목을 보여주고 있는 것이다.

기다림

기다림은
돌아올 거라는 믿음 때문이다
어사화 쓰고 오는 임
기다리는 낭자처럼
굳은 맹세 되새기며
고난, 무서움 닥쳐도
한 밤
두 밤
빛으로 채운 가슴
그대 향해 비추며
돌아오는 길
열고 있다

▣ 需初九

需于郊 利用恒 无咎 (수우교 리용항 무구)

멀리서(于郊: 외곽에서) 기다리는 것이다(需于郊). 기다림에는 항상심(恒常心)을 씀이 이롭고(利用恒) 허물이 없을 것이다(无咎)

郊: 성밖교, 들교 / 성밖, 교외, 국경, 끝   恒: 항상 항 / 언제나, 늘, 변하지 않는다수우교(需于郊)는 교외나 성 밖에서 기다린다는 뜻이다. 아직은 구체적이고 세부적인 계획을 완성하지 못하고 구상단계에 있다고 할 수 있다. 정보를 수집하고 계획을 수립하고 구체적인 행동에 나설 때까지 일관성을 갖고 꾸준히 파고들면 허물이 없다고 가르치고 있다.
　원대한 꿈을 갖고 인생의 목표를 실행할 때는 급하게 서둘러 빨리 이루려고 하면 문제가 발생할 수 있다. 기다림의 장소를 말하며 기다리는 자의 태도와 원칙을 얘기하고 있다. 다분히 소극적으로 보이지만 소극적이 아니라 매우 적극적인 은근함과 끈기를 요구하고 있다. 그래야 허물도 없고 성공에 이를 수 있다.

적극적으로 기다려라

사랑의 여인을 기다림인가
투자의 기회를 기다림인가
입신의 때를 기다림인가

고난의 구덩이 속에서라도
굵고 파면
샘이 솟을 것이라는 믿음으로

목마른 자
한 우물을 파라

▣ 需九二

需于沙 小有言 終吉 (수우사 소유언 종길)
　모래밭에서의 (깨끗하고 청렴을 유지하며) 기다림은(需于沙) 비난의 소

리를 들을 수도 있으나(小有言) 마침내 좋을 것이다(終吉)

沙: 모래 사 / 모래, 사막, 모래벌판, 모래가 날다

진흙탕이 아닌 깨끗한 모래밭에서 정도와 청렴으로 기다리는 것인데, 그러다 보면 더위와 갈증, 비난과 비웃음도 있을 수 있으나 끝은 길하다는 것이다. 고결한 기다림이다.

여러 가지를 상상할 수 있다. 바다 건너로 임을 떠나보낸 한 여인이 백사장에 나와 하염없이 수평선을 바라보며, 돌아오마고 약속한 낭군을 기다는 모습! 처절하지만 아름답지 않은가? 포기하라는 유혹도 있을 것이고, 처녀귀신 된다고 다른 사내와 혼인을 종용하는 부모의 말도 있을 것이고, '결국 돌아오지 않으면 어쩌나' 하는 불안감으로 돌아버릴 것 같은 생각도 들 것이다. 그러나 확신에 찬 믿음으로 무장하고 일편단심의 기다림은 끝이 길하다고 하였다.

순결한 기다림

바닷물이
밀려오고
밀려가고
하늘과 맞닿은 수평선과 벗하며
하얀 모래 위에 섰다

하루를 굶어도 아랑곳없이
넓게
넓게 비운 가슴
따가운 햇볕으로 희망을 채우고
그대

5. 수천수(水天需) - 기다림의 도(道) | 113

맞으리

▣ 需九三

需于泥 致寇至 (수우니 치구지)
진흙탕에서 기다림은(需于泥) 도적을 초대하는 것과 같다(致寇至)

泥: 진흙 니 / 진흙, 진창, 흐리다, 더럽혀지고 썩다   致: 이를 치 / 이르다, 보내다, 돌려 바치다, 내던지다, 맡기다   寇: 도둑 구 / 도둑, 원수, 난리   至: 이를 지 / 이르다, 도래하다, 미치다, 닿다

부정한 장소에서 기다리게 되면 나쁜 마음이 생겨 범죄와 야합하게 됨을 말하고 있다. 기다림의 미학은 공간을 올바르게 선택하고 좋은 심성과 바른 자세로 기다려야 한다는 것이다. 어떤 목표를 갖고 기다리는 자가 여기저기 방황하고 술을 마시며 시간을 보내다 보면 나쁜 기운에 휩싸이게 된다.

여기에서 진흙(泥)의 의미는 기다리는 자가 흔히 범할 수 있는 타락을 말하고 있다. 범죄, 마약, 도박, 음주, 유흥 등 바람직하지 못한 길로 빠져드는 것이다. 그래서 자신이 기다리는 목표물을 도적에게 빼앗긴다는 뜻이다.

급하다고?

언제 올지 모른다고
안 올지도 모른다고
기다리는 둥 마는 둥

애절함도 팽개치고
희망도 팽개치고
가슴에 때만 가득 채우는구나
범죄의 소굴
도박, 마약의 구렁텅이에서는
아우성치고 뒹굴어도
혹시나 기다리던 임
오다가 외면하고
나를 파먹는 도적떼만 우글거린다

▣ 需六四

需于血 出自穴 (수우혈 출자혈)
피에서 기다림이니(需于血) 구멍에서 스스로 뛰쳐나온다(出自穴)

血: 피 혈 / 피, 피 칠하다, 물들이다   穴: 구멍 혈 / 구멍, 움, 구덩이, 소굴, 동굴, 샘, 오목한 곳

넘치는 정열과 혈기로 결국 구멍에서 뛰쳐나오게 된다. 구멍은 근거지, 있어야 할 곳을 말한다. 기다림의 인내를 강조하고 있다. 이는 기다림을 포기하는 것이다. 혈기 왕성한 호랑이가 인간이 됨을 포기하고 동굴을 뛰쳐나온 것과 같은 것이다. 목표를 향한 굳은 믿음과 절제를 요구하는 것이 기다림이다.

인생은 기다림이다. 기다림이 없는 인생은 있을 수 없다. 태어나 자아를 인식하고부터 죽음에 이르기까지 기다림의 연속인 인간의 삶이기에 사랑과 교육 다음으로 수괘(需卦)를 배치하여 설명하고 있다. 짧은 기다

림이 있는가 하면 길고 긴 기다림도 있다. 인간은 자기에게 주어진 기다림을 참고 견뎌야 한다. 참지 못하고 뛰쳐나가는 순간 사고가 나는 것이다.

인내하라

기다림은 참음이나
믿고
또 믿고
지나간 나를 비우고
새로운 나를 채우고
임이 오면 바칠 꽃을 가꾸며
기다려라

못 참겠다고
못 믿겠다고
망설이고 포기하면
영영
엇갈림으로
멀어지는 임

▣ 需九五

需于酒食 貞吉 (수우주식 정길)
　자신의 즐거움과 가정경제가(酒食) 안정된 상태에서 기다린다는 것은 (需于酒食) 마침내 길하다(貞吉)

　酒: 술 주 / 술, 잔치　　食: 밥 식 / 밥, 먹을거리, 먹다, 깨물다

가정이 안정되고 자신의 활동도 잘 유지하며 기다린다는 것은 충실한 기다림으로 끝이 길하다고 했다. 멋진 기다림이다. 기다림은 자신의 의지와 가정이 튼튼해야 한다.

어떠한 경우든 군자는 자신과 가족이 먹고사는 문제를 해결하고 움직여야 한다. 가족을 팽개치고 욕심에 찬 움직임은 성공하더라도 남는 것이 없다.

멋진 기다림

오시는 임을 위해
잘 먹고
공부하고
운동하고
현실에 충실하며
그리움을 쌓아
오시는 순간
맞이하고 동화하리

▣ 需上六

入于穴 有不速之客三人 來 敬之 終吉 (입우혈 유불속지객삼인 래 경지 종길)

구멍 속으로 들어갔다(入于穴). 초청하지 않은(不速) 손님 셋이 올 것이다(有不速之客三人 來). 공경하면(敬之) 마침내 길하다(終吉)

速: 빠를 속 / 빠르다, 부르다, 초청하다, 이루다   客: 손 객 / 손님, 붙이다, 의탁하다, 공경 받는 사람   敬: 공경할 경 / 공경하다, 훈계하다

입우혈(入于穴)은 구멍에 들어간다는 뜻인데, 구멍이란 본격적인 기다림, 처절한 기다림이다. 이 기다림의 효사에서는 단군신화 속의 호랑이와 곰의 사람됨을 기다리기 위해 굴속에 들어감을 연상케 하는 구절이다. 단군신화와 주역이 서로 통하고 있음을 보여주는 대목이다.

각오하고 굴속으로 들어가 충실한 준비를 마친 기다림에는 하늘이 돕는다는 의미로 해석할 수 있다. 마침내 예견치도 못한 일들이 벌어져 자기에게 유리하게 돌아간다. 예를 들어 여름 내내 삼 개월 동안이나 비만 내린다면 어렵게 장화공장을 만들고 세련된 디자인의 장화를 만들 준비가 된 사람은 목적을 달성하지 않겠는가!

때가 이르러 나아감에 대한 타이밍을 말하고 있다. 청하지 않은 세 사람이 왔으니 섭대천(涉大川)의 모험을 감행할 때가 되었다는 것이다. 공경하고 뜻을 받들어 함께 행하면 마침내 큰 뜻을 이룰 수 있다.

기다림에도 원칙이 있다. 첫째는 믿음이다. 둘째는 현실에 대한 적극적인 참여자세다. 셋째는 마침내 도래한 타이밍을 정확히 판단하여 일을 추진하는 능력이다. 이것을 알아야 진정으로 기다림의 미학을 깨닫고 때를 만나 큰일을 이룰 수 있는 사람이다.

여기에 나오는 객삼인(客三人)은 천지인(天地人)을 뜻하는 것이다. 때가 이르고 환경이 무르익고 도와주는 사람이 생긴다는 의미로 새길 수 있다.

귀인이 오다

그리움과
희망의 탑을 쌓아
하늘 자락을 건드렸다

하늘이 움직여

귀인을 보냈다

그 귀인
나의 그리움과 하나 되어
둥지를 틀었다

천수송(天水訟)

인간은 정치적인 동물이다. 사람이 모여 사는 곳에는 다스림이라는 것이 있다. 지도자가 있고, 지도자의 덕목이 있고, 만들어지는 과정이 있다. 지도자는 어떻게 해야 되는가? 그 답이 송(訟)괘에 있다.

第六卦【訟】天水訟 乾上坎下

卦辭：訟 有孚 窒惕 中吉 終凶 利見大人 不利涉大川

彖曰：訟 上剛下險 險而健 訟
　　　訟有孚窒惕中吉 剛來而得中也
　　　終凶 訟不可成也 利見大人 尙中正也 不利涉大川 入于淵也

象曰：天與水違行 訟 君子以 作事謀始

初六：不永所事 小有言 終吉
象曰：不永所事 訟 不可長也 雖小有言 其辯明也

九二：不克訟 歸而逋 其邑人三百戶 无眚
象曰：不克訟 歸而逋 竄也 自下訟上 患至掇也

六三：食舊德 貞厲 終吉 或從王事 无成
象曰：食舊德 從上吉也

九四：不克訟 復卽命 渝 安貞 吉　　象曰：復卽命渝安貞 不失也

九五：訟 元吉　　象曰：訟 元吉 以中正也

上九：或錫之鞶帶 終朝三褫之
象曰：以訟受服 亦不足敬也

6. 천수송(天水訟)

정치인의 도(道)

■ 송괘(訟卦) 해설

송(訟)은 '정치, 정치인'을 의미한다. 역술적으로는 '다툼, 쟁송'으로 해석하기도 한다. 아무나 정치를 하는 것이 아니다. 정치인은 타고나야 한다. 민심을 먹고사는 정치인은 민심이 싫어하는 것을 하지 말아야 한다. 정치인이 공평하지 못하여 어느 한쪽의 이익만을 대변하는 행위나 자신의 정치적 목적을 달성하기 위하여 민심을 거스르는 행위, 권력을 이용하여 부정하게 욕심을 채우는 행위를 민심은 용납하지 않는다.

정치인도 확신과 굳은 믿음이 첫 번째 덕목이다. 믿음은 신뢰를 주기도 하고 받기도 한다. 언제나 사리사욕을 버리고 민심에 귀를 기울여야 한다. 또 정치적인 업적에 욕심을 부려 국민을 담보로 모험을 하면 안 된다.

특히 현대의 정치인은 순발력이 강해야 한다. 정보의 양이 많고 변화가 극심하므로 정세에 얼마나 민감하게 대응하느냐에 따라 국가의 운명을 좌우할 수 있기 때문이다.

무엇보다도 정치는 사람과의 관계이기 때문에 위아래 연결고리가 좋아야 한다. 끌어주는 사람도 있고 밀어주는 사람도 있어야 한다.

염려스러운 것은 이미 정치인이 된 사람이 욕심을 부리는 것도 위험천만이지만 그것을 보고 자란 정치지망생이 욕심을 채우려고 정치에 입문하는 것은 더 절망적이다.

▣ 訟卦辭

訟 有孚 窒惕 中吉 終凶 利見大人 不利涉大川 (송 유부 질척 중길 종흉 리견대인 불리섭대천)

정치인은(訟) 믿음이 있어야 하고(有孚) 사리사욕을 배척하고(窒惕) 중도의 균형이 있어야(中) 길하다(吉). 정치의 끝은 결국 흉한 것인데(終凶) 무엇보다도 든든한 후견인을 만나야(利見大人) 되며, 함부로 큰 모험을 하지 말 것이다(不利涉大川)

> 訟: 송사할 송 / 정치, 송사하다, 재물을 다투다   窒: 막을 질 / 막히다, 가득 차다, 통하지 아니하다

송 유부(訟 有孚), 송 질척(訟 窒惕), 송 중길(訟 中吉), 송 종흉(訟 終凶), 송 이견대인(訟 利見大人), 송 불리섭대천(訟 不利涉大川)으로 구분하여 해석하는 것이 좋다.

먼저 송 유부(訟 有孚)는 정치인의 믿음을 강조하고 있는데, 정치인의 믿음이란 윗사람에게 자신을 믿게 해야 하고, 아랫사람과 백성들이 자신을 믿고 따라야 한다. 이것이 정치의 가장 기본이지만 쉽지 않은 일이다.

송 질척(訟 窒惕)은 부정을 경계하는 것이므로 청렴하고 결백해야 한다는 것이다. 요즘은 정치에 입문하여 돈도 벌려는 풍조가 있는 것 같다. 그것은 정치가 무엇인지 모르는 것이며 매우 위험한 발상이다.

송 중길(訟 中吉)은 정치인이 소신을 갖는 것은 좋지만 어느 한쪽으로 치우친 생각으로 국정을 이끌면 안 되고 중도를 지켜 다중을 중심으로 정책을 펼쳐나가야 한다는 것이다. 좌나 우로 쏠리는 것을 경계하고 있는 것이다.

송 종흉(訟 終凶)의 의미는 정치가 만인을 만족시킬 수는 없다는 것이

다, 그러므로 정치인의 끝은 좋지 않은 경우가 대부분이라는 것이다. 끝이 좋은 정치인이 얼마나 있는가? 화려한 것 같으면서도 외롭고 고독한 직업이다.

송 이견대인(訟 利見大人)은 든든한 후견인의 후원을 받아야 한다, 가장 든든하고 힘이 있는 후견인은 유권자들이다, 민심을 헤아림이 이롭다는 말이다.

송 불리섭대천(訟 不利涉大川)은 직역하면 '큰 내를 건넘이 불리하다'인데, 큰 강을 건넌다는 것은 정치적 모험에 해당된다. 정치인이 개인적 업적을 달성하기 위하여 국민의 권익을 담보로 모험을 하지 말라는 것이다. 현대의 정치에서도 모험으로 의심되는 대형 국책사업이 국민의 비난을 받으면서도 자행되고 있다. 특히 집권자의 개인적인 취향이나 욕심으로 전쟁을 일으키는 등의 결정을 해서는 안 된다는 것이다.

정치에 입문하려는 정치지망생과 기성 정치인들에게 준엄한 가르침을 주고 있다. 주역의 기자(記者)는 전부 정치인 신분들이기 때문에 치자의 도(道)에 대해서는 아주 치밀하게 적어놓고 있다. 그래서 주역을 치자(治者)의 학문이라고도 한다.

정치인의 도(道)

백성을 섬겨라
사리사욕, 모험을 멀리해라
중용을 지켜라

■ 訟初六

不永所事 小有言 終吉 (불영소사 소유언 종길)

일을 하는 바가(所事) 길지 않으면(不永) (청탁이나 뇌물을 받아들이지 않으니) 작은 불평들이 있다(小有言). 그러나 끝이 좋다(終吉)

永: 길 영 / 길다, 오래 끌다   所: 바 소 / 바, 일정한 지역이나 장소, 위치

不永所事(불영소사)는 일을 빨리 처리하는 것이다. 일을 빨리 처리한다는 것은 뇌물이 들어올 소지를 없애는 것이다. 어떠한 허가사항을 갖고 허가권자가 만지작거리며 한참을 들고 있으면 조바심 난 민원인은 청탁을 하게 된다. 여기에 소유언(小有言)이 왜 붙어 있는가? 일사천리로 일을 처리해 가부를 결정하므로 안 되는 것을 되게끔 만들고자 하는 무리들로부터 작은 불평을 듣게 된다는 뜻이다.

청렴한 정치를 하면 이권(利權)을 노리는 사람들의 작은 불평이 있을 수 있다. 그러나 청탁을 물리쳐야만 마무리가 길하다. 공직자의 청렴은 아무리 강조하여도 지나치지 않다. 정치인의 부정은 국민의 피를 빨아먹는 일이다.

청렴하라

유혹해도 받지 마라
어려워도 받지 마라
협박해도 받지 마라

돈은 쇠사슬이다

▣ 訟九二

不克訟 歸而逋 其邑人三百戶 无眚 (불극송 귀이포 기읍인삼백호 무생)

실패한 정치인(不克訟)은 돌아가 숨는다(歸而逋). 그러므로 백성들(其邑人三百戶)의 재앙이 없어진다(无眚)

克: 이길 극 / 이기다, 능하다　歸: 돌아갈 귀 / 돌아가다, 돌아오다, 반환하다
逋: 달아날 포 / 달아나다, 체납하다, 포탈하다　邑: 고을 읍 / 마을, 고을　眚: 눈에 백태 낄 생 / 잘못, 허물, 재앙

불극송(不克訟)은 정치를 이기지 못한 정치인을 말한다. 곧 실패한 정치인이다. 국민의 신임을 받지 못한 정치인이다. 신임을 받지 못한 이유는 ① 겸손하지 못했다 ② 믿음을 주지 못했다 ③ 재물을 탐하였다 ④ 사상이나 정책이 어느 한쪽으로 쏠렸다 ⑤ 쓸데없는 모험으로 국민을 불편하게 한 경우를 들 수 있다.

귀이포(歸而逋)는 돌아가 숨는다는 의미로, 비리가 많아 민원을 피하지 못한 정치인은 정치판을 떠날 수밖에 없고, 그러면 유권자인 백성은 재앙이 없어져 편안해진다.

정치인의 원칙을 지키지 못하였으므로 민심을 잃고 재야로 밀려나 숨어 지내는 경우를 설명하고 있다.

정치판을 떠나라

유혹에 넘어갔는가
욕심을 채웠는가

협박에 굴하였는가

스스로
인간세상을 떠나라

그러면
백성들
노래하고 춤춘다

▣ 訟六三

食舊德 貞厲 終吉 或從王事 无成 (식구덕 정려 종길 혹종왕사 무성)

식읍(食邑: 지역구)을 조상으로부터 물려받은 정치인은(食舊德) 마지막까지 위태롭다(貞厲). 끝까지 잘 버티면 길하다(終吉). 비록 큰일을 맡아서 한다 하더라도(或從王事) 결국 이루는 바가 없다(无成)

舊: 옛 구 / 옛, 오래, 늙은이   從: 좇을 종 / 좇다, 순직하다, 나아가다

부모 덕에 출세한 정치인은 위태하다. 현대사회는 분야별로 전문화의 성향이 뚜렷하므로 선진사회가 된다 할지라도 선친의 업을 대물림하는 경우가 정치명문가를 만들기도 한다. 거기에는 장단점이 있을 수 있다. 정치와 같이 복잡하고 힘든 일을 전문화된 가정에서 교육받고 소정의 경륜을 쌓아 정계에 진출하여 선정을 베풀 수 있다면 마다할 국민이 어디 있겠는가? 하지만 정치란 요망스러운 것이 되서 간단히 그런 구조를 허락하지 않는 모양이다.

성심을 다 하면 항상 결과는 좋아진다(終吉).

혹종왕사(或從王事)는 '혹 왕의 일에 종사한다' 는 뜻으로 국책사업 등 큰일을 맡아서 하는 것을 의미한다. 그래도 이루는 것이 없다(无成) 함은 윗대의 정치적 업적에 가려 개인이 이루었다고 평가하는 것이 아니라 그 가문의 성취로 돌아가기가 쉽다. 주역은 개인보다는 가문이나 국가단위에 더 중점을 두어 기술하고 있다. 윗대보다 더 위대한 업적을 남기면 개인이 그 가문의 대표가 되는 것이다.

정치세습

지역구
백성을 주고받는
세습은
삼천 년 전에도 위험했고
현재도 위태하고
앞으로도 안 되는 것이다

■ 訟九四

不克訟 復卽命 渝 安貞 吉 (불극송 복즉명 투 안정 길)

실패한 정치인(不克訟)이 돌아와 명을 받는(復卽命) 경우는 자신을 반성하여 달라지고(渝) 어떤 일에도 끝까지 순리를 지키면(安定) 길하다(吉)

復: 돌아올 복 / 돌아오다, 돌려보내다, 뒤집다　卽: 곧 즉 / 어느 곳에 딱 붙는다, 나아가다　渝: 달라질 투 / 달라지다, 풀어지다 잘못하여 은퇴했다가 복귀하거나 낙선 후 반성하고 출마하는 경우, 건실하게 변신하여 언제나 바르게 하면 길하다. 한국 정치에도 은퇴와 복귀를 반복하여 대통령이 된 경우도 있다.

좋은 정치인 한 사람 만들기 위해서는 국민들이 투자를 많이 해야 한다. 한 정치인의 시행착오는 모두 국민의 몫이기 때문이다. 사리사욕이 없는 정책적 실패를 국민들은 용서하고, 그 정치인의 산 경험을 불러 씀으로써 결국 국민은 투자를 회수하고 이익도 남길 수 있지 않겠는가?

四爻에서는 투(渝)가 핵심어가 된다. 복귀하는 정치인은 반성하고 달라져야 함을 강조하고 있다.

여기에서 정치인의 복귀에 대한 정의를 분명히 하고 있다. 과거의 잘못도 국가적으로는 자산이라는 개념의 도입이다.

국민이 다시 부르면

판단 잘못으로
욕심으로
쫓겨난 정치인이
국민이 용서하고 부르면

몸을 씻고
마음을 씻고
단정히 엎드려
받들라

▣ 訟九五

訟 元吉 (송 원길)

정치인(訟)은 자질을 타고난 사람(元)이 길하다(吉)

정치인은 근원적으로 타고나야 한다. 정치는 보통 사람이 할 수 있는 것이 아니다. 정치인은 엄청나게 부지런해야 하고, 건강해야 하고, 판단력이 탁월해야 한다. 뿐만 아니라 어려서부터 훈련받아야 한다.
주역에서는 정치인도 전문가를 요구하고 있다.

정치인은 타고난다

부지런하고
건강하고
봉사하고
희생하고
공부하고
화합하고
공평하고
민첩하고
중도를 지키고
사심 없는
정치인은 타고나는 것이다

▣ 訟上九

或錫之鞶帶 終朝三褫之 (혹석지반대 종조삼치지)
　혹(或) 권력을 하사한다(錫之鞶帶) 하더라도 아침이 끝나기도 전에(終朝) 세 번이나 빼앗는다(三褫之)

錫: 주석 석 / 주석, 주다, 하사하다, 가는 베   鞶: 큰 띠 반   帶: 띠 대 / 띠, 띠를 허리에 차다   褫: 빼앗을 치 / 빼앗다, 옷을 벗겨 빼앗다

반대(鞶帶)는 보석장식을 한 가죽허리띠를 말하는 것으로, 이는 권력을 하사받는다는 말이다. 그러나 정치판에서는 그런 신망이 오래가지 않는다. 그만큼 버티기 힘든 전쟁판인 정치의 세계를 얘기하는 것이다.

정치의 세계는 허망하다. 그 속에서 견디며 입지를 다진다는 것은 웬만큼 훈련이 되어 있지 않으면 견디기 힘들다. 민심도 조석으로 변하고 왕의 마음도 조석으로 변하는 것이 정치의 생리니, 한 번의 공로로 입지가 영원할 것이라는 망상은 버려야 한다.

권불십년(權不十年)

총애를 받고
상을 받고
잘나갈 때
두려워하라

시기(猜忌)와 모략이
틈새를 파고들어
순식간에
총애도 상도 거두어간다

그것이 정치판이다

지수사(地水師)

정치가 있다는 것은 공동체의 형태가 국가를 이루었다는 것이다. 국가는 자신의 영역을 지키고 국민을 보호할 군대가 있어야 한다. 군대를 어떻게 구성하고 어떻게 지휘하고 역할은 어떻게 정해야 할 것인가? 사(師)괘는 군대와 군인에 대해서 기술하고 있다.

第七卦 【師】 地水師 坤上坎下

卦辭：師 貞 丈人 吉 无咎
彖曰：師 衆也 貞 正也 能以衆正 可以王矣
　　　 剛中而應 行險而順 以此毒天下而民 從之 吉 又何咎矣
象曰：地中有水 師 君子 以 容民畜衆

初六：師出以律 否 臧 凶
象曰：師出以律 失律凶也

九二：在師 中 吉 无咎 王三錫命
象曰：在師 中 吉 承天寵也 王三錫命 懷萬邦也

六三：師或輿尸 凶
象曰：師或輿尸 大无功也

六四：師左次 无咎
象曰：左次无咎 未失常也

六五：田有禽 利執言 无咎 長子帥師 弟子輿尸 貞 凶
象曰：長子帥師 以中行也 弟子輿尸 使不當也

上六：大君有命 開國承家 小人勿用
象曰：大君有命 以正功也 小人勿用 必亂邦也

7. 지수사(地水師)

전쟁과 군인

■ 사괘(師卦) 해설

사(師)는 '무리, 군사, 전쟁'을 의미한다. 2,500명의 군사가 사단(師團)이 되는데, 사단 규모 이상이 전쟁에 나가는 것이다.

전쟁은 인류 역사에 가장 큰 변화를 주는 사건이다. 피할 수 있는 전쟁이면 하지 말아야 한다. 전쟁은 마지막 수단일 뿐이다. 이길 것이라는 확신으로 전쟁을 벌여도 결과는 장담할 수 없는 것이며, 확실한 것은 승자건 패자건 큰 상처를 입는다.

전쟁에서 가장 우선적인 전술은 외교전이다. 물리적으로 싸우지 않고도 이기는 것이다. 주역은 외교전의 중요성을 거듭 강조하고 있다.

국가 차원의 전쟁만 있는 것이 아니다. 개인과 개인의 사생활에도 전쟁이라고 표현할 수 있는 싸움을 하는 경우가 있다. 이런 경우도 냉정하게 생각할 필요가 있다. 싸움의 결과가 영광만 있는 것이 아니다. 둘 다 상처를 입게 되고 후유증이 오래 남을 수 있다. 그러므로 서로 원만한 타협을 하는 것이 좋다. 타협하는 것이 당장은 자존심이 상하고 손해 보는 것 같은 기분일지라도 훗날 두고두고 잘했다는 생각을 하게 한다.

국가 간의 전쟁은 언제든 일어날 수 있다는 생각으로 평소에 만반의 준비를 해야 한다. 그것이 전쟁을 억제하는 최상의 수단이며 실제 상황에서도 승리할 수 있을 것이다.

사(師)괘에서는 고대의 전쟁을 모델로 삼아 전쟁에서 일어날 수 있는 일들을 소재로 하여 전쟁에 승리할 수 있는 조건의 제시와 군의 지휘, 전쟁이 끝난 후에 있을 수 있는 일들을 쓰고 있다.

64글자로 전쟁의 속성을 적나라하게 표현한 치밀함이 주역의 위대함이라고 하겠다.

▣ 師卦辭

師 貞 丈人 吉 无咎 (사 정 장인 길 무구)

전쟁(師)은 마지막 수단이고 멸망이므로(貞=滅) 부득이 전쟁을 하려면 건장한 장정(丈人)으로 군을 구성해야 길하고(吉) 허물이 없다(无咎)

師: 스승 사 / 스승, 군사, 벼슬아치 丈: 어른 장 / 어른, 길이의 단위, 사람의 키

먼저 전쟁의 정의를 내리고 있다. '전쟁은 멸망에 이를 수 있다' '전쟁은 마지막 수단이어야 한다'는 것이다. 그것은 '사 정(師 貞)'이라고 표현했다. 인류의 역사를 보면 전쟁을 통해 끝내 영화를 누리는 나라가 없다. 전쟁이 두려움을 만들어낼 수 있어도 존경심을 만들어낼 수는 없는 것이다.

전쟁은 쌍방이 피해를 입게 되어 있으니, 절대적으로 피할 일이며, 부득이 전쟁을 하게 되면 건장한 장정으로 군대를 구성하여 승리해야만 한다는 전쟁의 첫째 요건을 설명하고 있다.

장인(丈人)의 뜻은 노약자나 부녀자가 아닌 건장한 장정으로 군대를 조직해야 한다는 의미로, 총체적인 전쟁의 준비를 대표하여 설명하는 글이다. 즉, 무기와 전쟁물자들이 최신의 것으로 쟁쟁해야 한다는 뜻이다.

전쟁은 멸망이다

전쟁은
안락함도
재물도
가족도
목숨도
흩어지게 한다

벌어진 전쟁은
그나마
이겨야 한다

▣ 師初六

師出以律 否 臧 凶 (사출이율 부 장 흉)

군의 출정에는(師出) 법률과 군율로써 해야 하는데(以律) 그렇지 않다면(否) 아무리 크고 착한 군대라 하더라도(臧) 흉한 꼴이 된다(凶)

> 律: 법률/법령, 정도, 비율, 지위, 등급　臧: 착할 장/착하다, 좋다, 거두다, 감추다

군대는 국민의 것이다. 그러므로 군은 국민의 의지에 따라 움직여져야 한다. 율(律)의 해석과 같이 명백히 법률에 따라야 함이다. 권력자의 독단으로 군을 움직이는 것을 경계하고 있다. 법률에 의하지 않고 출정된 군대가 비록 승리를 거두었다 하더라도 흉한 꼴을 면하기 어렵다는 것이다. 장(臧)은 '승리한 군대'라는 의미도 갖고 있다.

율의 두 번째 해석은 군에서 기율(紀律)을 강조한 것이다. 착하다고 군

대가 되지 않는다고 말하고 있다. 출정된 군사의 통솔은 군율에 따라 다스려져야 한다. 그렇지 않다면 아무리 훌륭하고 착한 군대라 할지라도 또 흉하다고 하였다.

군율은 지엄하다

국가를
국민을 지키는
군대의 명령은
왕의 명이다

전쟁에 지면
죽다 남은 자
노예가 되느니

군율은
이기는 군대의
기본이다

▣ 師九二

在師 中 吉 无咎 王三錫命 (재사 중 길 무구 왕삼석명)
 전쟁에는(在師) 싸우지 않고 이기는 외교전(中)이 길하고(吉) 허물이 없다(无咎). 외교에 능한 장수에게는 임금이 세 번이나 상을 하사하는(錫) 명령(命)을 내린다(王三錫命)

 錫: 주석 석 / 주다, 하사하다, 고운 삼베

전쟁에서 외교전의 중요성을 강조한 구절이다. 중(中)은 좌도 아니고 우도 아니고 중간자의 역할, 즉 외교전을 말함이다. 싸우지 않고 이기는 것이 최상이다. 외교로 전쟁에 이긴 자는 영웅으로 대접받을 것이다.

우리 역사에도 물리적인 전쟁을 하지 않고 외교로 외적을 물리친 선례를 갖고 있다.

> **서희의 담판**
>
> 고려의 외교가이자 문신인 서희(徐熙)는 거란(契丹)의 내침 때 서경(西京) 이북을 할양하고 강화하자는 안에 극력 반대, 자진해서 국서를 가지고 적장 소손녕과 담판을 벌여 거란군을 철수시켰다. 그 후 여진을 몰아내고 지금의 평북 일대의 국토를 완전히 회복했다.

서희처럼 외교만으로 전쟁을 피하고 외적을 몰아낸 경우 왕은 세 번이 아니라 열 번이라도 상을 하사할 것이다.

이런 직접외교가 아니라 하더라도 간접외교라고 할 수 있는 주변국과의 상호 전쟁억제 외교, 첩보외교 등 전쟁을 억제하거나 전쟁을 하더라도 승리할 수 있는 외교전은 아무리 강조해도 지나침이 없다.

그리고 국가의 기본 정책이 호전적 정책도 아니고 나약한 정책도 아니며, 어느 나라와도 보편적인 관계임을 표방하는 중립의 외교가 중요하다는 것이 중(中)의 의미에 포함되어 있다. 국가의 군사정책과 외교정책을 표방한 실질적이고 실무적인 가르침이다.

외교로 이겨라

응원자를 확보해야 한다
이웃을 우군으로 만들고
적군을 고립시키고
적의 사기를 저하시키고
상대의 부당성을 갈파하고

외교로 이긴 장수는
국민이 상을 내린다

▣ 師六三

師或輿尸 凶 (사혹여시 흉)

 전쟁 중에 혹시 군사가 수레에 깔려 죽는(輿尸) 안전사고가 일어나면(師或輿尸) 흉하다(凶)

> 輿: 수레 여 / 수레, 싣다

 군사를 움직일 때는 안전사고를 철저히 예방하라는 가르침이다. 전쟁 중에는 군대의 사기가 매우 중요하다. 사기의 근본은 군율과 환경이다. 군율이 확보되면 안전사고가 일어나지 않을 것이며, 전력을 100% 전투에 투입할 수 있을 것이다. 군사의 환경적응도 매우 중요하다. 기후와 환경에서 오는 질병이나 불안심리를 차단해야 한다.
 전쟁은 불안의 연속이므로 병사들의 심리상태가 실질 전투에 미치는 영향이 크기 때문에 심리 컨트롤을 잘 해야 한다. 불안한 심리 상태에서 안전사고는 치명적인 결과를 초래할 수 있다. 주역은 이런 안전사고가 국운을 건 전투에 미치는 영향이 적지 않음을 경고하고 있다.

三爻까지는 전쟁에서 전투 이전의 상황들을 적고 있다. 이렇게 내적인 상황들이 전쟁의 승패를 좌우하는 중요한 요소이기 때문이다.

사혹여시(師或輿尸)를 '전투에서 혹시 수레에 시체를 싣고 오면'이라고 해석할 수도 있다. 이것은 전투에서 패한 모습이라고 표현할 수 있다. 필자는 전자의 안전사고로 해석하기를 권한다.

전장에서의 사고

전쟁 중에
전쟁을 반대하는 군사

전장에 퍼지는
유행성 질병

지휘가 잘못된
안전사고

이런 이유로
병사가 시체가 되면
싸워보지도 못하고 망한다

▣ 師六四

師左次 无咎 (사좌차 무구)
전쟁에서 후퇴하거나 멈춤은(師左次) 허물이 없다(无咎)

左: 왼좌 / 왼쪽, 왼쪽으로 하다, 어긋나다

사좌차는 사좌(師左)와 사차(師次)가 합쳐진 말이다. 사좌는 전시에 후퇴를, 사차는 멈춤을 의미한다. 전시에 기수가 높은 곳에 올라 왼손에는 청색 깃발을 들고 오른손에는 붉은색 깃발을 들어, 왼손의 청색깃발을 흔들면 후퇴명령, 붉은색은 진격명령을 뜻한다.

차(次)는 '머물다, 숙박'의 의미를 갖고 있다. 그러므로 진을 치거나 야숙을 하거나 잠복을 하는 경우 등 군사들이 멈춰 있는 상태를 말한다.

전쟁에서 중요한 것은 후퇴와 전진이 아니라 최종적인 승리임을 강조한 것이다. 전투에서 진격이나 후퇴의 명령은 전술상의 문제이며 군대를 지휘하는 지휘관의 고유 권한이다.

四爻에서는 비로소 본 전쟁이 시작되어서 전술에 관한 이야기를 하고 있다. 지휘관의 모든 전술은 승리를 목적으로 한 것이기 때문에 가타부타할 필요가 없다.

전술은 장수의 몫이다

전장에서
후퇴를 명하든
잠복을 명하든
그것은 장수의 몫이다

결국
모든 것은
승리를 위한
수단이다

▣ 師六五

田有禽 利執言 无咎 長子帥師 弟子輿尸 貞 凶 (전유금 리 집언 무구 장자솔사 제자여시 정 흉)

전쟁에서 사냥감을 포획했다(田有禽). 전리품은 여론을 수렴하여 분배함이 이롭고(利執言) 허물이 없다(无咎). 큰 장수는(長子) 전쟁이 끝나도 군대를 잘 통솔하지만(帥師), 어리석은 장수(弟子)는 안전사고를(輿尸) 내니 끝이(貞) 흉하다(凶)

田: 밭 전 / 사냥터, 전장, 밭, 심다 禽: 날짐승 금 / 날짐승, 날짐승과 짐승 執: 잡을 집 / 잡다, 가지다 帥: 거느릴 솔, 장수 수 / 거느리다, 장수, 통솔자

금(禽)은 전리품으로도 해석할 수 있고, 침략자라고도 해석한다. 이때 집언(執言)은 여론수렴을 뜻한다. 전리품은 여론을 수렴하여 합리적으로 분배해야 허물이 없다는 것이다. 다른 해석방법은 외교전을 강조한 말이다. 전쟁터에 적이 있으면 말로 사로잡아야 이롭다고 해석하기도 한다.

제자여시(弟子輿尸)는 타락한 장수는 전리품이나 많이 얻으려고 혈안이 되어 안전사고나 내고 있으니 흉하다는 것이다. 전쟁에 이기고 끝난 경우도 군율과 통솔의 중요성을 강조하고 있다. 훌륭한 장수는 끝까지 군대를 잘 통솔하여 전쟁에 이기고 개선한다. 전리품은 국가와 국민의 몫이다. 군대는 국민의 군대이기 때문이다.

무관은 논공행상에 참여해서는 안 된다. 군인은 전쟁을 위해서 존재하는 것이고, 전쟁을 수행하고 승리하는 것은 기본적인 책무에 해당된다. 당연한 일을 했지만 국가가 상을 내리면 받는 것일 뿐이다.

五爻는 적군이 침입하면 물리치라는 전쟁의 당위성과 승전후의 전리품에 관한 얘기를 하고 있다. 당연히 이기는 전쟁을 설명하고 있다. 그리

고 군대를 잘 통솔하지 못한 경우(弟子興尸)는 전쟁에 패할 뿐만 아니라 여러 가지로 흉한 꼴이 된다고 경고하고 있다.

전공의 포상

전리품의 분배
승리한 장수의 포상

여론을 모아
국민의 이름으로

▣ 師上六

大君有命 開國承家 小人勿用 (대군유명 개국승가 소인물용)

(논공행상에서) 임금의 명이 있으면(大君有命) 나라를 구한 가문으로서의 영광을 이어간다(開國承家). (戰功이 있더라도) 소인은 쓰지 말라(小人勿用)

承: 이을 승 / 잇다, 계승하다

군인은 전쟁이 끝나 논공행상에는 관여해서는 안 된다. 군인의 역할은 끝났다. 혹 임금의 명이 있으면 가문의 영광이 이어간다.
전쟁에 공이 있다고 해도 소인을 나랏일에 쓰지 말라. 소인에게는 재물과 별도의 포상으로 공을 치하하고 정책에 관여나 결정하는 일에 기용해서는 안 된다.
여기에서 유학의 전통사상인 문무의 구별이 여실히 나타난다.

누가 충신이가

혼란 중에
누구는 충신이고
누구는 소인배인지
드러난다

장수가 전쟁에 승리하는 것은
본분
충신에게는 영예를
소인은 그의 길을 가게 하라

수지비(水地比)

인간은 태어나면서부터 경쟁 속에서 살아간다. 경쟁이 없는 세상은 존재하지 않는다. 혹자는 경쟁을 피하기 위한 최종 수단으로 죽음을 택하기도 한다. 끊임없이 펼쳐지는 경쟁의 세계에는 어떻게 임해야 하는가?

第八卦 【比】水地比 坎上坤下

卦辭：比 吉 原筮 元永貞 无咎 不寧方來 後 夫 凶
彖曰：比 吉也 比 輔也 下順從也 原筮元永貞无咎 以剛中也
　　　不寧方來 上下應也 後夫凶 其道窮也
象曰：地上有水 比 先王以 建萬國 親諸侯

初六：有孚比之 无咎 有孚盈缶 終來有他 吉
象曰：比之初六 有他吉也

六二：比之自內 貞 吉
象曰：比之自內 不自失也

六三：比之匪人
象曰：比之匪人 不亦傷乎

六四：外比之 貞 吉
象曰：外比於賢 以從上也

九五：顯比 王用三驅 失前禽 邑人不誡 吉
象曰：顯比之吉 位正中也 舍逆取順 失前禽也 邑人不誡 上使中也

上六：比之无首 凶
象曰：比之无首 无所終也

8. 수지비(水地比)

경쟁의 도(道)

■ 비괘(比卦) 해설

비(比)는 '견주다, 따르다'는 뜻이다. 그러므로 비(比)는 '경쟁'이라고 해석하고자 한다.

사(師)괘에서는 전쟁에 임하면 반드시 이겨야 함을 말하고 있지만 비(比)괘는 정정당당한 경쟁을 이야기한다. 승부보다 과정을 중시할 수 있어야 지더라도 얻는 것이 있다고 가르친다. 이기고도 지는 자가 있는가 하면, 지고도 이기는 자가 있다.

경쟁이라고 하면 인간은 태어나면서부터 경쟁의 삶을 살아야 한다. 유독 더 치열한 경쟁의 삶을 사는 사람들을 우리는 스포츠맨의 직업에서 볼 수 있다. 사회가 건전하면 믿을 수 있는 환경 속에서 경쟁을 하여 승자와 패자가 가려지게 되고, 패자라 할지라도 배려를 받게 된다. 하지만 공정하지 못한 사회에서는 경쟁은 공정하지 못하고 힘 있는 자가 독식하게 되어 불안정한 집단으로 전락하게 된다.

스포츠와 같은 경쟁에서도 믿음이 절대적으로 요망된다. 그 믿음은 자신이 노력하면 이길 수 있다는 믿음, 심판이 공정하다는 믿음, 사회는 승자를 인정하고 보상한다는 믿음이 있어야 한다는 말이다. 그래야 패자도 승복하고 다시 분발할 수 있는 토양이 마련되고 발전지향적인 사회가 되는 것이다.

경쟁은 발전의 원동력이다. 주역이 비(比)괘를 앞자리에 배치한 것은 인간의 삶에서 경쟁이 먹고사는 것 다음으로 중요하다는 것이다.

비(比)괘를 포함한 앞의 6개 괘가 감(坎)괘를 하나씩 놓아 생명의 근원, 삶의 근원을 밝히고 있다.

◧ 比卦辭

比 吉 原筮 元永貞 无咎 不寧方來 後 夫 凶 (비 길 원서 원영정 무구 불녕방래 후 부 흉)

比는 서로 견주어 경쟁하는 것이니 길하다(比 吉). 처음으로 점을 친다는 것은(原筮) 인간은 탄생과 함께 경쟁이 시작된다. 元의 시절부터 貞의 시절까지(처음부터 끝까지) 경쟁은 영원히 계속되지만(元永貞) 허물이 없다. (寧은 편안하고 정정당당한 경쟁을 말하는 것이므로) 공정하고 정당하지 못하게 경쟁에 나서면(不寧方來) 후에 크게 성공한 장부도 흉하다(後 夫 凶)

比: 견줄 비 / 견주다, 본뜨다, 모방하다, 따르다   原: 근원 원 / 근원, 들판, 벌판, 용서하다   筮: 점 서 / 점, 점을 치다, 앞을 내다보다   寧: 편안할 녕 / 편안하다, 문안하다, 차라리, 어찌

경쟁은 전쟁과 달리 발전의 원동력이다. 그러므로 길하다. 원서(原筮)는 처음 점을 치는 것이고 그것은 경쟁의 시작을 의미한다. 점을 친다는 것은 장래의 일을 예측하는 것이다. 자신이 어떻게 인생을 설계하고 헤쳐 나갈 것인가? 또 어떤 경쟁에서 이길 것인가, 패할 것인가? 모든 일을 가늠해보는 것이 점(筮)이다. 인간의 삶은 탄생과 동시에 무한경쟁의 시대에 접어드는 것이다.

그런데 경쟁하는 사람들의 자세, 즉 삶의 자세를 얘기하고 있다. 정정당당한 경쟁과 승부에서의 승리자가 돼야 하고, 지더라도 당당하게 지라고 가르치고 있다. 부정한 방법으로 이기는 것은 자신의 인생에 도움이 되지 못한다. 그러나 일부의 인간들은 수단과 방법을 가리지 않고 이기고 보려고 한다. 그러다가 수렁의 덫에 걸리기도 한다. 특히 우리 사회에서 지도층 인사 중에 부정한 방법으로 승리하려는 경우가 많아졌다. 제도적으로 선거직이 많아지면서 중상모략과 권모술수가 난무하는 사회로 변질되고 있는 안타까움이 있다. 형이상학적인 교육이 잘못된 세태의 반영이다.

경쟁

살아 있는 한
숨소리와 심장박동도 경쟁하고
상대가 꼬꾸라져 경쟁이 없으면
나도 죽음이다

경쟁은
삶의 의미다

▣ 比初六

有孚比之 无咎 有孚盈缶 終來有他 吉 (유부비지 무구 유부영부 종래유타 길)

경쟁에서는(比之) 무엇보다도 믿음이 있어야 하고(有孚) 그래야 허물이 없다(无咎). 이때의 믿음은 질그릇을 채우고 넘치게 하는(盈缶) 믿음이 있

어야 한다(有孚). 경쟁이 끝난 후에는 상대를 인정해야 한다(從來有他). 그러면 길하다(吉)

盈: 찰 영 / 차다, 그릇에 가득 차다, 충만하다, 남다   缶: 장군 부 / 장군, 배가 불룩하고 목이 좁은 질그릇   他: 다를 타 / 다른, 그, 그이, 간사하다

폭넓은 믿음을 설명하고 있다. 자신의 승리를 확신하는 것, 노력과 연습에 대한 확신, 경쟁의 공정성에 대한 확신, 승리 후에 영광의 확신, 상대에 대한 믿음을 갖고 경쟁하는 것이다. 그러한 믿음으로 경쟁을 하고 나면 승패를 초월하여 결국 상대를 배려하게 된다.

아름다운 경쟁의 조건은 여기에서 말하는 믿음과 패배의 승복과 또 다른 도전의 원동력이 전제가 되어야 한다. 경쟁에서의 믿음은 아무리 강조해도 지나침이 없다. 경쟁에서의 패자도 억울하지 않은 사회를 만들어가야 한다.

끝없는 경쟁

당당한 경쟁에는
끝이 없다

경쟁의 숨바꼭질은
세상을 돌린다

■ 比六二

比之自內 貞 吉 (비지자내 정 길)

경쟁에 있어서의 힘은(比之) 자신의 내부에서 표출되는 것이니(自內) 끝까지 하면 길하다(貞 吉)

경쟁에서 승리의 첫째 조건은 자신과의 싸움이다. 스스로 정신을 집중하고 끝까지 유지하면 승리한다는 뜻이다. 경쟁에서의 적(敵)은 상대가 아니라 자신이라는 것을 깨닫는 데 많은 시간이 걸리는 사람도 있지만, 본능적으로 그것을 알고 집중하는 사람도 있다. 먼저 자신과의 싸움에서 이겨야 한다.

자신을 이겨라

자신을 이기는 자
승리한다

영혼의 힘은
위대하다

▣ 比六三

比之匪人 (비지비인)
경쟁은 사람의 일이 아니다

경쟁의 시작과 결과는 인간이 만들거나 정하는 것이 아니라는 것이다. 자궁 속에서 수많은 정자들이 경쟁하여 내가 탄생했음을 사람의 일이라 할 수 없듯이 모든 경쟁과 싸움에서 승패는 있게 마련이고, 그 승패의 영역은 사람의 일이 아니라고 표현했다.

경쟁 속에는 상상하지 못했던 결과를 동반하는 경우가 많다. 경쟁은 심리적이고 상대적이다. 그리고 환경도 크게 작용하는 경우가 많다. 특히 기후와 환경과 시대적 배경을 어찌 사람의 일이라고 하겠는가!

최선을 다했으면 결과에 승복해야 한다. 승패를 나누어주는 것은 자신이나 상대의 몫이 아니라 신의 영역이라 생각하고 감사하고 배려해야 한다.

결과에 초연하라

경쟁은 내가 하지만
심판관은 하늘이다
누구의 손을 들어줄지는
신의 몫이다

자신을 이겼으면
곧
승리자다

▣ 比六四

外比之 貞 吉 (외비지 정 길)

외부로 표출되는 겉모습(육체, 언변, 행동)도(外比之) 경쟁이 끝날 때까지 당당해야(貞) 길하다(吉)

경쟁에서 외형적인 태도에 대해서 말하고 있다. 당당하고 진지한 땀방울, 심사숙고의 자세와 논리 정연한 설득의 자세를 말한다.

경쟁에 임하는 자의 표양은 매우 중요하다. 믿음과 당당함이 배어나야 한다. 입사면접에서 육체적인 면을 살리기 위해 성형을 하는 것도 주역의 가르침을 실천하는 것인지도 모른다. 한국인만큼 취직을 위해 성형을 많이 하는 나라도 없을 것이다.

언변은 지식과 집중력이 함축되어 뿜어 나오는 현상이라고 할 수 있다. 외모의 경쟁은 중요하다. 무엇보다도 내면의 충실함이 십분 발휘되는 예의와 자신감, 당당함이 더 가치가 있을 것이다.

당당하라

준비가 잘 되면
당당하다

행동과 눈빛은
영혼의 힘이다

■ 比九五

顯比 王用三驅 失前禽 邑人不誡 吉 (현비 왕용삼구 실전금 읍인불계 길)

밖으로 드러나는 큰 경쟁(顯比)이라 할지라도, 임금의(王) 사냥에서도 삼구(三驅: 한쪽 방향을 열어놓는 것)를 쓰므로(用) 눈앞의 사냥감을 놓칠 수 있다(失前禽). 몰이꾼(邑人: 백성)들이 벌을 받을까 두려워하지 않으므로(不誡) 길하다(吉)

顯: 나타날 현 / 나타나다, 귀하다, 드러나다, 표면   驅: 몰 구 / 몰다, 내보내다
禽: 날짐승 금 / 날짐승, 짐승, 사로잡다   誡: 경계할 계 / 경계하다, 훈계하다

경쟁은 상생의 싸움이어야 한다. 여유와 아량이 넘치는 경쟁이라야 인기와 백성들의 지지를 얻을 수 있다는 것이다. 상대를 다시 일어서지 못하도록 누르는 것은 옳지 못하다. 상대에 대한 배려는 경쟁자의 도리다. 그러므로 사냥에 임하는 왕도 운 좋게 도망치는 동물도 보호하고 몰이꾼인 백성도 보호하는 삼구(三驅)를 쓰는 것이다. 상생의 교육장이기도 하다.
　상생은 발전의 원동력이 된다.

상대를 배려하라

경쟁의 대상은
동업자다
동업자를 배려함은
자신을 돌봄이다

▣ 比上六

比之无首 凶 (비지무수 흉)
경쟁에 수장이 없으면(比之无首) 흉하다(凶)

　수(首)는 지도자, 감독 등에 해당한다. 경쟁에는 지도자의 역할이 매우 중요하다. 인간의 사회성에 대해 강조하고 있다. 경쟁에는 정보와 테크닉이 필요하고 중요하다. 정보와 기술을 효과적으로 제공할 지도자가 필요하다. 좋은 지도자를 만나지 못하면 경쟁에서 이기기가 어려울 것이다.
　피겨의 여왕으로 불리는 김연아 선수도 좋은 지도자를 갈망하는 이유가 있는 것이다. 한국이 올림픽에서 활쏘기를 잘 하는 이유는 무엇인가? 우리 민족은 원래 활을 잘 쏘는 유전자를 갖고 있다. 그래서 이족(夷族)

이라고 불리었다. 뿐만 아니라 양(陽)의 기운이 가장 강한 민족으로 지도자나 지도방법이 탁월하기 때문이다.

수(首)의 다른 해석은 경쟁에서의 승자를 의미한다. 어떤 경쟁에서 승자가 없다는 것은 큰 문제가 발생했다는 뜻이다. 경쟁에서는 승자가 가려져야 정당한 것이다.

경쟁의 지도자

나의 지휘자는
누구인가

나를 지휘할 인간이
없으면
신을 모셔라

풍천소축(風天小畜)

모든 인간은 가정을 이루게 된다. 가장 작은 단위의 공동체를 구성하여 화목하게 살아가는 것도 결코 쉬운 일이 아니다. 가정의 공동체가 행복을 만들어가는 것들에 대하여 공들여 가르치고 있다.

第九卦【小畜】風天小畜 巽上乾下

卦辭:小畜 亨 密雲不雨 自我西郊
彖曰:小畜 柔得位而上下應之 曰小畜 健而巽 剛中而志行 乃亨
　　　密雲不雨 尙往也 自我西郊 施未行也
象曰:風行天上 小畜 君子以 懿文德

初九:復 自道 何其咎 吉
象曰:復自道 其義吉也

九二:牽復 吉　　象曰:牽復在中 亦不自失也

九三:輿說輻 夫妻反目
象曰:夫妻反目 不能正室也

六四:有孚 血去惕出 无咎
象曰:有孚惕出 上合志也

九五:有孚 攣如 富以其隣
象曰:有孚攣如 不獨富也

上九:旣雨旣處 尙德 載 婦 貞 厲 月幾望 君子 征 凶
象曰:旣雨旣處 德積載也 君子征凶 有所疑也

9. 풍천소축(風天小畜)

가정 행복의 지혜

■ 소축괘(小畜卦) 해설

　소축(小畜)은 '작은 것을 기르다, 적게 쌓다'의 뜻이다. 여기서는 가장 작은 공동체의 단위인 가정을 만들어가는 것에 대해 기술하고 있다.
　가정 안에서 행복을 만들어가는 지혜를 가르치고 있다. 개인의 행복은 가정 안에서 비롯된다. 주역은 지극히 개인적인 '사춘기의 사랑' 얘기를 맨 먼저 쓰고 교육과 기다림, 정치와 군사, 경쟁을 쓰고, 그 다음으로 가장 작은 공동체인 가정에 대하여 쓰고 있다. '가화만사성(家和萬事成)'이라는 말이 있듯이 가정의 화목은 인간사에서 가장 중요한 위치를 차지하고 있는 가치 중의 하나이다.
　사람들은 크고 화려한 성공만을 중시하고, 작지만 소중한 것들을 돌보지 않는다. 특히 정치인이나 큰 사업가가 그렇다. 인생 속에서 느끼는 산들바람과 같은 것, 작은 것의 소중함, 잔잔한 행복의 가치, 작은 성취에 따르는 기쁨을 말하고 있다. 그러나 작다고 결코 쉬운 일이 아니다. 작은 행복을 구축하는 것도 결혼 초기에 부부가 합심해서 계획하고 실천해야 이룰 수 있다고 가르치고 있다. 가정을 중심으로 한 행복 찾기다. 괘상은 다섯 양을 육사가 그치게 하는데 음은 소(小)이므로 소축(小畜)이다.
　소축의 인생은 다양한 재주의 소유자로 풍성한 삶을 살아가는 기반의 소유자다.
　여기에 가정 행복을 만들어가는 지혜와 그 소중함이 쓰여 있다. 비로

소 자신이 이루는 가정이라는 공동체의 행복을 엮어가는 성인(成人)으로서의 면모를 쓰고 있다. 원형리정(元亨利貞)의 利의 시절이 시작되는 것이다. 이제 가족을 부양하고 자식을 생산하지 않겠는가?

▣ 小畜卦辭

小畜 亨 密雲不雨 自我西郊 (소축 형 밀운불우 자아서교)

작은 것을 만들어간다는 것은(小畜) 亨의 시절에 결정된다. 구름은 빽빽하나 비는 오지 않는다(密雲不雨). 그것은 내가 서쪽 교외에 서서 서성거리고 있기 때문이다(自我西郊)

> 畜: 기를 축 / 기르다, 모으다, 가축, 쌓다, 일어나다 密: 빽빽할 밀 / 빽빽하다, 촘촘하다, 조용하다, 깊숙하다 郊: 성 밖 교 / 성 밖, 교외, 국경

작은 것을 만들어간다는 것은 작은 성공이나 행복을 추구한다는 말이다. 소축(小畜)은 가정을 꾸리는 시절에 결정이 나는데 쉬운 듯하면서도 결코 쉽지가 않다고 했다.

그까짓 것이라고 생각하지만 구름이 가득해도 비가 오지 않는 것처럼 마음과 뜻대로 되지 않는다. 그 이유는 노력은 하지 않고 밖에서 서성거리고 있기 때문이다. 아직 인생의 핵심을 모르고 있기 때문이다.

사랑의 가정을 가꾸기 위해서는 적극적으로 희생하고 노력해야 한다. 밖으로만 빙빙 겉돌지 말고, 핵심적인 일들을 하나하나 해결하고 아름답게 매듭을 지어가야 한다.

강건하고 겸손하면 좋은 방향으로 성과를 낼 수 있다. 가정의 행복을 추구하는 것도 적극적인 사고방식과 치밀한 계획과 합심하여 실천해야

얻을 수 있다는 것이다.

가정의 행복

자잘한 것이 모여 산을 이루듯
작은 것들이 모여
행복을 만들고
태극 속의 작은 핵처럼
새 생명을 낳으리니

작은 것에 몰두하라
가정은 작은 것으로 만들어가는 것이니

빈둥대지 마라

▣ 小畜初九

復 自道 何其咎 吉 (복 자도 하기구 길)
스스로 가정의 소중함의 도를 깨달아(自道) 가정으로 돌아온다(復). 그러면 무슨 허물이 있겠는가(何其咎). 길하다(吉)

復: 돌아올 복, 다시 부 / 돌아오다, 다시, 돌려보내다, 뒤집다   何: 어찌 하 / 어찌, 무엇, 얼마

행복하고 싶으면서 왜 밖에서 서성이는가. 가정이 얼마나 소중한지 모르기 때문이다. 모든 행복과 성공이 가정에서부터 시작된다는 것을 스스로 깨달아 알고 돌아오니 길하다.

스스로 가정이 소중함을 깨닫고 가족과 힘을 합쳐 즐거운 마음으로 작은 것들을 엮어가며 사랑의 터전을 만들어가는 모습이 얼마나 아름다운가?

스스로 돌아오다

인간은 누구나
가정이
가장 소중한 것

그 자연스런 길로
돌아오니
아름답구나!

기쁘다
춤추며 맞이하자

▣ 小畜九二

牽復 吉 (견복 길)

(견복은 복자도의 반대로) 타인에게 이끌려서 가정으로 돌아오는 것(牽復), 역시 길하다(吉)

牽: 끌 견 / 끌다, 끌어당기다, 거느리다, 만류하다, 강요하다

견복(牽復)은 가족이나 친구의 설득과 권유로 가정으로 돌아오는 과정을 설명하고 있다. 자체의 힘이 아니라 외부의 힘이 작용되었다는 점에서 초구와 다르다. 두 번째 효는 음이 와야 하는데 굳센 양이 자리하였다

는 것은 외부의 힘을 의미하고 있다.

　외부의 힘이 자신에게 영향을 미치는 것이 무엇일까? 인생을 살아가면서 굽이굽이 매듭을 점검해보면 취미생활이나 사회단체 활동 중에 만난 사람과 그 속에서 얻은 지식과 정보가 자신의 삶을 변화시키는 경우가 많다. 소축(小畜)은 그런 영향을 강하게 받는 괘이기도 하다. 이름에 소축괘가 들어 있는 사람은 풍성한 취미생활을 하게 되고 그 취미가 인생에 영향을 많이 미치고 있음을 발견할 수 있다. 九二의 값은 어떻게든 깨닫고 가정으로 돌아오기만 하면 길하다는 것이다.

핑계를 찾아라

방랑자여
핑계를 찾아라

가정으로 돌아갈

▣ 小畜九三

輿說輻 夫妻反目 (여탈복 부처반목)
　수레의 한쪽 바퀴가 어긋남은(輿說輻) 부부가 반목하는 것이다(夫妻反目)

輿: 수레 여 / 수레, 싣다　說: 말씀 설, 달랠 세, 벗을 탈, 기뻐할 열 / 말씀, 달래다, 벗다, 기뻐하다　輻: 바퀴살 복 / 바퀴살, 모여들다

　수레의 한쪽 바퀴가 어긋나면 잘 굴러갈 수 없듯이 가정에서도 부부 중

한쪽이 어긋나면 반목되어 파탄에 이르므로 부부의 합심이 가장 중요하다. 부부가 두 바퀴가 되어 끌고 가는 '가정'이라는 기초 공동체를 수레로 비유하여 표현하고 있다.

수레는 두 바퀴로 움직이는 것이며, 하나의 바퀴가 빠지면 더 이상 움직이지 않는다. 부부가 반목하여 등지면 그 가정은 움직이지 않는 수레와 같다고 하였다. 행복한 가정을 꾸리는 데 부부의 반목이 가장 큰 걸림돌이 된다는 것을 깨우쳐주고 있다.

세 번째 효의 값은 내괘에서 외괘로 넘어가는 단계의 위험성을 내포하고 있어서 언제나 위태로운 표현으로 일관하고 있음을 알 수 있다.

가정의 근본은 부부다

부부가 반목하면
가정은
수렁 속이다

◨ 小畜六四

有孚 血去惕出 无咎 (유부 혈거척출 무구)
믿음이 있으면(有孚) 부부는 재앙(血)을 물리치고(去) 두려움(惕)을 몰아낼 수 있으니(出) 허물이 없다(无咎)

惕: 두려워할 척 / 두려워하다, 놀라다, 걱정하다, 근심하다

부부 반목이 생기는 원인은 믿음, 신뢰, 사랑의 결핍이다. 다시 부부의 믿음을 강조하고 있다. 부부가 서로 사랑하고 의지하고 의논하고 합심하

여 실행하면 이겨내지 못할 일은 아무것도 없다고 주역은 가르치고 있다. 가정은 부부의 사랑과 믿음이 기초가 된다는 것을 잘 알면서도 안 되는 사람들도 많은가 보다. 무늬만 부부, 법적으로만 부부인 가정이 많은 것이 현실이다.

혈(血)은 핏빛 재앙, 불의의 사고나 전쟁을 의미하고, 척(惕)은 공포나 두려움을 말한다. 가장 가까운 사람끼리의 믿음, 주역은 가장 기본이 되는 가르침으로 시종일관 믿음을 강조하고 있다.

믿음에서 사랑이 시작되는 것이다.

부부일심만사성(夫婦一心萬事成)

재앙
두려움은
부부의 믿음으로 물리쳐라

믿음이 부적이다

▣ 小畜九五

有孚 攣如 富以其隣 (유부 련여 부이기린)

믿음이 있으면(有孚) 결속이 된다(攣如). 이웃(其隣)과 부(富)를 함께하며 결속(攣)한다

攣: 걸릴 련 / 걸리다, 이어지다, 연관되다   隣: 이웃 린 / 이웃

부부 관계뿐 아니라 이웃과의 관계에서도 믿음이 필요하다. 이웃이란

돈벌이(富)와 관련된 사람을 포함한다. 분업이나 기술의 공유 등 직업과 관련하여 한솥밥을 먹는 사람들을 두루 포함한다. 생산성을 높이고 결과를 공유하는 것이 부이기린(富以其隣)의 진정한 내용이다.

여기에서 말하고자 하는 이웃의 개념은 직장의 동료, 동업자, 동종업자 등 경제활동과 연관된 모든 사람을 지칭하고 있다. 이렇게 경제활동의 범위까지 믿음이 확대되어 결속된다면 더 바랄 것이 무엇이겠는가? 결속은 부(富)를 나눴을 때 이뤄지는 것이다.

우리 사회는 이런 결속이 점점 약해지고 갈등이 연속되고 있다. 크게는 국가 간 갈등부터 남북 갈등, 남남 갈등, 계층 간 갈등, 노사 갈등, 부부 갈등, 부자(父子) 갈등 등 우리는 갈등의 주체 간에 부를 얼마나 잘 나누고 있는가?

나눔의 행복

믿음으로
이웃이 결속되고
작은 행복들이 모여
큰 행복을 만든다

◼ 小畜上九

旣雨旣處 尙德 載 婦 貞 厲 月幾望 君子 征 凶 (기우기처 상 덕 재 부 정 려 월기망 군자 정 흉)

비가 내리고 그치는 시절(旣雨旣處)이 오면 크고 높은 은혜로움을(尙德) 얻는다. 분수에 넘치는 일을 맡으면(載) 부인이(婦) 끝을(貞) 염려하고 걱정한다(厲). 때가 되어(月幾望) (부인의 걱정을 무릅쓰고) 남편이(君子)

계속 나아가면(征) 흉하다(凶)

旣: 이미 기, 쌀 희 / 이미, 쌀, 벌써, 처음부터, 이윽고   處: 살 처 / 살다, 머물러 있다, 묵다, 쉬다   尙: 오히려 상 / 오히려, 바라다, 높다, 자랑하다, 숭상하다   載: 실을 재, 일 대 / 싣다, 머리에 이다, 운반하다   幾: 기미 기 / 기미, 낌새, 위태롭다   望: 바랄 망 / 바라다, 기대하다, 원하다, 우러러보다

밀운불우(密雲不雨)의 시절도 있지만 노력하다 보면 기우기처(旣雨旣處)의 시절, 즉 성공의 시절도 오게 되어 있다. 그런 성공을 이웃과 나누어 칭송을 받게 되는 것을 상덕(尙德)이라고 한다.

주역은 자본주의를 숭상하면서도 적극적으로 분배와 복지를 강조하고 있다. 바람직한 시민상, 바람직한 사회상, 바람직한 정치상, 바람직한 가정상 등 현대사회에서도 끊임없이 추구하고 있는 가치를 제시하고 있다.

때를 놓쳐 충분히 준비하지 못한 사람이 힘에 벅찬 짐을 떠맡은 형국을 재(載)라 하였다. 그렇게 되면 부인이 걱정한다는 것이다.

월기망(月幾望)은 달이 보름에 가까워졌다는 말이니 행동의 때가 되었다는 뜻이다. 무리한 일을 밀어붙이면 흉하다고 했다. 가정생활에서 부인이 걱정하는 일을 하지 말라. 끝이 좋지 않다. 왜냐하면 부인은 누구보다도 남편의 능력을 잘 안다. 그런 부인이 걱정한다는 것은 힘에 겨운 일을 하고 있다는 거다. 큰일을 함에는 우선 가족이 일체가 되어 힘을 모아야 된다.

분수

가정에도 흥운과 쇠운이
있음을 알라
운이 다하였음에도

전진을 고집하는
군자의 아내는
앞날이 걱정이다

분수를 지켜라

천택리(天澤履)

옳고 바른 말을 하기는 쉽지 않다. 공동체의 운영에는 서열과 질서가 정해져서 윗사람과 아랫사람이 있게 마련이다. 윗사람의 잘못을 지적하고 공론화한다는 것은 목숨을 내놓고 해야 하는 경우도 있다. 현대에는 언론이라는 공공의 기관도 있다. 바른말을 하는 사람들의 역할에 대해서 기술하고 있다.

第十卦 【履】天澤履 乾上兌下

卦辭：履虎尾 不咥人 亨
彖曰：履 柔履剛也 說而應乎乾 是以履虎尾不咥人亨
　　　剛中正 履帝位而不疚 光明也
象曰：上天下澤 履 君子以 辯上下 定民志

初九：素履 往 无咎
象曰：素履之往 獨行願也

九二：履道坦坦 幽人 貞吉
象曰：幽人貞吉 中 不自亂也

六三：眇能視 跛能履 履虎尾 咥人 凶 武人 爲于大君
象曰：眇能視 不足以有明也 跛能履 不足以與行也
　　　咥人之凶 位不當也 武人爲于大君 志剛也

九四：履虎尾 愬愬 終吉　　象曰：愬愬終吉 志行也

九五：夬履 貞厲
象曰：夬履貞厲 位正當也

上九：視履 考祥 其旋 元吉
象曰：元吉在上 大有慶也

10. 천택리(天澤履)

직언과 2인자의 도(道), 언론의 역할

▣ 리괘(履卦) 해설

리(履)는 '밟다, 지위에 오르다, 복(福), 행실, 밟는 땅, 영토, 예(禮)'의 의미를 갖고 있는 한자다.

리의 철학적인 해석은 '직언(直言)'이다. 서열이 있는 계급사회에서 직언을 한다는 것, 자신의 생사여탈권을 쥐고 있는 사람 앞에서 바른말을 하는 것은 결코 쉽지 않다. 자기의 자리를 걸고 목숨까지 걸고 직언하는 경우가 있다. 직언에도 도(道)가 있다. 리의 가르침이다. 리는 예(禮)괘다. 직언을 하고자 하는 사람들이 직언을 함에 생각해야 할 것을 말하고 있다.

리는 호랑이 꼬리를 밟는 위험을 무릅쓰고 잘못된 것을 바로잡겠다는 마음으로 윗사람의 비리와 잘못을 짚어 말하는 고언(苦言)이며 충언(忠言)이다. 이것이 리다.

직언이 절대적인 힘을 가지려면 첫째로 합법성, 합리성, 객관성을 확보해야 한다. 직언을 하려는 사항에 대하여 충분한 공부와 준비를 해야 한다는 것이다. 즉흥적이고 감정적으로 직언을 하면 꼬리를 밟힌 호랑이가 가만있지 않을 것이다. 매우 위험천만하다. 둘째는 사리사욕이 없어야 한다. 자신의 이익을 확보하기 위하여 직언을 한다는 것은 군자가 할 일이 아니다. 결국 호랑이의 노여움을 사게 되고 백성들로 하여금 징치를 당하게 된다. 직언은 군자의 꽃이다.

임금이 바른 정치를 하고 바른 사회가 되려면 언론의 역할이 중요하다. 언론이 편향되어 있으면 사회가 건전하게 발전하는 데 장해요소가 된다. 언론은 중도적인 직언이 필요하다. 우리의 언론들은 진정 국가와 국민을 위한 언론으로서의 역할을 다하고 있는가?

▣ 履卦辭

履虎尾 不咥人 亨 (리호미 부질인 형)

호랑이 꼬리를 밟았다(履虎尾). 그러나 호랑이는 사람을 물지 않았다 (不咥人). 그것은 그 사람이 순수하고 강직하기 때문이다(亨)

履: 신 리 / 신, 신다, 밟다   尾: 꼬리 미 / 꼬리, 등 뒤   咥: 깨물 질, 웃음소리 희 / 깨물다, 웃다, 물다, 씹다

리(履)는 직언(直言)이다. 그리고 언론의 역할이다. 직언을 감행하는 것은 호랑이 꼬리를 밟는 것이다. 직언의 위험성을 말하고 있다. 정의롭고 순수한 마음으로 하는 직언은 위험하지 않다는 것과, 그런 직언은 군주가 벌을 하지 않는 자애로움까지 표현한 문장이다.

문장의 앞에 리가 생략되어 있다고 볼 수 있다. '履 履虎尾'라고 써놓고 해석하면 더 명확해진다. '직언이라 함은 호랑이의 꼬리를 밟는 것과 같다'라고 해석할 수 있다. 선비정신의 극치인 직언에 대하여 설명하고 있다.

왕권에 대한 견제의 중요성은 국가의 안위, 백성의 행복과 직결되는 것이다. 유학의 정신인 '수신제가치국(修身齊家治國)'의 이념은 소축괘가 말하는 '齊家' 다음에 '治國'의 기초인 리괘가 있음을 보고 공자가 생각해낸 것인지도 모른다.

우리 선조들은 왕에게 직언하다가 직위에서 물러나는 것을 영예로 생각하였다. 그것은 선비의 지극한 본분이라고 생각하였기 때문이다. 호랑이가 사람을 물지 않는다고 함은 왕이 직언하는 선비를 벌하지 않는다는 뜻이다. 그것은 직언하는 선비가 직언의 도(道)를 지켰을 때의 말이다. 직언은 떳떳하고 힘차고 순수한 마음으로 해야 한다. 직언에 사심(私心)이 들어가면 호랑이가 가만있지 않을 것이다.

직언의 도(道)

물려 죽어도
행복할 수 있을까?

신념이 있다면
빌라도에게 물리고
군중에게 찢기는
예수처럼 당당하리라

사육신이 그러했고
다산(茶山)이 그러했고…

그들의 피와 눈물을
먹는 것이 직언이다

■ 履初九

素履 往 无咎 (소리 왕 무구)
깨끗하고 정직하고 순수한(素) 충정의 직언(履)을 하는 것은(往) 허물이

없다(无咎)

> 素: 흴 소 / 희다, 흰빛, 순결하다

사심 없는 충정의 소리다. 주역은 직언하는 자의 순수함을 요구하고 있다.

아무리 순수함을 확보하였다 하더라도 객관성을 확보해야 한다. 객관성이 있다는 것은 동조자가 있다는 뜻이기도 하다. 순수성만으로는 참다운 직언의 구성요건을 충족시켰다고 볼 수 없다.

순수한 직언은 허물을 면하는 정도이다.

순결한 직언

순수한 충정이라도
혼자의 생각으로는
이룰 수 없다

순결은
아직 덜 익은
풋풋함을 넘지 못하였다

그러나
문제 제기는
하였다

▣ 履九二

履道坦坦 幽人 貞 吉 (리도탄탄 유인 정 길)

직언의 도는 탄탄(중도를 지키는 것)해야 한다. 자신을 드러내지 않아야(幽人: 사심이 없는) 끝까지 길하다(貞 吉)

> 坦: 평탄할 탄 / 평평하다, 너그럽다, 탄탄하다　幽: 그윽할 유 / 그윽하다, 피하여 숨다, 멀다, 아득하다

탄탄은 평평하여 너그럽고 편안하다는 뜻으로, 좌나 우로 치우치지 않은 중도의 멋과 포용력을 의미한다.

직언은 이처럼 중도, 균형, 편안함, 부드러움, 포용력, 유연성을 갖춰야 한다. 직언의 예술적 경지를 말하고 있다. 누구의 편을 드는 직언은 결국 모두를 곤란하게 만든다.

유인(幽人)은 자신을 내세우지 않은 사람, 은둔자라는 말이다. 그것은 자신의 욕심이 개입되지 않는 직언이라야 힘을 얻는다는 뜻이다.

二爻에서는 직언의 자격과 방법을 설명하고 있다.

자신을 죽여라

이미 죽은 자는
호랑이가 두렵지 않다
죽었으면 누구 편도 아니고
욕심도 없다

대의만을 위한 직언
힘차고 당당하다

▣ 履六三

眇能視 跛能履 履虎尾 咥人 凶 武人 爲于大君 (묘능시 파능리 리호미 질인 흉 무인 위우대군)

애꾸눈이도 직언을 할 수 있고(眇能視) 절름발이도 직언을 할 수 있다(跛能履). 그러나 자기 분수도 모르고 호랑이 꼬리를 밟으면(履虎尾) 사람을 물어(咥人) 흉하다(凶). 무인은(武人) 군주에 대하여 절대적으로 충성할 뿐이다(爲于大君)

> 眇: 애꾸눈 묘 / 애꾸눈, 한쪽이 움푹 들어간 작은 눈 能: 능할 능 / 능하다, 잘하다   視: 볼 시 / 보다, 살피다, 문안하다, 돌보다 跛: 절름발이 파 / 절름발이, 절름거리다, 기대서다   武: 굳셀 무 / 군인, 굳세다, 자만하다   爲: 할 위 / 하다, 만들다, 간주하다, 이루다

직언의 자격에 대한 부연설명이다. 리도(履道)를 모르는 사람은 직언할 수 없음을 말하고 있다. 애꾸눈이는 그냥 장애인을 일컫는 말이 아니라 편견이 심한 사람을 상징하고, 절름발이는 현장감이 없음을 의미하고 있다.

편견을 갖고 있는 사람과 사심이 있는 사람과 현장감이 없는 사람은 직언을 하지 말라. 다시 말하면 올바른 직언이나 기사를 쓰려면 위에서 말하는 리의 도(道)를 엄격하게 지켜서 해야 한다. 우리의 언론은 편견이 심한 것 같은 생각을 갖게 한다. 특정집단이나 특정세력을 옹호하는 언론은 대중언론으로서의 자격에 문제가 있다.

직언의 자격 중에 원초적으로 무인(武人)은 직언의 자격이 없다. 무인은 사리를 판별하고 선악을 결정하는 사람이 아니다. 주역은 철저하게 문무를 구별하고 있다. 무인의 역할은 토를 달지 말고 국가의 명령에 충성을 다하고 침략자를 퇴치하고 전쟁에서 승리하는 것이다. 그 역할을

수행하는 것만으로 매우 큰일을 하는 것이고, 문관의 일에 신경 쓸 겨를도 없다는 것이다. 직언은 문신들의 몫이고, 무인은 군주에 대한 절대적인 충성만이 있을 뿐이다.

언론직필(言論直筆)

직언이나
언론이나
정직해야 한다

좌익언론 우익매체 재벌언론
국민을 걱정스럽게 만든다

언론이여
무인들처럼
국민에 충성하는 본분을 다하라

▣ 履九四

履虎尾 愬愬 終吉 (리호미 색색 종길)
호랑이 꼬리를 밟을 때는(履虎尾) 경계하고 두려워해야(愬愬) 끝까지 길하다(終吉)

> 愬: 두려워할 색, 하소연할 소 / 두려워하다, 하소연하다, 놀라다

직언의 직접적인 방법에 대해서 설명하고 있다. 직언이라는 호랑이 꼬리를 밟는 일을 어떻게 해야 하는가? 윗사람을 경계하고 두려워해야 한

다고 가르치고 있다.

 직언을 함에는 자신이 지금 호랑이 꼬리를 밟고 있다는 인식을 해야 한다. 잘못하면 물려 죽을 수도 있다는 생각과 각오가 필요하다. 직언은 그만큼 용기와 지혜를 필요로 한다. 두려워하는 마음으로 정성을 다한 직언은 진정성을 인정받을 수 있고, 호랑이는 직언자를 물지 않을 것이다.

두려워하라

꼬리를 밟힌 호랑이가
놀라 뛰지 않을까
덤비지 않을까
물지 않을까
죽이지 않을까
동료까지 덮치지 않을까

신념, 정성만으로
버틸 수 있을까

그래도 직언은 숭고하다

▣ 履九五

夬履 貞 厲 (쾌리 정 려)

감정이 들어간 통쾌한 직언은(夬履) 그 끝이 위험하고도 위태롭다(貞 厲)

 夬: 터놓을 쾌 / 결정하다, 나누다, 가르다

자신의 감정을 앞세우고 상대를 무참히 짓밟는 통쾌하고 오만한 직언을 말하고 있다. 직언하는 사람의 감정은 통쾌할 것이다. 그러나 그런 태도로 호랑이 꼬리를 밟는다면 호랑이에게 물려 죽을 것이다. "속 시원하게 다 말했어!"라는 사람은 매우 위험한 직언을 한 경우다.

논리성이나 객관성, 합리성, 중립성 등의 리도(履道)를 지키지 않은 직언은 직언이 아니라 폭언이고 시위에 불과하다.

통쾌한 직언

속이 시원하게
감정을 푼 것은
순간의 만족일 뿐
후회만 남는다

▣ 履上九

視履 考祥 其旋 元吉 (시리 고상 기선 원길)

직언을 들여다보고(視履) 자세히 살피고(考祥) 돌아본다면(其旋) 근원적으로 길하다(元吉)

考: 상고할 고 / 상고하다, 꼼꼼히 생각하다, 밝히다, 견주어 보다, 살펴보다   祥: 상서로울 상 / 상서롭다, 복, 좋다, 재앙   旋: 돌 선 / 돌다, 회전하다, 돌리다, 돌게 하다, 되돌아오다

주역은 색색(愬愬)한 직언에 대해서 세 가지를 말하고 있다. 시리(視履)는 지나간 과거의 직언들을 다시 잘 들여다본다는 말이다. 직언의 선례

를 공부하는 것이다. 고상(考祥)은 선악을 잘 살핀다는 말이다. 기선(其旋)은 돌려본다는 말로 거짓이 있는지 잘 살피고 현장도 점검한다는 말이다. 또한 역지사지(易地思之)의 입장에서 점검해본다는 의미다.

  정리하면 역사적인 직언들을 잘 봐서 배우고, 자신의 잘잘못도 살필 뿐 아니라 과거의 직언으로 인한 결과의 선악도 잘 살피고, 직언에 앞서 현장점검 등 준비를 철저히 한 다음에 직언을 하면 근원적으로 길하다고 했다.

  직언과 언론의 역할에 대하여 상세히 기술하였다. 사회가 발전할수록 언로는 다양한 것 같으면서도 들여다보면 나름대로의 맹점을 갖고 있다. 개인들도 자신에게 유리하고 필요한 정보만 접하려는 경향으로 변해가고, 공급자도 편향된 정보를 제공하게 된다. 정론직필(正論直筆)이 절실히 필요한 시대가 되고 있다.

리도(履道)

사례를 살피고
선악을 살피고
여론도 수렴하고
현장도 점검하고

두려워하며
정성을 다하여
또렷하게 말하라

지천태(地天泰)

태평의 시절에는 어떻게 해야 하는가? 일생 동안에 일정 기간은 태평을 누리는 시절이 있다. 태평과 어려움의 시절은 반복적으로 오고 가는데 그 주기와 정도의 차이만 있을 뿐이다. 태평의 시절 다음에는 어려움의 시절이 오게 마련이다. 그 대비를 어떻게 할 것인가?

第十一卦 【泰】地天泰 坤上乾下

卦辭：泰 小往 大來 吉 亨

彖曰：泰 小往大來 吉 亨
　　　則是天地交而萬物通也 上下交而其志同也
　　　內陽而外陰 內健而外順 內君子而外小人 君子道長 小人道消也
象曰：天地交 泰 后 以 財成天地之道 輔相天地之宜 以左右民

初九：拔茅茹 以其彙 征 吉　　象曰：拔茅征吉 志在外也

九二：包荒用馮河 不遐遺朋亡 得尚于中行
象曰：包荒得尚于中行 以光大也

九三：无平不陂 无往不復 艱貞 无咎 勿恤 其孚 于食有福
象曰：无往不復 天地際也

六四：翩翩 不富 以其隣 不戒以孚
象曰：翩翩不富 皆失實也 不戒以孚 中心願也

六五：帝乙歸妹 以祉 元吉
象曰：以祉元吉 中以行願也

上六：城復于隍 勿用師 自邑告命 貞 吝
象曰：城復于隍 其命亂也

11. 지천태(地天泰)

태평을 누리는 법

▣ 태괘(泰卦) 해설

　권력이 영원하겠는가? 열흘 붉은 꽃이 있겠는가? 영원한 것은 아무것도 없다. 있을 때 잘 하라. 현재는 있는 상태이나 없을 때를 대비하라. 태평한 삶을 싫어할 사람은 아무도 없다. 내적인 것과 외적인 것이 조화를 이룰 때 비로소 태(泰)의 세상에 이를 수 있다.
　태괘(泰卦)의 모양을 보면 위에는 음괘가 놓여 있고, 아래는 양괘가 놓여 있다. 음의 기운은 아래로 내려오려는 성질이 있고 양의 기운은 위로 올라가려는 성질이 있으므로 음과 양이 잘 섞여 교합되는 태평의 시대라고 해석하고 있다.
　그러나 주역은 태평의 때가 있으면 막히는 때가 멀지 않았음을 가르치고 있다. 그러므로 태평의 때에는 어려운 시기를 대비해야 한다. 미래에 다가올 위험에 대하여 예측하고 준비를 하는 것으로, 건강을 관리하고 경제력을 비축해야 한다.
　두 번째로는 인맥관리를 해야 한다. 잘나가던 시절에는 과거의 친구들에 소홀해질 수 있다. 결국 어려움이 닥치면 좋던 시절의 친구들은 모두 멀어지고, 옛 친구를 찾아 나서려면 신망을 잃은 것에 대하여 후회하게 된다.
　세 번째로는 잘나갈 때 욕심을 버려야 한다. 모든 어려움의 원인은 욕심에서 찾을 수 있다.

네 번째로 태평의 시대에는 먼저 이웃을 생각해야 한다. 혼자 살겠다고 주머니를 졸라매고 베풀지 않으면 더 큰 어려움을 만나게 된다.

마지막으로 태평을 유지하는 방법은 힘이 있어야 한다고 쓰고 있다. 힘이란 무엇인가? 이웃의 도움, 친구의 신망, 공동체에서의 명예, 경제력 등을 말함이다.

태평을 유지하는 데는 대단한 기교를 필요로 한다.

▣ 泰卦辭

泰 小往 大來 吉 亨 (태 소왕 대래 길 형)

태평함은 작은 것이 가고(小往) 큰 것이 온다(大來). 이런 길함은(吉) 젊고 생동감 있을 때 열심히 준비하고 노력해야 얻을 수 있다(亨)

泰: 클 태 / 크다, 넉넉하다, 편안하다   來: 올 래 / 오다, 장래, 부르다

작은 것을 투자하고 희생하여 큰 것을 얻는다는 뜻이다. 작은 것이란 게으름, 허세, 욕심, 어리석음이다. 작은 것들을 볼 수 있는 능력과 작업이 필요하다. 내 속의 작은 것들, 나의 환경에서 작은 것들은 무엇인가? 작은 것들을 헤아려 멀리하고 큰 것을 가슴속에 심어야 한다.

내가 얻고자 하는 큰 것은 무엇일까? 큰 것은 자신이 세우는 인생의 목표 즉, 둔괘(屯卦)의 리건후(利建侯)를 의미하는 것이다. 큰 것을 오게 하려면 노력, 의리와 신망, 인생에 대한 통찰 등이 있어야 한다. 이런 행동은 형(亨)의 시절에 이루어져야 한다. 형의 시절이란 자라고 공부하는 시절, 인생의 목표를 세우는 젊은 시절이다. 또 '힘차게 행동해야 한다' 라는 뜻으로도 새길 수 있다.

큰 것이 오게 하라

공부의 때에 공부하고
선생을 잘 섬기고
믿음의 벗과 의기를 나누고
게으름 허세 욕심을 멀리하라

큰 모습으로
태평이 온다

▣ 泰初九

拔茅茹 以其彙 征 吉 (발모여 이기휘 정 길)

(당장은 급하지 않은) 말먹이 띠풀을 뽑아서(拔茅茹) 잘 엮어두면(以其彙) 비상시 나아감에 길하다(征吉)

拔: 뺄 발 / 빼다, 뽑아내다, 특출하다   茅: 띠 모 / 띠(먹이 풀), 띠를 베다   茹: 먹을 여 / 먹다, 말을 기르다, 소를 기르다   彙: 무리 휘 / 무리, 모으다, 고슴도치

미래를 준비하고 대비해야 한다. 국가가 태평할 때 장래 외적의 침입에 대비해야 한다는 뜻이다.

띠는 억센 풀로, 평상시에는 말먹이로 사용하지 않으나 가뭄이나 전시에는 말먹이로 사용한다. 이런 띠풀을 잘 거두어 쌓아두어야 안심할 수 있다. 상징적으로 띠풀을 지목한 것은 태평의 시절에도 어려움을 대비하는 자세를 가르치는 것이다. 항상 비상시를 대비하라는 말이다. 있을 때 절약하고 저축해야 한다. 그것이 태평을 이어갈 수 있는 방법이다.

휘(彙)는 '가리' '눌'로 해석함이 좋을 듯하다. 가리나 눌은 건초나 곡식 단을 모아 쌓고 비 가림을 한 상태의 모습을 뜻한다. 그러므로 '이기휘(以其彙)'는 '그렇게 가리를 만들어 둠으로써' 정도로 해석할 수 있다.

주역에 '정(征)'이 자주 쓰이는데 '앞으로 나아가다, 정복하다, 공격하다, 전진하다' 등으로 미래에 행동할 상황에 대하여 포괄적인 의미를 갖는다.

태평은 준비하는 자의 몫이다

절약
저축
대비
태평의 때에 해야 한다

태평을 앗아갈 도둑은
곁에 대기하고 있다

▣ 泰九二

包荒用馮河 不遐遺朋亡 得尙于中行 (포황용빙하 불하유붕망 득상우중행)

바가지 같이 보잘것없는 배(包)를 타고 거친 물을 건넌(荒用馮河) 사람이 옛 친구(朋)를 멀리하거나(遐遺) 잊지(亡) 않으므로(不) 큰일을 할 때(于中行)에 존경받을 수 있다(得尙)

包: 쌀 포 / 싸다, 꾸러미, 보따리   荒: 거칠 황 / 거칠다, 흉년 들다   馮: 탈 빙, 성

풍 / 타다, 오르다, 넘보다, 업신여기다   遐: 멀 하 / 멀다, 멀어지다, 멀리하다
遺: 남을 유 / 남다, 버리다, 잊다, 보내다   朋: 벗 붕 / 친구, 무리, 떼   尙: 오히려
상 / 오히려, 바라다, 자랑하다, 숭상하다

출세한 뒤에도 옛 친구를 잊지 않은 의리를 말한다. 포황용빙하(包荒用馮河)는 출세의 과정을 설명하고 있다. 포(包)는 통나무에 홈을 파서 만든 보잘것없는 배를 의미한다. 용빙(用馮)은 '탈것'이라는 뜻으로 포황용빙하(包荒用馮河)는 '강을 건넘에 보잘것없는 배를 탈것으로 삼아서'라고 해석할 수 있다. 불하유붕망(不遐遺朋亡)은 '벗을 잊어버리거나 멀리하거나 떨쳐버리지 않다'라는 뜻이다. 태평의 시절에 이르기 전, 어려운 모험을 할 때 동고동락하던 벗과 함께 태평을 누리고 나눠야 한다. 죽음을 이겨내는 모험을 통한 지혜와 용기와 성공을 표현하고 있다.

이것이 더 높은 이상을 실현하고자 할 때 존경받으며 성공할 수 있다는 것이다(得尙于中行). 여기서는 도전의 실행과 의리를 설명하고 있다.

동지와 나누라

의지하고
모험하고
태평을 이룬 동지

버리지 말고
떨치지 말고
서로
존경하고 사랑하라

▣ 泰九三

无平不陂 无往不復 艱貞 无咎 勿恤 其孚 于食有福 (무평불파 무왕불복 간정 무구 물휼 기부 우식유복)

비탈지지 않은(不陂) 평지는 없다(无平). 돌아오지 않는(不復) 떠남은 없다(无往). 고난이 오래 지속되더라도(艱貞) 허물이 없다면(无咎) 걱정하지 말라(勿恤). (자신의 인생에 대한) 믿음이 있다면(有孚) 먹고사는 경제활동과(于食) 행복 추구가 가능할 것이다(有福)

陂 : 비탈 파, 방죽 피 / 비탈, 치우침, 방죽, 보, 물을 막다   復 : 돌아올 복, 다시 부 / 돌아오다, 돌려보내다, 뒤집다, 다시   艱 : 어려울 간 / 어렵다, 괴로워하다   恤 : 구휼할 휼 / 구휼하다, 근심하다, 동정하다

태(泰)의 인생관과 세계관이다. 밖에서 보기에는 태평하고 행복해 보여도 가까이 다가가 보면 나름대로의 고난과 역경이 있다는 것이다.

인생은 돌고 도는 것이다. 현재 어렵다고 너무 실망하고 포기하지도 말고 꾸준히 노력하면 분명히 좋은 시절이 올 것이며, 지금 태평을 누린다 하여 영원하지도 않을 것이다. 걱정이 없는 사람 같아도 속을 들여다보면 자신의 십자가가 없는 사람이 어디 있겠는가? 재물이 많은 사람은 자신의 재물을 다 주고라도 바꾸고 싶은 가치가 있을 것이고, 반대로 억만금을 갖고 와도 양도하지 못할 자신의 세계가 있을 것이다.

남의 인생과 비교하는 삶이 가장 어리석은 인간이다. 자신의 인생에 대한 믿음을 가져라. 그 믿음이 당신을 행복하게 할 것이다.

여기에서 밝히는 것은 절대행복의 인생은 없다는 것이다. 다만 본인이 만들어가는 것일 뿐.

내 인생은 나의 것

누가
나를 대신할 수 있는가

내가 나를 사랑한다는 것
쓰러지고
부러져도
나만의 혼으로

나의 길을 가련다

▣ 泰六四

翩翩 不富 以其隣 不戒以孚 (편편 불부 이기린 불계이부)
하늘을 나는 새처럼(翩翩) 대단히 부유하지는 않더라도(不富) 이웃 간에(以其隣) 서로 믿음이 있어 경계하고 두려워하지 않는다(不戒以孚)

翩: 나부낄 편 / 나부끼다, 빨리 날다, 사물의 모양   隣: 이웃 린 / 이웃, 도움   戒: 경계할 계 / 조심하고 주의하다, 삼가다

먹고 쉬는 것이 일상인 하늘을 나는 새처럼 의식주가 해결됐다고 해서 태평의 시대가 온 것은 아니다. 공동체의 안녕, 질서와 평화가 있어야 한다.
편편(翩翩)은 새들이 훨훨 나는 모습이다. 새가 부자가 아닌 것처럼 불부(不富)는 대단한 부자는 아니라는 뜻이다. 물론 너무 가난하지도 않다.
이웃 공동체의 질서와 믿음이 동반되어야 태(泰)가 완성된다는 것을 말하고 있다. 혼자만 재물이 있고 이웃이 모두 가난하면 불안 속에 살아야

할 것이다. 도둑을 경계하느라 전전긍긍하는 것은 태평이라 할 수 없다.

믿음이 태평이다

조금 가난하여도
서로 믿고
의지하면
마음이 태평이다

마음이 부자이면
고통도 이기고
하늘을 난다

◼ 泰六五

帝乙歸妹 以祉 元吉 (제을귀매 이지 원길)

황제에 버금가는 권력자에게(帝乙) 누이를 시집보낸다(歸妹). 이는 하늘이 내린 복이므로(以祉) 근원적으로 길하다(元吉)

帝: 임금 제 / 임금, 하느님   歸: 돌아올 귀 / 돌아오다, 반환하다, 시집가다   妹: 누이 매 / 손아래 누이, 소녀   祉: 복 지 / 복, 하늘이 내린 복

넓은 차원의 국가 간 문제로 전쟁이 일어나면 태평은 깨어지고 만다. 태(泰)는 결국 정치와도 밀접하게 연결되어 있다. 개인이 태평하고자 아무리 발버둥쳐도 나라에 전쟁이 일어나면 태평은 깨지고 만다. 국운이 좋아야 백성들이 태평을 구가할 수 있다. 국민들이 국가에 충성하고 세금 내고 투표하는 이유가 태평을 희구하는 욕망 때문이다.

이웃 국가와의 선린의 일환으로 혈족관계를 맺는 안전장치가 필요하다. 이웃 나라의 왕자에게 누이를 시집보내 동맹관계를 돈독하게 할 필요가 있다. 근원적으로 태평을 열어가는 방법을 제시하고 있다. 이런 혈족관계의 성립은 개인의 노력만으로 되는 일이 아니며 하늘이 도와야 이루어진다.

현대 사회의 재벌들도 정치인의 집안과 사돈을 맺고, 다른 재벌과도 혼맥으로 연결하여 안전장치를 하려고 노력한다.

국운이 우선이다

국가가 강성하면
백성의 근심은 반감되어
자신만 성공하면 그만

나라가 혼란하면
태평은 요원하다

◼ 泰上六

城復于隍 勿用師 自邑告命 貞 吝 (성복우황 물용사 자읍고명 정 린)

성벽이(城) 성 밖의 연못에(于隍) 쓰러졌다(復). (상황이 급박해도) 군사를 쓸 수 없다(勿用師). 자신의 고향을 찾아가 엎드려 도움을 청하지만 (自邑告命) 끝내 어려움을 겪는다(貞吝)

隍: 해자 황 / 垓字, 성 밖으로 둘러 판 마른 못, 산골짜기, 공허하다, 비다   邑: 고

을 읍 / 고을, 마을, 서울, 영지

　태(泰)를 이루고 지키기 위한 만반의 준비를 해야 하는데, 게을리하면 이루어놓은 태(泰)를 빼앗기고 말 것이다. 바로 성복우황(城復于隍)의 처지가 되고 만다. 어떻게 손을 쓸 수가 없고, 아는 곳에 백방으로 도움을 청해도 도와주는 사람이 없다는 것이다. 유비무환을 강조하고 있다.

　上爻는 태평의 시대가 끝나고 어려움의 시절이 돌아왔음을 깨우쳐주고 있다. 태평의 시대는 영원한 것이 아니고 유한하다. 어려움이 오고 그것을 극복하면 다시 태평이 오는 순환의 운명을 강조하고 있다. 태평의 시대에 어려움을 대비하지 않으면 사방으로 어려움을 호소하고 도움을 청하여도 허망한 결과만 돌아온다. 물용사(勿用師)는 '어려움은 무력으로 해결할 수 있는 것이 아니다'라는 말이고, 고명(告命)은 '운명을 고한다'는 뜻이다.

불행은 순식간에

대비하지 않으면
덮치는 불행을 막지 못한다

오기와 자존심은
장해가 되고
혈기는
더 큰 위험을 부르니

아!
태평의 시절이여

천지비(天地否)

태평의 시절 다음에는 막히는 기운이 온다. 막힘의 기운을 잘 견디면 다시 태평의 시절을 맞이할 수 있다. 막상 막히고 또 막히다 보면 태평의 시절에 잘못했던 부분들이 한탄스럽다. 뒤를 돌아보는 것은 뉘우치기 위함이고 앞으로 가야만 하는 인생이기에 막힘과 투쟁하며 견뎌야 한다.

第十二卦 【否】天地否 乾上坤下

卦辭：否之匪人 不利君子貞 大往小來
彖曰：否之匪人不利君子貞大往小來 則是天地不交而萬物 不通也
　　　　上下不交而天下 无邦也
　　　　內陰而外陽 內柔而外剛 內小人而外君子
　　　　小人道長 君子道消也
象曰：天地不交 否 君子以儉德辟難 不可榮以祿

初六：拔茅茹 以其彙 貞 吉 亨
象曰：拔茅貞吉 志在君也

六二：包承 小人 吉 大人 否 亨
象曰：大人否亨 不亂群也

六三：包羞
象曰：包羞 位不當也

九四：有命 无咎 疇 離祉　　象曰：有命无咎 志行也

九五：休否 大人 吉 其亡其亡 繫于苞桑
象曰：大人之吉 位正當也

上九：傾否 先否後喜　　象曰：否終則傾 何可長也

12. 천지비(天地否) - 막힌 운을 뚫는 지혜 | 193

12. 천지비(天地否)

막힌 운을 뚫는 지혜

■ 비괘(否卦) 해설

비(否)는 '막힘'이다. 앞이 가로막혀 눈앞이 캄캄할 때 우리는 어떻게 해야 할 것인가? 한두 번의 노력으로 해결된다면 어려울 것이 무엇이겠는가? 막힘의 운은 질기고 강하다. 오랜 시간과 인내를 요구한다.

막힌 운을 맞은 사람이 어떻게 뚫고 갈 것인가에 대하여 주역은 두 가지 경우가 있음을 밝히고 있다. 똑똑한 사람일수록 끊임없이 발버둥치며 어리석은 짓을 하게 된다. 그래서 피해가 클 수 있다.

상대적으로 웅크리고 앉아 있는 소인(小人)은 피해가 적다는 말이다. 몸부림이나 투자가 없으므로 막힘이 크게 드러나지 않는 경우다. 대신에 좋은 기운도 없다.

대인(大人)은 피해를 두려워하지 말고 변화와 발전을 위해 부단히 노력하는 자세가 필요하다. 어려워도 용기를 갖고 도전하고 절도와 예를 다하여 성실하게 임해야 한다.

우선은 막힌 운을 멈추게 하고, 마침내 반전시켜 운을 뒤집어야 한다. 막힌 운일 때 노력한 자가, 좋은 운을 맞이했을 때 성장하는 것이다.

괘의 모양을 보면 지천태(地天泰)와 반대의 모습을 하고 있다. 양괘는 양의 자리인 위에 놓여 있고, 음괘는 음의 자리인 아래에 놓여 있다. 서로 자기 자리를 차지하고 있으므로 구태여 움직일 필요가 없다. 그러므로 운이 움직이지 않아 어려움을 겪게 된다. 이런 기운에 접어들면 운을 흔들어놓아야 한다. 힘차게 흔들면 위험도 많지만 이문도 많게 된다. 그러므로 주역은 대인을 향하여 격렬한 움직임을 요구하고 있다. 흔히 운명을 개척한다는 말로 표현한다. 이것은 소인들에게 적용되는 말이 아니다.

■ 否卦辭

否之匪人 不利君子貞 大往小來 (비지비인 불리군자정 대왕소래)

막힘의 운은(否之) 사람의 일이 아니라 운명적인 것이다(匪人). 군자는(君子) 끝까지(貞) 불리하다(不利). 막힌 운에서는 큰 것을 잃고 작은 것을 취한다(大往小來)

否:아닐 부, 막힐 비/아니다, 부정하다, 막히다   匪:아닐 비/아니다, 대나무 상자

막힘이 사람의 일이 아니라는 것은 운명적인 것이며 하늘의 기운이다. 나와 시간과 공간의 부조화로 일어나는 것이므로 이것을 운 중에서도 나쁜 운이라 부른다. 이 기간에는 아무리 노력해도 잘 풀리지 않는다. 그래도 노력하라고 주역은 명하고 있다. 왜일까? 막힌 운에도 해야 할 일이 있다는 것이다. 운이 막힘을 알고, 할 수 있는 일들을 충실하게 하는 군자는 마침내 큰 성공에 이를 것이다.

군자가 끝까지 불리하다고 한 것은 군자는 소인과 달리 자신의 안위만을 추구하는 것이 아니라 보다 큰 이상향을 위해 몸부림치게 되므로 피해가 클 수 있다는 것이다. 군자도 막힌 운을 피해 갈 수 없다. 막힌 운에서는 큰 것을 잃고 작은 것을 취하게 된다. 여기에서 말하는 큰 것과 작은 것은 각각 무엇인가? 큰 것은 좋은 운이 왔을 때를 대비한 장기계획, 장기투자, 충실한 준비, 공부 등이다. 작은 것은 욕심, 초조, 술수, 범죄

의 유혹, 사소한 이익 등이다. 군자도 일부는 큰 것을 따를 것이고, 대부분은 작은 것의 유혹에 빠지고 만다. 이것이 비운(否運)이다.

군자여 도전하라

막혔나고
허우적거리지 마라

운명의 신과
씨름을 벌여라
넘어지고 깨어져도
다시 일어서라

찬란한 성공은
비운(否運)을 먹고 산다

■ 否初六

拔茅茹 以其彙 貞 吉 亨 (발모여 이기휘 정 길 형)
먹이 띠풀을(茅茹) 뜯어(拔) 모아두는 일을(以其彙) 끝까지(貞) 힘차게(亨) 계속하면 길하다(吉)

彙: 무리 휘 / 무리, 모으다

여기에서의 발모여(拔茅茹)는 태괘(泰卦)의 발모여(拔茅茹)와는 의미가 약간 다르다. 태괘의 발모여는 태평의 시절에 막힘의 때를 대비하여 절약하고 저축하라는 의미로 사용되었고, 비괘의 발모여는 막힘의 시절에 좋은 운의 도래를 예상하여 실력을 쌓고 정보를 수집하고 계획을 수립하는 일을 의미한다.

막힘의 운에 할 수 있는 일들을 충실하게 하여 축적시키고 있으면 성공의 기운이 보인다고 가르치고 있다.

初爻의 가르침으로 막힘의 운에 가장 기초가 되는 사항들을 주문하고 있다.

막히면 공부하라

공부하고 실험하라
힘차게
끝까지

생산은 좋은 운의 몫이다

■ 否六二

包承 小人 吉 大人 否 亨 (포승 소인 길 대인 부 형)
(막힘의 운에서는) 물려받은 것을 지키려고(包承) 안간힘을 쓰는 것으로 소인은 길하다(小人 吉). 대인은(大人) 막힘에 거부하여(否) 힘찬 기운으로(亨) (자신의 이상을 향해) 전진한다

承: 받들 승, 이을 승 / 받들다, 잇다, 계승하다

포승(包承)은 물려받은 유산이나 유업(遺業)을 유지하는 것을 말한다. 소인은 현상유지를 위해 노력하므로 소인이라는 평을 받을지라도 안전

하다. 그러나 발전성이 없다. 주역은 향상과 발전이 없는 삶은 대인의 일이 아니라고 단호히 선포한다.

대인은 현상유지를 거부할 뿐만 아니라 막힘의 운 자체를 거부하여 자신의 이상향을 실현하고자 힘차게 노력하게 되므로 실패할 가능성이 높다. 그러나 그 과정의 실패는 기대 이상의 성공에 이르게 하는 초석이 된다. 운명의 개척자가 되는 것이다.

누구의 방법이 옳은지는 아무도 모른다.

이름에 비패(否運)을 갖고 있는 자가 크게 성공하는 경우를 종종 볼 수 있다. 비(否) 속에는 모험과 재물의 기운이 있기 때문이다.

운명에 도전하라

막힘의 운이라도
준비하고 도전하라

덤비고 또 덤비면
운명도
승복하리

▣ 否六三

包羞 (포수)

물려받은 것을 지키기만 하려는 것은(包) 부끄럽고 수치스러운 짓이다(羞).

羞: 부끄러워 할 수 / 부끄러워하다, 나가다, 드리다, 바치다, 음식

발전을 향하여 도전하지 않는 것을 경계하고 있다. 주역의 가르침은 막힘의 운에 피하지 말고 맞서라는 것, 도망치지 말고 덤비라는 것이다. 소인배처럼 움츠리고 앉아 물려받은 유산이나 지키고 있는 것은 군자가 할 일이 아니라는 것이다.

   떨쳐 일어나라

   막힘의 운이라고
   움츠리지 마라

   더 열심히
   노력하고 또 노력하라

◨ 否九四

有命 无咎 疇 離祉 (유명 무구 주 리지)

명을 받으라(有命). 첫째 흠 없이 깨끗하게 살 것이며(无咎) 둘째 절도를 지킬 것이며(疇) 셋째 막힘의 운을 받아들여 복으로 생각하고 순종하고 따르라(離祉)

 疇: 밭두둑 주/밭고랑, 경계 離: 떠날 리/떠나다, 흩어지다, 헤어지다, 따르다

막힘의 운에서 탈출방법을 말하고 있다. 명(命)을 받는다는 것은 인간의 직접적인 관계를 바꾸는 명을 말한다. 유명(有命)은 막힘의 운을 당한 자에게 명령하는 것이다. 무구(无咎)는 '허물이 없다' 라는 뜻으로 어려워도 죄짓지 말라는 것이고, 주(疇)는 밭고랑과 같이 가지런하게 절도를 지

켜 나아가라는 것이다. 리(離)는 순종하고 따른다는 말이고 지(祉)는 하늘의 복이란 말이다.

막힘의 운이라고 경거망동하거나 포기하거나 비뚤어진 방향으로 인생을 몰고 가면 안 된다고 가르치고 있다. 이것이 비(否)의 운을 뚫고 나가는 비결이다.

명을 받으라

범죄와 야합하지 마라
더 공부하고 정결하라
운명을 알고 도전하라

어느 인간도
운명은 있다
굴곡을 즐겨라

▣ 否九五

休否 大人 吉 其亡其亡 繫于苞桑 (휴비 대인 길 기망기망 계우포상)

막힘의 운세를 멈추게 하면(休否) 대인의 운세가 좋아지는데(大人 吉) 아직은 곧 죽을 것 같은 상태이지만(其亡其亡) 누에가 실을 뽑는 것처럼(계속해서 막힘과 맞서며 할 일을) 해야 한다(繫于苞桑)

休: 쉴 휴 / 쉬다, 그치다, 그만두다, 휴가   繫: 맬 계 / 매달다, 꿰매다, 죄수   苞: 쌀 포 / 쌀, 밑, 근본   桑: 뽕나무 상 / 뽕나무, 뽕잎을 따다 막힘의 운세에 대처함에는 우선 활화산이 휴화산으로 바뀌는 것처럼 비(否)의 운세를 멈추게 해야 한다. 무엇으로 멈추게 할 수 있는가? 막힘의 운에는 지극한 고독과 정성을 요구한다. "여기서 죽을 순 없다" "한 번만 살려주면 베풀며 살겠다"고 수없이 되뇌고 각오하고 흥정한다.

운명은 그것을 요구하고 있는지도 모른다. 자신의 운명에 대한 정성 또한 요구하고 있다. 자신을 사랑하라는 것이다. 그러면 대인의 운세가 좋아지기 시작한다. 지금은 사업이 망할 지경이고 죽을 것 같은 고통이 있을지라도(其亡其亡) 포기하지 마라. 대인의 운이 여기까지 오면 휴비(休否)의 단계에 들어선 것이다. 군자로서의 일을 계속하라. 누에가 실을 뽑는 것처럼 자신의 일에 충실하라.

이런 고통은 젊은이가 경험하는 고통이 아니다. 그래서 주역은 지천명(知天命)의 나이에 읽으라고 하는 것인가 보다.

주역은 인생을 전반부의 기운과 후반부의 기운으로 나누어 생각하게 하고 있다. 필자는 40대 초중반(42~45세)을 그 분기점으로 보고 있다. 잘 음미해보면 전반부의 삶과 후반부의 삶은 여러 측면에서 다른 가치관을 갖게 한다. 비운(否運)은 이 분기점에서 나타나는 경우가 많다. 그래서 더 고통스럽다.

여기서 죽을 순 없다

"빈껍데기
곧 죽을 것 같다"

그것은
막힘의 기운이
더 먹을 게 없어 떠난다는
신호다

고지가 바로 저긴데
예서 말 수는 없지 않은가

고지에 서면
찬란하리라

▣ 否上九

傾否 先否 後喜 (경비 선비 후희)
 막힌 운을 뒤집어엎는(傾否) 단계가 되어도 여전히 앞이 막혀 있다(先否). 그러나 지난 후에는 기쁨이 있다(後喜)

傾: 기울 경 / 기울다, 뒤집히다, 눕다

 휴비(休否)를 지나 경비(傾否)의 단계다. 포기하지 않고 막힌 운을 뚫고 나가는 군자의 모습이다. 마지막 고비다. 선비(先否)는 여전히 앞이 보이지 않는 상황을 말한다. 언제나 마지막 고비가 힘들다. 비운(否運)이 포기하고 떠나기 직전에 마지막 심통을 부리고 있다. 여전히 무구(无咎), 주(疇), 리지(離祉)의 자세로 나가면 뒤에는 기쁨이 있다고 했다.
 비운(否運)에서 빠져나온 군자는 기진맥진하지만 희열이 있다. 찬란한 영광은 이런 어려움 속에서 탄생하는 것이다.

영광을 구하는가?

우리는 성공한 자를
부러워한다

그들의 영광만 바라본다

뒤에 숨겨진 쓰라림과
눈물

우린
그걸 두려워한다

천화동인(天火同人)

정치적 성향이 맞는 사람들이 모여 정당을 형성하고 정치행위를 한다. 정치란 무엇인가? 정치의 본질을 파헤치고 정치를 하고자 하는 사람들에게 각오를 다지도록 하고 있다. 정치는 아무나 하는 것이 아니다.

第十三卦 【同人】 天火同人 乾上離下

同人：同人于野 亨 利涉大川 利君子貞
彖曰：同人 柔得位 得中而應乎乾 曰同人 同人于野亨
　　　利涉大川 乾行也 文明以健 中正而應 君子正也
　　　唯君子 爲能通天下之志
象曰：天與火同人 君子以 類族辨物

初九：同人于門 无咎　　象曰：出門同人 又誰咎也

六二：同人于宗 吝
象曰：同人于宗 吝道也

九三：伏戎于莽 升其高陵 三歲不興
象曰：伏戎于莽 敵剛也 三歲不興 安行也

九四：乘其墉 弗克攻 吉
象曰：乘其墉 義弗克也 其吉 則困而反則也

九五：同人 先號咷而後笑 大師克 相遇
象曰：同人之先 以中直也 大師相遇 言相克也

上九：同人于郊 无悔
象曰：同人于郊 志未得也

13. 천화동인(天火同人)

정치의 본질

▣ 동인괘(同人卦) 해설

동인(同人)은 '뜻을 같이하여 같은 이념으로 같은 길을 가는 사람들의 집단'이다.

동인은 정치의 본질을 설명하고 있다. 권력지향적인 인물들, 과연 그들은 권력을 잡고 무엇을 할 것인가? 그들이 추구하는 이상사회가 무엇인가? 주역은 그들에게 그것을 따져 묻고 있다.

사람을 모아 같은 생각을 갖게 하고, 집단화한 것을 '동인'이라 한다. 현대의 용어로는 '정치(政治)' 혹은 '정당(政黨)'이라고 표현할 수 있다. 주역은 누가 정치를 하며, 정치의 의미는 무엇이며, 성공의 조건은 무엇인지 밝히고 있다.

정치는 아무나 하는 것이 아니라는 것을 깨닫게 한다.

우리의 정치인들은 정치의 기본교육을 받지 않고 정치에 입문하는 경우가 대부분이다. 막연하게 출세 지향적인 생각으로, 군림하고 싶은 욕망으로, 핍박받은 것에 대한 반항과 복수심으로, 이름이 알려져 인기가 있으므로, 돈을 벌었으니 권력을 갖고 싶어서, 주위의 권유로 등 정치의 본질과는 거리가 먼 이유로 정치의 세계에 진입하여 운이 좋으면 권력의 세계에 진입한다.

이렇게는 안 된다는 것을 주역은 밝히고 있다. 주역은 정치인에 의하여 저술된 것이므로 정치와 정치인에 대해서는 치밀하게 서술하고 있다.

그런저런 이유로 정치에 입문하여 개인의 영달이나 꾀하고 백성들에게 보탬이 되지 않는 정치인은 경멸의 대상일 수밖에 없다.

정치의 예술적인 면, 희화적인 면, 황당한 측면들을 기술하고 있다.

■ 同人卦辭

同人于野 亨 利涉大川 利君子貞 (동인우야 형 리섭대천 리군자정)

정치는(同人) 젊은 시절에(亨) 거친 재야에서 시작해야 한다(于野). 그래야 모험을 하며 고난을 이겨내어 뜻을 이루고(利涉大川), 장년과(利) 노년에(貞) 군자가 할 일이다(君子)

同: 한 가지 동 / 한 가지, 서로 같게 하다, 함께　野: 들 야 / 들, 촌스럽다, 거칠다
涉: 건널 섭 / 건너다, 미치다, 이르다

동인은 사람을 모아 생각을 통일시키는 정치행위로 표현할 수 있다. 정치의 본질을 말한다.

정치활동과 관련하여 세 가지 시기(時期)를 언급하고 있다. 형(亨), 리(利), 정(貞)이다. 젊은 亨의 시절에는 들판이라고 표현된 재야에서 모험도 하고 투쟁도 하며 어려움을 이겨내는 학습이 필요하다. 그리고 백성의 어려움도 손수 체험해야 한다. 백성들의 삶의 현장을 공부하라고 권하고 있다.

리섭대천(利涉大川)의 '利의 시절에 ~이 이롭다'로 利를 중복하여 해석할 필요가 있다. 주역을 연구하다 보면 반복을 피하고 생략이 많이 되었음을 알 수 있다. 섭대천(涉大川)은 '큰 내를 건너다' 인데, 속뜻은 '큰

모험을 하다'로 해석함이 이해가 빠를 것이다. 그러므로 리섭대천은 '利의 시절에 큰 모험을 함이 이롭다'로 번역할 수 있다.

'利 君子 貞'은 利와 貞 사이에 君子가 있으므로, 현장학습을 마치고 큰 모험을 한 정치지망생은 '利와 貞의 시절에 정치인이 된다'로 해석함이 동인괘사(同人卦辭)의 정신에 맞는 것이다.

끊임없는 변화와 개혁만이 정치의 생명력이라는 것을 말해준다.

정치로 가는 길

정치는
백성들과 어려움을 함께
넘는 것

변화와 개혁으로
희망과
태평을 향한 길

▣ 同人初九

同人于門 无咎 (동인우문 무구)
정치를 함에는(同人) 문호를 활짝 열면(于門) 허물이 없다(无咎)

門: 문 문 / 문, 출입문, 문전

初爻는 정치의 첫 단계를 설명하고 있다. 각계각층의 인물들이 모여 의견의 통일을 만들어가는 것이 정치다.

정권을 창출할 수 있는 정당이 되려면 편협적인 사상과 지엽적인 사고나 지역적 연고에 바탕을 둔 정치세력이어서는 안 된다. 또 정치지망생은 여러 계층의 벗들과 교류해야 한다. 정치세력을 만드는 데 있어서 문호를 개방하고 지연과 혈연에 매이지 말라는 것이다.

정치는 소통이다

누구와도 교류하고
정보가 흐르고
의견을 통일하고
국민의 동의를 받고

정치는
사람의 소통이다

■ 同人六二

同人于宗 吝 (동인 우종 린)

정치인이(同人) 혈연이나 지연, 계보(于宗)에 매달리면 옹색하고 어려워진다.

宗: 마루 종 / 마루, 근원, 종묘, 일족, 동성, 우두머리

리비아의 사다피처럼 오랜 독재의 권좌에서 일족이 권력을 독점하고 영화를 누리는 것은 결국 어려움을 만나게 된다고 가르치고 있다. 우리도 그런 역사와 현실을 갖고 있다. 정치는 파벌로 하면 안 되고 민중에

뿌리를 두는 것이 가장 바람직하다. 정치인이 투명하고 개방되어야 한다는 현대의 법 원리와 일치한다.

정치뿐만이 아니라 재벌의 경영도 마찬가지다. 둘 다 고도의 전문성을 요구하는 것이기 때문에 한 사람이 오래 지배하는 것은 편향될 수밖에 없다.

파당정치의 해(害)

파벌은
파벌의 이익만 노린다

족벌은
장기집권을 노린다

▣ 同人九三

伏戎于莽 升其高陵 三歲不興 (복융우망 승기고릉 삼세불흥)

풀숲에(于莽) 병장기를 몰래 숨기는 수단으로(伏戎) 높은 지위에(其高陵) 오르려 하면(升) 삼대가 일어서지 못한다(三歲不興)

伏: 엎드릴 복, 안을 부 / 엎드리다, 속되다, 감추다, 숨다, 굴복하다, 안다   戎: 병장기 융 / 병장기, 군사   莽: 우거질 망 / 우거지다, 잡초, 풀   升: 오를 승 / 오르다, 되   陵: 언덕 릉 / 언덕, 무덤

정치를 하면 권모술수를 쓰게 되어 있다. 바람직한 것이 못 된다. 상대편 정치인이 자신이 쳐놓은 덫에 걸려들기를 기다렸다가 자신이 높게 되

려고 하면 도덕성에 문제가 있는 것이다. 주역은 이런 술수를 가장 나쁜 행동으로 경계하고 있다. 정직한 정치를 해야 한다. 정적을 몰아내기 위해 술수를 부리는 것은 참다운 정치가 아닐 뿐 아니라 삼대가 망한다고 가르치고 있다.

우리 역사에 성군이신 세종대왕은 자신의 한글창제 정책에 끝까지 반대하는 최만리를 설득하고 존중하며 같은 시대의 정치를 이끌어갔다. 왕의 위치에서 충분히 제거할 수 있었음에도 그를 존중했다. 당당하게 자신의 신념을 피력하는 두 정치인은 상대를 진정으로 인정함에서 존재할 수 있었다.

상대를 인정하라

정치는
상대를 인정하고
백성을 존중함에서
출발한다

견제하고
개혁하고
발전하고

그런 정치를
백성은 고대한다

▣ 同人九四

乘其墉 弗克攻 吉 (승기용 불극공 길)

높은 지위에(其墉) 올랐을 때(乘) 남을 함부로 공격하여 넘어뜨리지 않아야(不克攻) 길하다(吉)

乘: 탈 승 / 타다, 오르다, 업신여기다   墉: 담 용 / 담, 성벽   攻: 칠 공 / 치다, 공격하다

정치인은 함부로 권력을 남용하거나 자리를 찬탈해서는 안 된다. 승기용(乘其墉)은 높은 성벽에 오를 수 있다는 뜻으로, 정권을 넘볼 수 있는 힘과 군사력을 의미한다. 권력을 쥐었다고 해서 상대를 공격하고 업신여겨 몰아붙이면 국가와 백성은 창의성을 상실하고 활기마저 잃어버린다. 불극공(不克攻)은 남을 공격하여 넘어뜨리지 말라는 것이다. 무력으로 정적을 넘어뜨리거나 전쟁이나 혁명을 경계하는 말이다.
권력을 장악했을 때 상대를 존중하는 포용의 정치를 가르치고 있다.

정적(政敵)도 국가의 자원이다

정적도
국민 다수의 지지를 받는다

범죄자도
거지도
정적도
소중한 국민

모두를 행복하게 하라

▣ 同人九五

同人 先號咷而後笑 大師克 相遇 (동인 선호도이후소 대사극 상우)

정치인은(同人) 사람들 앞에서는(先) 크게 울부짖고 울지만(號咷) 뒤에 가서는 웃는다(後笑). 크게 싸우고 대립하는 일이 정치다(大師克). 또 서로 만나 협상하고 타협하는 일이 정치다(相遇)

> 號: 부르짖을 호 / 부르짖다, 닭이 울다   咷: 울 도 / 울다   笑: 웃을 소 / 웃다, 꽃이 피다   遇: 만날 우 / 만나다, 뜻이 합치하다, 때를 만나다, 회합

정치에서는 술수와 야합, 음모와 배신이 난무한다. 이러한 이중적인 모습과 이율배반에 익숙해야 살아남을 수 있다. 이것을 선호도이후소(先號咷而後笑)라고 표현하였다. 먼저 백성들 앞에서 크게 울부짖으며 우는 것은 백성들 마음속에 깊이 들어가 백성의 마음을 헤아리고 아픔을 같이 하는 모습으로 올바른 정치인의 모습을 말하고 있다. 그러나 돌아서서 웃는다는 것은 정치인의 속성을 표현한 것으로 배신감을 느끼는 파렴치함도 있지만, 여러 집단과 여러 사람을 만나야 하는 정치인으로서 감정의 세탁을 표현한 것일 수 있다. 재빠른 감정의 정리로 다른 사람을 만나 새로운 사연을 들어줘야 하기 때문이다. 탤런트적인 기질이 있어야 하겠다. 그래서 정치는 종합예술이라고 표현하는지도 모른다.

항상 누군가와 대결의 속에서 살아가며 거기에 더하여 민심을 얻는 활동이 정치다. 이것을 대사극(大師克)으로 표현하였다. 정치세계만큼 대결의 극한세계도 없을 것이다. 첨예한 한국정치의 양상을 볼 때 더욱 그러하다. 한국정치가 그럴 수밖에 없는 것은 양(陽)과 양(陽)의 대립이기 때문이다. 양의 기운이 부딪힘은 결국 극한 대립의 양상을 낳게 된다. 우

리는 양의 기운이 강한 민족이기 때문이다.

극한 대립의 와중에서도 절묘한 타협과 협상이 정치의 본질이기도 하다. 상우(相遇)라고 표현된 부분이 절묘하다. '서로 만나 협상하여 합의를 이룬다' 라는 뜻이다. 정치의 궁극적인 목표를 간략하고 명료하게 말하고 있다.

이러한 정치인의 삶은 일반인들에게는 권장할 수 없는 요소들을 포함하고 있다. 정치는 아무나 하는 것이 아니다.

九五를 정리하면 '먼저 민심을 파악하고(先號咷而後笑의 반복적 활동) 그것을 기반으로 서로 대립하여 싸운 후에(大師克) 협상을 통하여 합의를(相遇) 도출한다' 고 쓰여 있다. 주역의 가르침은 통쾌하고 위대하다.

정치는 협상이다

민심을 수렴하고
정책을 입안하고

가부(可否)
선후(先後)
지역(地域)
서로 대립하고 쟁탈하고

절충하고
양보하고
보전하고
합의에 이르는 기술이
정치다

▣ 同人上九

同人于郊 无悔 (동인우교 무회)
교외에 있는 정치인은(同人于郊: 정치일선에서 물러나 망명을 하거나, 은퇴하면) 후회할 일이 생기지 않는다(无悔)

정치인이 마지막에 제도권 밖에 있다는 것은 현실정치에서 은퇴하거나 망명의 길에 있다는 것이다. 정치적 소임을 다하여 은퇴한 정치인이나 낙향한 정치인으로 이해할 수 있다.

또 하나의 해석은 뒤에 무회(无悔)가 있는 것으로 봐서 정치의 길을 가고 있으나, 자질이나 의지가 부족하여 제도권의 현실정치에는 참여하지 않고 외곽에서 정치활동을 하면 무난하다고 이해할 수 있다.

현실적으로도 제도권에 진입하지 못한 정치인은 수없이 많다. 정치의 언저리에서 소일하기는 하지만 주요정책에 관여하지도 못하였으니 자신이 후회할 일은 없을 것이다. 그러나 현대의 정치행태는 소통매체의 발달로 비제도권 인사가 정치에 큰 영향을 미치기도 한다.

물러난 정치인

의자를 물려줬으면

언덕을 바라보고
나무를 바라보고
연못을 바라보고
바다를 바라보며

후인을 믿어라

화천대유(火天大有)

국가를 움직이는 세력은 정치만 있는 것이 아니라 재벌도 있다. 재벌도 국가의 흥망성쇠와 마찬가지로 여러 변수의 작용을 받는다. 그만큼 재벌도 운영하기가 간단치 않다. 국가의 운영에 버금가는 체제를 갖춰야 한다. 재벌은 어떻게 운영해야 하는가?

第十四卦 【大有】 火天大有 離上乾下

卦辭：大有 元亨
彖曰：大有 柔得尊位 大中而上下應之 曰大有
　　　其德剛健而文明 應乎天而時行 是以元亨
象曰：火在天上 大有 君子以 遏惡揚善 順天休命

初九：无交害 匪咎 艱則 无咎
象曰：大有初九 无交害也

九二：大車以載 有攸往 无咎
象曰：大車以載 積中不敗也

九三：公用亨于天子 小人弗克
象曰：公用亨于天子 小人害也

九四：匪其彭 无咎
象曰：匪其彭无咎 明辨晢也

六五：厥孚 交如 威如 吉
象曰：厥孚交如 信以發志也 威如之吉 易而无備也

上九：自天祐之 吉 无不利
象曰：大有上吉 自天祐也

14. 화천대유(火天大有)

재벌(財閥)의 성장전략

▣ 대유괘(大有卦) 해설

　큰 부자는 하늘이 낸다. 작은 부자는 노력으로 이룰 수 있지만 큰 부자는 천운을 얻어야 이룰 수 있다는 말이다. 크게 갖는 것을 대유(大有)라 한다.
　대유자(大有者)는 보통 사람과 다르다. 어린 시절부터 사람을 사귐에 주의하고 남다른 책임감으로 세상을 바라봐야 한다. 요즘의 경제체제에서는 재벌에 해당하는데, 자본주의사회에서 재벌은 세습도 허용된다. 재벌의 경영도 국가경영만큼이나 만만치가 않다. 국가의 큰 재산이기도 한 재벌의 경영은 어떻게 해야 하는가? 어떤 자가 큰 재산을 운용할 수 있는 것인가?
　대유자라해서 곧 행복한 것은 아니다. 많은 사람의 삶을 책임져야 하고, 가진 것을 유지하고 발전시켜야 한다는 부담감 속에서 살아야 한다. 우리나라 대표 재벌인 삼성그룹은 관련 식구를 다 모으면 아마 부산광역시만한 인구를 다스리고 먹여살리고 있을 것이다. 하나의 제후국임에 틀림없다. 그만큼 중요한 위치를 차지하고 있는 것이 재벌이므로 정치인 다음으로 재벌괘를 놓아 설명하고 있다.
　돈만 많다고 대유자가 되는 것은 아니다. 대유자는 태어나기 전에 이미 기운을 타고난다.
　조심하고 두려운 마음으로 대유를 바르게 쓸 수 있는 교훈을 대유괘에서 얻을 수 있다.

▣ 大有卦辭

大有 元亨 (대유 원형)
대유는 원(元)과 형(亨)의 시절에 형성된다

  원(元)은 대유자(大有者)가 타고나는 것이며, 형(亨)은 성장기에 그 기틀이 다져진다는 것이다. 주역은 다스리는 위치의 절대자는 만들어지는 것이 아니라 타고나는 것이라고 설명하고 있다. 우리는 '왕후장상에 씨가 있느냐?' 라고 말하지만, 적어도 왕(王)과 후(侯)에는 씨가 있다고 말한다. 왕이 노력만으로 되는 것은 아니다. 대유자는 하늘이 내는 것이다. 그리고 남다른 수련이 필요하다.
  주역은 왕이나 대유자에게 직무수행에 맞는 수련이라는 조건을 달고 있다. 결코 일반인이 부러울 만큼 쉽고 행복한 길이 아니다.

재벌은 하늘이 낸다

부자는 될 수 있어도
재벌은 아무나 될 수 없다

재벌은 타고나야 하고
재의 운용과
다스림에 대한 수련이
필요하다

고독한 인생이다

▣ 大有初九

无交害 匪咎 艱則 无咎 (무교해 비구 간즉 무구)
사람 사귐에서 해가 없어야(无交害) 탈이 생기지 않는다(匪咎). 그것이 어렵겠지만(艱則) 허물이 없다(无咎)

艱: 어려울 간 / 어렵다, 어려워하다, 괴로워하다

타고난 대유자(大有者)가 성공하기 위한 최초의 수련은 사람을 사귐에 있다. 대유자에게는 언제나 주위에 사람이 많으므로 그중 대유를 유지하고 발전시키는 데 도움이 되는 친구를 사귀는 훈련을 받아야 한다는 것이다.

재벌2세를 생각해보라. 주위에 사람은 많다. 재벌을 유지하고 발전시키는 데 도움이 되는 사람을 골라 꾸준히 인간관계를 쌓아야 한다. 결국 재벌이라는 기업군도 사람들이 모여 끌고 가는 것이므로, 사람을 사귀고 판단하는 법을 읽힘이 대유자가 되는 첫걸음이다. 대유자는 누군가의 도움이 절대적으로 필요하다. 해(害)도 없고 탈도 없는 친구를 사귄다는 것이 가장 큰 숙제일 것이다. 그것이 매우 어려운 일일지라도 그렇게 해야 대유자가 된다.

인간경영

평생을 파도
다 파지 못하는
사람의 마음

만나고

틀을 만들고
못질하고
마음과 마음에
끈으로 엮어 매고 걸고

한 통속으로 살고 죽고

▣ 大有九二

大車以載 有攸往 无咎 (대거이재 유유왕 무구)
큰 수레에 짐을 가득 싣고(大車以載) 나아가도(有攸往) 허물이 없다(无咎)

대유자는 좋은 친구와 더불어 사업을 하는 사람이다. 큰 수레(大車)는 기업이고 가득 싣고(以載) 나아가는 것은 기업의 경영이다. 재벌의 오너가 큰 기업군단(群團)을 몰고 나아가는 모습이다. 이미 재벌경영에 대한 수련을 마친 재벌총수가 사람을 잘 쓸 줄 알면 허물은 없다고 하였다.
큰 사업을 함에(有攸往) 허물이 없어야 대유자다.

자격을 갖춰라

한낱
수레를 끄는 데도 면허가 있듯

기업을 끌고 가는 대유자여
옷자락에 매달린
식구를 생각하라

면허를
최신으로 갱신하라

▣ 大有九三

公用亨于天子 小人弗克 (공용향우천자 소인불극)

국가의 일에 참여하고(公用) 천자와 함께 제사에 참례하는 일(亨于天子)인데, 소인이라면 이겨내지 못한다(小人弗克)

亨: 형통할 형, 드릴 향, 삶을 팽 / 형통하다, 드리다, 제사 지내다, 삶다   弗: 아닐 불 / 아니다   克: 이길 극 / 이기다, 능히

재벌을 경영하는 다국적 CEO들은 국가의 중요한 의사결정에 직간접으로 참여하고, 여론도 조성하고, 국가의 복지사업에도 참여한다. 재벌은 공공의 위치에서 공인으로 대접받으며 공공의 일을 하는 것이며, 공용(公用)의 공기(公器)이다.

재벌의 총수는 황제에 버금가는 왕의 대접을 받는다. 천자는 황제의 격이며 아래에 제후인 왕을 거느린다. 여기서는 대유자를 왕의 반열에 두고 있다. 천자와 함께 국가를 경영하는 축의 역할을 한다.

그런 일은 진정한 대유자만이 할 수 있는 일이지 아무나 감당할 수 있는 일이 아니다. 그러므로 소인은 이기지 못하는 일(小人弗克)이라고 하였다.

이런 대유자에게는 전 국민이 자신이 책임져야 하는 백성이라는 개념이 필요하고, 국민은 재벌을 존중해야 한다.

재벌은 왕(王)격이다

재벌은 정권보다 길다
백성에게 충성하는 재벌
자본주의 꽃이다

◨ 大有九四

匪其彭 无咎 (비기팽 무구)
겉을 성대하고 요란하게 하지 마라(匪其彭). 그래야 허물이 없다(无咎)

彭: 떵떵할 팽 / 부풀어 떵떵하다

　대유자는 겸손하고 소박해야 한다. 겉을 요란하게 치장하는 것은 졸부가 하는 짓이다. 비기팽 (匪其彭)은 '부풀리지 아니하다' 라는 뜻이다. 부풀린다는 것은 실제보다 더 돋보이게 하는 것이다. 우리 사회에도 대유자가 몸가짐을 경박하게 하였다가 국민의 지탄을 받은 경우가 있다. 소박하고 겸손한 대유자가 국민의 사랑을 받는 것은 당연한 것이다.
　삼성 재벌이 국민들과 까칠한 관계를 갖는 것은 무슨 이유일까? 필자의 이론으로 삼성 상호의 기운에서 관계성을 풀어보면 오행(五行)상 金 金 金의 기운으로 부딪혀 소리 나는 기운을 갖고 있다. 그리고 종업원과는 매우 원칙을 좋아하여 인간적인 면이 덜하다. 반면에 현대는 金 水 火의 기운으로 종업원들과는 치열한 면이 있으나 일반 국민들로부터는 거부감이 없는 기업이다(세부적인 내용은 성명학 저서에서 설명하겠다).
　대유자가 존경받을 수 있는 조건을 말해주고 있다.

겸손과 소박

대유자의 행동은
국민의 표상

겸손의 힘
천하를 움직이고도 남아

백성의 마음
끌고 가네

■ 大有六五

厥孚 交如 威如 吉 (궐부 교여 위여 길)

친구나 직원과의 교제에서(交如) 믿음과 정성으로 대하고(厥孚) 행동에 위엄이 있으면(威如) 길하다(吉)

厥: 그 궐 / 其, 그것, 파다, 다하다   威: 위엄 위 / 위엄, 두려워하다, 협박하다

결국 큰 기업은 그 구성원들이 공동으로 일궈가는 것이다. 대유자가 그 구성원과 관계자를 대함에는 마음속으로부터 우러나는 믿음과 정성, 외향으로는 위엄이 있어야 한다는 가르침이다.

주역의 가르침에서 가장 으뜸이 되는 것은 믿음(孚)이다. 적당한 믿음이 아니고 절대적인 믿음을 강조하고 있다. 구성원 서로가 믿음이 있다는 것은 얼마나 아름다운가? 믿음을 기반으로 하여 위엄도 갖추었다면 왕의 반열에 손색이 없다.

절대자의 신뢰

위에서 믿어야
위를 믿는다

믿음의 교합은 알을 낳고
또 낳고
만방을 덮으리

◨ 大有上九

自天祐之 吉 无不利 (자천우지 길 무불리)
 (가르침대로 하면) 하늘에서 그를 도와(自天祐之) 길할 뿐만 아니라(吉) 불리함이 없다(无不利)

祐: 도울 우 / 돕다, 천지신명의 도움, 복, 행운

 하늘이 낸 대유자가 앞의 가르침만 잘 따른다면 하늘이 돕는다는 것이다. 대유괘는 참 좋다. 단, 소인이 이기지 못할 뿐이다.
 주역은 정치나 대기업의 운영은 훈련되고 수양된 자가 아니면 이겨나갈 수 있는 호락호락한 일이 아니라고 말하는 것이다.

하늘이 돕는다

얼마나 기도하고
얼마나 고독하면

하늘이 벗할까?

대유의 길은
고독하다
인생으로 따지면

그냥
허물이 없다 할 것이다

지산겸(地山謙)

군자가 갖추어야 할 가장 상위의 덕목이다. 배워서 학식이 있는 자, 재물이 있는 자, 권력을 장악한 자 등은 겸양의 도(道)를 배우고 실행해야 한다. 겸양은 가진 자의 능력으로 불의를 타파하고 약자를 보호하는 덕이다.

第十五卦 【謙】 地山謙 坤上艮下

卦辭：謙 亨 君子 有終
彖曰：謙 亨 天道下濟而光明 地道卑而上行
　　　天道虧盈而益謙 地道變盈而流謙
　　　鬼神害盈而福謙 人道惡盈而好謙
　　　謙尊而光 卑而不可踰 君子之終也
象曰：地中有山 謙 君子以裒多益寡 稱物平施

初六：謙謙君子 用涉大川 吉
象曰：謙謙君子 卑以自牧也

六二：鳴謙 貞吉　　象曰：鳴謙貞吉 中心得也

九三：勞謙 君子 有終 吉　　象曰：勞謙君子 萬民服也

六四：无不利 撝謙
象曰：无不利 撝謙 不違則也

六五：不富以其鄰 利用侵伐 无不利
象曰：利用侵伐 征不服也

上六：鳴謙 利用行師 征邑國
象曰：鳴謙 志未得也 可用行師 征邑國也

15. 지산겸(地山謙)

겸양의 도(道)

■ 겸괘(謙卦) 해설

겸(謙)은 '겸양, 겸손'이다. 대유괘 다음에 겸양이 놓인 까닭은 무엇인가? 대유는 재벌괘로 왕과 같은 지위에 있는 자이다. 가진 사람이 가장 지켜야 할 도이며, 간과할 수 있는 겸양의 도를 가르치고 있는 것이다.

군자의 겸양에 대한 설명으로도 이해할 수 있다. 군자는 인격수양을 완성했을 때 도달하는 수준이다. '군자는 널리 들어 알고 있으면서도 겸양할 줄 알고, 선을 돈독하게 행하기를 게을리하지 않는 사람'이라고 『예기(禮記)』는 말한다.

주역은 겸손의 도를 나누어 설명하고 있다. 손괘(巽卦)에서도 다시 겸손을 가르치고 있는데, 손괘는 군자의 겸양과는 다른 일반인의 겸손을 설명하고 있다. 겸괘는 '겸손'이 아닌 '겸양'으로 표현하고자 한다.

진정한 겸양은 무조건 고개 숙이고 베푸는 것이 아니라, 대의를 해치는 것에 대해서는 무력으로라도 응징하는 것이 참다운 겸양이다. 명분이 있으면 떨쳐 일어나고 의를 향해 나아가는 것이 겸이다. 이것이 주역의 종교의 가르침과 다른 점이다. 종교인의 겸손과 정치인의 겸손이 다르고, 도를 닦는 사람과 학문을 하는 사람의 겸손이 다르며, 초월을 꿈꾸는 사람의 겸손과 생활인의 겸손이 다르다.

겸손의 개인적 척도는 다르다. 실행해야 할 겸손의 정도가 사람마다 다르게 적용된다는 말이다.

필자는 강의 중에 주역에서 가장 좋은 괘가 무엇이냐는 질문을 받을 때가 있다. 다분히 점서적인 질문이다. 필자는 그 답을 '겸'이라고 대답한다. 겸은 갖춘 자가 행하는 도리이므로 '좋다, 나쁘다'를 논하기 전에 아름다운 것이다. 또 점서적인 용어인 '흉(凶)' '무구(无咎)'가 한 번도 쓰이지 않은 괘이기도 하다.

▣ 謙卦辭

謙 亨 君子 有終 (겸 형 군자 유종)
겸은 겸양이다(謙). 어려서부터 익히고 수행하여(亨) 군자가(君子) 마지막에 갖추는 덕목이다(有終)

謙: 겸손할 겸 / 겸손하다, 공손하다, 덜다, 감하다

군자의 미덕은 겸에서 일어나며 인격의 꽃이다. 마지막 공부이며 수행의 마지막 단계다. 겸(謙)은 군자의 겸손이므로 겸양이라고 표현하겠다. 군자의 완숙된 겸양의 도라 할지라도 자라고 공부하는 시기인 형(亨)의 시절에 배우고 익혀야 한다.

그리고 겸은 군자가 최후까지 최종적으로 지켜야 하는 가장 큰 덕목이라고 가르치고 있다. 일반 백성 중에서도 지식인으로 분류되는 군자를 향한 고귀한 메시지를 전하고 있는 것이다.

겸양은 군자의 덕

의를 향해
떨쳐 일어나는 용기

소극적인 회피가 아닌
적극적 참여 속에서

끝까지 갈고닦을
절도와 예의

◘ 謙初六

謙謙 君子 用涉大川 吉 (겸겸 군자 용섭대천 길)
 최고의 겸도에 도달한(謙謙: 겸손하고 겸손한) 君子는 (사고와 행동이 언제나 일치하여) 큰 내를 건너는 모험을 하여도(用涉大川) 길하다(吉)

 涉: 건널 섭 / 건너다, 거닐다, 이르다

 예의와 지혜를 갖춰 겸양의 도를 다하는 군자는 현상을 파악하는 능력과 대처의 행동력을 갖고 있으므로, 불가능한 것처럼 보이는 큰 모험도 감당할 수 있다.
 예의를 갖추지 못하는 자가 큰일을 이룰 수는 없다. 세상에 나아가 자신의 꿈을 이루고자 한다면, 가장 먼저 겸손의 도를 배우고 익혀야 한다고 가르치고 있다.
 주역에 섭대천(涉大川)이란 단어가 자주 등장하는데, 섭대천은 '큰 내를 건너다' 라는 뜻으로 중국의 장강이라고 불리는 양쯔강을 생각할 필요가 있다. 양쯔강은 길이가 6,300킬로미터에 달하고, 폭도 넓은 곳은 수평선이 보일 정도로 대해같이 보인다. 이러한 강을 건너는 것은 실로 큰 모험이 아닐 수 없다. 그러므로 섭대천의 상징성은 '고난이 따르는 험난한 모험으로 큰 용기를 수반한 행위'라고 정의할 수 있다.

실제의 예는 '리섭대천(利涉大川)'으로 많이 나타나고, 위와 같이 '용섭대천(用涉大川)'으로 쓰기도 한다. 흔히 나오는 리섭대천은 '利의 시절에 큰 모험을 함이 이롭다' 혹은 '큰 내를 건너는 모험을 함이 이롭다' 등으로 해석할 수 있다.

겸손하고 겸손하라

예를 다한 겸손
절도 있는 겸손
용기 있는 겸손
실천하는 겸손

겸손은 무적이다

▣ 謙六二

鳴謙 貞吉 (명겸 정길)

대인관계의(鳴謙: 울리며 드러내는) 겸도 실행의 끝은(貞) 길하다

鳴: 울 명 / 새나 짐승이 울다, 명성을 날리다

드러내어지는 겸양을 말하고 있다. 명겸(鳴謙)은 변론이나 연설 등 현실적인 겸양의 도(道)를 말한다. 처세의 도이다. 속으로만 겸손하면 상대가 알지 못한다. 자신의 겸손을 밖으로 드러내 상대가 감동하도록 보여주는 과정이 중요하다는 가르침이다.

정(貞)을 해석하는데 혼돈이 오는 경우가 많다. 정(貞)은 바름(正)의 의

미를 갖고 있다. '곧고 바르다' 라는 뜻이 있으며 동시에 '일을 실행한다' 라는 뜻이 있음을 알아야 한다. 그리고 '일의 결과' 인 '끝' 을 함의하고 있다.

그런 의미로 '정길(貞吉)' 은 '일을 실행하였는데 그 끝이 길하다' 로 해석해야 한다. 어떻게 일을 처리하였는가? 여기서는 명겸, 즉 '예의 바르고 절도 있고 정성을 다하여 일을 처리하였는데 그 끝이 길하다' 는 것이다.

자기 세계를 성취한 전문가의 겸양을 설명한 것이다. 종종 전문가의 오만이 사회적 부작용을 낳는 경우를 볼 수 있다. 전문가는 가진 자에 속하게 되고, 그들의 겸손이 특별히 중요하므로 별도로 설명하고 있다.

식자(識者)의 겸손

배웠다고
안다고
뽐내지 마라

지식도 자연 법칙의
일부인 것을
서로 나누고 공유하라

▣ 謙九三

勞謙 君子 有終 吉 (노겸 군자 유종 길)

노력을 통해 겸양의 도를 깨달은(勞謙) 군자는(君子) 유종의 미를 거둘 것이니(有終) 길하다(吉)

勞: 일할 로 / 노력하다, 일하다, 힘쓰다, 근심하다

  타고나지는 못해도 스스로의 노력으로 겸도의 깨달음을 얻은 군자는 끝이 길하다.
  주역에서는 괘사나 효사의 후반에 '길(吉)' 이나 '흉(凶)' 이 나타나 점을 해석하는 느낌을 주고 있다. 공자는 계사전에서 '길흉득실(吉凶 得失)' 이라고 설명하고 있다. '길흉이란 득과 실을 말함이다. 득은 복(福)이고 선(善)이며, 흉은 화(禍)이며 악(惡)이다' 라고 해석한다. 그리고 '길' 은 아름다운 것, '흉' 은 더럽고 추한 것으로 말하기도 한다.
  보통 三爻는 그 의미가 '노력' 과 '위험' 을 내포하고 있다. 그러므로 결과는 좋지 않게 쓰이는 경우가 대부분이지만, 겸괘에서만큼은 노력하여 얻은 겸손은 매우 길하다고 하였다.
  겸괘는 주역 전반에서 가장 좋은 괘로 표현되어 있다.

겸손을 향한 노력

배우고 또 배우고
겸손을 향한 노력은
끝없는 동반자

사랑과 통하고
전초이며 동격이라

▣ 謙六四

无不利 撝謙 (무불리 휘겸)

휘겸도(撝謙) 불리할 것이 없다(无不利)

撝: 찢을 휘 / 찢다, 겸손하다, 자기를 낮추다

휘겸(撝謙)이란 생각과 행동이 자유분방하면서도 타인에게 폐가 되지 않는 경지에 이르렀음을 말한다. 욕심이 없는 겸의 도(道)이다. 겸손의 도가 내면의 세계를 넘어 밖으로 표출되는 경지를 말한다. 四爻는 외괘의 초효로 '드러냄의 시작'을 말한다.

무불리(无不利)는 '利의 시절(사회생활, 경제활동 기간)에 걸릴 것이 없다'라고 해석할 수 있다. 또는 '利의 시절에 이롭지 않은 것이 없다'로 해석하면 적극적인 해석이 된다.

'휘겸'은 안에 들어 있는 겸손이 밖으로 튀어나오는 현상을 묘사한 느낌을 갖는다. 다른 게 튀어나온 것이 아니라 겸손이 아무리 많이 튀어나온들 이롭지 않고 걸릴 것이 무엇이겠는가?

튀어나온 겸손

쌓이고 쌓여
비집고 튀어나온 겸손들이
세상 곳곳에 널려 있어도
걸려 넘어지는 이 없고
때가 되어 눌지도 않음이니

무해무독의 겸손이여!
사랑의 배필이라

▣ 謙六五

不富以其隣 利用侵伐 无不利 (불부이기린 리용침벌 무불리)

이웃(其隣)과 함께 부(富)를 누리지 않는다. (공익에 반하므로) 침략하여 응징해도(利用侵伐) 불리할 것이 없다(无不利)

侵: 침노할 침 / 침노하다, 습격하다   伐: 칠 벌 / 치다, 베다, 공적, 공훈

명겸(鳴謙)을 부연한 구절이다. 이웃의 부를 탐내는 것, 도적질하는 것, 질서와 평화를 깨는 것을 '불부이기린(不富以其隣)'으로 표현했다. 타도의 대상이다. 불의에 대응하는 능력도 겸의 도(道)다. 겸양의 차원을 높이고 있다. 겸괘는 손(巽)괘와 달리 '능력을 갖고 있는 자'의 겸손이다. 그러므로 마음만 먹으면 행동에 옮길 수 있는 능력자다. 주역은 능력이 있으면서도 옳게 행동하지 않음을 경계하고 있다. 가진 자가 주머니를 틀어쥐고 베풀지 않고 봉사하지 않고 홀로 폼 잡는 것을 용납하지 않는다.

옳은 것을 지키고 그른 것은 힘으로라도 바로잡는 것이 주역이 가르치는 진정한 겸양이다.

리용침벌(利用侵伐)은 '이로운 것을 침략하여 빼앗아 씀'으로 해석할 수도 있다.

현실적으로 대기업 총수의 재물을 부정축재의 조사나 세무조사라는 명목으로 침공하여 상당량을 빼앗아 이로운 곳에 쓰는 경우를 주기적으로 보곤 한다.

나누지 않으면 빼앗긴다

아무리 정당해도

많이 갖고 있으면
풀어야 한다

움켜쥐고 있다가
빼앗기고 나면
부끄러운 것을

▣ 謙上六

鳴謙 利用行師 征邑國 (명겸 리용행사 정읍국)

명겸은(鳴謙) 군사를 일으켜(利用行師) (불의의 이웃)나라를 정벌하는 것이다

征: 칠 정 / 치다, 바르게 가다, 취하다

리용침벌(利用侵伐)은 개인 간의 응징이며, 리용행사(利用行師)는 국가 단위의 응징이다. 국가 간에 평화를 깨는 세력에게 무력을 써서 제압하는 것이다. 힘이 있어야 명겸(鳴謙)을 이룰 수 있다는 주역의 가르침이다.
주역은 조건 없는 사랑을 가르치는 것이 아니라 불의에 대한 응징을 강하게 가르치고 있다. 특히 부(富)의 독점이나 불균형에 대하여 지극한 관심을 보이고 있다. 여기에서 주역의 가치는 '부의 균형'이며, 부의 균형이야말로 국가경영의 기본이라고 역설하고 있다. 부의 균형 없이 치안과 국방, 사회질서, 국민교육을 논할 수 없다는 것은 주역의 기자는 깨닫고 있는 것이다.
주역은 자본주의의 경쟁체제에 적절한 사회주의적 요소를 가미하여 국가체제를 운영하고자 하였다. 매우 성숙한 발상이며 완성된 정치제도

를 설명하고 있다.

특히 上爻는 국제사회의 균형과 평화를 설명하고 있다는 데서 놀라지 않을 수 없다.

국가에도 인격이 있고 겸양의 도가 통해야 한다.

국제사회의 겸양

문화가 다르다고
역사가 다르다고
신앙이 다르다고

현대를 살아가는 이웃을
외면하지 마라

더구나
잘산다고
이웃을 업신여김이
가장 치졸하다

겸손하지 않으면 하늘이
벌하리라

뢰지예(雷地豫)

　인생을 설계하고 계획대로 정진하는 사람은 흔치 않다. 아무리 작은 일이라 할지라도 미리 계획하고 실행한다는 것은 매우 중요하지만 쉽게 이루어지지 않는다. 여기서는 계획과 실천에 대해 설명하는 장이다. 예측력이 요구된다.

第十六卦 【豫】雷地豫 震上坤下

卦辭：豫 利 建侯 行師

彖曰：豫 剛應而志行 順以動 豫
　　　豫 順以動 故 天地如之 而況建侯行師乎
　　　天地以順動 故日月不過而四時不忒 聖人 以順動則刑罰清而民服
　　　豫之時義大矣哉

象曰：雷出地奮 豫 先王以作樂崇德 殷薦之上帝 以配祖考

初六：鳴豫 凶　　象曰：初六鳴豫 志窮凶也

六二：介于石 不終日 貞吉
象曰：不終日貞吉 以中正也

六三：盱豫 悔 遲 有悔　　象曰：盱豫有悔 位不當也

九四：由豫 大有得 勿疑朋 盍簪
象曰：由豫 大有得 志大行也

六五：貞疾 恒 不死
象曰：六五貞疾 乘剛也 恒不死 中未亡也

上六：冥豫 成 有渝 无咎
象曰：冥豫在上 何可長也

16. 뢰지예(雷地豫)

계획과 실천

■ 예괘(豫卦) 해설

예(豫)는 '미리, 즐기다'의 뜻이다. 여기서는 '미리 계획하다'의 의미로 쓰였다.

큰일을 기획하고 설계하는 것이다. 남들과 다른 성공의 길을 가려면 남과 다른 계획이 있어야 한다. 남다른 인생을 위한 뛰어난 계획을 어떻게 세울 것인가?

먼저 실천 가능한 계획을 세워야 한다. 실천이 따르지 않는 계획은 무용지물이다. 어떻게 실천할 것인가? 주역은 실천에 집중하고 있다. 좋은 계획에는 예지력이 바탕이 되어야 한다.

괘의 모양에서 볼 때 실천이 중요하다는 것은 외괘에 우레괘가 놓였다는 것이다. 뢰(雷)괘는 힘찬 실천력을 의미한다.

계획과 실천의 관계는 매우 밀접하면서도 반대의 개념이다. 정성을 들여 계획을 하였으나 작심삼일인 경우가 대부분인 것은 실천이 몇 배 어렵다는 뜻일 것이다.

누구든 계획대로 일이 진행된다면 매우 운이 좋은 경우일 것이다. 대부분의 일들은 계획과 일치하지 않는다. 그것은 계획이 부실한 경우도 있지만, 실행과정에서 예상치 못한 일이 발생하여 계획과 현실 간에 괴리가 발생하는 경우가 많다. 하지만 계획 없는 실행은 있을 수 없으므로 계획의 과정에서 앞을 내다보는 예지가 요구된다.

사회가 복잡하여 변수가 많아질수록 계획의 중요성은 강조된다. 장기 프로젝트일수록 더 변수의 크기가 크며 실행이 어려워 포기하는 계획도 속출한다.

예괘는 계획과 실천 사이의 상관관계를 설명하고 있다.

▣ 豫卦辭

豫 利 建侯 行師 (예 리 건후 행사)

계획의 의미는(豫) 리의 시절에 제후를 세우는 것(자기 분야에 일인자가 되는 것: 建侯)과 군사를 움직이는 일에(行師) 이로운 것이다

豫: 미리 예 / 미리하다, 즐기다   建: 세울 건 / 세우다   侯: 제후 후 / 제후

예(豫)는 '계획을 세우는 것'을 의미한다. 어떤 일을 하기에 앞서 미리 준비하고 예정하는 모든 행위를 말한다. 현대와 같이 첨예한 사회일수록 계획의 중요성은 아무리 강조해도 지나침이 없다. 여기에서 리(利)를 독립적으로 해석하였다.

리(利)는 '경제활동을 하는 동안' '사회생활을 하는 동안'으로 해석해야 뜻이 잘 통할 때가 있다. 위의 해석을 필자는 '리의 시절'로 함축하여 생각한다. 주역의 기자는 특별한 경우를 제외하고는 글자의 중복을 피하고 중복된 의미를 생략한 경우가 많다. 여기에서 利는 위의 해석과 '이롭다'를 중복한 의미로 생각된다. '利' 자 하나를 생략했다는 말이다.

건후(建侯)는 사전적 의미로 '제후를 세움'을 뜻한다. 여기에서 제후를 세운다는 것은 자기가 하고자 하는 사업 계획, 출세의 계획, 성공의 계획 등을 의미하며, 자기의 업종이나 분야에서 일인자가 되는 것을 말한다.

행사(行師)는 '군사를 움직임'인데, 개인적인 측면에서의 해석은 '적극적인 행동'이다. 국가적인 차원에서는 군대를 움직이는 데는 계획과 준비가 필요하다는 뜻이다. 주역의 포괄성을 보여주고 있다. 건후(建侯)에서 문장이 끝나고 '예 행사(豫 行師)'라는 또 하나의 문장이 있다고 생각해야 한다. 여기서도 중복되는 것을 생략하고 있다.

이렇게 기본적인 의미를 토대로 하여 의미를 음미하면 계획의 중요성을 상상할 수 있을 것이다. 이것이 주역이 가르치고자 하는 참뜻이며 본질이기도 하다.

계획은 행동과 미래를 지배한다

성공하고
영지(領地)를 구축함도
계획에서 비롯됨이니

좋은 계획은
많이 배우고
많이 보고
끝없는 도전 속에 숨어 있다

▣ 豫初六

鳴豫 凶 (명예 흉)
계획을 미리 떠벌리면(鳴豫) 흉하다(凶)

鳴: 울 명 / 울다, 명성을 날리다, 소리를 내다

어떤 계획은 철저히 보안이 요구되고, 어떤 계획은 널리 알려 의견을 청취하고 정보를 수집하여 수립되는 경우도 있다. 특수한 계획이거나 창의적이거나 부가가치가 높은 계획이면 보안이 요구될 것이다.

계획의 과정에서 떠들고 다니면 흉한 꼴을 면치 못한다. 천기누설은 더욱 흉하다. 특히 정부 정책에 대한 계획 중 대부분은 보안이 요구되는 경우가 많다. 국방계획이나 정벌계획을 관계자가 발설하고 다닌다면 국가는 위험에 빠지고 말 것이다.

누설하지 마라

공직자가
계획을 누설하고
기밀을 누설하고
이익을 바라면
공공의 적이다

▣ 豫六二

介于石 不終日 貞吉 (개우석 부종일 정길)

(계획을 세우고) 돌 같은 맹서를(介于石) 하루도 멈추지 않으면(不終日) 그 끝이 길하다(貞吉)

介: 낄 개 / 끼다, 단단한 껍질, 굳다

개우석(介于石)은 '돌에 새겨 맹서한다'는 말이다. 충분히 정보를 수집하여 계획을 세웠으면 실천하기 위하여 하루도 게을리하면 안 된다는 의미로 해석할 수 있다.

맹서를 매일 멈추지 않으면 길하다. 실천의 의지를 다지는 것이다.

> **장개석 총통의 이름**
>
> 『장제스(중국어 정체: 蔣介石(장개석), 병음: Jiǎng Jièshí, 영어: Chiang Kai-shek, 1887년 10월 31일~1975년 4월 5일) 또는 장중정(중국어 정체: 蔣中正, 병음: Jiǎng Zhōngzhèng)은 중국의 군인, 정치·군사 지도자로 중화민국의 총통이다. 흔히 불리는 장제스의 '제스(介石)'는 바로 그의 字(자)이며 '중정(中正)'은 그의 본명이다. 아명은 서원(瑞元), 족보명은 주태(周泰), 학명은 지청(志淸)이다.』
>
> 여기에서 字(자)는 15세를 전후하여 성인이 됨을 기념하여 붙이는 이름이지만, 1949년 중국공산당과 내전에서 패배하여 타이완섬으로 쫓겨나 중화민국을 건국하면서 본토 회복의 의지를 만방에 드러내기 위해 자신의 맹세를 돌에 새긴다는 의미로 개석(介石)을 쓰기 시작하였다.

계획 속에서 살아라

계획이
꽃으로 피어날 때까지
그대
계획 속에 묻혀
몸과 마음이 하나 되어라

▣ 豫六三

盱豫 悔 遲 有悔 (우예 회 지 유회)

(쳐다보기만 하는) 분에 넘치는 계획은(盱豫) 후회하게 된다(悔). 진행이 더뎌(遲) 더욱 후회만 남는다(有悔).

盱: 쳐다볼 우 / 쳐다보다, 부릅뜨다   遲: 더딜 지 / 늦다, 더디다

계획의 합리성과 실현가능성을 설명하고 있다. 아무리 좋은 계획이라도 본인의 능력 범위를 넘어서면 무용지물이 된다. 그러므로 턱을 들고 올려다봐야 하는 계획, 비현실적인 계획은 후회하게 된다고 하였다. 이런 계획은 실행이 어려워 더디게 진행되며 후회만 남게 된다. 현실적 상황을 고려하여 계획을 세워야 한다.

실현 가능한 계획

먼저
능력을 재단하고
도움의 범위도 점검하고

실행의 과정에서
걸리고 넘어져도
박차고 달려갈

그런 계획

▣ 豫九四

由豫 大有得 勿疑朋 盍簪 (유예 대유득 물의붕 합잠)

계획을 실행함에 있어(由豫) 주도권을 갖고 일을 진행하는 사람은(大有得) 동료를 의심하지 말아야(勿疑朋) 과업을 마무리할 수 있다(盍簪)

由: 말미암을 유 / 말미암다, 따르다, 연유   疑: 의심할 의 / 의심하다, 의혹하다
盍: 덮을 합 / 덮다, 합하다   簪: 비녀 잠 / 비녀, 꽂다, 찌르다

잘 짜인 계획이라 할지라도 그 실행에 있어서 함께 일하는 동료를 의심해서는 안 된다는 유의사항이다.

대유득(大有得)은 특별한 임무를 수행하는 자를 말한다. 즉, 계획을 수행하는 프로젝트의 책임자다. 계획을 수행함에는 그 사업에 참여하는 구성원 모두가 혼연일체가 되어야 한다. 여기서는 '물의붕(勿疑朋)'이다. '벗을 의심하지 말라'라고 협동 체제를 설명하고 있다. 구성원이 협동하지 않고 이루는 일은 마무리를 지었다 하더라도 하자가 발생하게 마련이다. 협동의 요체는 믿음이다. 믿음은 주역이 가르치는 가장 중요한 요소이다.

합잠(盍簪)은 머리의 손질을 마치고 마지막으로 머리를 뭉쳐 비녀를 꽂는 행위를 말한다. 몸단장의 마무리 단계를 표현한 것이다. 일의 마무리를 교묘하게 표현하였다.

믿음으로 수행하라

동료를 믿으며
협동하고

신명나게 전진하라

가장 힘찬 원동력은
역시 믿음이다

▣ 豫六五

貞疾 恒 不死 (정질 항 불사)
(계획의 수행 중) 막판에 하자가 생기면(貞疾) 애매한 상태가 지속되어 (恒) 호전도 죽지도 않은 상황에 처하게 된다(不死)

疾: 병 질 / 병, 괴로움, 하자   恒: 항상 항 / 항상, 언제나, 변하지 않는다

막판에 하자가 생기면 곤란해지므로 끝까지 방심하지 말고 목표를 완성할 수 있도록 정진해야 한다. 정질(貞疾)은 '끝에 병이 생긴다' 는 뜻이다. 정(貞)을 '끝에' '끝이' 라고 해석한다는 것은 앞에서 설명하였다.
　항(恒)은 그 병이 낫지 않음을 의미한다. 항구하게 지속된다는 뜻이다. 매우 곤란한 지경이다. 불사(不死)는 차라리 죽지도 않는다는 뜻으로 곤란함의 극치를 설명하고 있다.
　계획을 수행 중에 마무리 단계에서 어떤 치명적인 사고가 발생하여 멈추게 되면 가장 나쁜 결과를 초래하게 된다.

목표를 달성해라

계획은
목표달성에 목적이 있다

'가다가 중지 곧 하면 아니 감만 못하리라'
수익이 없는 사업은
손실만 남기고
병도 얻는다

■ 豫上六

冥豫 成 有渝 无咎 (명예 성 유투 무구)
　어두운 계획이라도(冥豫) 성공하는 경우가 있다(成). 반성과 변신이 있으면(有渝) 허물이 없다(无咎)

> 冥: 어두울 명 / 어둡다, 아득하다　　渝: 달라질 투 / 달라지다, 풀어지다

　계획은 계획일 뿐이어서 무지한 계획이라고 해서 반드시 실패하는 것은 아니다. 얼마든지 성공에 이르는 경우도 있다. 이러한 경우 자만하고 우쭐대지 말고 자신을 반성하고 변신하며, 큰 행운을 얻었음을 알면 허물이 없다고 했다.
　명예(冥豫)는 어두운 계획, 즉 두루뭉술하거나 사전 정보가 많이 빗나간 계획을 말한다. 어떤 운 좋은 이는 계획 같지도 않은 막연한 희망으로 투자하였는데 대박을 치는 경우가 있다. 이때 뽐내지 말라는 뜻이다. 이렇게 찾아든 행운을 매우 감사하게 생각하고 계획이 미미하였음을 반성해야 한다. 다시 먼저와 같은 전철을 밟으면 실패의 길을 갈 것이다. 신은 일방적으로 행운을 몰아주지 않는다.
　여기서는 무계획으로 성공한 경우를 설명하면서 다시는 그런 일이 없어야 한다고 가르치고 있다.

행운은 한 번뿐

계획도 없이
소신도 없이

어쩌다 마주친
행운의 여신을
내일도 찾으면

바쁜 여신은
신기루 되어 멀어지고
사막에 홀로 선다

택뢰수(澤雷隨)

예나 지금이나 직장생활이 대세를 이룬다. 윗사람을 따르며 살아가는 직장인들에게, 과연 따르는 사람들은 어떤 자세를 견지해야 하는가를 보여주는 장이다. 현대의 직장인들에게 보내는 메시지가 들어 있다.

第十七卦 【隨】 澤雷隨　兌上震下

卦辭：隨 元亨利貞 无咎
彖曰：隨 剛來而下柔 動而說 隨
　　　大 亨 貞 无咎 而天下隨時 隨時之義大矣哉
象曰：澤中有雷 隨 君子以 嚮晦入宴息

初九：官有渝 貞 吉 出門交 有功
象曰：官有渝 從正吉也 出門交有功 不失也

六二：系小子 失丈夫
象曰：系小子 弗兼與也

六三：系丈夫 失小子 隨 有求 得 利居貞
象曰：系丈夫 志舍下也

九四：隨 有獲 貞 凶 有孚 在道 以明 何咎
象曰：隨有獲 其義凶也 有孚在道 明功也

九五：孚于嘉 吉
象曰：孚于嘉吉 位正中也

上六：拘係之 乃從維之 王用亨于西山
象曰：拘係之 上窮也

17. 택뢰수(澤雷隨)

직장인의 처세(處世)

■ 수괘(隨卦) 해설

　수(隨)는 '따르다' '수행하다'의 뜻이다. 여기서는 처세의 도(道)와 처세의 기술을 밝히고 있다. 처세를 함에 있어서 앞서지 않고 묵묵히 따르는 사람은 허물이 없다. 윗사람을 모시면서 자신을 지키는 지혜가 수(隨)괘에 있다. 윗사람을 모시는 사람은 앞에서 설치면 안 된다. 겸손하고 성실하게 윗사람을 잘 받들어 모시는 사람의 철학이다.
　냉철하게 자신을 알고 사람을 판단하고 대인을 알아볼 줄 알아야 한다. 그리고 시대를 읽을 줄도 알아야 한다.
　직장인의 준칙은 다음과 같다. ① 자신의 직업이나 일에 대한 확신을 갖고 ② 자신의 일에 대해 끊임없이 공부하여 전문성을 높이고 ③ 청렴하고 겸손하며 투명한 일처리를 말함이다.
　앞장서서 리드하는 것도 어려운 기술이지만 따라가는 것도 결코 쉬운 일이 아니다.
　현대를 살아가는 수많은 직장인들에게 내리는 가르침이다. 직장생활이란 끝없이 윗사람을 따라야 한다. 직장생활에서도 성공하는 자가 흔치 않음은 따르는 자의 철학을 익히지 못한 때문은 아닌지 살필 필요가 있다. 직장인은 시대를 읽는 능력을 키우고 끝없이 변신해야 한다. 시대에 맞는 직장인으로 변신을 거듭해야 한다는 말이다. 그리고 위아래로 사람을 잘 살펴야 한다. 자신이 속한 직장이 성공하고 지속될 것인가는 구성원을 보면 알 수 있다. 능력 있고 믿을 만한 사람과 사귀며 신뢰를 주고 받아야 한다.

어느 세상에서도 성공으로 가는 길은 쉽지가 않다.

▣ 隨卦辭

隨 元亨利貞 无咎 (수 원형리정 무구)
따른다는 것은(隨) 언제나(元亨利貞) 허물이 없다(无咎)

隨: 따를 수 / 따르다, 따라가 수행하다, 근거하다

나서지 않고 보좌하는 일에 적합한 사람은 정(丁) 맞을 일이 없다는 뜻이다. 따름의 도를 익히고 전문성을 갖고 윗사람을 보좌하고 따른다는 것은 많은 사람이 종사하는 직업으로 보통의 일이다. 대부분의 사람들은 이렇게 따름의 일을 하다가 일생을 마친다.

어린 시절에는 부모를 따르고 스승을 따른다. 사회에 진출하고 나면 윗사람을 따르고 지도자를 따르며 윤리와 도덕을 따르고 법을 따른다.

수(隨)괘는 따르는 자의 주변에서 일어나는 일들을 상세하게 설명하고 그 도리와 원칙을 설명하고 있다.

따르는 자의 도(道)

자신의 존재가 부각될 수 있도록
자존에 믿음을 더하고

본인만 할 수 있는 일을

깊게 하고 확장하며

공명하고
청렴하라

▣ 隨初九

官有渝 貞 吉 出門交 有功 (관유투 정 길 출문교 유공)
 자리에(官) 큰 변화가 있더라도(有渝) 자기의 직분을 마지막까지 잘 지켜야(貞) 길하다(吉). 문밖에서 투명하게 사람을 만남은(出門交) 공을 세울 수 있다(有功)

渝: 달라질 투 / 달라지다, 풀어지다

 관유투(官有渝)는 정치적 격동과 사회적 혼란, 기업에서는 큰 소용돌이가 몰아칠 때를 말한다. 직책이 바뀌고 근무환경이 바뀌어도 바른 자세로 따르는 자의 도를 준수해야 한다.
 출문교(出門交)는 두 가지로 해석할 수 있다. 하나는 밖으로 나가서 적극적으로 교류하라는 뜻이다. 회사가 어려워지거나 자신의 직책이 생소한 업무로 바뀌면 더 적극적으로 임하여 정보를 수집하고 판매행위도 더 공격적으로 해야 한다. 다른 하나는 공개적이고 투명하게 사람을 만나고 일을 처리하라는 뜻이다. 뒷공론이나 야합은 금물이다. 그래야 공이 있다.
 직장인의 가장 기본적인 도리를 설명하고 있다. 직장은 언제나 어려움에 직면할 수 있으므로 그 어려운 시기에 소속원으로서 어떻게 처신해야 하는지를 말하고 있다. 특히 인간관계를 통해서 자신의 살 길만 챙기려고 하는 행위나 부정한 행동, 야합, 투명하지 못한 처신을 하지 말라는 것이다.

어려우면 더

어려운 일을 맡으면
조직이 어려워시면
더
노력하라

어려울 때는
의심도 많은 법

투명하게 정진하라

▣ 隨六二

係小子 失丈夫 (계소자 실장부)

소인배에(小子) 집착하고 얽매이다 보면(係) 대장부를 잃게 된다(失丈夫)

係: 걸릴 계 / 걸리다, 잇다, 작은 갈래

어려운 시기에는 여러 사람과 정보를 교환하고 이합집산이 이루어지게 된다. 이럴 때 작은 것에 집착하거나 소인배에게 끌리다 보면 진짜 장부를 잃게 된다. 처세를 신중하게 하고 사람을 잘 사귀어야 한다는 말이다.

어려운 시기의 처세를 설명하고 있다. 계(係)의 의미는 난세에 줄을 잘 서야 한다는 의미도 들어 있다. 난세를 틈타 한몫 보려는 어리석은 자를 좇지 말라고 경고하고 있다.

난세의 처신

자신의 이익을 위해
뭉치고
투쟁하고
야합하고

남는 건
사람도 잃고
직장도 잃고
신뢰도 잃음이니

공동체를 위하는 사람을
따르고
위하고
바쳐라

■ 隨六三

係丈夫 失小子 隨 有求 得 利居貞 (계장부 실소자 수 유구 득 리거정)

 장부를 가까이하고(係丈夫) 소인을 멀리해야(失小子) 직장인이(隨) 나중에 구하는 것을 얻을 수 있다(有求得). 그래야 利에서 貞의 시절까지 편안히 생활할 수 있다(利居貞)

丈 : 어른 장 / 어른   居 : 있을 거 / 있다, 살다, 거주하다

  소인을 멀리하고 장부(丈夫)를 따라야 함은 수많은 직장인들의 절대적인 덕목인 줄 잘 알지만 이 사회에는 따를만한 대인이 그렇게 많지 않다는 데 문제가 있다.

  리거정(利居貞)은 '바른 곳에 거처함이 이롭다'로 해석되어오고 있으나 필자는 '利와 貞의 시절에 안정된 생활을 한다'로 해석하고 싶다. 利와 貞이라는 글자에 거(居)라고 써 넣은 이유를 묵상해보면 답을 얻을 수 있다. 얼마나 효과적인 표현인가! 利와 貞의 시절 사이란 경제활동을 하다가 죽음에 이르는 순간까지의 기간을 의미한다.

  그래도 조직 내에서 믿고 존경할 만한 인물을 찾아 따라야 자신이 얻고자 하는 것을 바라볼 수 있다.

대인은 누구인가

우리 시대의 대인은
정부일 수도 있고
삼성이나 현대일 수도 있다

혹
인덕(仁德)이 있는 어른일 수도
있으나

대인은
나의 목숨을 맡겨도
나의 가족을 맡겨도
후회 없는 자이다

▣ 隨九四

隨 有獲 貞 凶 有孚 在道 以明 何咎 (수 유획 정 흉 유부 재도 이명 하구)

직장인이(隨) 약탈을 일삼으니(有獲) 그 끝이(貞) 흉하다(凶). 직업에 대한 믿음과(有孚) 직업에 대한 기술이나 능력을 배양함과(在道) 명료하고 투명함이 있으면(以明) 어찌 허물이 있겠는가(何咎)

獲: 얻을 획 / 얻다, 손에 넣다

유획(有獲)은 '얻음이 있다, 빼앗음이 있다' 인데 약탈이고 빼앗음이다. 부정부패를 의미한다. 공무원이든 회사원이든 직위를 이용하여 사리사욕을 채우는 것을 말한다. 안 되는 일을 해서 그 끝이 좋을 리 없다.

직장인은 세 가지 도(道)를 지켜야 한다. 그것은 유부(有孚), 재도(在道), 이명(以明)이다. 유부(有孚)는 직장의 주인에 대한 믿음이고, 자신의 직업에 대한 믿음이다. 재도(在道)는 자신의 능력과 기술이다. 직장인으로서의 당연한 도리는 새로운 기술을 습득하고 능력을 배양해야 한다. 이명(以明)은 일처리의 방법으로 언제나 명료하고 투명하게 일을 처리하라는 뜻이다.

직장생활을 하는 수많은 현대인들에게 주역은 친절하고 엄숙한 가르침을 내리고 있다. 이 가르침을 따르지 못함으로 일어나는 여러 불미스러운 일들을 우리는 늘 접하고 있다. 역으로 직원을 써서 사업을 하려는 사업가에게도 직원을 책임지고 먹여 살릴 능력과 자세가 되지 않으면 안 된다는 가르침도 주고 있다.

직장인의 도(道)

상사를 믿고
동료를 믿고
능력을 믿고

당당하게 일하라

우쭐대거나
욕심 부리면 망한다

▣ 隨九五

孚于嘉 吉 (부우가 길)
믿음으로(孚) 아름답게 일을 처리해나가면(于嘉) 길하다(吉)

> 嘉: 아름다울 가 / 아름답다, 뛰어나다, 훌륭하다

위의 3대 원칙 중에 믿음을 강조한 대목이다. '아름답게 믿으라'는 뜻이다. 믿음의 순수성을 말하고 있다. 자신에게 특별한 배려나 이익이 돌아올 거라는 기대나 희망이 섞인 믿음이 아닌 자신과 직장이 동일체가 되는 믿음이다.

아름다운 믿음

나와
나의 가족

보람
인생이 들어 있는
나의 직장

고맙고
자랑스럽고
하나 되리

▣ 隨上六

拘係之 乃從維之 王用亨于西山 (구계지 내종유지 왕용향우서산)

직장생활 중에(係) 구속되어 탄핵을 받는 자가(拘) 간절히 구원을 바라고 따른다(乃從維之). 임금이라 할지라도 서산에 올라 제사 지낸다(王用亨于西山)

拘: 잡을 구 / 잡다, 체포하다   乃: 이에 내 / 이에, 너   從: 좇을 종 / 좇다, 나아가다   維: 바 유 / 바, 밧줄, 매다, 받치다   亨: 형통할 형, 드릴 향, 삶을 팽 / 형통하다, 드리다, 제사 지내다, 삶다

구계지(拘係之)는 직장생활과 연관되어 구속되고 얽매인 상태다. 감시, 탄핵, 곤경의 상태다. 도움이 절실한 상황이다. 내종유지(乃從維之)는 '이에 따르는바(밧줄)이다' 라는 뜻으로, 아는 사람에게 간절히 구원을 바라는 것이다. 유배된 자가 귀국이 허가되기를 바라는 것이고, 수형 중인 자가 사면되기를 바라는 것이고, 탄핵을 받은 대통령은 진심으로 반성하는 제사를 올려야 한다.

왕이라 할지라도 비록 구속되거나 탄핵을 받으면 반성하고 정성을 다

하여 제사를 올리거늘, 직장생활을 하는 중에 잘못하여 감사를 받고 징계의 위치에 있거나 고발을 당하는 처지에 놓이게 되면 성심을 다하여 뉘우치고 빌어야 한다.

왕도 백성을 따르는 자다. 누군들 따르지 않는 자가 있겠는가? 모든 인간에 대한 가르침이다.

잘못했으면 반성하라

욕심을 부렸는가?
잘 먹고 잘살려다
못살게 되었구나

진정으로
반성하라

성심을 다하라
용서받으리라

산풍고(山風蠱)

재물이나 권력에 집착하는 것은 보통 인간의 속성일 것이다. 일정의 재물이나 권력을 가진 사람이 더 큰 권력과 더 많은 재물에 눈이 멀어 행복한 삶을 누릴 기회를 놓쳐버리는 경우다. 고(蠱)는 갖고 있어도 고통에 해당된다.

第十八卦 【䷑】 山風蠱 艮上巽下

卦辭：蠱 元亨 利涉大川 先甲三日 後甲三日
彖曰：蠱 剛上而柔下 巽而止 蠱 蠱元亨 而天下治也
　　　利涉大川 往有事也 先甲三日後甲三日 終則有始 天行也
象曰：山下有風 蠱 君子以 振民育德

初六：幹父之蠱 有子 考 无咎 厲 終吉
象曰：幹父之蠱 意承考也

九二：幹母之蠱 不可貞
象曰：幹母之蠱 得中道也

九三：幹父之蠱 小有悔 无大咎
象曰：幹父之蠱 終无咎也

六四：裕父之蠱 往 見吝
象曰：裕父之蠱 往未得也

六五：幹父之蠱 用譽
象曰：幹父用譽 承以德也

上九：不事王侯 高尚其事
象曰：不事王侯 志可則也

18. 산풍고(山風蠱)

졸부의 뒤안길

■ 고괘(蠱卦) 해설

고(蠱)는 '독(毒)'이고 '벌레'이다. 여기서는 재물이고 권력이다. 그러나 떳떳지 못한 재물이고 욕먹는 권력이다. 권력을 자기 것처럼 휘두르고, 돈으로 안 되는 것이 없다는 식의 삶을 살다 보면 자신도 망가지고 가족도 망가진다. 자본주의 극성의 시대에 있을 수 있는 상황들을 예상하고 설명하는 듯하다. 정신이 피폐한 상태에서의 물질지상주의의 폐해이다.

독버섯 같은 부귀영화를 누리고 있는 것이다. 독을 품고 있다.

떳떳지 못하다는 것은 남과 나눌 줄 모르는 재물이고, 더욱 재물에 집착한다. 그리고 약자를 돌볼 줄 모르는 권력이다. 뿐만 아니라 더 큰 권력을 향해 돌진하는 모습이다. 그 집착에서는 벗어나야 한다.

부자의 사회적 책임, 약자를 배려하는 권력의 왜곡을 꼬집고 있다. 주역은 자본주의의 폐해와 군림하는 권력을 향해 깨우침을 주려고 한다. 노블레스 오블리제가 심심찮게 거론되는 현대사회에서, 가진 자의 기부 문화와 배려의 자세가 강조되고 있다.

> 노블레스 오블리제(noblesse oblige)
> 사회 고위층 인사에게 요구되는 높은 수준의 도덕적 의무

한번 권력의 맛을 보고, 돈맛을 보면 그 매력에서 벗어나기가 어렵다. 특히 안주인인 여자가 그 맛을 보면 지독하게 집착한다는 것이 고(蠱)이고 그 폐단이다.

■ 蠱卦辭

蠱 元亨 利涉大川 先甲三日 後甲三日 (고 원형 리섭대천 선갑삼일 후갑삼일)

　蠱의 영화는 타고날 뿐만(元) 아니라 힘찬 기운이며(亨) 엄청난 모험의 결과로(涉大川) 利의 시절에 이루어지는 것이다. 甲보다 앞선 삼일의 辛과, 甲의 삼일 뒤인 丁이 의미하는 바와 같이 죽음을 무릅쓴 고통과(辛) 상처의(丁) 결과물이지만 자신과 만인에게 고통과 상처를 줄 수도 있다

　蠱:독고/독,벌레

　누구나 돈을 벌고 부자가 되고 싶어 한다. 또한 권력도 갖고 싶어 한다. 그러나 생각하고 노력한다고 다 되는 것은 아니다. 약간 부정적인 측면이 있는 재물과 권력이 고(蠱)다. 그런 부정적 측면이 있는 재물이라 할지라도 타고난 복과 재주가 있어야 하고, 엄청난 노력과 고통의 산물로 이루어지는 것이다. 자신이 이룩한 재물과 권력으로 자신마저 희생당할 수 있다는 것이 고(蠱)다.

　고(蠱)의 재물이나 권력이 발생하는 원인은 두 가지로 설명하고 있다. 첫째는 물려받은(元亨) 재산과 권력이다. 둘째로 자신이 利의 시절에 엄청난 모험과 노력으로(利涉大川) 이룩한 재물이다.

　선갑삼일(先甲三日)과 후갑삼일(後甲三日)은 그렇게 지배하고 있는 재

물이나 권력에 대한 결과를 설명하고 있다. '己 庚 辛 壬 癸 甲 乙 丙 丁 戊'는 천간(天干)을 이해하기 좋게 벌려서 적어놓았다. 갑(甲)을 중심으로 앞으로 세 번째, 뒤로 세 번째를 의미하는 辛과 丁은 고통(辛)과 상처(丁)다. 그 고통과 상처는 자신과 가족, 이웃, 국가에 두루 미친다. 辛은 고통을 상징한다. 그리고 丁은 상처와 무력을 상징한다.

로또에 당첨되어 일확천금을 얻은 사람이 비극적인 인생을 살아가고 있다는 통계가 언론에 보도되고 있다. 지배할 수 있는 준비가 되지 않은 사람에게 과다한 재물과 권력은 독으로 작용한다는 것이다.

국가도 마찬가지다. 부유한 나라는 정신적인 면을 소홀히 하게 되고, 문명과 물질에 취해 가치관이 왜곡될 때 로마제국처럼 역사의 뒤안길로 사라지게 된다.

베풀어라

억척으로
모으고
누리고
물려주고…

한없는 욕심은

나를 파멸시키고
가족을 망가뜨리고
나라를 쓰러뜨린다

모으면 나눠라
또
모으고 나눠라

▣ 蠱初六

幹父之蠱 有子 考 无咎 厲 終吉 (간부지고 유자 고 무구 려 종길)
아비가(父) 고(蠱: 권력과 재물)에 집착하는(幹) 경우 아들이(有子) 깊이 생각하여(考) 아버지께 고하고(考) 자신도 벗어나려고 노력하므로 허물은 없다(无咎). 그 과정이 너무 심란하고 위태롭다(厲). 그러나 끝이 길하다(終吉)

幹: 줄기 간, 주관할 관 / 줄기, 뼈대, 주관하다   考: 상고할 고 / 곰곰이 생각하다, 헤아리다, 견주어보다

돈과 권력의 맛은 마약과 같은 중독성이다. 일단 발을 들여놓으면 포기하기가 쉽지 않다. 쟁취의 당사자인 아비는 놓기가 쉽지 않음을 표현하고 있다. 똑똑한 아들은 고(蠱)에서 벗어나려고 발버둥친다. 당연히 그래야 되는 일이지만 위험스런 일이다. 어미가 반대하고 누이가 반대하고, 사면초가일 것이다.

그러나 그런 노력의 대가는 종길(終吉)로 이어진다. 조금 더 가지려고 욕심부려 칼부림 나는 집안은 많아도, 기부의 갈등으로 파탄 난 가정은 드문 것이 다행이다.

웃음을 사라

혹시 가져갈까?
동여매고 잠그고
잠을 설치며 지키니

마음에도

눈에도
병이 생겼다

풀어내고 열어
널리 뿌리니
웃음이 들어왔다

병을 사지 말고
웃음을 사라

▣ 蠱九二

幹母之蠱 不可貞 (간모지고 불가정)
어미가(母) 고에 붙어 있으면(幹) 끝까지 바로잡을 수 없다(不可貞)

 부인이 재물과 권력의 맛을 알면 더 끊기 어렵다는 것이다. 간모지고 (幹母之蠱)는 어미가 고에 밀착되어 있는 상황을 표현하고 있다. 권력자의 부인이 권력자보다 더 권력을 놓고 싶어 하지 않는다. 재물도 마찬가지다. 부인은 노력과 위험 없이 누리는 권력의 범위가 넓다. 많은 시간을 누리는 데만 쓰는 부인이 마다할 이유가 있겠는가?
 불가정(不可貞)은 '끝이 없다'는 뜻이다. 욕망의 화신이 된다.

욕망의 여인

권력의 맛
재물의 힘을 알면
여인의 욕망은 끝이 없어라

자신을 망치고
이웃을 해치고
나라도 배반한다

■ 蠱九三

幹父之蠱 小有悔 无大咎 (간부지고 소유회 무대구)

아비가 고에 집착하고 있지만(幹父之蠱) 작은 뉘우침이라도 있는 경우(小有悔) (남에게 크게 잘못하는 일은 없을 것이므로) 큰 허물은 없다(无大咎)

완전히 고에서 벗어나지는 못하여도 때때로 뉘우치고 후회한다면 그나마 크게 남에게 억울한 짓은 하지 않을 것이다. 무소불위의 권력을 휘두르던 시절이 있었지만 지나침을 후회하고 약간의 자제를 하며 인생을 살아가는 모습이다. 아직 해악을 삼가는 수준이며, 베푸는 단계에는 이르지 못함이다.

독벌레

작은 뉘우침이
과오를 씻고 용서받지 못한다
결국
독벌레를 키우는 집착이
독에 쏘인다

▣ 蠱六四

裕父之蠱 往 見吝 (유부지고 왕 견린)
아비가 드러내지 않고(裕) 고에 집착하면, 살아가면서(往) 궁색함을 만나게 된다(見吝)

裕: 넉넉할 유 / 넉넉하다, 관대하다, 드러나지 않다

간(幹)은 드러내면서 집착하는 경우다. 가족들에게 고에 대한 집착을 항상 말하면서 살아가므로 누군가가 견제를 할 수 있으나, 유(裕)는 왜 구두쇠처럼 돈을 모으기만 하는지 아무도 알지 못하므로 가족이 다 궁색함을 만나게 된다.
구두쇠의 특징은 자신과 가족에게 다 인색하다. 재물에 대한 고(蠱)를 설명하면서 고의 여러 유형을 말하고 있다.

구두쇠

아무도 몰래
이리저리 숨겨
자신의 욕망을 채우는 동안
가족도
자신도
죽어간다

▣ 蠱六五

幹父之蠱 用譽 (간부지고 용예)
고에 집착한 사람이(幹父之蠱) 명예를 추구한다(用譽)

譽: 명예 예 / 명예, 기리다

드러내서 고(蠱)에 집착하는 남자의 경우는 때때로 가족의 말을 듣기도 하고 스스로 후회하기도 하면서 자신의 명예를 생각한다. 자신이 소유한 고의 활용을 고민하고 나아가 명예를 추구하는 것이다.

인간이 추구하는 3대 욕망이 있다. 재물욕, 권력욕, 명예욕이다. 재물욕과 권력욕에 만족을 느끼기 시작하면 명예를 생각하게 된다. 그런 단계가 된 것이다. 고(蠱)의 인생이 진전된 상황을 설명하고 있다. 명예가 기부와 베풂의 행위로 발현되기를 기대해본다.

명예를 찾아

할 거 다 해보고
가질 거 다 가져봤는데
알아주는 이 없구나
명예가 그립다

▣ 蠱上九

不事王侯 高尚其事 (불사왕후 고상기사)
(고에서 명예를 추구한다는 것은) 왕후의 자리를(王侯) 과감히 버리고

(不事) 높고 가치 있는(高尙) 일을 추구해야 한다(其事)

  주역에서의 고(蠱)의 설명은 국가가 어려운 때, 즉 전쟁에서 공을 세우고 보상받은 권력과 재물에 대해서 얘기하고 있는 것으로 볼 수 있다.
  애초에 공의 대가로 재물이나 권력을 받지 말고, 더 높은 가치의 어떤 것을 추구하는 기회로 삼는다면 고의 폐해에 빠지지 않는다는 것이다. 여기에서 고상(高尙)한 일이란 여러 사람이 기쁘고 행복을 느끼는 일들일 것이다. 이왕 받은 권력과 재물이라 하더라도 남을 위해 가치 있는 일에 쓰인다면 명예를 얻고 행복해질 것이라는 가르침이다.

고상함을 추구하라

권력보다도
재물보다도

더
기쁘고 영예로운
이상향

믿음과 어울림
나눔

지택림(地澤臨)

조직을 다스리는 자는 누구인가? 지도자가 되고자 하는 자는 어떤 덕목을 갖추고 있어야 하는가? 국민을 속이거나 사탕발림을 한다거나 사리사욕을 채운다면 지도자의 자격이 없을 것이다. 국민이 복이 있어야 훌륭한 지도자를 만난다.

第十九卦 【臨】地澤臨 坤上兌下

卦辭：臨 元亨利貞 至于八月 有凶
彖曰：臨 剛浸而長 說而順 剛中而應 大亨以正 天之道也
　　　至于八月有凶 消不久也
象曰：澤上有地 臨 君子以 敎思无窮 容保民 无疆

初九：咸臨 貞吉
象曰：咸臨貞吉 志行正也

九二：咸臨 吉 无不利
象曰：咸臨吉无不利 未順命也

六三：甘臨 无攸利 旣憂之 无咎
象曰：甘臨 位不當也 旣憂之 咎不長也

六四：至臨 无咎
象曰：至臨无咎 位當也

六五：知臨 大君之宜 吉
象曰：大君之宜 行中之謂也

上六：敦臨 吉 无咎
象曰：敦臨之吉 志在內也

19. 지택림(地澤臨)

치자(治者)의 리더십

■ 림괘(臨卦) 해설

어떤 대상의 마음을 움직여 다스린다는 것은 어려운 일이다. 인간이 사는 곳에 다스림이 미치지 않는 곳은 없다. 사회를 형성하는 필수조건인 다스림에 대한 가르침이다.

진정한 리더십을 갖춘 지도자로서 구성원들에게 무언가를 베풀고 공유하고 목표를 향해 끌고 가는 것이 림(臨)이다. 통치가 정치와 근접된 용어라고 생각되지만 현대의 해석으로는 리더십이라고 해도 적당할 것 같다.

림(臨)은 최고 권력자의 위치가 아닌 중간 권력 정도의 실무권을 갖고 다스리는 입장을 설명하고 있다. 왕을 대리해서 백성을 떠받들고 모시는 괘상을 갖고 있다.

주역은 다스림의 원칙을 네 가지로 규정해놓았다. 함림(咸臨), 지림(至臨), 지림(知臨), 돈림(敦臨) 등을 풀어서 설명하고 있다. 우리가 흔히 말하는 지도층 인사들이 갖추고 행할 덕목들이다.

가정을 다스리건 조직을 다스리건 자신이 지도자의 위치에 있다면 주역의 원칙을 대입하고 따져봐야 할 것이다.

다스림이 존중받을 수 있으려면 시대상황과 다스림의 방법과의 상관관계, 다스리는 대상의 상황과 심리상태를 헤아려 그 마음을 움직이고 행동으로 나아가게 만드는 작업을 해야 한다.

■ 臨卦辭

臨 元亨利貞 至于八月 有凶 (림 원형리정 지우팔월 유흉)

다스림은(臨) 인간의 모든 시간에 존재한다(元亨利貞). (통치행위 중 팔월(酉月: 金)의 다스림, 즉 金의 절정인 시기) 무력통치는(至于八月) 흉함이 있다(有凶)

臨: 임할 임 / 임하다, 다스리다, 내려다보다   至: 이를 지 / 이르다, 도래하다, 매우, 극진히

사람의 일생에서 다스림을 벗어날 수 없다. 그러므로 臨 자체에는 길흉이 있을 수 없다.

그러나 특정한 다스림에 속하는 팔월의 다스림은 흉한 다스림이라고 첫 번째로 지적하고 있다. 팔월은 유(酉)월이 된다. 유월의 오행은 金이고, 金은 무력의 상징이다. 팔월이 의미하는 것은 힘과 폭력에 의한 다스림의 추방을 말하고 있다.

주역은 어떠한 경우에도 폭력을 지양하고 경계한다. 치자(治者)의 폭력은 물론이고 민중항거의 방법인 데모(demonstration)에 있어서도 폭력이 있어서는 안 된다고 강력히 가르치고 있다.

臨은 벽괘(辟卦: 月을 상징하는 四時괘)로 12월을 상징하며, 도전괘(倒顚卦)인 풍지관괘가 8월괘이다.

벽괘(辟卦)

벽괘는 모두 14개이며, 12개의 사시(四時)괘와 2개의 윤괘로 구성되어 있다.

1월	2월	3월	4월	5월	6월	7월
지천태 (泰)	뇌천대장 (大壯)	택천쾌 (夬)	중천건 (乾)	천풍구 (姤)	천산돈 (遯)	천지비 (否)

8월	9월	10월	11월	12월	윤괘 (閏卦)	윤괘
풍지관 (觀)	산지박 (剝)	중지곤 (坤)	지뢰복 (復)	지택림 (臨)	풍택중부 (中孚)	뇌산소과 (小過)

도전괘(倒顚卦)

도전괘는 괘의 모양을 180도 회전한 모습의 괘이다.

위의 괘사를 문자 그대로 해석하면 '다스림은 언제나 존재한다. 팔월에 이르면 흉함이 있다' 가 될 것이다.

다스림

혼자 살지 않으면
다스림은 피할 수 없다

억압의 다스림은
다스림이 아닌
폭력이다

◼ 臨初九

咸臨 貞吉 (함림 정길)
순수한 마음의(咸) 다스림은(臨) 끝까지 길하다(貞吉)

咸:다 함 / 다, 모두, 두루 미치다

함림(咸臨)이란 다스리는 자의 마음과 다스림을 받는 자의 마음이 일체가 되는 것을 말한다. 마음을 열고 믿음으로 공평하게 행하는 다스림을 의미한다. 다스리는 자의 사리사욕이 없고, 객관적이고 합리적으로 투명하게 다스려지는 것을 말한다. 이상적인 공동체이다.

통하는 다스림

생각이 통하고
마음이 통하고

믿고 의지하여
순수함으로 다스리면

진정한 민주의 세상이다

◼ 臨九二

咸臨 吉 无不利 (함림 길 무불리)
사랑의 다스림은(咸臨) 길하고(吉) 이로움이 아닌 것이 없다(无不利)

초구를 거듭 강조한 말이다. 九二가 변하면 지뢰복(地雷復)이 되어 진정한 백성의 세계인 민주주의가 실현되는 것이다.

초구보다 한 차원 높은 다스림의 경지다. 함(咸)은 독립적인 괘의 이름이기도 하다. 함은 '사랑'을 의미한다. 기독교에서 말하는 '서로 사랑하라'의 사랑이라고 볼 수 있다. 그런 사랑을 동반한 다스림이 나쁠 이유가 있겠는가? 사랑의 다스림이다.

사랑의 다스림

백성은 주인이고
백성은 하늘이니
사랑하고
받들고
함께 다스림

▣ 臨六三

甘臨 无攸利 旣憂之 无咎 (감림 무유리 기우지 무구)
감언이설을(甘) 통한 다스림은(臨) 이로운 것이 없으나(无攸利) 다만 시간이 지나서라도(旣) 이를 뉘우치고 개선하면(憂) 허물이 없다(无咎)

甘:달 감/달다 상쾌하다   憂:근심할 우/근심하다, 근심, 상(喪)

감림(甘臨)은 다스림에 달콤함을 내세운다는 뜻이다. 요즘도 선거가 임박하면 온갖 감언이설이 난무한다. 정치권력을 잡겠다는 사람들이 백성을 호도하여 온갖 복지정책을 쏟아놓는다. 자기의 돈은 쥐꼬리만큼도 기부하지 않던 사람들이 국민의 돈으로 국민들에게 선심이라도 쓰는 것인 양 퍼주겠다고 하여 권력을 잡고 보자는 것이다. '공평한 분배'와 '공정한 분배'의 정의를 모르는 것 같다. 무작위식 퍼주기보다 줘야 될 대상에게 주는 것이 공정이다. 주역의 다스림은 공정을 강조한다.

감림(甘臨)은 뉘우침의 대상이 되기는 하지만 괘사가 말하는 팔월의 다스림(폭정: 暴政)보다는 기대할 바가 있다는 뜻이다.

무구(无咎)

주역이 가장 많이 쓰는 말 중의 하나로 '무구(无咎)'를 들 수 있다. 총 아흔여덟 번이나 나온다. '허물이 없다'로 평이하게 해석하고 지나가지만, '无咎'는 있으나 '有咎'는 없는 것으로 봐서 '회(悔), 린(吝)'이 '有咎'를 대신하고 있는 것으로 보인다. 无咎는 긍정적인 측면이 강하게 작용하고 있으며, 나쁘지 않은 의미로 쓰였다고 봐야 한다. 无咎는 잘못에 대한 대가를 치르고 보완하는 것이다. 괘의 모양으로 볼 때 허물의 모양인 음효가 양효 위에 있거나 음이 양을 약화시키는 경우에 '허물이 있다'고 말할 수 있다. 그러나 후회하고 뉘우침이 있어 변화되면 제자리를 찾게 되어 허물이 없어지는 无咎의 상이 된다. 예를 들어 뇌지예(豫)인 경우 4위에 양효 하나가 있으나 괘를 착종하여 변환시키면 지뢰복(復)이 되어 4효의 허물이 없어진다. 산지박(剝)괘인 경우도 상위에 양효가 있는데 괘를 도전시키면 지뢰복(復)이 되어 허물이 없어진다. 이때 无咎라고 표현하고 있다.

착종괘(錯綜卦)

본괘에서 내괘와 외괘의 위치를 바꾼 모습이다. 예로 지택림(地澤臨)이 택지췌(澤地萃)가 된다.

속임의 다스림

국민을 속이는 죄악을 어찌 감당하려고
사탕발림인가?

산수갑산을 갈지라도
당장 받아먹으려는 본성을
이용한 죄

삼세불흥(三世不興)이려니

▣ 臨六四

至臨 无咎 (지림 무구)
정성스런(至) 다스림은 허물이 없다

어려운 환경이라 할지라도 정성을 다하는 다스림은 바람직하다. 아래의 태괘가 입의 모양을 하고 있다. 입은 먹고 말하는 기관이다. 먹고 말하는 것에 어려움이 없도록 지극 정성으로 보살피고 있는 모습이다. 백성을 편하게 하는 것이 민주정치다.

지극한 다스림

정성을 다하여
앞서 생각하고 판단하여
백성을 편케 하라

▣ 臨六五

知臨 大君之宜 吉 (지림 대군지의 길)
학문과 정책이 일치(知)하는 다스림은 임금의 뜻이니(大君之宜) 길하다(吉)

宜:마땅할 의 / 마땅하다

함림(咸臨)이나 지림(至臨)과 달리 전문가들의 다스림의 덕목이다. 외교나 국방과 같이 전문적인 분야에서 학문과 정책을 일관되게 처리하는 것은 임금이 바라는 바일 것이다.

점점 다스림에도 전문적인 지식이 요구되고 있다. 통상이나 외교와 같은 고도의 전문분야가 있고, 국방과 같은 특수분야와 교육이나 산업의 지식분야도 있다. 최고 통치자의 입장에서는 절대적으로 필요한 참모이며 다스리는 자들이다. 그래서 대군지의(大君之宜)라 했다.

전문분야의 인적 인프라를 확충하고 검증하고 확보하기 위하여 정당이라는 것이 존재한다. 정당은 정책의 방향성이 같은 각 분야 지식인들의 모임으로, 국가경영의 책임을 질 수 있는 그룹이다. 그런 역할을 할 수 없다면 탈정당의 정치체제가 될 수도 있는 것이다.

전문분야의 다스림

나라의 운명을 짊어진
고급 전문가

키우고
아끼고

써라
백성 위해

◼ 臨上六

敦臨 吉 无咎 (돈림 길 무구)
인덕(仁德)의 다스림은(敦臨) 길하고(吉) 허물이 없다(无咎)

敦: 도타울 돈 / 도탑다, 노력하다

포용과 사랑의 다스림이 가장 아름다운 것이다. 돈(敦)은 '행동하는 사랑'을 의미한다. 사랑의 마음만 있는 것이 아니라 행동으로 옮겨진다는 것은 최상의 덕목이다.

> **사랑**
>
> 기독교의 '사랑'이라는 덕목이 생각난다. 16C의 종교개혁자 마틴 루터는 신학의 근거를, 예수 그리스도를 통한 신의 철저한 '은혜와 사랑'에 두고, 인간은 이에 신앙으로 응답하여야 한다고 강조하였다. 인간은 태어나면서 하느님께 반항하고 자기를 추구하는 죄인이지만, 그리스도로 말미암아 죄를 용서받고 '자유로운 군주'이면서 '섬기는 종'이 되는 것이며, 신앙의 응답을 통하여 '자유로운 봉사'로 이 세계와의 관계가 생겨나는 것이라고 주장하였다. 이런 면에서는 특히 모든 직업을 신의 소명(召命)에 의한 것이라고 설명한 것이, 그 이후의 직업관에 커다란 영향을 미쳤다.

개신교의 종교관은 '믿음과 구원'으로 귀결된다. '믿으라, 그러면 구원이 있으리라'로 표현된다. 구교인 천주교는 '행동 없는 믿음은 죽은 믿음이다'를 천명하고 있다. 행동을 강조한 것이다. 주역에서 말하는 돈(敦)의 정신이다.

돈(敦)의 정신

사랑하고 나누고
보듬고 배려하고

그런 통치자와
관료를 갖고 싶다

잘났다고
어려운 시험에 통과했다고 으쓱대지 않는

풍지관(風地觀)

겉으로만 보는 것이 아니라 속을 들여다본다는 것은 능력이 따라야 한다. 잘 보는 능력을 관(觀)의 도(道)라고 표현하고 있다. 상대를 보고 나를 보며, 과거를 보고 미래를 보는 안목, 오차 없이 볼 수 있다면 특별한 능력이다. 그중에도 자신을 보고 다스림이 가장 어렵다.

第二十卦 【觀】 風地觀 巽上坤下

卦辭：觀 盥而不薦 有孚顒若
彖曰：大觀在上 順而巽 中正以觀天下
　　　觀 盥而不薦有孚顒若 下觀而化也
　　　觀天之神道而四時不忒 聖人 以神道設敎而天下服矣
象曰：風行地上 觀 先王以 省方觀民 設敎

初六：童觀 小人 无咎 君子 吝
象曰：初六童觀 小人道也

六二：闚觀 利女貞
象曰：闚觀女貞 亦可醜也

六三：觀我生 進退
象曰：觀我生進退 未失道也

六四：觀國之光 利用賓于王
象曰：觀國之光 尙賓也

九五：觀我生 君子 无咎　　象曰：觀我生 觀民也

上九：觀其生 君子 无咎　　象曰：觀其生 志未平也

20. 풍지관(風地觀)

자신을 찾는 지혜

■ 관괘(觀卦) 해설

관(觀)은 '보다, 관찰하다'의 뜻이다. 견(見)과 다른 것은 견은 단순히 겉모습을 보는 행위로 속뜻을 이해함이 없이 '바라본다'라고 이해할 수 있다. 그러나 관은 바라보는 사물의 속뜻까지 살피는 행위다. '관광(觀光)'이라고 하는 것도 '보는 대상의 풍경, 풍습, 문물 따위를 구경함'으로 해석할 수 있다. 속뜻도 관찰하는 것을 의미한다. 관(觀)보다 더 차원이 높은 도(道)가 있는데 그것은 이(頤)이다. 이는 괘로 설명되고 있으므로 이괘에서 관과의 차이점을 설명하기로 하겠다.

관(觀)은 보는 지혜를 말하고 있다. 상대와 나, 과거 현재 미래를 본다는 것은 무엇일까? 어떠한 상황에도 갈 길을 가는 지혜, 어떠한 어려움도 타개하는 지혜를 가르쳐주는 것이 주역이다. 단순한 길흉화복의 예언이 아니라, 미래를 위한 변치 않는 길의 안내자가 주역이라는 것이다. 주역은 구체적인 상황과 구체적인 타개방법을 상세히 기술하고 있다.

정관(正觀)이란 자기 자신에게서 시작되는 것이다. 신기한 능력을 가졌다고 하는 사람, 즉 남의 미래를 보는 사람, 남의 마음을 읽는 사람이라 할지라도 자신의 미래는 알지 못한다고 한다. 그러나 주역은 누구의 운명을 점으로 알려 하기 전에 이치로 깨우치기를 바라고 있다. 그 보편적인 이치의 깨달음을 얻기는 쉽지 않아, 깨우친 사람의 능력을 빌려 순간적인 깨우침을 얻고자 하는 것이 '점'이라는 행위이다.

관괘(觀卦)에서 정관의 도(道)를 얻는 방법을 배울 수 있다. 괘의 모양을 보면 관은 8부 능선 정도의 높은 곳에서 아래를 바라보는 모습으로 훤히 내려다보는 상(象)이다.

▣ 觀卦辭

觀 盥而不薦 有孚顒若 (관 관이불천 유부옹약)

관의 도를 찾는 것은(觀) 몸과 마음을 정화하고(盥而) 부동의 자세를 취한다(不薦). 그리고 (자신과 신에 대한) 믿음과 신뢰를 갖고(有孚) 공경하고 겸손하라(顒若)

> 盥: 대야 관 / 대야, 씻다, 양치하다   薦: 천거할 천 / 천거하다   顒: 공경할 옹 / 공경하다, 우러러보다

관(觀)은 관이불천(盥而不薦)과 유부옹약(有孚顒若)으로 이룰 수 있다는 것이다. 관(盥)은 씻는다는 말이다. 몸과 마음을 정화한다는 뜻이다. 불천(不薦)은 움직이지 않은 부동자세다. 몸과 마음을 정결하게 하고 움직이지 않는 부동자세를 하여 신과 자연과 자신이 일체를 이루는 과정에서 관의 도를 이룰 수 있다고 설명하고 있다.

유부(有孚)는 자신과 신에 대한 믿음이며, 옹약(顒若)은 공경과 겸손이다. 관을 이루고자 하는 자 스스로의 믿음과 공경이다. 믿음이 없이 일체를 이룰 수는 없다.

관(觀)은 생각을 갖고 어떤 현상의 이면과 사태의 현실과 미래를 보는 것이고, 견(見)은 생각이 가미되지 않고 그냥 보는 것이다.

정관(正觀)으로 신의 뜻과 자연의 이치와 인간의 마음이 통하는 접점을

찾아내는 과정을 관이라 할 수 있다.

이치를 본다

신의 생각을 들여다보고
자연의 이치를 꿰뚫어보고
다른 이의 마음도 들어가보고

높은 곳에 앉아
세상을 관조한다는 것

도인(道人)의 즐거움이다

▣ 觀初六

童觀 小人 无咎 君子 吝 (동관 소인 무구 군자 린)
 순수하게 바라보는 것(童觀)은 소인에게는(小人) 허물이 없다(无咎). 그러나 군자는(君子) 막히고 옹색하다(吝)

  童:아이 동 / 아이, 어리석다   吝:인색할 린 / 아끼다, 욕심 부리다, 인색하다

 어린아이처럼 단순하고 순수하게 바라보는 것이 동관(童觀)이다. 동(童)의 속에는 어리석다는 속뜻이 있다. 동은 어리석음이 내포된 단순과 순수함이다. 동관이 소인에게는 상관없지만 세상을 경영해야 할 군자가 취할 관의 자세는 아니라는 것이다. 여기에서의 소인(小人)은 '어리석은 자'와 '어린아이'라는 두 가지 의미를 다 포함한다.

주역이 관심을 갖고 가르치고자 하는 대상은 임금, 정치가, 학자, 사업가 등 성공했다는 사회적 지도자인 군자를 대상으로 하고 있다. 그러므로 군자가 어떤 이치나 사물이나 사건을 바라보는 눈이 어린아이와 같이 초점이 없어서는 안 된다는 뜻이다. 어떤 경우든 군자는 가정과 사회적 책임을 다해야 함을 강요하는 것이 주역이다.

린(吝)은 무구(无咎)와 대비하여 쓰이는 용어이다. 약간 부정적인 뜻으로 허물과 위험 있음이 내포되어 있다.

보는 기준

기준과 목적 없이
사물이나 사건
인생을 보지 마라

내가
순진하고 순수하다고
다
그러지 않음이니

기준과 목적
분명히 하라

■ 觀六二

闚觀 利女貞 (규관 리녀정)
　엿보고 훔쳐보고 기웃거리는(闚) 관(觀)은 利에서 貞의 시절에 이르는 여성들에게 있는 일이다(利女貞)

闚: 엿볼 규 / 엿보다, 훔쳐보다

규관(闚觀)은 남과 비교하고 남을 시샘하고 질투하고 탐하는 여성의 보편적인 관념을 설명하고 있다. 학창시절의 동창생들은 별 간극 없이 만나고 헤어지고 깔깔거리며 장래의 부푼 꿈을 이야기하며 자신이 이루어 갈 인생을 희망적이고 낙관적으로 생각하며 살아간다. 그러나 자신의 가정을 꾸리고 살아가는 동안 삶의 간극은 벌어지고, 나이가 들어감에 따라 점점 더 그 품었던 희망이 사그라지면서 친구의 부러운 점을 엿보고 시기하고 탐하게 된다. 경제활동을 하는 利의 시절에 더욱 처절하게 다가오는 것이다. 여성이 왜 우울증 증세가 많은가? 꿈의 좌절을 생각하고 느끼는 시간이 많고 길기 때문이다.

여성이 세상을 바라보는 독특한 세계관을 주역은 규관(闚觀)이라는 말로 실제적인 상황을 설명하고 있다.

과연 성숙한 여성이 규관을 제어할 수 있는 방법은 무엇인가? 다음 효에서 그 값을 말하고 있다.

인생을 시기하지 마라

장점 없는 인생이 어디 있는가?
약점 없는 인생이 어디 있는가?

남의 장점을 보기 전에
나의 장점을 보는 자
성공하는 인생이다

▣ 觀六三

觀我生 進退 (관아생 진퇴)
자기의 삶을(我生) 볼 줄 알면(觀) 나아감과 물러남을 능히 알 수 있다 (進退)

관(觀)의 세계에 들어가는 첫째가 관아생(觀我生)이다. 관아생은 자기 자신을 확실히 보고 한계와 능력을 안다는 것이다.

자신의 인생을 볼 줄 안다는 것은 매우 중요하다. 첫째로 자신의 능력을 본다. 소크라테스가 말한 '너 자신을 알라'와 일맥상통하는 말이다. 소크라테스는 그리스철학의 아버지로 기원전 469년에 태어나 기원전 399년에 사형을 당하여 사망한 철학자로, 그 연대를 보면 공자의 사망 후 10년 만에 태어난 인물이다. 이 시대는 동서양에서 동시에 철학의 기틀을 마련하는 시기였다고 볼 수 있다.

둘째로 자신의 장점을 보라는 것이다. 모든 인간이 자신의 단점에 사로잡혀 살아간다면 세상이 어떻게 될까? 생각만 해도 끔찍한 일이다. 매우 부정적인 인간이 될 것이다. 반대로 장점을 보고 성장시키고 이용하고 긍지를 갖는다면 희망차고 긍정적인 인간이 될 것이다.

다음으로 자신의 인생을 보는 것이다. 인생은 가족과 주변의 인물들과 환경과 밀접한 관계를 형성하며 진행되는 다이내믹한 역정(易程)이다. 인생의 역(易)을 본다는 것은 세상의 역(易)을 본다는 것이다. 달관(達觀)의 경지가 된다.

그러면 어떤 상황에서든 진퇴를 명확하고 신속하게 결정할 수 있다.

'나는 누구인가?' '너 자신을 알라'의 끝없는 사색의 결과가 관아생(觀我生)일 것이다.

자신을 알라

나는 누구인가?
나의 장점
나의 능력
나의 인생을 알고 나면

가며
오며
걸릴 것이 무엇인가?

■ 觀六四

觀國之光 利用賓于王 (관국지광 리용빈우왕)
 국가의 영광을(國之光) 보는 눈이 있으니(觀) 리의 시절에(利) 왕으로부터(于王) 빈객의 예우를 받는다(用賓)

賓:손 빈 / 손님, 인도하다

 장래의 국운을 내다볼 줄 아는 예지자나, 미래의 정치판도를 예측하여 최고통치자가 될 사람에게 줄을 잘 선 정치인은 예우를 받으며 쓰이게 된다. 정치인으로서의 관(觀)의 도(道)를 말했다. 관국(觀國)은 가정, 사회, 회사 등으로 해석해도 좋을 것이다.
 줄을 잘 서서 성공하는 사례는 얼마든지 있다. 사람과 시대와 환경을 보는 능력이 있어야 한다. 차기 대권은 누구에게 돌아갈 것인가? 정치하는 사람이 그것을 알고 먼저 줄을 서서 공을 들이면 출세의 가도를 갈 수도 있다.

세상을 보는 능력을 설명하고 있다.

세상을 본다

시대를 읽고
환경을 감지하고
진퇴를 조절함은

세상을 얻는
첫걸음이라

▣ 觀九五

觀我生 君子 无咎 (관아생 군자 무구)
자기 자신을 볼 줄 아는(觀我生) 군자는 허물이 없다(无咎)

시대와 환경을 보는 것보다 어려운 단계가 자신을 보는 것이다. 그래서 관국지광(觀國之光) 다음으로 관아생(觀我生)을 놓아 설명하고 있다. 자신을 안다는 것은 매우 중요한 일인데 쉽지가 않은 모양이다. 자신과 좀 더 가까워지기 위해 종교를 갖고 기도생활을 하고 수행을 거듭하는 것은 자아의 발견에 다름 아니다.
　주역은 자신을 통찰할 수 있다면 지도자로서 허물이 없다고 했다.

너부터 알아라

자신도 모르면서
자연을 알려 하고

이치를 알려 하고
남을 알려 함은

욕망의 바다에 머무르고 있을 뿐

▣ 觀上九

觀其生 君子 无咎 (관기생 군자 무구)
타인과 사물을 통찰하면(觀其生) 군자는 허물이 없다(无咎)

　관기생(觀其生)은 타인과 사물에 대한 통찰이다. 세상을 알고 자신을 알고 나서 타인을 본다는 뜻이다. 자신의 마음도 시시각각으로 변하여 앞으로의 마음을 알 수 없는 세상에, 어떻게 변할지 모르는 다른 사람의 마음을 어떻게 안단 말인가? 그만큼 높은 경지의 도(道)를 요구하고 있다.
　인간이 자신을 알고 타인을 앎이 절대적으로 필요한 것이고 꼭 좋은 것인가? 모든 인간이 실현해야만 하는 도인가? 타인을 볼 줄 알아야 하는가? 안다면 무엇이 좋은가? 그 답은 아무도 모른다. 꼭 그럴 필요는 없다는 것이다. 만약 꼭 그래야 되는 것이라면 주역은 '무구(无咎)'를 쓰지 않고 길(吉)이나 원길(元吉)을 썼을 것이다. '무구(无咎)'라고 약간 긍정에 그친 것은 절대적으로 추구해야 하는 일반적인 도가 아니라는 것이다.
　'적을 알고 나를 알면 백전백승'이라는 가르침이다. 상대와 사물에 대한 사랑과 이해라는 동양적 가치관이다.

남을 본다는 것

자신을 보기도 어려운데
다른 사람을 본다는 것

그런 지혜의 깨우침은
중요한 일을 다 마치고 나서 얻는 것이니
얼마나 다행인가!

미리 깨달았다면
아무 일도 못할 것이니

화뢰서합(火雷噬嗑)

정치가 힘을 받으려면 건실한 사법제도를 갖고 있어야 한다. 사법제도는 국가가 바르게 움직이게 하는 윤활유 역할을 하기 때문이다. 단순한 질서유지를 위한 사법제도보다는 권력의 비리를 척결하고 정치권력이 정당성을 확보하는 데 초점이 맞춰져야 한다.

第二十一卦 【噬嗑】 火雷噬嗑 離上震下

卦辭：噬嗑 亨 利用獄
彖曰：頤中有物 曰噬嗑 噬嗑而亨 剛柔分 動而明 雷電合而章
　　　柔得中而上行 雖不當位 利用獄也
象曰：雷電噬嗑 先王以明罰勅法

初九：屨校 滅趾 无咎
象曰：屨校滅趾 不行也

六二：噬膚 滅鼻 无咎
象曰：噬膚滅鼻 乘剛也

六三：噬腊肉 遇毒 小吝 无咎
象曰：遇毒 位不當也

九四：噬乾胏 得金矢 利艱 貞吉
象曰：利艱貞吉 未光也

六五：噬乾肉 得黃金 貞厲 无咎
象曰：貞厲无咎 得當也

上九：何校 滅耳 凶
象曰：何校滅耳 聰不明也

21. 화뢰서합(火雷噬嗑)

사법(司法)을 행하는 도(道)

▣ 서합괘(噬嗑卦) 해설

　서합(噬嗑)은 음식을 입에 넣고 씹는다는 말이다. 턱과 이를 이용해서 입안에 들어간 모든 음식물을 잘 씹어서 넘기지 않으면 부작용이 생긴다. 그러므로 단호해야 한다. 괘의 모습도 하늘에서 번개가 번쩍이고 천둥이 내려치는 모양이다. 그리고 위턱과 아래턱 사이의 입안에, 음식물 중에 센 놈이 하나 있다. 4효의 양획이 범죄자를 상징하고 있다.
　서합괘는 국가의 형사정책을 다루고 있다. 범죄를 어떻게 다스릴 것인가의 문제다. 치안은 국가운영의 근간이 되는 사안이다.
　형사기구와 형사정책의 건전성은 민주국가와 국가도덕의 기준이 되는 매우 중요한 척도의 역할을 한다. 현대의 우리 사회도 대검찰청 중앙수사부가 매 정권마다 도마 위에 오른다. 건전성의 척도에서 문제가 있다고 주장하는 세력들은 중앙수사부를 폐지해야 한다고 강하게 주장하기도 한다.
　서합(噬嗑)은 음식을 씹는 턱과 이의 역할에 비유하여 형인(刑人)들이 죄인들을 어떻게 다룰 것인가를 설명하고 있다. 사정기관이 일정인이나 집단에게 이용당하는 행위를 하거나, 일부 국민들에게 피해를 주는 행위를 해서는 안 된다는 가르침을 서합괘에서 가르치고 있다. 서합은 범죄자를 다루는 사법활동의 일체를 말한다.
　형인(刑人)은 순수한 마음으로 개인적인 감정을 떠나 법률적인 절차에 따라 공개적으로 죄인을 색출하고 벌해야 한다는 것이다. 특히 힘 있는 자의 범죄를 조사하고 벌하는 절차에서는 압력과 두려움이 있어도 야합하지 말고 철저히 해야 한다. 그러면서 여론을 읽어 피해를 보는 사람이 없도록 해야 한다.

▣ 噬嗑卦辭

噬嗑 亨 利用獄 (서합 형 리용옥)
사법행위는(噬嗑) 바르고 힘차야 한다(亨). 감옥을 써야 이롭다(利用獄)

噬: 씹을 서 / 씹다, 미치다, 이르다   嗑: 입 다물 합 / 입을 다물다, 말이 많다   獄: 감옥 옥 / 감옥, 송사

서합(噬嗑)은 입안의 음식물을 윗니와 아랫니로 꼭꼭 씹고 입을 다물어 흘리지 않는다는 말이다. 여기서는 법을 집행하는 사법활동과 종사자인 형인(刑人)을 의미한다.
윗니는 하늘의 기를, 아랫니는 땅의 세력을 상징하므로 둘이 부딪힐 때 강약과 조화, 분쇄의 기능을 사법기능에 비유했다.
형(亨)은 단호하고 힘찬 기운을 뜻한다.
형사정책은 감옥을 운용하는 정책이기도 하다. 그래서 리용옥(利用獄)이라고 했다. '噬嗑 亨 (噬嗑) 利用獄'이라고 서합이 한 번 생략되었다고 보면 해석이 자연스러워진다. '사법행위는 힘찬 기운이고, 형사정책은 감옥을 이용하는 행위이다'라고 해석할 수 있는 것이다.

사법활동의 근간

사법활동은
옥에서 종결된다

국가 지위를 이용한
범죄를
더
징치하라

▣ 噬嗑初九

履校 滅趾 无咎 (구교 멸지 무구)
(뒷걸음쳐 달아나는 범인은) 족쇄(履校)를 써서 구속(滅趾)해야 허물이 없다(无咎)

履: 신 구 / 신, 발에 신는 것　校: 학교 교 / 가르치다, 형벌의 도구　滅: 멸망할 멸 / 멸하다, 없어지다, 제거하다　趾: 발 지, 발 복사뼈 아래 부분

구교(履校)는 죄인의 발에 채우는 족쇄를 말한다. 멸지(滅趾)는 발뒤꿈치를 잘라버린다는 말인데, 여기서는 뒷걸음질쳐 도망가는 범인을 상징한다. 도주의 우려가 있는 범인은 구속하여 형벌을 받게 해야 한다는 뜻이다. 절대로 범죄자를 놓쳐서는 안 된다. 형인들은 어떤 범죄자도 단호히 응당의 벌을 받게 해야 한다.

무구(无咎)는 형인의 입장에서 허물이 없다는 말이다. 물리적인 수사의 첫 단계를 설명하고 있다.

범인을 놓치지 마라

범인에게 벌을 주지 못함은
형인의 직무유기다

도주의 우려가 있으면
구속수사하라

▣ 噬嗑六二

噬膚 滅鼻 无咎 (서부 멸비 무구)
재물(膚)과 명예(鼻)와 관련된 사건은 철저하게 조사해야 허물이 없다

膚: 살갗 부 / 살갗, 고기, 나무의 겉껍질   鼻: 코 비, 구멍 비

    서부(噬膚)는 고기를 씹는 것인데, 고기는 재물을 상징한다. 사냥철에 큰 짐승을 많이 포획하여 포를 떠서 잘 말려두면 두고두고 먹을 수 있는 양식이 된다. 유목민족의 가장 중요한 재물이 되는 것이다. 그런 육포를 씹는다는 것은 재물과 관련된 범죄를 수사한다는 것이다. 재물죄는 절도, 강도, 횡령, 사기, 배임, 조세의 죄를 말한다. 마른고기를 씹을 때는 천천히 오래 씹어야 한다. 실수하지 말고 빈틈없이 면밀하게 수사하라는 뜻이다.
    멸비(滅鼻)는 코를 베어버린다는 말로, 코는 자존심과 명예를 말한다. 대표적으로 공직자의 비리이다. 공직자가 위임받은 직책을 이용하여 범죄행위를 한다면 당연히 그 직에서 물러나게 해야 하고 그에 상응하는 벌을 받게 해야 한다.

그렇게 하면 형인의 책무를 다하는 것이므로 무구(无咎)이다.

어려운 수사

남의 것을 훔치는 절도범
남을 속이는 사기범
공직자의 뇌물

날고뛰는 범인을 잡는 것은
험하고 어렵다

■ 噬嗑六三

噬腊肉 遇毒 小吝 无咎 (서석육 우독 소린 무구)

해묵은 대형 비리사건(腊肉: 말린 고기)을 수사할(噬) 때는 독을 만나게 되어(遇毒) 조금 어려움이 있으나(小吝) 허물이 없다(无咎)

腊: 포 석 / 말린 고기, 오래다   遇: 만날 우 / 만나다, 뜻을 합치다

석육(腊肉)은 오래된 말린 고기, 썩은 고기다. 해묵은 사건이고 대형 비리사건이다. 그런 사건을 파헤치는 것이 서석육(噬腊肉)이다. 썩은 고기는 독소가 나온다. 어려움도 있고 압력도 있고 불이익도 당할 수 있다.

대형 비리사건을 파헤치다가 권력의 압력에 못 이겨 사임하는 형인을 볼 수 있다. 수사관들이 '구린내가 난다'는 말은 썩은 고기의 '우독(遇毒)'에서 나온 말이다.

소린(小吝)은 '작은 걱정, 조금 인색함, 다소의 어려움'으로 번역할 수

있다. 그래도 형인의 본분을 다해야 한다.

압력이 거세도

종합비리 수사에
온갖 압력이 들어와도

꿋꿋한 형인
기강의 파수꾼

면면이 이어온
민주의 보루

■ 噬嗑九四

噬乾胏 得金矢 利艱 貞吉 (서건자 득금시 리간 정길)
　재물과 관련된 파렴치범(乾胏: 마른 밥찌끼)을 수사하는 과정에서 고위층과 연결된 단서를 잡게 되면(得金矢: 쇠로 만든 화살촉을 얻다) 리의 시절에 어려워도(利艱) 끝이 길하다(貞吉)

胏 밥찌끼 자 / 밥찌끼　　矢: 화살 시 / 화살, 맹세하다

　건자(乾胏)의 마른 밥찌끼는 재물에 양심을 버린 파렴치범을 말한다. 밥이 마르면 쌀보다도 더 딱딱해진다. 본래의 성질을 잃어버린 못된 것이 되어 이빨을 상하게도 한다. 이런 파렴치범들이 뇌물을 좋아하는 공직자들과 연결된 경우가 많다.

금시(金矢)는 매우 중요하고 결정적이며 귀한 신분과 연결된 단서를 말한다.

이런 파렴치범을 상대하는 형인은 매우 곤란한 지경에 처할 수 있다. 파렴치범은 말 그대로 '너 죽고 나 살자'의 막가파 행동을 할 것이기 때문이다. 그래서 리간(利艱)은 형인의 직책이 위태로움을 표현한 말이다.

그래도 끝은 길하다고 했다(貞吉). 형인의 본분을 다하고 있기 때문이다.

목을 걸고 싸워라

파렴치범은 못할 것이 없다
그래도 굴하지 마라
그것이 형인의 몫이다

■ 噬嗑六五

噬乾肉 得黃金 貞 厲 无咎 (서건육 득황금 정 려 무구)
부정축재의 수사(噬乾肉: 마른고기를 씹다)에서 물증(黃金)을 얻으니 끝까지(貞) 위태하지만(厲) 허물은 없다(无咎)

厲: 위태로울 려 / 위태롭다, 괴롭다

마른고기(乾肉)는 부정축재로 은닉한 재산을 말한다. 그것을 조사하는 과정에서 큰 재물을 찾아낸 경우다. 보통의 권력자가 아니었기 때문에 보통의 어려움으로 감당하기 힘들다. 구사의 소인배를 수사하는 데도 어려움을 겪는데, 정상(頂上)의 권력자를 수사하는 일이므로 끝까지 어렵다. 5공화국 군부정권이 부정축재를 수사하는 과정을 연상할 수 있다. 만약에 거기에서 일반 국민들이 상상하지 못할 만큼 어마어마한 재물이 발견되었다면 형인은 영웅이 될 수도 있고 위험에 처할 수도 있다.

五爻의 효사이기 때문에 최고 권력자와 관련된 해석이 가능하다.

아무리 어렵고 위태로운 일이라 할지라도 그것은 형인의 소명이다. 그래서 허물은 없다.

왕의 부정(不正)

왕의 비리를 수사하는 것
누가 수행할까?

무섭다고
위험하다고
덮을 수는 없다

형인의 책무는 무거워라

▣ 噬嗑上九

何校 滅耳 凶 (하교 멸이 흉)
刑이나 수사를 꾸짖는 소리(何校)에 귀를 막으면(滅耳) 흉하다

何: 어찌 하 / 꾸짖다, 나무라다   校: 학교 교 / 형구의 총칭, 조사하다, 교정하다

모든 범죄에는 그 원인이 있을 수 있다. 형인은 그 원인분석도 소홀히 해서는 안 된다. 범죄에 이르게 되는 원인행위가 워낙 선(善)한 경우 범

죄에 이르렀다 하더라도 대다수의 국민이 처벌을 원치 않은 경우가 있다. 정상참작(情狀參酌)이라는 것이다. 이런 정상참작의 여지가 분명함에도 강경하게 형벌을 집행하는 것은 국민의 여론에 반하는 것이다. 그래서 하교(何校)를 '수사나 형벌을 꾸짖는 소리', 즉 여론으로 해석하였다. 직역하면 '어떻게 조사하고 있는가?'이다.

  귀를 잘라버리는 멸이(滅耳)는 여론을 완전히 무시하는 태도다. 법 집행과 현실의 중도를 찾아야 된다는 가르침이다. 모든 형벌에는 국민의 보편적 감정을 참작해야 한다. 일반인들의 보편적 감정의 박탈감을 유발하는 '무전유죄 유전무죄(無錢有罪 有錢無罪)'가 되어서는 안 된다.

정상참작

죄의 원인을 분석하고
일반 국민의 감정을 생각하고
벌을 논하라

참작이 가능한 죄가
너무 많다

산화비(山火賁)

자연도 때에 맞춰 아름답게 치장하여 자신을 뽐낸다. 인간도 아름답고 싶은 욕심은 끝이 없다. 그러면 어디를 어떻게 꾸며야 할 것인가? 꾸밈에도 철학이 있는가? 몸을 꾸미는 데 한정하지 말고 마음도 꾸미는 조화로움을 요구하고 있다.

第二十二卦 【賁】山火賁　艮上離下

卦辭：賁 亨 小利 有所往

彖曰：賁 亨 柔來而文剛 故 亨 分剛上而文柔 故 小利有攸往 天文也
　　　文明以止 人文也
　　　觀乎天文 以察時變 觀乎人文 以化成天下

象曰：山下有火 賁 君子以明庶政 无敢折獄

初九：賁其趾 舍車而徒
象曰：舍車而徒 義弗乘也

六二：賁其須　　象曰：賁其須 與上興也

九三：賁如 濡如 永貞吉
象曰：永貞之吉 終莫之陵也

六四：賁如 皤如 白馬翰如 匪寇 婚媾
象曰：六四當位疑也 匪寇婚媾 終无尤也

六五：賁于丘園 束帛戔戔 吝 終吉
象曰：六五之吉 有喜也

上九：白賁 无咎
象曰：白賁无咎 上得志也

22. 산화비(山火賁)

멋과 아름다움

◼ 비괘(賁卦) 해설

비(賁)는 '꾸미다'의 뜻이다. 멋있고 아름답게 장식하는 것이다.
 봄에는 꽃이 산을 장식하고, 여름에는 신록으로 산을 아름답게 하고, 가을은 단풍으로 산을 불태운다. 겨울은 하얀 눈으로 산을 꾸민다. 사람도 철마다 몸을 단장한다. 마음도 꾸미면 더 아름다울 것이다.
 사람들은 별도의 교육이 필요 없이 미를 추구한다. 진(眞)이나 선(善)은 오랜 교육과 수련이 필요하지만, 미(美)는 인간의 원초적 본능에 해당한다. 그래서 끝도 없이 외적인 아름다움에 목숨을 건 사람들이 많다.
 인간은 젊은 시절 꾸밈에 민감하다. 진정한 꾸밈을 배워가는 과정이기 때문이다. 젊은 시절에 다이어트로 날씬한 몸매를 가꾸고, 성형으로 고운 얼굴을 갖는 것이 현대 여성의 기본처럼 되어버렸다.
 내면의 아름다움을 가꾸는 데는 너무 소홀하지는 않은가? 주역이 가르치는 인간의 아름다움은 소박하고 자연스런 아름다움을 권장하고 있다. 인간은 잘 꾸며 미(美)에 자신이 붙으면 엉뚱한 발상을 하게 된다. 바람기가 발동하는 것이다. 몸만 단장하는 사람은 문제가 있다. 몸도 꾸미고 집안도 꾸미고 정원도 꾸미고 마음도 꾸미는 조화로운 삶을 살아야 한다.
 주역은 인간의 삶에 오만가지를 다 간섭하고 있다. 미치지 않는 구석이 없다.

▣ 賁卦辭

賁 亨 小利 有攸往 (비 형 소리 유유왕)
아름답게 꾸미고 치장하는 것(賁)은 특히 젊은 시절(亨)에 통한다. (꾸미는 것은) 인생을 살아감에(有攸往) 작은 이로움을 얻을 뿐이다(小利)

賁: 꾸밀 비, 클 분 / 꾸미다, 날래다, 크다   攸: 바 유 / 바(所), 곳, ~바

젊은이에게 외모는 보통 문제가 아니다. 특히 우리나라 젊은이들은 꾸미기를 좋아한다. 우리나라의 기운은 건(乾)의 기운이고 양(陽)의 기운이다. 매우 밝음의 기운인 것이다. 그런 기운을 받고 태어나고 자라는 우리의 젊은이들은 밖으로 드러내기를 좋아하고 미적감각도 뛰어나다. 아름다움에 대한 본능이 발달된 민족이다. 사계절이 분명한 것도 한몫하고 있을 것이다. 그 넘치는 끼를 우리는 수용하고 발전시켜야 할 것이다. 우리는 그것을 바탕으로 하여 아름다움을 수출하는 나라가 되었다. '아이돌'의 끼가 그것이고, 텔레비전 드라마의 세트나 의상이 그러하고 화장술과 성형술이 최고 수준이다. '미'가 산업이 된 지 오래다.

이런 외모의 아름다움은 인생을 살아가는 데 작은 이익이 될 수는 있어도 절대적 가치가 되지는 않는다고 말하고 있다. 물론 소수의 사람들은 아름다움이 평생의 자산이 되고 긍지가 되고 산업이 되기도 하는 세상이다. 보편적으로 외면의 아름다움보다는 내면의 아름다움을 강조하고 있는 것이다.

나이가 들면서 결국 외모가 절대적인 것이 아니고 행복의 척도도 아니며, 외모보다 더 중요한 것들이 많음을 깨닫게 된다.

아름다운 외모

외모가 고우면 좋고
인생에 보탬도 되지만

내면도 고우면
더 좋은걸

▣ 賁初九

賁其趾 舍車而徒 (비기지 사거이도)
발을 꾸몄다(賁其趾). 그래서 수레를 버리고(舍車) 무리에 섞여 걷는다(而徒).

趾: 발 지 / 발, 복사뼈 이하 부분   舍: 집 사, 들 석 / 집 머무르는 곳, 버리다, 들다
徒: 무리 도 / 무리, 걷다

꾸미는 것은 인간의 본성이고, 특히 젊은이들은 극성이다. 발을 꾸몄다는 것은 가장 저속한 꾸밈이다. 여성의 꾸밈을 대표해서 설명하고 있다. 꾸미고 나면 자랑하고 싶어 안달이 난다. 그래서 차도 버리고 무리 속을 걸으면서 발을 자랑한다. 어리석은 여인의 속마음이다.

여기에서 도(徒)는 '무리 속을 걷다'로 해석하고 싶다. 徒를 '무리'와 '걷다'로 두 번 해석하는 것이다.

여인의 꾸밈

여인은 발을 꾸몄구나
신발 자랑을 하려고
사람이 많은 곳을 찾아
먼 길을 걸으니
속절없이 어리석구나

■ 賁六二

賁其須 (비기수)

수염(須)을 꾸민다

須: 수염 수 / 수염, 잠깐, 모름지기

남자의 치장이다. 중년이 되어 수염을 멋있게 가꾼다는 것은 쉽지 않은 일이다. 많은 인내를 요구한다. 인내하는 과정에서 인격이 연마된다. 남성의 꾸밈은 인내와 수양이 필요하다. 그러므로 수염을 가꾼다는 것은 곧 내면을 가꾼다는 것이다.

남자는 단지 인격의 수양만으로는 부족하다. 그러므로 다음 문장이 연결되지 않았다. 길흉이 없는 것이다. 군자에게는 그 이상의 것을 강하게 요구하고 있다.

군자의 치장

군자의 당당함과 의젓함
덕스러움과 위엄

내면의 기운을 모아
팔자수염 위에 얹고
장부의 길을 가리

■ 賁九三

賁如 濡如 永貞吉 (비여 유여 영정길)
아름답게 꾸몄다(賁如). 나누고 베풀었다(濡如). 오래도록 끝까지 길하리라(永貞吉)

濡: 적실 유 / 적시다, 은혜 입다, 베풀다

여성의 아름다움이나 남성의 아름다움이 정점으로 달리고 있다. 여성의 저속한 꾸밈이나 남성의 덕스러운 모양새가 모두 외모에서 보여지는 치장에 불과하지만, 멋쟁이가 베푸는 마음까지 갖추었다면 더 이상 바랄 게 무엇이겠는가? 그래서 영정길(永貞吉)을 서슴없이 붙였다.

유여(濡如)는 '베푸는 마음'이다. 그것이 가장 적절한 철학적 해석이라 생각한다. 주역이 추구하는 정신에도 맞다.

'유여정신(濡如精神)', 즉 '나눔과 베풂'의 정신을 가르치고 있는 것이다. 이 얼마나 아름다운 인간상인가! 아름다움의 꽃은 유여(濡如)이다.

아름다움의 꽃

외모의 멋에 더하여
나눔과 베풂

아름다움의 꽃이다

▣ 賁六四

賁如 皤如 白馬翰如 匪寇 婚媾 (비여 파여 백마한여 비구 혼구)
아름다운(賁如) 백발의 군자가(皤如) 갈기를 날리는 백마를 타고(白馬翰如) 멋을 내어 돌아다니니 도적이 아니라(匪寇) 혼인을 빙자한 바람둥이다(婚媾)

皤: 머리 센 모양 파 / 머리가 센 모양   翰: 날개 한 / 날개, 깃, 희다   寇: 도둑 구 / 도둑, 해치다   媾: 화친할 구 / 화친하다, 결혼할 사람, 겹혼인, 성교하다

파여(皤如)는 중년의 남자가 한껏 멋을 낸 모양이다. 약간 살찌고 머리가 희끗희끗한 중년의 아름다움을 말한다. 백마한여(白馬翰如)는 백마가 갈기를 휘날리는 모습이다. 남자가 멋을 내고 좋은 차 타고 돌아다니는 한심한 경우를 주역이 꼬집고 있는 장면이다. 그런 한량기질을 갖고 돌아다니기를 좋아하는 오늘날의 '야타족'과 같은 남자를 주역의 기자가 가만 놔둘 리가 없다.

도둑은 아닌데 혼인을 빙자하며 바람피우러 다니는 바람둥이 난봉꾼이라고 표현하고 있다. 주역이 쓰여진 당시에는 일부다처가 흠이 아니었다. 그래서 혼구(婚媾)라는 표현을 하였다. '혼인빙자 간음'이라는 말이다. 혼구를 이렇게 해석해놓고 필자는 무릎을 쳤다. 얼마나 통쾌한 해석인지 모른다. 구(媾)를 큰 옥편에서 찾아 잘 들여다보라. 맞는 해석이다.

바람둥이 난봉꾼

멋진 옷으로 치장하고
머리와 수염을 다듬고

하얀색 리무진을 타고
여자 꼬이러 가는 남자
천하의 난봉꾼일세라

▣ 賁六五

賁于丘園 束帛戔戔 吝 終吉 (비우구원 속백전전 린 종길)

조상의 묘(丘)나 집의 정원(園)은 잘 꾸미고 살면서도 예물(束帛)을 적게 하여(戔戔) 인색하다는 소리를 듣지만(吝) 결국은 길하다(終吉)

丘: 언덕 구 / 언덕, 무덤   園: 동산 원 / 동산, 정원, 과수원   束: 묶을 속 / 묶다, 약속하다   帛: 비단 백 / 비단   戔: 적은 전

비우구원(賁于丘園)은 조상의 묘와 집의 정원을 잘 꾸미고 사는 모습이다. 속백(束帛)은 혼인 예물이다. 전전(戔戔)은 작고 보잘것없다는 뜻이다. 혼인 예물이 적어도 서로 합의하고 이해하니 길하다는 것이다.

묘나 정원을 잘 꾸몄다는 것은 사람의 외모를 단장하는 것과는 차원이 다르다. 묘나 정원의 꾸밈은 손이 많이 간다. 사철 정성을 쏟지 않으면 되지 않는 일이다. 인품이 갖추어졌다는 말이 된다.

받는 사람의 입장에서는 예물이 적은 것이 일시적으로 불쾌할 수 있으나 소박하고 단아한 인품을 이해하고 좋게 매듭을 짓는다. 헛되게 꾸미지 않음으로 허례허식을 경계하는 것이다.

허례허식을 경계함

남들이 하니까

체면을 살리려고

허리가 휘어도
예물을 치장하는 것은
인품이 영글지 못함이다

◧ 賁上九

白賁 无咎 (백비 무구)
자연스런 꾸밈(白賁)은 허물이 없다(无咎)

  백비(白賁)는 있는 그대로의 모습, 내면적인 아름다움을 드러낼 수 있는 자연스런 꾸밈이다. 혹은 꾸미지 않은 순수함을 의미한다. '꾸미지 않은 자연스러움이 무난하다' 정도로 해석할 수 있다.
  최상의 아름다움이다. 화장을 하지 않아도 옥같이 매끄럽고 하얀 피부를 갖고 있는 여인은 얼마나 아름다울까? 꾸미지 않아도 머리가 희끗희끗한 중년의 신사가 아름답지 않은가?

자연미

꾸미지 않아도
자연스럽게 아름답다면
최상의 미다
아름다움은 마음에서 나오는 것

산지박(山地剝)

인생을 살아가는 동안 어려운 시기는 있게 마련이다. 사람들과의 관계에서 믿음을 잃어버리고 아무것도 할 수 없는 외로운 상황에 놓일 때, 어떻게 어려움에서 헤어날 수 있을까? 어떠한 경우라도 바르게 행동하고 있으면 시간이 해결해준다고 하였다. 주역이 요구하는 바른 행동은 무엇인가?

第二十三卦 【剝】 山地剝 艮上坤下

卦辭 : 剝 不利有攸往
彖曰 : 剝 剝也 柔變剛也 不利有攸往 小人長也
　　　順而止之 觀象也 君子尙消息盈虛 天行也
象曰 : 山附於地 剝 上以厚下 安宅

初六 : 剝床以足 蔑 貞凶
象曰 : 剝床以足 以滅下也

六二 : 剝床以辨 蔑 貞凶
象曰 : 剝床以辨 未有與也

六三 : 剝之 无咎
象曰 : 剝之无咎 失上下也

六四 : 剝床以膚 凶
象曰 : 剝床以膚 切近災也

六五 : 貫魚 以宮人寵 无不利
象曰 : 以宮人寵 終无尤也

上九 : 碩果不食 君子得輿 小人剝廬
象曰 : 君子得輿 民所載也 小人剝廬 終不可用也

23. 산지박(山地剝)

절망을 넘어

▣ 박괘(剝卦) 해설

박(剝)은 '벗기다, 상하다, 상처를 입다'의 뜻이다. 대체로 육체적, 정신적인 괴로움을 말한다.

운이 막혀 절망에 빠진 시기에는 도와주는 사람 하나 없고 빚은 불어만 가고, 세상은 넓어도 갈 곳은 없다. 이렇게 절망적인 상황이 박이다. 그래도 운은 돌고 있다.

박(剝)의 괘상은 음양의 조화가 무너져서 혼란과 어두움과 파괴의 기운이다. 박의 기운 중에서도 가장 흉한 기운은 박상이족(剝牀以足), 박상이변(剝牀以辨), 박상이부(剝牀以膚)를 말한다. 박상이족은 극도의 어려움을 당하니 대화의 상대가 하나도 없다는 뜻이다. 외로움과 고립의 상태다. 자신의 어려움을 풀 수 있는 열쇠를 가진 사람과 대화를 해야 하는데 만날 수가 없는 상태다. 박상이변은 만나서 대화를 하기는 하지만 합의가 이루어지지 않은 모습이다. 박상이부는 파국의 아픔을 몸으로 감내해야 한다. 피부를 벗겨내는 아픔이다.

박(剝)은 박(剝)으로 풀어야 한다. 모든 것을 버리고 순종하고 무욕의 상태로 가라. 剝은 강한 음의 기운이므로 모든 사람을 평등하게 대하라. 그래야 자기에게서 멀어짐을 막는다.

아무리 어려워도 종자는 잘 보존해라. 재기의 기틀을 버리면 안 되는 것이다. 그 기틀은 주변의 사람들에게 최소한의 신뢰를 잃지 않는 것이다.

절망의 시절을 극복하고 새로운 씨를 뿌려 새 인생을 개척하는 지혜를 박(剝)괘에서 얻을 수 있다.

■ 剝卦辭

剝 不利有攸往 (박 불리유유왕)
剝은 나아감에(有攸往) 불리하다(不利)

剝: 벗길 박 / 벗기다, 괴롭히다, 다치다, 상하다

양의 기운이 거의 소멸되고 음의 기운이 가득한 상황이다. 음흉한 기운, 부정적인 리듬이 판을 치고 조화의 상황은 찾을 수 없다. 절망의 시기에 가장 중요한 것은 희망의 씨앗을 잘 간직한다는 것이다. 시간이 흐르면 운은 바뀌게 되어 있고, 어려움은 지나가게 되어 있다.

박(剝)은 '때' '시기(時期)'를 알려줌이다. '박(剝)의 시절'이라고 하면 '절망의 시절'이다. 다 쏟아먹고 나락에 떨어져 어떤 일도 할 엄두가 나지 않은 상태이다. 빚쟁이는 득실거리고, 숨을 곳도 없고, 죽고 싶은 심정뿐일 때 어떻게 헤쳐 나가고 장래를 기약할 수 있을까?

그래도 견뎌야 한다. 삶을 포기할 수는 없지 않은가? 껍질은 벗겨지면 새살이 돋고 새 껍질의 모공에서는 솜털이 나고 순환작용을 한다. 시간이 필요할 뿐이다. 단, 어려울 때 처세를 잘해야 한다.

절망

다 빼앗기고

빈 몸뚱이만 남았으니
나를 찾았도다

다 버리고
다 잊고
비워진 나 속에
새 여물을 채우리

▣ 剝初六

剝牀以足 蔑 貞凶 (박상이족 멸 정흉)
상의 다리가 부러져(剝牀以足) 괴멸된 상태니(蔑) 끝내 흉하다(貞凶)

牀: 평상 상 / 평상, 침상   蔑: 멸할 멸 / 멸하다, 없다, 어둡다, 버리다

여기를 비롯해서 세 차례 나오는 상(牀)의 의미를 잘 정리해야 박(剝)의 뜻을 헤아릴 수 있다. 상(牀)은 '밥상' '침상' '책상' '찻상' 등의 의미를 연상할 수 있다. 밥상은 먹고사는 문제, 침상은 주거의 문제, 책상은 직장의 문제, 찻상은 협상과 관련된 사업의 문제를 얘기하는 것이다.

상의 다리가 부러져 없어진 것은 밥통도 깨지거나 살던 집이 사기당해 날아나거나 직장이 부도가 나서 없어지거나 사업하는 사람은 대화와 협상도 안 되고 고립된 운명에 처해 있는 것이 박(剝)이라는 것이다. 아주 흉한 지경에 빠져 있다.

대화의 여지를 만들려고 노력해야 한다.

상(牀)을 잃었다

밥상, 침상, 책상, 찻상
무슨 상을 잃든
파탄이다

다 털어내는 용기
그 하나만은
붙들어라

▣ 剝六二

剝牀以辨 蔑 貞凶 (박상이변 멸 정흉)
대화와 협상은 깨어져(剝牀以辨) 괴멸되었으니(蔑) 끝이 흉하다(貞凶)

辨: 분별할 변, 갖출 판, 두루 편 / 분별하다, 쟁론하다

대화의 상(牀)이 깨어졌다고 하는 것은 사업이 깨어졌다는 것이다. 아니면 부부간 대화가 끊기고 서로 다른 생각으로 가득 차 있다. 대화를 해도 서로 협의될 수 없는 의제를 갖고 있으므로 결렬된다.

초효의 예에서 생각해보면 박상이변(剝牀以辨)은 찻상이 깨어진 경우이고, 결국 사업이 깨어진 경우이다. 또 하나는 이혼 직전의 부부 모습이라고 할 수 있다. 서로 대화가 안 되는 경우이다.

박상이족(剝牀以足)보다는 약간 낫다고 해도 역시 흉하다.

대화가 깨졌다

서로 말이 통하지 않음은
부부화합도
사업도
우정도
망가져 흩어짐이니

가련하고
외롭구나!

▣ 剝六三

剝之 无咎 (박지 무구)
剝은 剝으로 대해야 허물이 없다

  앞에 '박(剝)'이 하나 생략되어 있다. 박(剝)의 시절에는 모든 것을 다 벗어버리면 剝의 기운을 이겨낼 수 있다. 스스로 껍질을 털어내는 것이다. 剝의 기운에 순응하면서 미래를 생각하며 인내해야 한다. 욕심을 버리는 것이 剝을 이겨내는 유일한 방법이다.
  말은 쉬워도 어려운 주문이다. 어떻게 스스로 자신의 피부를 깎아서 벗겨낸다는 말인가? 그런 고통을 상상하며 자신의 과오를 점검하고 반성하는 기간이기도 하다.
  이 기간에 주의할 것은 주위의 모든 사람에게 원망하거나 탓하거나 책임을 돌려서는 안 된다. 죽기 전까지는 주변 모든 사람의 도움을 받으며 살아가야 하기 때문이다. 진정으로 반성하는 모습, 과거에 초연한 모습,

새로운 삶을 살아야겠다는 의지를 주위에 심어야 한다. 그것이 씨앗이 되어 싹이 나고 힘차게 자랄 수 있도록 긍정적인 마음을 가져야 된다.

맨 위에 배치되어 있는 陽爻를 깎아내면 곤괘(坤卦)가 되어 토양(土壤)이 되고, 그 陽爻가 初爻가 되면 복괘(復卦)가 되어 새로운 인생을 시작하는 것이다.

깎아내라

피부를 도려내듯
잘못을 깎아내고
욕심을 깎아내고
씨가 나올 때까지
깎고 또 깎아
씨가 보이면
새 땅에 심어라

▣ 剝六四

剝牀以膚 凶 (박상이부 흉)
牀이 깨어져(剝牀) 결과를 살점으로 감당하니(以膚) 흉하다

膚: 살갗 부 / 살갗, 피부, 고기

나라는 망하고 개인은 파산하는 지경이다. 실질적으로 깨어져 실감하고 있다. 우리 역사를 보면 몽골의 침략으로 임금은 강화도로 도망가고 강토는 유린당하는 상황, 임진년 왜의 침략으로, 6·25전쟁으로 아비규

환이 된 경우를 생각할 수 있다. 누구의 힘으로도 어찌할 수 없는 경우이다.

　인생사를 놓고 보면, 어느 날 파산의 소용돌이 속에서 가장은 들어오지 않고 맥없이 뿔뿔이 흩어지는 가족이 있다면 그런 경우이다. 그 아픔이 살점 깊숙이 파고드는 것이다.

　피로 감당하고 목숨으로 감당하는 박(剝)의 기운이다. 나라가 박의 기운을 맞으면 엄청난 피와 목숨을 앗아간다.

　　피와 목숨

　　개인의 운은 나라의
　　운을 이기지 못함이고

　　나라가 망가지면
　　피 흘리고 목숨을 내어놓느니

　　인간아
　　먼저 나라를 챙기고
　　자신을 돌보라

■ **剝六五**

貫魚 以宮人寵 无不利 (관어 이궁인총 무불리)
　물고기를 말리려고 꼬챙이에 꿰어 가지런히 걸려 있는 것처럼(貫魚) 같은 집안에 있는 사람을 평등하게 대하라(以宮人寵) 그러면 (박을 이겨내는 데) 불리하지 않을 것이다(无不利)

貫: 꿸 관/꿰다, 적중하다, 통과하다　宮: 집 궁/집,담,장원　寵: 사랑할 총/사랑하다, 괴다, 첩

주위에 아무리 미운 사람이 있다 하더라도 용서하고 사랑하라. 누구의 탓도 하지 말고 서로 화합해야 박을 이길 수 있다.

관어(貫魚)는 물고기를 말리려고 긴 막대기에 코가 조랑조랑 꿰어 있는 모습이다. 누가 잘나고 못난 것도 없고, 누구를 더 사랑하고 덜 사랑하는 것도 없다. 그렇게 주변의 사람들을 평등하게 사랑하라고 하였다. 그것이 박(剝)의 타개책이다.

어려울 때일수록 국가의 정책은 국민의 평등을 위해 전력을 다해야 한다. 박(剝)의 시절에는 고통도 평등하게 분담하고 합심하여 위기를 탈출해야 한다. 모두가 어려울 때는 불평도 불만도 없다. 살 만하면 고개를 드는 것이 불평불만인 것은 평등이 깨어졌기 때문이다. 빈부가 눈에 보이기 시작하고, 정당하지 못한 권력이 인지되기 때문이다.

치자가 관어(貫魚)의 정치를 실현할 수 있을까? 자본주의사회에서는 불가능한 이론이다. 그러면 가장 이상적인 정치체제는 무엇인가. 그것을 찾기 위한 혼란의 연속인가? 자본주의사회의 혼란은 가속화되고 있다.

성인이 기다려진다. 풍요 속에서 펼치는 성인의 도는 어떤 것일까?

현대의 우리 사회는 관어의 철학에서 심한 갈등을 치르고 있다. 어디까지를 평등이라고 할 것인가도 정의를 내리지 못하는 것이 현실이다.

평등이라는 이름으로

백성의 코를 긴 작대기로
다 꿸 수는 없으니
평등이라는 이름으로 불평등을 만드는구나

온 국민을
열흘쯤 굶겨
평등을 도출하고 싶다

▣ 剝上九

碩果不食 君子得輿 小人剝廬 (석과불식 군자득여 소인박려)
종자(碩果)를 먹지 않고 남겨둔(不食) 군자는(君子) 수레를 얻지만(得輿) 소인은 오두막마저 깨뜨린다(剝廬)

碩: 클 석 / 크다, 가득 차다, 머리가 크다   廬: 오두막집 려 / 오두막집 여인숙, 주막, 임시 거처

박(剝)의 기운이 차고 올라오면 흉년, 전쟁, 기근이 일어나게 마련이고, 당장 먹고사는 문제를 해결하기 위하여 종자마저 먹어치우는 경우가 있다. 희망을 갖고 좋은 운을 기다려야 한다.

석과(碩果)는 좋고 큰 과실로 종자를 골라 놓은 것으로, 먹어서는 안 되는 씨앗이다. 씨앗을 먹어버리면 장래가 없다. 씨앗을 잘 보존하고 심어 가꾼 군자는 끝내 성공하여 집은 물론이고 큰 수레를 타고 다니지만, 소인은 배고픔을 참아내지 못하고 종자마저 먹어치우고 살고 있는 오두막도 부수고 비렁뱅이가 되어 동냥으로 끼니를 때우는 거지신세가 된다.

어떠한 경우도 희망의 씨앗을 버리지 말라는 가르침이다. 박(剝)의 기운은 지나가게 되어 있고, 복(復)의 기운이 되고 림(臨)의 기운으로 발전하고 태(泰)의 기운이 되는 것이다.

주역이 이렇게 강력하게 확신적인 주문을 할 수 있는 것은 결국 박(剝)

의 기운이 아무리 심하더라도 지나간다는 것이다.

태풍

박(剝)은 태풍과 같은 것
큰 회오리가 몰아쳐도
시간의 힘을 이기지 못하여
물러가네

결국
하늘 아래서 스쳐가는
조그만 일이니

하늘을 믿음이라

지뢰복(地雷復)

민주주의란 무엇인가? 민주의 기본 이념을 탁월한 혜안(慧眼)으로 기술하고 있다. 모든 권력의 원천은 백성이며, 백성은 하늘과 같고 바다와 같다. 칼로 다스릴 수 없는 존재임을 분명히 하고 있다. 주역의 민주에 대한 가르침은 놀라울 정도로 탁월하다.

第二十四卦 【復】地雷復 坤上震下

卦辭：復 亨 出入无疾 朋來无咎 反復其道 七日來復 利有攸往
彖曰：復亨 剛反 動而以順行 是以出入无疾朋來无咎
　　　反復其道七日來復 天行也
　　　利有攸往 剛長也 復 其見天地之心乎
象曰：雷在地中 復 先王以至日閉關 商旅不行 后不省方

初九：不遠復 无祗悔 元吉
象曰：不遠之復 以修身也

六二：休復 吉　象曰：休復之吉 以下仁也

六三：頻復 厲 无咎
象曰：頻復之厲 義无咎也

六四：中行 獨復　象曰：中行獨復 以從道也

六五：敦復 无悔
象曰：敦復无悔 中以自考也

上六：迷復 凶 有災眚 用行師 終有大敗 以其國 君 凶
　　　至于十年 不克征
象曰：迷復之凶 反君道也

24. 지뢰복(地雷復)

새로운 세상과 민주

■ 복괘(復卦) 해설

복(復)은 '돌아옴'이다. 결국 모든 권력은 백성에게로 돌아오고, 나라의 주인은 백성이다. 민주주의의 통치원리를 설명하고 있다. 나라의 주권이 임금에게서 백성에게로 돌아오는 것, 통치권이 군주에게서 국민에게 돌아오는 것, 새로운 나라의 탄생이 모두 복이다.

그리고 복(復)은 새로 시작하는 기운이다. 박(剝)의 기운을 이기고 환골탈태한 새 모습으로 새 일을 시작함이다.

민주주의의 실현으로 백성이 주권을 갖기까지는 엄청난 아픔을 겪어야 한다. 그것이 바로 앞에서 설명한 박(剝)의 아픔이다. 피와 목숨이다. '민주주의는 피를 먹고 자란다'는 격언이 있지 않은가? 수많은 인명이 죽고 땅에 묻혀 거름이 되고 씨앗의 역할을 하여 민주의 싹이 나고 자라 꽃을 피우는 것이다.

박(剝)과 복(復) 사이에는 땅(坤)이 있어야 한다. 국토가 없으면 주권을 주장할 근본이 없는 것이다. 모든 국가의 체제는 민주체제가 종착역이라는 뜻이기도 하다.

주역은 출입무질(出入无疾), 붕래무구(朋來无咎), 반복기도(反復其道)를 새로운 정치의 3원칙으로 밝히면서 칠일래복(七日來復)도 덧붙이고 있다. 엄청난 정치질서를 밝히고 있다. 이런 불변의 정치이론을 삼천여 년 전에 문자화했다는 것은 놀라지 않을 수 없다.

민주주의의 원칙들을 세밀하게 추적해보자.

▣ 復卦辭

復 亨 出入无疾 朋來无咎 反復其道 七日來復 利有攸往
(복 형 출입무질 붕래무구 반복기도 칠일래복 리유유왕)

새로운 세상을 열어가는 것은(復) 힘차야 한다(亨). 들고 남이 자유롭고 (出入无疾) 벗이 찾아와도 허물이 없고(朋來无咎) 찬반이 자유롭고(反復其道) 여러 사상이 돌아옴이니(七日來復) 나아감이 이롭다(利有攸往)

復: 돌아올 복 / 돌아오다, 돌려보내다   疾: 병 질 / 병, 괴로움, 하자   朋: 벗 붕 / 벗, 친구, 무리

새로운 세상을 열어가는 것은 힘차야 한다. 初爻의 양효 하나가 힘찬 움직임을 하고 있다. 땅을 가르고 세상을 새롭게 하는 기운이다. 한 알의 씨앗이 땅속에서 싹이 트려면 땅을 가르고 나와야 한다. 그 싹들이 모여 온 산야를 푸르고 푸르게 바꾸는 것을 상상해보라.

출입무질(出入无疾)은 출입에 병이 없다는 말이니 주거 이전의 자유, 여행의 자유를 천명한 것이다. 가장 기본적인 자유인 들고 남의 자유다.

붕래무구(朋來无咎)는 '친구가 찾아와도 허물이 없다' 라는 뜻이다. 여기에서의 친구는 개인적으로 친한 친구일 수도 있겠고, 같은 생각과 사상을 가진 사람들의 모임이 자유로움을 의미한다. 우리 헌법에 명시된 '집회, 결사의 자유' 를 말함이다.

반복기도(反復其道)는 '반대하고 돌아오는 도' 라고 번역이 되는데, 반대하는 사람이 돌아옴은 찬성을 의미한다. 찬성, 반대의 논리를 편다는

뜻이고 토론의 자유, 표현의 자유, 정치적 선택이나 자유선거에 관한 얘기다.

칠일래복(七日來復)은 '일곱 개의 태양이 도래한다' 는 뜻으로, 태양은 하늘이고 인간의 정신세계이다. 다양한 사상이 정신문화를 지배할 것이라는 말이다. 인간의 정신세계를 다루는 것은 종교다. 종교의 자유를 의미한다. 직역하면 '일곱 개의 종교' 가 우리의 사상을 지배한다는 뜻이다. 왜 일곱인가? 주역의 사상체계인 음양오행이 일곱으로 구성되어 있다. 일주일의 요일과 같은 것이다. 우연인 것은 현재 우리나라 종교의 종단이 일곱 개이다. 7대 종단을 보면 불교, 천주교, 개신교, 유교, 천도교, 원불교, 민족종교협의회로 구성되어 있다.

이렇게 왕래가 자유롭고 모여서 토론하고 비판하고 그 결과를 정치적으로 표방하고 사상과 종교의 자유를 누릴 수 있다면 앞으로 나아가서 문제될 것이 무엇인가? 진정한 민주사회다.

민주주의 구현

민주는
백성이 주인인 나라

그 주인이
들고 남이 자유롭고
생각과 말이 자유롭고
찬성과 반대가 자유롭고
종교적 믿음이 자유로우니
민주주의다

▣ 復初九

不遠復 无祗悔 元吉 (불원복 무지회 원길)
(군자가) 자신을 고집하지 않고(不遠復) 뉘우침을 지체하지 않으면(无祗悔) 근원적으로 길하다

祗: 공경할 지 / 공경하다, 마침

불원복(不遠復)은 '멀리 돌아오지 않는다'는 뜻으로 자신의 의지를 지나치게 고집하지 않는다는 의미다. '다수결의 원칙'을 말하고 있다. 다수결은 자신만의 생각을 끝까지 고집한다 하더라도 결국 다수의 의견으로 결정되므로 자신은 결국 멀리 돌아오는 상황이다.

무지회(无祗悔)는 잘못에 대하여 뉘우침을 지체하지 않는다는 말이다. 자신의 잘못을 남에게 떠넘기지 않고, 시인하고 고쳐나가는 자세를 말한다. 특히 정치인을 비롯한 사회 지배계층이 그렇다면 얼마나 아름다운 세상인가?

다수의 의견이 그르고 소수의 의견이 맞는 경우도 있다. 그런 경우라 할지라도 승복해야 하며, 자신의 의견이 옳다는 걸 충분히 입증하지 못한 것을 두고두고 후회해야 한다. 그리고 다수의 의견이라고 몰아붙인 사람들은 자신의 경솔함을 후회해야 한다.

다수결의 의결에 따르고 자신이 잘못 생각하고 있음을 뉘우쳐라. 의회민주주의를 표방하고 있다. 대의민주주의에서 대표자의 끊임없는 수신을 요구하고 있다. 오늘날의 의원들은 민주주의의 대원칙을 명심해야 한다.

삼천여 년 전의 주역은 의회민주주의와 다수결의 원칙을 역설하고 있다. 놀라운 일이다.

다수결의 원칙

민주의 대리자
의회의 의원은
다수결을 도출하고 따르라

▣ 復六二

休復 吉 (휴복 길)
여유를 갖고 새롭게 하는 것은(休復) 길하다

休: 쉴 휴 / 쉬다, 그만두다, 그치다, 휴가, 아름답다, 기쁘다, 넉넉하다, 검소하다

휴(休)는 '여유' '기쁨' 의 뜻이다. '여유를 갖고 기쁘게 새로운 세상을 건설함' 정도로 해석할 수 있다. 휴(休)를 해석함이 쉽지가 않다. 새로운 세상이란 막대한 일을 추진함에는 끝까지 기다리는 마음의 여유를 갖고 가야 길하다는 것이다.

새로운 정권의 임기가 시작되면 서둘러 성과를 얻고자 백년대계의 사업에 먼저 손을 댔다가 낭패를 보는 경우를 우리는 늘 보고 있다.

민주주의는 쉬엄쉬엄 필요한 시간을 다 먹는다. 충분한 시간과 논의를 거쳐 멀리 보고 가야 한다. 모든 정책에는 일관성이 있어야 한다.

삼효와 연결하여 생각해보면 '민주의 근간이 되는 정책, 장기프로젝트'를 설명하고 있다.

장기정책의 수립

새로움을 건설함에
근간이 되는 장기적인 일들은

시간을 갖고
신중과
경제성과
모두 공감하는 결정으로

■ 復六三

頻復 厲 无咎 (빈복 려 무구)
급박하고 절박하게(頻) 새로움을 건설하는 것은(復) 위태롭지만(厲) 허물이 없다(无咎)

> 頻: 자주 빈 / 자주, 번번이, 급박하다, 절박하다

민주주의가 정립되는 과정에는 격변의 시대가 있게 마련이다. 빈(頻)을 '빈번하다'로 해석해도 좋을 것이다. 우리도 군부정치와 문민정부 등 혼란기를 겪었다. 현재도 보수와 진보의 이념전쟁은 계속되고 있다. 이념의 혼란기는 급박하게 돌아가는 것 같아도 결국 민주주의로 가는 과정이라고 이해한다면 허물은 아닐 것이다.
개인적으로는 청소년기에 자신의 꿈을 이것저것 쉴 새 없이 바꾼다 하여도 허물이 없는 것은 자신의 이상향을 탐색하는 과정이기 때문이다.
또 단기정책을 중복하여 쉬지 않고 벌인다면 위험스럽기는 하여도 새

로운 세상을 건설하는 데 허물이 되지는 않을 것이다. 2효에서 말한 장기정책과는 대조적이다.

단기정책

새로운 세상은
할 일이 많다
이것저것 쉼 없이
일을 벌여 위태하게 보여도
태평의 과정이리라

■ 復六四

中行 獨復 (중행 독복)
중도를 행하며(中行) 홀로 민주를 외친다(獨復)

獨: 홀로 독 / 홀로, 홀몸, 어찌

독복(獨復)은 홀로 새로운 세상을 건설하기 위해 몸부림치는 모습이다. 우리 역사에도 한 사람의 숭고한 희생으로 국민을 일깨우고 민주를 향한 발걸음이 빨라진 경우를 볼 수 있다. 빼앗긴 나라를 찾기 위해 민족의 정신을 일깨운 안중근, 진정한 민주를 심으려고 온몸으로 실천한 김구, 민족의 선각자들은 자신을 희생하며 민주를 외친 독복(獨復)의 실행자였다.

이런 독복(獨復)의 선행조건을 중행(中行)으로 표현하고 있다. 홀로 나서는 자는 철저하게 중용의 길을 가야 한다는 것이다. 중용은 지지자가 없어도 외롭지 않고, 어려움을 이겨낼 수 있다.

의기의 투쟁

홀로
의기를 이기지 못해
투쟁의 길을 걷는 자
중용으로 무장하라
외롭고 힘들어도
세상의 빛이요, 향도의 길이니

◼ 復六五

敦復 无悔 (돈복 무회)
덕으로 포용하고 용서하고 화합하며(敦) 새로운 세상을 열어감은(復) 후회가 없다(无悔)

> 敦: 도타울 돈, 다스릴 퇴, 제기 대, 모일 단, 아로새길 조, 덮을 도 / 도탑다, 진을 치다, 힘쓰다, 노력하다

돈(敦)은 여러 음으로 읽히는 한자다. '도탑다'의 의미로 많이 쓰이는데, '도탑다'는 '서로의 관계에 사랑과 인정이 많고 깊다'의 뜻이다. 새로운 세상을 열어감에는 인자한 덕치로 나아가라는 것이다. 군자가 새로운 사업을 열어감에도 화합과 포용으로 운영해야 후회를 남기지 않을 것이다.

덕을 품고

희망을 잔뜩 안고

새로운 세상에 도전하는가?

동료, 협력자, 고객을
사랑으로 감싸 안고
덕으로 대하라

가슴속의 성공을 퍼 올려라

■ 復上六

迷復 凶 有災眚 用行師 終有大敗 以其國 君 凶 至于十年 不克征 (미복 흉 유재생 용행사 종유대패 이기국 군 흉 지우십년 불극정)

확신이 없이 혼란스럽게(迷) 새로운 세상을 열어가는 것은(復) 흉하고 (凶) 재앙을 초래한다(有災眚). 군대를 동원해도(用行師) 결국 크게 패한다(終有大敗). 이런 나라의 임금은(以其國 君) 흉하여(凶) 십 년을(至于十年) 넘기지 못한다(不克征)

迷: 미혹할 미 / 미혹하다, 전념하다, 헤매게 하다   眚: 눈에 백태 낄 생 / 눈에 백태가 끼다, 잘못, 허물, 재앙

새로운 세상을 열어간다는 각오와 이념이 투철하지 못하면 바람직한 결과를 도출할 수 없다. 여기저기서 생각지 못한 욕구가 분출하고 지도자의 발목을 잡는 이상한 일들이 자주 발생하여 극약처방을 다 사용하여도 결국 해볼 도리가 없게 된다. 권좌가 가시방석이 되고 물러나 필부와 같은 삶을 살고 싶어진다. 그런 상황을 설명하고 있다.

지도자가 투철한 민주주의 사상이나 신념이 없이 민주정치를 편다는 것은 이리저리 휘둘림을 당하여 흉하고 재앙만 부른다는 것이다. 군대를 동원해도 크게 패하고 이러한 나라의 임금은 십 년을 넘기지 못한다.

지도자의 신념

새로운 세상
욕망으로만 되지 않아요

신념으로 무장하고
신의로 뭉치고
하늘에 빌며

혼연일체로
모으고
나누고

천뢰무망(天雷无妄)

인간이 인간세계를 떠나 자연과 완전히 일체가 되어 살아갈 수 있을까? 그렇게 수도자적인 삶을 살아가는 사람도 있을 것이다. 모든 사람이 그렇게 살 수는 없지만, 그런 인생도 인간 세상에는 필요한 존재들이다. 누구나 죽으면 자연과 일체가 되는 것을!

第二十五卦 【无妄】天雷无妄 乾上震下

卦辭：无妄 元亨利貞 其匪正 有眚 不利有攸往
彖曰：无妄 剛自外來而爲主於內
　　　動而健 剛中而應 大亨以正 天之命也
　　　其匪正有眚不利有攸往 无妄之往 何之矣 天命不祐 行矣哉
象曰：天下雷行 物與无妄 先王以 茂對時 育萬物

初九：无妄 往吉　　象曰：无妄之往 得志也

六二：不耕 穫 不菑 畬 則利有攸往
象曰：不耕穫 未富也

六三：无妄之災 或繫之牛 行人之得 邑人之災
象曰：行人得牛 邑人災也

九四：可貞 无咎
象曰：可貞无咎 固有之也

九五：无妄之疾 勿藥 有喜
象曰：无妄之藥 不可試也

上九：无妄 行 有眚 无攸利
象曰：无妄之行 窮之災也

25. 천뢰무망(天雷无妄)

무위(無爲)세계의 허실

■ 무망괘(无妄卦) 해설

　무망(无妄)은 '허망하지 않다, 망령되지 않다'의 뜻이다. 지극히 자연스럽고 본성적인 삶을 의미한다.

　자연을 그대로 두고 자연 속에서 살아가는 것이 무망이다. 일체의 욕심을 버리고 자연과 함께 자유와 편안함을 추구하는 것을 무망이라 한다. 욕심과 거짓이 망(妄)이다. 무망의 삶은 권장 할 만하지만 어렵고 고단한 것이다.

　현실적으로 무망의 삶을 살아가는 사람들은 누구일까? 욕심 없이 무망에 가까운 삶을 사는 사람이 있을까? 성직자? 성직자 중에도 일부는 무망의 삶을 살아갈 것이다. 수도원의 수도자가 가장 가깝다고 할 수 있다.

　속세에서 무망의 삶을 추구한다면 아마도 기인으로 분류될 것이다. 수염도 길고 남루한 옷을 입고 산중에서 자연식을 하며 자연과 더불어 사는 사람을 연상할 수 있다.

　육체적 경제적 어려움이 따르므로 끝까지 유지하기도 어렵고 타락하면 재앙을 부른다.

　무위(無爲)라고 하면 자연에 손대지 않고 자연과 더불어 살아가는 것을 의미한다. 무망이란 인간의 욕심을 버려 자연과 동화되는 모습이다. 여기에도 즐거움이 있고 뜻을 둘만 하다고, 주역은 권장 아닌 권장을 하고 있는 것이다.

■ 无妄卦辭

无妄 元亨利貞 其匪正 有眚 不利有攸往 (무망 원형리정 기비정 유생 불리유유왕)
　무망의 추구는(无妄) 인간의 삶이 계속되는 동안 항상 존재한다(元亨利貞). 무망은 삶의 정도(正道)가 아니므로(其匪正) 재앙이 생긴다(有眚) 그러므로 나아감에 불리하다(不利有攸往)

　妄: 허망할 망 / 허망하다, 거짓, 무릇, 망령되다

　성인군자 또는 도인이 되겠다고 한다면 무망의 길을 가고 있다고 볼 수 있다. 그들은 보통 사람과는 분명히 다른 삶을 살게 되고, 이상향의 삶의 방법이기도 하다. 자연의 일부가 된 삶이기 때문에 욕심 같은 것은 무엇인지도 몰라야 한다.
　인간은 누구나 자연을 동경하면서 산다. 현실적으로 무망과 반대의 삶을 살아가는 욕심꾸러기도 자연과 무관할 수는 없으며, 무망의 잠재의식 속에서 살아간다.
　무망의 삶을 산다고 하면서 좋은 것을 탐하고 명예를 꿈꾼다면 분명 사이비 수도자이다. 단순히 전원생활은 무망의 삶이 아니다. 세속적인 삶에서 큰 성공을 거두는 것보다 무망의 삶을 사는 것이 더 어렵다. 주역은 무망의 삶을 특별히 권장하지는 않는다. 인간사회는 세속에서 이루어지는 것이기 때문이다.

　　　자연을 동경하는가?

　　　　자연 속에서 살고 싶다면

그 자체가 욕심이다

인간은
인간 속에서
인간과 자연의 조화를 추구하는
계발과 개발이
인간의 삶이다

▣ 无妄初九

无妄 往 吉 (무망 왕 길)
무망의 삶을 살면 길하다

 진정한 무망(无妄)의 삶을 살 수 있는가? 무망의 삶이란 고귀하고 아름다운 것이다. 수도자의 삶을 사는 것, 자연과 일체가 되어 사는 것은 아무나 달성하기 어려운 것이기 때문이다. 쉽게 도전하다가는 재앙을 입기 십상이다.

아! 무망의 삶

훨훨
욕심을 밟고 뜬구름처럼
우리는 자연인의 후손

먹을 것 나누고
삶도 나누고
산야를 누비던 수렵인의 후예다

▣ 无妄六二

不耕 穫 不菑 畬 則利有攸往 (불경 확 불치 여 즉리유유왕)
 (무망의 삶이란) 밭을 인위적으로 경작하지 않고도(不耕) 거두고, 밭을 개간하지 않고(不菑) 삶의 터전으로 여기는 것이(畬) 무망의 삶에 이롭다 (則利有攸往)

耕: 밭갈 경 / 밭을 갈다, 고르다, 농사에 힘쓰다   穫: 벼 벨 확 / 벼를 베다, 거두다
菑: 묵정밭 치 / 묵정 밭, 묵힌 밭, 개간 첫해의 밭, 일구다   畬: 새밭 여 / 새밭, 개간한 지 이삼 년 지난 밭, 일구다, 개간하다

무망의 삶을 예를 들어 설명하고 있다. 불경(不耕)은 밭을 갈아엎는 경작을 하지 않는다는 것이다. 경작은 세속인이 사는 삶이다. 경작하지 않은 삶은 자연과 함께하는 삶이다. 개간하지 않은 묵은 밭을 새밭이라 생각하고 수확해서 먹고 산다.
 무망의 삶은 먹고 입는 것에 초연해야 한다는 것이다.

먹고 입는 것에 초연하라

하늘을 나는 새처럼
저녁에 먹을 것을 걱정 마라

하늘이
세상을 돌리는 대로
따라 돌고 변하며
주는 것만 먹고 입어라

■ 无妄六三

 无妄之災 或繫之牛 行人之得 邑人之災 (무망지재 혹계지우 행인지득 읍인지재)
　무망인의 재앙이라고 하는 것은(无妄之災) 소를 매어두는 것과 같이 재물을 쌓아두는 것이며(或繫之牛), 지나가는 사람이 소를 가져가버리면(行人之得) 엉뚱하게 마을 사람들이 재앙을 입는다(邑人之災)

　繫: 맬 계 / 매다

　무망의 삶을 사는 사람이 재물을 탐하여 쌓아놓는 것 자체가 재앙의 근원이라는 것이다. 여기에 나오는 소는 재물을 상징한다. 진정한 무망의 삶이란 재물에 대한 욕심에서 해방되는 것이 첫째이다. 그런데 무망인이 모아놓은 재물을 도둑맞았다면 어떻게 될까? 과연 그 집에 그런 재물이 있었는가? 있었다면 누구의 소행인가? 서로서로 의심을 하게 된다. 믿음이 떠난 공동체는 재앙이다.
　여기서 마을 사람들이란 나와 가까이에서 나를 도와주던 사람들이다. 무망인이 욕심을 부리면 아무 관계도 없는 사람이 이득을 보고, 가까운 사람들은 재앙의 변고를 당하게 된다.

재물은 불행의 씨앗

　　수행자의 바랑이 무거우면
　　눌러앉아 욕심을 키우고
　　욕심은
　　불행을 키우고
　　불행이 쌓여 재앙을 낳았다

▣ 无妄九四

可貞 无咎 (가정 무구)
(무망인은) 무망을 끝까지 지켜야(可貞) 허물이 없다(无咎)

무망인의 어려움은 우선 춥고 배고픔이다. 그러나 그것은 예상된 일이고 본인이 선택한 일이다. 끝까지 지키지 못하여 욕심을 부리면 재앙을 부른다.
　수행의 길은 굳은 신념이 요구된다. 정(貞)은 '끝까지' 라고 번역하면 가정(可貞)은 '끝까지 가야 한다' 라고 해석하는 것이 자연스럽다.

수행의 끝은 죽음이다

죽음으로 마감하는 수행의 길
함부로 들어서지 마라
육체의 고통은
정신적 자유의 과정
하늘만 보며
나를 즐겨라

▣ 无妄九五

无妄之疾 勿藥 有喜 (무망지질 물약 유희)
무망의 병에는(无妄之疾) 약이 없다(勿藥). 스스로 깨달아 기쁨이 있다(有喜)

달성이 어려운 무망에 집착하는 것이 무망의 병이다. 그 병에는 약도 없고 스스로 깨달음을 얻는 방법밖에 없다. 도인이 되든 건강한 일반인이 되든 둘 중에 하나일 터이다.

또 하나의 무망의 병은 욕심으로 흐트러진 모습이다. 수행자가 속세를 그리워하는 모습이다. 깨달음의 기쁨만이 그 약이라 하였다.

오로지 자신의 몫이다. 무망의 고집은 주위의 누구도 꺾을 수 없다. 수도에 뜻을 두고 수행의 길을 가고자 하는 무망의 예비자는 신념에 차 있다. 주변에서는 수도자의 길을 끝까지 마칠 수 있도록 돌보고, 격려하고 기도해줘야 한다. 그것이 약이라면 약이다.

무망의 병

속세를 버려
자기만의 세상을 열어가는
욕심쟁이

수행 중에
속세를 그리워하는
못난이

모두
약도 없는 환자다

▣ 无妄上九

无妄 行 有眚 无攸利 (무망 행 유생 무유리)

무망을 일상에서 행하면(无妄 行) 재앙이 있고(有眚) 이로울 바가 없다 (无攸利)

眚: 백내장 생 / 백태가 끼다, 재앙   攸: 바 유 / 바(所)와 같이 쓰이는 어조사, ~바

무망은 무엇을 바라는 삶이 아니다. 목적이나 목표가 없는 삶이다. 그냥 자연과 함께 가는 것이다.

'行'이란 '어떤 행위'를 의미한다. 여기의 '행위'란 '목적을 두고 하는 일'이다. 무망에 어떤 목표나 바람이 있으면 재앙이 생긴다는 것이다. '무유리(无攸利)'는 '利의 시절에 뜻을 두지 말라'는 뜻으로도 새길 수 있다.

무망은 어려운 것이다.

수행자의 목적

목표가 있는 수행은 수도가 아니다
수행이 인생의 수단이 되면
인생의 눈에 백태가 끼어
무망의 도는 끝나고 말아

끝 모를 욕심과 망령의 발동으로
영혼도 파멸이다

산천대축(山天大畜)

성공하는 사람은 뭔가 다르다. 자신이 추구하는 야망에 대한 집중력이 탁월하다. 가족도 버리고 험한 일도 마다않고, 오직 목표의 달성만을 위해 정진한다. 소시민이 신분상승할 수 있는 방법에 대하여 가르침을 주고 있다.

第二十六卦 【大畜】 山天大畜 艮上乾下

卦辭：大畜 利貞 不家食 吉 利涉大川
彖曰：大畜 剛健 篤實 輝光 日新其德 剛上而尚賢 能止健 大正也
　　　不家食吉 養賢也 利涉大川 應乎天也
象曰：天在山中 大畜 君子以 多識前言往行 以畜其德

初九：有厲 利已
象曰：有厲利已 不犯災也

九二：輿說輹
象曰：輿說輹 中无尤也

九三：良馬逐 利艱貞 曰閑輿衛 利有攸往
象曰：利有攸往 上合志也

六四：童牛之牿 元吉
象曰：六四元吉 有喜也

六五：豶豕之牙 吉
象曰：六五之吉 有慶也

上九：何天之衢 亨
象曰：何天之衢 道大行也

26. 산천대축(山天大畜)

야망과 성공

■ 대축괘(大畜卦) 해설

대축(大畜)은 '크게 쌓는다' 는 뜻이다. 크게 쌓는다는 것은 재물을 쌓는 것과 학문과 경험을 쌓는 것으로 구분하여 설명할 수 있다.

누구나 큰 성공을 꿈꾸며 살지만 현실적으로 큰 성공을 이루는 사람은 많지 않다. 보통 사람들이 밤낮으로 노력해도 이룰 수 없는 것들을 이루어내는 비결은 무엇일까? 야망이다. 야망을 품고 성공을 위한 끊임없는 도전이 대축에 이르게 한다. 크게 키운다는 것, 그 영역은 정치, 사업, 종교 등의 방면에서 크게 이루는 것을 말한다.

대축은 인간의 노력만으로 이루는 것이 아니라 하늘이 도와야 하는 것임을 이 괘에서 밝혀주고 있다. 대축을 이루는 데는 가족의 희생이 따르기 마련이다. 야망에 불타는 사람은 자신의 목적을 위해 가정을 돌보지 않음은 물론이고 가족의 희생도 요구한다. 특이한 것은 실제로 대축을 이루는 사람들의 가정은 다른 구성원들이 잘 꾸려간다는 것이다.

대축을 추구하는 사람은 일을 크고 넓게 본다. 작더라도 중요한 일들이 어그러지지 않도록 세심한 주의가 필요하다. 사사로운 욕심을 떠나 항상 공부하고 순수해야 한다. 대축의 조건과 방법을 각 효에서 알아본다.

▣ 大畜卦辭

大畜 利貞 不家食 吉 利涉大川 (대축 리정 불가식 길 리섭대천)

대축은 리와 정의 시절에 통한다(利貞). 가정을 돌보지 못하는 어려움이 있어도(不家食) 길하고, 리의 시절에 큰 모험을 함이 이롭다(利涉大川)

畜: 기를 축 / 기르다, 모으다, 쌓다, 일어나다

소축은 亨의 시절에 정해지는 것이지만 대축은 원숙한 나이인 利와 貞의 시절에 이루는 것이다. 대축을 이루려면 가족을 먹이지 못하는 소홀함을 감내해야 한다. 현실적으로 가정에 충실하고 사회적으로 큰 성공을 거두기는 어려운 것이다. 다음으로 섭대천의 모험을 해야 한다. 남들이 두려워하는 위험한 모험을 감행하여 성공으로 이끌어가는 지혜와 용기, 추진력이 있어야 대축을 만들 수 있다.

인생을 살아가는 동안 전부 좋을 수는 없다. 부자가 되면 가족 간에 문제가 생기고 건강의 이상이 올 수도 있다. 부자가 되는 동안 가족을 잘 돌보지 못하고 희생을 강요한 대가를 치르는 것이다. 야망의 세월 동분서주하는 동안 자신의 건강이나 가족의 건강은 살폈을까? 가족화합의 교육은? 그래서 인생은 공평하다. 어느 인생이나 일장일단이 있고, 남의 인생은 좋은 점만 보이고 남의 떡이 커 보이지만 그 집에도 걱정과 고통은 있다.

야망과 인생

가족과 사랑
팽개치고

야망의 보따리 채우려
보내버린 인생

이제
자연을 돌아보니
욕심 없이도 살아가는 걸
깨달으니 허망이네

▣ 大畜初九

有厲 利巳 (유려 이이)
제 살을 깎는 아픔(有厲)이 걱정되면 그치는 것이 이롭다(利巳)

厲: 갈 려 / 갈다, 화(禍), 괴롭다   巳: 이미 이 / 이미, 그치다, 버리다

대축은 가정 단위의 행복이나 이익을 꿈꾸는 차원이 아니다. 국가와 민족, 장래의 거대한 이익을 걸고 몸부림치는 과정이다. 대축을 이루려는 자가 사사로운 조그만 이익에 집착한다면 위태로움만 있을 것은 뻔하다. 가정을 버리는 위험을 감수해야 한다. 자신의 안전이나 건강까지도 담보하여 덤벼야 이룰 수 있는 아슬아슬한 곡예의 삶이다.

망설임이 있거나 각오가 덜 되었으면 그만두라고 경고하고 있다. 워낙 험난한 여정이다.

과연 권장할 만한 삶인지는 각자의 가치관에 맡길 일이다.

자신을 버려라

큰 뜻을 품고
세상을 향해 돌진하는 자
가족의 안위와
자신의 인생을 담보해라

사소한 부스러기는
아랑곳 말고
꿈을 잡아라

▣ 大畜九二

輿說輹 (여설복)
수레의 바퀴를 굴리는 매뉴얼(방법서)

輿: 수레 여 / 수레, 싣다   說: 말씀 설 / 말씀, 방법   輹: 당토 복 / 당토(차체와 굴레를 연결하는 물건)

'說'의 해석은 '방법서' '설명서' 등으로 해석함이 좋을 것 같다. 소축의 여탈복(輿說輻)은 복(輻)이 바퀴를 의미하기 때문에 說을 '탈'로 읽고 번역했지만 여기서는 輹이 당토를 의미하기 때문에 '설'로 읽고 번역함이 옳다.

어떤 과정을 거쳐 대축으로 가는 것일까? 2효는 실무를 써 넣은 효이므로 실무적인 것을 가미하여 해석하는 것이 좋다. 수레라는 그릇과 수레를 실질적으로 굴리는 바퀴가 들어가는 심보대(수레의 밑에 좌우 중심을 가로질러 바퀴가 들어갈 공간을 제공하는 긴 막대기 모양의 단단한 축)를 고정시켜주는 기구를 당토라 한다. 당토는 수레의 핵심요소이며 매우 중요한 조립과 분해의 대상이다. 기업으로 따지면 중요기술과 그를 담당할 인력에 해당된다.

여(輿)의 수레는 대축으로 가는 기본적인 그릇이고 복(輹)은 그것을 굴리는 데 결정적인 역할을 하는 기구이므로 설(說)은 매뉴얼에 해당한다. 대축으로 가는 절대적인 전략과 전술을 이야기하고 있다.

젊은 시절의 타고난 기질 속에서 연마하는 수업이라 할 수 있다. 대축의 길을 가고자 한다면 젊어서부터 매뉴얼을 짜고 힘차게 도전해야 한다. 대축의 계획을 수립하라는 것이 九二의 가르침이다.

계획이 반이다

만군을 호령하고
나라를 움직일 꿈을 가졌으면
빈틈없이 계획을 세워라

수레가 저절로 굴러가지 않듯
꿈이 저절로 이루어지지 않으니
목표만 생각하라

▣ 大畜九三

良馬逐 利艱貞 日閑輿衛 利有攸往 (양마축 리간정 일한여위 리유유왕)

준비가 끝나고 대축의 여정을 시작하면(良馬逐) 리와 정의 시절 내내

어렵다(利艱貞). 날마다 사업을 점검하고 또 점검해야(日閑輿衛) 대축으로 감에 이롭다(利有攸往)

逐: 쫓을 축 / 쫓다, 뒤쫓아가다, 물리치다, 경쟁하다   艱: 어려울 간 / 어렵다, 괴롭다   閑: 막을 한 / 막다, 문지방, 한가하다   衛: 호위할 위 / 지키다, 시위하다, 막다, 방비하다

앞에서 매뉴얼이 마련되고 전략적 준비를 마쳤으면 좋은 말로 달려 나가야 한다. 달려 나감은 대축의 여정에 해당한다. 대축의 여정은 험하고 고달픈 것이다. 대축의 삶은 인생 전반이 전쟁과 같을 것이다.

여기에서 수레는 대축을 이루는 도구에 해당한다. 즉, 기업체를 말한다. 사업 전체를 날마다 세워서 점검하고 다듬어야 대축의 목적에 다가갈 수 있다는 것이다.

대축에 이르는 방법을 친절하게 가르쳐주고 있다. 고달픈 사업가의 삶을 표현하는 것이기도 하다.

본인이 원한다고 다 달성되는 것도 아니다. 대부분은 중도에 포기하거나 망가지고 일부만 성공의 길을 가게 된다. 이렇게 성공한 기업인은 국가와 사회가 존중하고 존경해야 한다. 아직 우리 사회는 재벌이나 기업인을 존경하는 분위기가 아니다. 국가의 발전에 큰 걸림돌인 것은 분명하다. 자신을 팽개치고 가족을 버리고 가까스로 성공한 기업인을 사회가 인정하지 않으면 그들의 노고는 허망할 것이다.

성취가 허망으로 다가오면 그 사회의 구조는 잘못된 것이다. 대축인들의 야망과 성공은 국가와 사회의 충격과 활력소가 된다.

비탈을 넘어

말을 탔으면
죽음도 불사하고
비탈을 넘어
떠오르는 태양을 잡아라

▣ 大畜六四

童牛之牿 元吉 (동우지곡 원길)
송아지의(童牛) 뿔을 감싸는 것은(牿) 근원적으로 길하다

牿: 우리 곡 / 우리, 쇠뿔을 감싸는 나무(횡목)

송아지를 우리에 가두거나 뿔에 횡목을 대서 날뛰는 것을 방지하는 모습을 말하고 있다. 송아지를 황소로 키워 쓰임새에 잘 쓰려면 훈련을 잘 시켜야 하는 것과 마찬가지로, 대축에 나아감에 필요한 인재를 구하고 잘 교육시켜야 한다. 동우지곡은 젊고 순수한 인재를 발굴하고 투자하고 훈련시키는 것이다.

곡(牿)은 송아지가 뿔이 날 즈음에 가려워 아무데나 비비고 들이받아 어린 뿔이 상하기도 하고 사람을 다치게 하기도 한다. 그것을 예방하기 위한 안전장치다.

대축으로 가는 길은 여러 안전장치가 필요할 것이다. 재물이 상징인 소를 빗대어 설명하고 있다. 소가 상하지 않고 잘 자라야 하고 사고도 예방해야 한다.

대기업들이 인재를 중시하고 인재의 확보와 훈련을 위하여 온갖 노력

을 하는 이유는 유능하고 충성도가 높은 인재들이 회사를 먹여 살리고 발전에 결정적인 역할을 하기 때문이다.

대축으로 가는 안전장치

사고를 예방하고
인재를 키우고
아이디어를 존중하고

돌진하면서도
안전을 챙겨
좌절을 막아라

▣ 大畜六五

豶豕之牙 吉 (분시지아 길)
거세한 돼지의(豶豕) 이빨은(牙) 길하다

豶: 불깐 돼지 분 / 거세한 돼지   豕: 돼지 시   牙: 어금니 아 / 이의 총칭

거세한 돼지란 종자돼지가 아니라 식용돼지다. 돈을 벌기 위한 수단이다. 사업체를 의미한다. 도축용 돼지는 음식을 잘 먹을 수 있는 튼튼한 이빨이 필요하다. 사업체에서 이빨에 해당되는 것은 기초준비다. 기초자금과 기초인력, 기초공간을 의미한다. 이러한 이빨이 실하면 빨리 몸을 불릴 수가 있다.

수퇘지를 거세하지 않고 비육시켜 잡아 조리하면 수퇘지 특유의 냄새

가 난다. 그리고 비육도 느리다. 그러므로 종돈이 아닌 수퇘지는 생후 3~4개월 정도에 반드시 거세를 한다. 돼지를 살찌우기 위한 준비가 마무리되고, 돼지가 먹성이 좋으면 무럭무럭 자랄 것이다.

사업의 구성요소의 복잡성을 간단하게 설명하고 있다. 대기업의 생리를 엿보게 한다. 대기업은 사업 준비가 끝나면 사정없이 먹어치운다. 현대 사회의 대기업이 중소기업은 물론이고 구멍가게의 영역까지 무차별 확장하는 것과 다를 바 없다. 3천여 년 전 주역의 기자는 현대 기업의 생리를 정확히 설명하고 있다.

불깐 돼지

뚱뚱해질 일만 남았다
끝도 없는 야망을 채우려고
먹고 또 먹고
뒹굴다 먹고
먹는 것이 본능이다

■ 大畜上九

何天之衢 亨 (하천지구 형)
하늘의 길이(天之衢) 어떤 것인가(何) 알아야 힘차게 대축에 이를 수 있다

衢: 네거리 구 / 길, 도로, 갈림길

하늘의 뜻을 아는 자가 대축을 이룰 수 있다. 하늘의 도움 없이 대축은 되지 않는다. 천시와 환경이 혼연일체가 되어야 한다.

단순히 먹고사는 것은 부지런하면 이룰 수 있지만 큰 부자가 되는 것은 마음먹었다고 되는 것은 아니다. 큰일을 하는 사람일수록 신을 경외하고, 사람과의 사이에서도 못할 짓을 하면 아니 된다. 또 자신이 이루었다 해도 하늘의 도움이 있었음을 잊지 말고 베풂의 삶을 살아야 한다.

하늘의 길

하늘의 교차로에서
나의 길은 어딘가?

큰 부자는 하늘이 낸다고
하늘 길의 천도(天圖)를 보라

산뢰이(山雷頤)

산속에 들어가야만 도를 닦는 것인가? 당치도 않다. 세상 속에서 도를 닦는다는 것은 더 어렵다. 진정한 도는 세상 속에 있다. 자신의 위치와 길을 안다는 것, 가족에게 중용의 도를 가르치는 것, 더불어 행복을 일궈 가는 이치를 터득했다면 세상 속의 도인이다.

第二十七卦 【頤】山雷頤 艮上震下

卦辭：頤 貞吉 觀頤 自求口實
彖曰：頤貞吉 養正則吉也 觀頤 觀其所養也 自求口實 觀其自養也
　　　 天地養萬物 聖人養賢 以及萬民 頤之時 大矣哉
象曰：山下有雷 頤 君子以 愼言語 節飮食

初九：舍爾靈龜 觀我朶頤 凶
象曰：觀我朶頤 亦不足貴也

六二：顚頤 拂經 于丘 頤 征 凶
象曰：六二征凶 行 失類也

六三：拂頤貞 凶 十年勿用 无攸利
象曰：十年勿用 道大悖也

六四：顚頤 吉 虎視眈眈 其欲逐逐 无咎
象曰：顚頤之吉 上施光也

六五：拂經 居貞 吉 不可涉大川
象曰：居貞之吉 順以從上也

上九：由頤 厲 吉 利涉大川
象曰：由頤厲吉 大有慶也

27. 산뢰이(山雷頤)

속세에서 닦는 도(道)

■ 이괘(頤卦) 해설

이(頤)는 '턱'이다. 턱은 먹고 말하는 데 쓰이는 중요한 기관이다. 주역에서 턱은 무엇을 말하고자 하는 것일까? 턱에는 인간이 살아가면서 깨닫는 음양과 천지의 원리가 담겨져 있다. 턱이 움직인다는 것은 인간이 살아 있다는 증표이기도 하다. 살아가면서 도를 닦고 도인처럼 살 수 있을까? 현실세계에서 도를 찾아 실천하고 자연의 원리에 순응하며 살아가는 아름다운 인생을 주역은 도인으로 보고 있는 것이다. 후에 노자와 장자의 전문적인 도의 세계가 아니라 삶 속에서 구현하는 굉장히 높은 차원의 도를 요구한다.

도(道)란 무엇인가? 흔히 홀로 이상향의 세계에 집착하여 나름의 세계를 구축하는 것을 말한다. 그러나 도는 산 속에서만 이룬다고 생각하면 오산이다. 어려서부터 득도하겠다고 입산하는 것이야 누가 뭐랄까? 가정을 이룬 후에 늘그막에 도인이 되겠다고 다 팽개치고 홀로 헤매고 다닌다면 그것은 현실 도피에 불과하다. 현실세계에서 끝까지 가족을 부양하며 절제하고 신의와 약속을 지키며, 사랑을 베풀며 자신의 분야에서 최고가 되는 것이 도인이 되는 것이다.

여기에서 주역은 대단히 현실적이고 인간적이다. 위턱과 아래턱의 조화, 양과 음의 조화 속에서 '길을 아는 사람'이 도인이다.

▣ 頤卦辭

頤 貞吉 觀頤 自求口實 (이 정길 관이 자구구실)
이의 도를 추구하면(頤) 끝이 길하다(貞吉). 관의 도를 먼저 깨달아 이의 도를 얻음이(觀頤) 스스로(自) 언행의 일치를(口實) 구할 수 있다(求)

頤:턱 이 / 턱, 기르다, 봉양하다, 부리다

관(觀)의 도는 자신과 상대를 알고, 어떤 일의 과거, 현재, 미래를 아는 것이다. 이런 지혜를 깨우친 후에 위턱과 아래턱의 조화처럼 자연스런 음양의 이치를 안다는 것이 이(頤)의 도에 해당된다. 이의 도는 쉽게 이룰 수 있는 것이 아니라 貞의 시절에 가서야 이룰 수 있는 최고의 경지를 말한다.

이 경지가 되면 이미 모든 것을 알고 있어서 행동에 거침이 없다. 언행과 자연의 이치가 일치하는 달관의 경지를 말한다(自求口實).

이 정길(頤 貞吉)은 '頤의 도는 貞의 시절에 이루는 것이다'로 해석함이 자연스럽다. 그리고 이(頤)의 도는 관(觀)의 도를 넘어서 이룰 수 있는 것이라고 말한다. 속세를 살면서도 말과 행동과 생각의 자유를 느끼며 살아가는 도인이 되는 것이다.

속세의 도사

풍진(風塵) 세상 속에서
도사처럼 산다는 것은
누구의 꼬드김도 흘려보내고
죽음도 초월하여

구름같이 바람같이
거침없는 인생

▣ 頤初九

舍爾靈龜 觀我朶頤 凶 (사이령구 관아타이 흉)

(頤道를 추구하는 과정에서) 그 영적인 거북이 떠난다. 나의 늘어진 턱을 보니(觀我朶頤) (그것은 욕심으로 자기 자신만 보고 있어서 頤의 道가 변형된 결과이므로) 흉하다

舍: 집 사, 들 석 / 집, 버리다, 떠난다, 폐하다, 들다 爾: 너 이 / 너, 그, 어조사
靈: 신령 령 / 신령, 영혼 龜: 거북 구, 땅이름 구 / 거북, 거북점, 나라이름 朶: 늘어질 타 / 늘어지다, 나뭇가지가 휘휘 늘어지다

영적인 거북이 떠난다는 것은 미래를 예측하는 판단력의 상실을 의미한다. 그것은 관의 도(道)의 수행과정에서 잘못되었음을 말하고 있다. 그 상실의 이유는 관아생(觀我生), 자신의 인생을 보지 못한다는 뜻으로 자기 자신의 욕심이 과하여 관(觀)의 정신이 기울어져 있기 때문이다.

관아타이(觀我朶頤)를 觀 我朶頤로 띄어 써서 해석하면 '觀의 도를 구현하는 과정에서 나의 늘어진 턱(내 얼굴이 변형된 모습)을 본다' 로 해석할 수 있다.

그것은 조화를 상실하여 올바른 판단을 할 수 없는 지경을 늘어진 턱으로 묘사하고 있다. 그러므로 관(觀)의 도를 잘 깨우친 사람이 이(頤)의 도를 넘볼 수 있다는 말이다. 이(頤)의 도는 인생 최고의 모습이다.

내 얼굴을 보라

나의 얼굴에 나의 인생이 있다
그게 觀의 모습이다. 한자로는
관상(觀相)이 된다
얼굴을 찡그리지 말라
관아타이(觀我朶頤)가 되느니

▣ 頤六二

顚頤 拂經 于丘 頤 征 凶 (전이 불경 우구 이 정 흉)

턱이 이마에 붙어 있는 사람이(顚頤) 세상을 경영하면 모든 것이 어긋 난다(拂經). 그럼에도 언덕에 올라(于丘) 그런 턱으로 세상을 호령하니 (頤) 나아가는 것이 흉하다(征 凶)

顚: 이마 전 / 꼭대기, 이마, 목, 정수리, 산정상   拂: 떨칠 불 / 떨치다, 털다, 거스 르다, 어기다, 닦다   經: 경서 경 / 경서, 길, 도리, 다스리다

전이(顚頤)는 얼굴이 심하게 찌그러진 자이다. 개인적인 욕심이 가득하 여 이(頤)의 도를 이루지 못한 자, 준비가 되지 않은 자가 어쩌다가 높은 자리에 올라 세상을 호령한다면 큰일이 벌어지고 만다는 뜻이다. 턱이 이마에 붙어 있으니 결국 불행해진다.
　모름지기 세상을 경영하겠다고 나서는 자는 천지 음양의 도를 깨우치 고 말과 행동과 생각이 합리적이고 유연성을 갖고 있어야 한다. 그래도 어려움을 만나 허우적거리는 경우가 허다한데, 자신도 갖추지 못하고서 위에서 호령하고자 하면 죄악을 저지르는 것이다. 특히 치세는 자신의

능력 이상의 직에 있으면 안 된다. 능력에 여유가 있어야 한다. 100기가의 하드로 50기가의 일만 한다면 얼마나 여유롭겠는가?

욕심으로 정치하지 마라

혼자의 욕심을 채우려고
만백성을 혼란케 마라

얼굴에 덕을 품은 치자여
어디 있는가?

■ 頤六三

拂頤貞 凶 十年勿用 无攸利 (불이정 흉 십년물용 무유리)

이의 도가 끝까지 나아가지 못하면(拂頤貞) 흉하다. 십 년 공부도 쓰지 못하고(十年勿用) 이로울 것이 하나도 없다(无攸利)

이의 도는 십 년 정도 공부해서 되는 것이 아니다. 어렵고 지루하지만 끝까지 가야 하는데, 중도에 포기하는 것은 아무것도 얻지 못한다는 것이다. 우리는 이런 안타까운 경우를 주변에서 흔히 볼 수 있다.

인생의 모든 일에는 결실이라는 것이 있다. 어떤 모습의 결실이라 하더라도 튼튼한 줄기에서 얻는 것이라야 한다. 도를 닦는 일에도 줄기를 키우는 과정이 있고 과실의 풍요를 누리는 시기가 있다. 도를 닦는다는 것은 눈으로 보이는 과실을 따는 것이 아니므로 더 힘든 과정을 거쳐야 한다. 끝까지 정진하지 않으면 아무것도 얻을 수 없다.

십 년 공부 말짱 도루묵

십 년의 도를 닦은들
열매도 없이 팽개치고 나면
아까운 세월만 흔적도 없어

통하지 못할 도는 시작도 마라
"가다가 중지 곧 하면 아니 감만 못하리라"

도루묵의 어원

　임진왜란 때 선조가 피난을 가다 우연히 '묵'이라는 이름의 생선을 맛보게 되었는데, 당시 충분한 영양섭취를 하지 못했던 선조는 묵을 아주 맛있게 먹었고, 이 묵이라는 물고기의 이름을 '은어'로 고칠 것을 명했다.
　전쟁이 끝나고 선조는 당시 맛있게 먹었던 은어를 찾았다. 그러나 궁중음식에 입맛이 들여져 배고팠을 적 먹던 은어의 그 맛이 나지 않았다. 선조는 은어의 맛을 보고 형편없다고 칭하며 "도로 묵이라고 하여라!" 하고 명했다.
　이 일화가 입에서 입으로 전해지다 보니, 도로 묵은 발음하기 편한 '도루묵'으로 변했고, 도루묵은 '다시 본래의 상태로 돌아가 버리는 것'을 칭하는 말이 되었다.

▣ 頤六四

顚頤 吉 虎視眈眈 其欲逐逐 无咎 (전이 길 호시탐탐 기욕축축 무구)

턱이 이마에 붙어 있어도(顚頤) 길하다. 먹이를 노리는 호랑이의 눈처럼(虎視眈眈) 목표를 향해 강렬하게 돌진하는 것은(其欲逐逐) 허물이 없다(无咎)

眈: 노려볼 탐 / 노려보다. 즐기다, 좋아하다, 빠지다   欲: 바랄 욕 / 기대하다, 하고자 하다   逐: 쫓을 축 / 쫓다, 뒤쫓아 가다, 물리치다, 추종하다

六二에서 설명한 바와 같이 전이(顚頤)는 턱이 이마에 붙어서 어긋나 있는 상태를 말하는 것일 뿐만 아니라 욕심이 극에 달한 모습으로 표현하고 있다. 그러나 六四의 턱은 이마에 붙어 있는 턱이기는 하지만 공적인 지위를 갖고 세상을 호령하는 턱이 아니라, 이상향의 목표를 향해 강렬하게 매진하는 순수하고 강직한 턱을 말하고 있다. 턱이 지향하는 동기와 목적이 다른 것이다.

호시탐탐(虎視眈眈)은 강렬한 욕망인데, 그 욕망의 지향점이 학문일 수도 있고, 도의 극치점일 수도 있고 재물이거나 권력일 수도 있다. 그러나 준비하면서 노려보고 기다린다는 것은 좋고 나쁨에서 좋은 쪽의 손을 들어주고 있다.

이(頤)의 道가 약간 모자란 듯하여도 순수한 지향이라면 큰 허물은 없다고 가르치고 있다.

순수한 욕망

세상에 나아가려는 욕망이
꼭대기에 붙어 있어도
준비의 과정이 순수하고 강직하다면

뜻이 가상하다

▣ 頤六五

拂經 居貞 吉 不可涉大川 (불경 거정 길 불가섭대천)
　頤의 도를 아직 깨닫지 못한 사람은(拂經) 끝까지 집에 있어야(居貞) 길하고, 큰 모험도 불가하다(不可涉大川)

　　涉: 건널 섭 / 건너다, 거닐다, 미치다, 이르다

　불경(拂經)이란 아직 頤의 도를 깨닫지 못해 세상에 나가면 안 되는 사람이다. 아직은 경륜이 미천한 사람이다. 경영을 하면 안 되는 사람이고 정치를 하면 안 되는 사람이다.
　그런 사람은 끝까지 은거해야 길하다. 스승을 찾아다니고 더 익혀 가고자 하는 길의 간접경험을 해야 한다. 충분히 자기의 세상을 열어갈 수 있는 능력을 갖추고 목표를 향해 나아가야 한다.
　섭대천(涉大川)이 불가(不可)하다고 한 것은 괜히 준비도 안 되었는데 경영에 뛰어들고 정치에 뛰어들지 말라는 것이다. 준비가 충분하지 않아 패가망신하는 사람을 우리는 많이 본다. 자신만 망신을 당하면 좋은데 주위의 많은 사람들을 물고 들어간다. 모험도 준비된 자가 하는 것이다.

함부로 모험 마라

욕심으로 하는 모험은
망하느니

모험일수록
준비를 철저히 하라

어쩌다 되는 일은
더 큰 욕심 앞에 흩어지고 말아

■ 頤上九

由頤 厲 吉 利涉大川 (유이 려 길 리섭대천)

頤의 도를 세상에 펼칠 인연을 만났다 하더라도(由頤) 頤의 도를 펼침에는 어려움이 따른다(厲). 그래도 길하다. 큰 모험을 해도 이롭다(利涉大川)

由: 말미암을 유 / 말미암다, 인연이 닿다, 따르다, 본으로 하다

여기서도 頤의 道를 펼침에는 사람과의 인연을 말하고 있다. 유이(由頤)는 頤의 道를 펼치는 데 필요한 협력자의 나타남을 의미한다. 由는 이유(理由), 연유(緣由)의 의미를 갖고 있어서 '이유가 있는 턱'이다.

이상과 같이 頤의 의미를 음미해보면 세상을 경영하기 위한 상당히 높은 수준의 준비단계를 성명하고 있다. 그 과정의 옳고 그름과 주의 사항을 열거하고 있다.

성명학에서도 이괘(頤卦)를 갖고 있는 사람은 어느 정도 수준 있는 인생을 살아가는 것을 확인할 수 있다. 공부를 하거나 도를 닦는 것은 고급스러운 인생을 준비하는 것이기 때문이다.

결국 頤는 吉한 것이다. 그러므로 頤의 道를 향한 모험을 권하고 있다. 그리고 頤의 道가 완성되면 세상의 경영에서 큰 모험을 한다 하여도 좋다는 것을 강조하고 있다.

어렵지만 보람 있는 일

道와 인연을 맺고
연마하고 또 연마하고
세상에 나와
행하고 전파하고
이루고 기뻐함이니
나의 흔적을 남김이라

택풍대과(澤風大過)

사람의 능력을 수치로 계량할 수 있다면 얼마나 좋을까? 능력에 부치는 일을 맡아 감당할 수도 없으면서 억지를 쓰게 된다. 능력의 범위를 넘어선 경우를 대과괘에서 설명하고 있다. 노자의 허(虛)의 철학에서 말하듯, 능력에도 여유가 있어야 부하(負荷)가 걸리지 않는다.

第二十八卦 【大過】 澤風大過　兌上巽下

大過：大過 棟 橈 利有攸往 亨
彖曰：大過 大者過也 棟 橈 本末弱也
　　　 剛過而中 巽而說行 利有攸往 乃亨 大過之時 大矣哉
象曰：澤滅木 大過 君子以獨立不懼 遯世无悶

初六：藉用白茅 无咎
象曰：藉用白茅 柔在下也

九二：枯楊生稊 老夫 得其女妻 无不利
象曰：老夫女妻 過以相與也

九三：棟橈 凶
象曰：棟橈之凶 不可以有輔也

九四：棟隆 吉 有它 吝
象曰：棟隆之吉 不橈乎下也

九五：枯楊生華 老婦 得其士夫 无咎 无譽
象曰：枯楊生華 何可久也 老婦士夫亦可醜也

上六：過涉滅頂 凶 无咎
象曰：過涉之凶 不可咎也

28. 택풍대과(澤風大過)

능력에 넘치는 직분

■ 대과괘(大過卦) 해설

대과(大過)는 '크게 넘침'을 의미한다. 감당하기 어려운 과(過)함을 어떻게 대처할 것인가에 대해서 밝혀주고 있다. 넘치는 것에 대한 경계, 과유불급(過猶不及: 정도를 지나침은 미치지 못함과 같다)을 말하는 것이다. 인간에게도 그릇의 크기가 있고 쓰임새가 있다. 크기에 맞게 쓰여지면 무슨 탈이 있겠는가? 격에 맞지 않은 일을 도모하면 마음도 상하고 몸도 상한다.

사람의 인생에서 대과는 본인의 능력과 관계없이 큰 자리에 오르거나 과분한 일을 처리하는 경우이다. 인간사에는 이런 일이 비일비재하다. 분수에 넘는 일을 맡아 허우적거리며 명예도 잃고 건강도 잃은 경우가 허다하다.

욕심이 화근이다. 대과는 욕심에서 나오는 것이다. 절제하고 저축하는 것, 겸손한 것, 겉보다는 속이 실하고 곧은 것을 지향하면 대과를 피할 수 있다.

대과괘는 쓸 만한 동량을 바르게 찾는 방법에 대한 가르침이다. 최고 통치자의 입장에서 인재를 골라 등용시키는 법을 말하고 있다. 회사에서는 직원을 채용하고 배치시키는 법이다. 어떤 일이든 명쾌하게 처리할 수 있는 인물을 적소에 기용한다는 것은 지도자의 입장에서 매우 중요한 일이다.

◼ 大過卦辭

大過 棟橈 利 有攸往 亨 (대과 동요 리 유유왕 형)
너무 지나치면(大過) 리의 시절로 나아감에(利有攸往) 용마루가 휘어진다(棟橈). 더 배우고 자라야 한다(亨)

過: 지날 과 / 지나다, 초월하다, 여유가 있다, 분수를 잃다   棟: 용마루 동 / 용마루, 마룻대, 주춧돌, 중임을 맡은 인물   橈: 굽을 요 / 꺾이다, 휘다

크게 지나친 경우다. 사람의 능력과 맡은 일이 일치하지 않아, 책임이 무거워 조화롭지 못한 상황이다. 건축물에 비유하면 기둥에 비해 지붕이 무거운 경우를 말한다. 이런 상태를 지속하면 용마루가 휘어진다고 표현했다.

그 자리에 쓰일 재목이 아니다. 이런 부조화의 시작은 亨의 시절에서부터 비롯된다는 것이다. 모든 일은 시작할 때 마침을 염두에 두고 계획을 세워야 한다.

배움이 충분하지 못한 인간이 모자란 지식으로 돈벌이에 나가 이리저리 뛰어도 고달픈 인생의 연속이다. 자신의 특성을 살리지 못한 대학 졸업자가 초등학교만 졸업해도 할 수 있는 비정규 아르바이트 업종에서 뛰어다니는 것도 인생의 용마루가 휘어지고 마는 것이다. 그것은 교육의 대과(大過)다. 필요 없이 교육의 지나침은 또한 인생을 망칠 수 있다.

모든 일에는 균형이 중요하다. 교육받은 것과 하는 일의 균형을 맞춰주는 것은 매우 중요한 국가경영의 한 과목이다.

또 배운 것은 미천한데 지나치게 높은 지위나 경험이 없는 일에 종사하는 것도 대과다.

전자의 대과든 후자의 대과든 답은 亨이라 했다. 亨이란 무엇인가? 亨은 '공부하고 자라다'의 속뜻을 갖고 있다. 배우기 시작하는 세 살 정도부터 세상에 나갈 준비가 끝나는 시기인 취직, 결혼, 사업 등의 시작까지이다. 이런 철학적 바탕을 갖고 원형리정을 해석해야 주역의 맛을 이해할 수 있다.

동량

큰 재목은
속이 영글어야

쓸 곳을 마련하지 않고
배움이 넘치지도 말며
배움은 미미한데
높은 곳만 바라지도 말며

균형의 인생은
행복하다

■ 大過初六

藉用白茅 无咎 (자용백모 무구)
(대과의 근본적인 처방은) 흰 띠 풀로 자리를 짜서 사용하면(藉用白茅) 허물이 없다

> 藉: 깔개 자, 왁자할 적 / 깔개, 왁자하다, 그 위에 물건을 두다 茅: 띠 모 / 띠, 띠
> 풀을 베다, 띠로 이은 집

대과의 우를 범하지 않으려면, 겸손하고 또 검소해야 한다. 기와를 덮은 지붕이 아니라 띠풀로 엮은 거적을 덮은 지붕이라면 용마루가 휘어질 일이 있겠는가? 근본적인 해결책을 말하고 있다.

지탱해야 할 의무를 가볍게 해야 한다. 바닥에 까는 것도, 지붕을 덮는 것도 검소하고 가벼우면 무슨 문제가 있겠는가? 지탱에 버겁게 욕심을 부리면 곧 대과가 된다.

검소하고 겸손하라

검소하게 멋을 내고
겸손 속에 덕을 품고
가볍게
사뿐사뿐
흥얼거리는 인생이라면
부지깽이도 용마루가 된다

◾ 大過九二

枯楊生稊 老夫 得其女妻 无不利 (고양생제 노부 득기녀처 무불리)

(대과의 예로) 죽은 버드나무에서 새싹이 돋듯(枯楊生稊) 늙은 홀아비가(老夫) 젊은 여자를 아내로 얻으면(得其女妻) 불리할 것이 없어 보인다 (无不利)

枯: 마를 고 / 마르다, 물이 마르다, 쌓다   楊: 버들 양 / 버드나무   稊 돌피 제 / 돌피, 오래된 뿌리에서 돋아난 새싹

혼인에 있어서 남녀의 궁합이 맞지 않은 것도 대과의 일종으로 보고 있다. 늙은 홀아비가 젊은 처자를 아내로 맞는 것과 같이 누가 봐도 어울리지 않으면 대과임에는 틀림이 없다. 대들보가 무너짐과 같이 흉한 것은 아니라 할지라도, 나쁠 것도 없지만 좋을 것도 없다는 것이다.

고양생제(枯楊生稊)는 물가의 버드나무가 말라 죽으면 그 자리에 돌피(물가에 자라는 벼과의 식물로 80cm 정도의 풀이다)라는 풀이 자란다는 뜻이다. 그런 이치와 마찬가지로 정력이 다 말라버린 늙은이가 젊은 여인을 아내로 맞아들이는 대과의 모습이다. 지나침의 표본을 열거하고 있다. 죽은 버드나무가 소생하는 것이 아니라 버드나무는 죽고 그 자리에 1년생 풀이 무성하게 자란다는 뜻이므로 나무와 풀의 대비를 음미할 필요가 있다. 젊은 여인이 버드나무의 그루터기에 사는 기간은 고작 1년이다. 버드나무의 생명에 비교하면 아주 잠깐이다. 그러므로 유 불리를 크게 논할 필요가 없겠다. 이렇게 잠깐 스쳐가는 것이 눈에 보이는 일은 크게 걱정할 과오의 범위가 아니라 그런 경우도 있음을 알려주는 정도이다.

스쳐가는 과오

바람기 같은
순간의 과오는
인생의 양념과 같은 것

왈가왈부하지 말라

▣ 大過九三

棟橈 凶 (동요 흉)

이미 휘어진 나무로 만든 용마루는(棟橈) 흉하다

지붕이 무거워서 용마루가 휘어진 것이 아니고, 이미 휘어진 나무로 만든 용마루도 대과에 해당된다. 굽은 나무를 단단하다는 이유만으로 용마루로 쓸 수는 없는 것이다. 원래 품성이 바르지 못한 사람을 재능이 있다고 쓰는 것은 대과를 범하는 것이다.

우리도 언제부턴가 고위공직자 인사청문회를 하고 있다. 치자의 위치에 있는 사람은 품성과 능력을 고루 갖춰야 하는데, 우리 토양은 그런 인재를 키우지 못하였다는 생각이 들게 한다. 산천과 인성이 황폐화된 일제강점기를 지나, 먹고사는 데만 온 힘을 기울이던 빈곤의 시대를 벗어나는 과정을 100여 년 지내면서, 군대도 안 가고 출세하려는 몸부림, 부자가 되려는 온갖 술수의 난무 속에 자란 세대가 청문의 대상으로 부각되었기 때문이다.

휘어진 용마루들이다. 품성에 관한 얘기가 된다. 시대가 그러하니 용서해야 하는가? 용서는 반성이 전제되어야 한다. 깊은 통찰과 반성이 있는 자는 화합과 활용의 차원에서 선별적인 등용이 바람직하다고 할 것이다.

근본이 되는 품성

한 번의 실수는 있을 수 있으나
통찰하고 반성하라
용서받을 만하면 용서하리니
군자다워라

■ 大過九四

棟隆 吉 有它 吝 (동륭 길 유사 린)
단단하고 곧은 나무는(棟隆) 길하다. 뱀처럼 굽은 나무는(有它) 어렵다 (吝)

隆: 클 륭 / 크다, 풍성하다, 두텁다, 극진하다, 높다, 성대하다   它: 뱀 사, 다를 타 / 뱀, 다르다

동륭(棟隆)인 사람은 외모는 볼품없을 수 있어도 대인의 기상을 갖고 있는 크게 쓰일 인물을 말한다. 이런 사람은 어떤 조직의 용마루로 쓰면 길하다.

유사(有它)인 인물은 겉으로는 좋아 보여도 속이 휘어 있어서 용마루로 쓴다면 그 조직이 어려워진다.

여기서도 인간의 성품에 관해서 말하고 있다. 사회생활에서 가장 중요한 덕목은 성품임을 강조하고 있다. 성품이 곧은 자가 능력을 갖추는 것은 어렵지 않으나, 성정이 굽은 자가 능력이 있다 한들 쓸 수가 없음이다.

빌지언정 굽지는 마라

덜 영근 것은
시간이 가면 채워지지만

굽은 것은
고칠 수 없음이니

속이 빌지언정 굽지는 마라

▣ 大過九五

枯楊生華 老婦 得其士夫 无咎 无譽 (고양생화 노부 득기사부 무구 무예)

마른 버드나무에서 꽃이 핀다는 것과 같이(枯楊生華) 늙은 과부가(老婦) 젊은 신랑을 얻었다(得其士夫). 허물이 아니지만 영예로운 것도 아니다(无咎无譽)

華:꽃 화 / 꽃, 꽃이 피다, 색채, 번성하다

고양생화(枯楊生華)는 죽은 버드나무에서 꽃이 핀다는 말이니, 고양생제(枯楊生稊)와 비슷한 말이다. 늙은 여자가 젊은 총각을 신랑으로 맞아들였다는 말이다. 이것도 이치에 맞지 않으므로 대과에 해당된다.

그러나 대과는 무슨 일이 일어나도 일어난다는 것을 예시하고 있다. 그런데 파격적인 일이다. 인생에서는 벼락출세의 모습이다. 늙은 과부의 입장에서 결과가 어떻게 되었든 젊은 총각과 혼인한다는 것은 파격이고 횡재에 가까운 사건이다. 성명학에서도 대과괘를 갖고 있으면 능력보다는 넘치는 생각지 못한 파격적인 일을 만나게 된다.

일단은 좋은 일이 생기고 본다. 그래서 대과괘는 약간 좋은 쪽으로 분류된다.

흥분되는 인생

늙은 홀아비가 처녀장가 가고
샌 과부가 총각과 혼인하니
얼씨구

살맛난다
남이야 뭐라 하든
끝이야 허망해도
신나는 인생이로다

■ 大過上六

過涉滅頂 凶 无咎 (과섭멸정 흉 무구)

지나치게 무리해서 건너려 하면(過涉) 멸망에 이르게 되므로(滅頂) 흉하다. 그러나 (다른 이에게까지 피해를 주지는 않으므로) 허물은 없다.

滅: 멸망할 멸 / 멸망하다, 멸하다, 불이 꺼지다   頂: 정수리 정 / 꼭대기, 머리

과섭은 '무리한 건넘'이다. 이치에 맞지 않은 모험이라는 뜻이다. 조화롭지 못한 무리한 모험을 과섭이라고 표현하여 건전한 도전과 모험의 섭대천(涉大川)과 구별된다.

멸정(滅頂)은 패망이다. 무리하여 돌이킬 수 없는 파탄의 상황을 말한다.

주역에서 사용되는 무구(无咎)는 엉뚱하게 비춰지고 해석하기가 난해하다. 그러나 무구의 뜻은 제3자에게 피해를 주지 않아서 허물이 없는 것으로 사용되고 있다. 그러므로 개인적으로는 약간 부정적인 일이지만 사회 전체적으로 볼 때 허물은 없는 것으로 이해할 수 있다.

개인의 시행착오는 개인에게 쓰라린 실패를 안겨주지만 사회에는 실패의 본보기를 남김으로써 경계의 표본이 되기도 한다. 인생사에서 이런 일은 수없이 많다. 제3자가 보기에 평화스럽고 행복하게 보이지만 개인적으로는 엄청난 고통 속에 살아가는 사람이 어디 한둘이겠는가?

우리가 권세가를 바라볼 때 부러워하는 측면이 강하지만 정작 권세가의 입장은 결코 부러움의 대상이 아닌 경우가 많다. 자신의 처지에서 행복을 가꿔가는 지혜를 주역 속에서 배워야 한다.

무리한 모험

무리하지 마라
실패가 코앞에 있다

실패 후
나를 돌봐줄 이 아무도 없으니
자중하고 검소하라

중수감(重水坎)

함정에 빠졌다. 인생을 살다 보면 감당하기 어려운 구덩이에 빠져 허우적거릴 때가 있다. 함정 속에서 대책 없이 몸부림친다고 탈출할 수 있는 것이 아니라 점점 더 나락으로 빠질 수 있다. 어떻게 구덩이에서 탈출할 수 있을까?

第二十九卦 【坎】 重水坎 坎上坎下

卦辭: 習坎 有孚 維心 亨行 有尙
彖曰: 習坎 重險也 水流而不盈 行險而不失其信
　　　維心亨 乃以剛中也 行有尙 往有功也
　　　天險不可升也 地險山川丘陵也
　　　王公設險以守其國 險之時用大矣哉
象曰: 水洊至 習坎 君子以常德行 習敎事

初六: 習坎 入于坎窞 凶　象曰: 習坎入坎 失道凶也

九二: 坎 有險 求 小得　象曰: 求小得 未出中也

六三: 來之坎坎 險 且枕 入于坎窞 勿用
象曰: 來之坎坎 終无功也

六四: 樽酒 簋貳 用缶 納約自牖 終 无咎
象曰: 樽酒簋貳 剛柔際也

九五: 坎不盈 祇旣平 无咎
象曰: 坎不盈 中 未大也

上六: 係用徽纆 寘于叢棘 三歲不得 凶
象曰: 上六失道 凶三歲也

29. 중수감(重水坎)

함정에서 빠져나오는 법

▣ 감괘(坎卦) 해설

감(坎)은 '구덩이, 함정'을 의미한다. 인생을 살다 보면 구덩이에 빠져 허우적거리는 경우가 있다. 큰 함정 작은 함정, 인생의 길에는 곳곳이 지뢰밭이고 함정이다. 본인의 잘못으로 당하는 경우도 있고, 운명적으로 말려들어 운명의 함정에 빠지는 경우도 있다. 결국은 사람과 사람과의 관계에서 욕심으로 인해 함정에 걸려들게 되는 것이다.

걱정이 그치지 않고, 노력해도 영광이 없는 인생을 사는 사람이 많고도 많다. 함정 속에서는 아무 물건도 필요치 않다. 오직 함정에서 나가겠다는 의지와 믿음, 외부의 구조만 있을 뿐이다. 살아가면서 한 사람의 친구라도 만들었는가? 손을 뻗으면 잡아줄 어떤 이를 장만하고 살아야 한다. 함정 속에서도 욕심을 부리면 늪이 용서하지 않는다. 다 벗고, 다 버리고 몸만이라도 무사히 탈출해야 한다.

평상시에 모든 사람에게 공평무사하게 처신한다면 험한 구덩이는 피할 수 있고, 설령 구덩이에 갇히는 불운을 맞더라도 누군가의 도움을 받을 수 있다고 했다. 깊은 구덩이에 이미 빠진 사람은 얄팍한 술수로는 구덩이를 빠져나올 수 없다. 더 깊은 늪으로 빠질 것이다.

감괘(坎卦)는 친구의 중요성을 강조하고 있다. 그냥 알고 지내는 정도의 친구가 아니라 삶을 나누고 고통도 나눌 수 있는 친구를 의미한다. 함정에 빠졌을 때 구해줄 수 있는 사람은 가족과 친구라는 사실을 새기며 살아가야 한다.

   탈출의 지혜를 주역은 가르쳐주고 있다. 자신에 대한 믿음과 자기를 아는 사람에게서 답을 찾아야 한다.

▣ 坎卦辭

習坎 有孚 維心 亨行 有尙 (습감 유부 유심 형행 유상)

   구덩이에 빠져들었다(習坎). (그러나 빠져나올 수 있다는) 믿음을 갖고(有孚) 갈팡질팡하는 마음을 힘차게 붙들어 매라(維心). 그 다음에 빠져나오는 행위를 힘차게 하면(亨行) 좋은 일이 있다(有尙)

> 習: 익힐 습 / 익히다, 되풀이하여 행하다, 익숙하다, 배우다　　坎: 구덩이 감 / 구덩이, 험하다, 고생하다, 함정　　維: 바 유 / 바, 밧줄, 매다, 바치다, 오로지　　尙: 바랄 상 / 바라다, 오히려, 숭상하다, 자랑하다, 꾸미다

   감(坎)은 구덩이, 함정이고 습(習)은 빠져든다는 말이다. 감의 예를 보면 사업의 실패, 사기 당함, 부부 이별, 사랑하는 사람과의 결별, 방탕, 도박, 범죄 등으로 인한 매우 곤란한 지경을 말한다. 이런 경우는 어찌해야 할까?
   구덩이에서 빠져 나오는 방법을 주역은 제시하고 있다. 첫째 자신에 대한 굳은 믿음을 가지라는 것이다. 그 믿음이란 빠져 나갈 수 있다는 믿음이다. 포기하면 만사가 끝장이다. 가장 중요한 것이 본인의 믿음이다.
   둘째로 그 믿음을 바탕으로 해서 꿋꿋한 마음을 힘차게 붙들어 매야 한다. 그리고 뉘우치고 쓸데없는 것들을 버려야 한다. 욕심, 허황된 마음, 요행, 복수 등을 내려놔라. 그것이 유심(維心)이다. 셋째로 힘차게 실행

해야 한다(亨行). 실행함에 머뭇거리면 안 된다. 이때의 亨은 '힘차다'로 해석함이 자연스럽다. 그러면 좋은 일이 있다는 것이다(有尙).

함정에서 벗어나는 요건과 순서를 친절하게 기술하고 있다.

구덩이 속에서

캄캄할수록 별은 더욱 빛나고
이슬은 차갑고
남들은 다
행복해 보이네

행복했던 순간들과
욕심 부리던 순간을 오버랩하며
질책하고 반성하고
가족만 빼고 다 버리세요

행복할 수 있다는 믿음
깨끗한 마음
새로운 각오
힘찬 기운으로 차올라요

■ 坎初六

習坎 入于坎窞 凶 (습감 입우감담 흉)

구덩이에 빠졌는데(習坎) 다시 구덩이 속의 구덩이에 빠지니(入于坎窞) 흉하다

窞: 구덩이 담 / 구덩이, 옆으로 난 구멍이나 구덩이

입우감담(入于坎窞)은 함정 속의 구덩이다. 어려움 속의 어려움이다. 잘못하여 수사당국의 조사를 받는 중에 수사관의 달콤한 유혹이나 압박으로 하지도 않은 범죄사실을 자백하여 더욱 곤경에 빠져 헤어나기 어려운 경우를 말한다. 빚을 해결하기 위하여 범죄를 저지르는 경우다. 요즘은 빚과 관련하여 범죄의 유혹이 더욱 심하다. 또 다른 함정의 구멍에 빠져서는 안 된다.

얕은 수로 빠져나올 수 있다고 생각하면 오산이다. 구덩이에 빠졌을 때에는 더 냉철해져야 한다. 구덩이 밖에 있는 사람의 도움을 받아야 한다. 원칙으로 돌아가라.

갇히다

교도소 감옥은
오히려 편하다

빚쟁이에 쫓기고
복수의 칼날 아래 떨고
굶주림
추위에 몸부림치는
운명에 갇히다

■ 坎九二

坎 有險 求 小得 (감 유험 구 소득)

곤란한 처지에 있는 사람이(坎) 위험을 무릅쓰고(有險) 남을 구해주니 (求) 작은 소득이 있다(小得)

險: 험할 험 / 험하다, 음흉하다, 높다, 어렵다

자신이 구덩이에 빠진 신세이면서 위험의 처지에 있는 남을, 위험을 무릅쓰고 구해주니 작은 소득이 있다고 했다. 자신이 구덩이에서 완전히 벗어나지는 못해도 벗어날 수 있는 디딤돌 하나는 마련했다.

운명적인 함정은 시간을 필요로 한다. 일정한 시간이 흘러야 어려움의 기운이 걷힌다.

남을 구할 수 있다는 것은 어려운 시기의 행운이다. 그 행운을 바탕으로 하여 함정으로부터 탈출의 단초를 마련했다. 二爻가 강하기 때문이다. 환경은 음의 기운으로 함정 속이지만 자신은 힘찬 기운이다.

할 수 있다

구덩이 속일지라도
곧고
센 기운으로
자신을 다스리고
이웃을 사랑하니
하늘이 돕는구나

■ 坎六三

來之坎坎 險 且枕 入于坎窞 勿用 (래지감감 험 차침 입우감담

물용)

험하고 험한 기운이 점점 다가오고 있다(來之坎坎). 위험하다(險). 그런데 또 잠자고 있구나(且枕). 그래서 구덩이 속의 구덩이로 빠지고 마는 것이다(入于坎窞). 그러면 손을 쓸 수가 없다(勿用)

且: 또 차 / 또, 잠깐, 장차   枕: 베개 침 / 베개, 잠자다

사람이 살아가는 동안 위험이 언제 올지 모른다. 현대 사회는 불확실성의 미래를 안고 살아가고 있다. 함정과 위험 속에서 불안의 나날을 살아가는 것이 현대인이다. 나에게는 불행이 오지 않을 것이라는 막연한 생각으로 하루하루를 살아간다는 것은 위험천만하다. 정직하고 순수하고 중용의 도를 지키면서 사는 것이 위험을 예방하는 최상의 방책이다.

안이한 생각으로 그 흔한 보험도 하나 없이 살다가 크게 어려움을 겪는 경우를 우리는 종종 보곤 한다. 위험에 대하여 우리에게 주어진 환경을 적극 활용해야 한다.

졸지 마라! 위험이 닥치고 나면 아무것도 소용없어진다.

졸지 마라

어디가 늪이고
구덩이인지
캄캄한데
또 졸고 있었으니 함정
속으로 빠졌구나

정신 차려!

▣ 坎六四

樽酒 簋貳 用缶 納約自牖 終 无咎 (준주 궤이 용부 납약자유 종 무구)

동이의 정성스런 술과(樽酒) 두 사발의 기장밥으로(簋貳) 소박한 질그 릇을 사용하여(用缶) (초대한 한 사람의 손님에게) 정직한 마음을 선물하 라(納約自牖). 그러면 마침내(終) 허물이 없을 것이다(无咎)

樽: 술통 준 / 술통, 술 단지, 그치다, 그만두다   簋: 제기 이름 궤 / 기장밥을 담는 그릇, 사발   缶: 장군 부 / 장군(배가 불룩하고 목이 좁은 질그릇), 질그릇, 장군 納: 바칠 납 / 바치다, 헌납하다, 넣어두다, 수확하다   約: 맺을 약 / 묶다, 합치다, 약속하다   牖: 창 유 / 창, 밝은 창, 인도하다

구덩이로부터의 탈출은 적극적으로 하되 겸손하고 소박하게 하라고 가르치고 있다.

준주(樽酒)는 개봉하지 않은 동이 술로 정성을 의미한다. 궤이(簋貳)의 두 그릇의 기장밥은 소박하지만 친밀한 느낌을 전할 수 있는 분위기를 연출하고 있다. 부(缶)는 소박한 질그릇이다. 꾸밈없는 정성을 표현한다.

납약(納約)은 뇌물이 아니라 마음이 들어간 정직과 정성의 선물이다. 자유(自牖)는 '스스로의 창'이란 뜻인데 두 가지로 해석이 가능하다. 첫 번째는 선물하고 부탁하는 사람의 정성스럽고 깨끗한 마음의 창을 의미 한다. 또 하나의 자유(自牖)는 '스스로 도와주고 싶은 마음이 일어나다' 이다. 도움을 줄 사람이 스스로 마음이 우러나도록 해야 마침내 허물이 없는 것이다. 이 두 가지 해석을 다 쓰는 것이 좋겠다.

두 그릇의 밥을 마련한 것으로 봐서 손님은 한 사람을 의미한다. 가장 믿을 수 있는 한 사람에게 정성을 다하여라. 분에 넘치는 선물을 준비하

면 상대가 경계하게 되는 경우도 있고, 더 큰 빌미를 제공할 수도 있고 뇌물의 죄를 덮어쓸 수도 있다.

결국 함정에 빠졌을 때는 믿을 수 있는 사람 한 사람을 선정하여 정성을 보이고, 스스로 도와주고 싶은 마음이 생기게 해야 한다. 집중력이 필요하고, 여기저기 쑤시고 다니지 말라는 뜻이다.

진정성과 정성

구원자에게
평생의 은인임을 인식하게 하여
스스로 기껍게 도움을 주게 하라
진정한 정성은
신도 움직인다

▣ 坎九五

坎不盈 祗旣平 无咎 (감불영 지기평 무구)
아직 구덩이에 덜 빠져나온 상태에서는(坎不盈) 공경과 공평해야(祗旣平) 허물이 없다(无咎)

盈: 찰 영 / 차다, 가득 차 넘치다, 퍼지다   祗: 공경할 지 / 공경하다, 다만   旣: 이미 기 / 이미, 벌써, 이윽고

인간관계의 처세를 말하고 있다. 주위의 모든 사람을 다 공경하고 공평하게 대하고 순수하고 정직해야 한다.

곤경 상태에서 빠져 나오는 실마리를 잡고 탈출의 과정을 설명하고 있

다. 아직은 구덩이가 다 차지 않았지만 다 차면 평지의 기운을 되찾고 좋은 운에서 활동하게 된다. 타인을 배려하고 평등하게 하고 공경하는 순수성이 함정에서 완전 탈출하는 최선의 방법이다.

다 나오기도 전에 '복수하겠다' '두고 보자' 는 둥 경거망동하면 구덩이가 메워지는 데 더 많은 시간이 걸릴 것이다.

처세의 원칙

평등
공경
순수

모든 것을 이기는
법칙이다

▣ 坎上六

係用徽纆 寘于叢棘 三歲不得 凶 (계용휘묵 치우총극 삼세부득 흉)
죄를 지어 손과 발이 묶여(係用徽纆) 빽빽한 가시나무 울타리 감옥에 갇혔으니(寘于叢棘) 3년이 가도 용서를 얻지 못한다(三歲不得). 흉하다 (凶).

係: 걸릴 계 / 걸리다, 잇다, 매다   徽: 아름다울 휘 / 아름답다, 굵은 세 겹 밧줄
纆: 노끈 묵 / 두 겹 노끈   寘: 둘 치 / 일정한 곳에 두다, 받아들이다, 채우다   叢:
모일 총 / 모이다, 많다, 번잡하다   棘: 가시나무 극

빠져나올 수 없는 최악의 구덩이에 빠져서는 안 된다. 큰 범죄에 빠져서 갇힌 상태가 되면 벗어날 방법이 없게 된다. 이런 경우는 다른 방법이 없으므로 애당초 범죄에 빠지지 않는 삶을 살도록 해야 함을 말하고 있다.

휘(徽)는 세 가닥 밧줄로 다리를 묶음이고, 묵(纆)은 두 가닥 밧줄로 손을 묶음이다. 치(寘)는 가둠이며, 총극(叢棘)은 촘촘한 가시로 둘러싸인 감옥을 의미한다.

삼세부득(三歲不得)은 중죄인이 3년 감옥살이를 하는데, 3년으로도 풀리지 않은 운명에 처했다는 뜻이다.

여기에서처럼 매우 어려운 곤경에 빠진 경우는 주역에서도 별도의 처방을 내지 못하고 흉(凶)하다고만 하였다. 인생을 살면서 이 지경까지는 가지 말라는 뜻이다.

범죄인

고립되었다
손발이 묶이고
가시울타리에 갇혔으니
빠져나올 길이 없네

인간들이여!
이 지경은 되지 마라

중화리(重火離)

과도한 열기는 인생을 태워버리기도 한다. 젊은 날의 열정은 체력이 감당하기도 하고, 세상이 용인하고 격려하기도 한다. 그러나 나이가 들어서 열기에 의한 혼란으로 일상에서 이탈한다면 결코 바람직하지 못하다. 그 열기에서 벗어나야 한다.

第三十卦 【離】 重火離 離上離下

卦辭: 離 利貞 亨 畜牝牛 吉

彖曰: 離 麗也
　　　日月麗乎天 百穀草木麗乎土 重明以麗乎正 乃化成天下
　　　柔麗乎中正 故亨 是以畜牝牛吉也

象曰: 明兩作離 大人以繼明 照于四方

初九: 履錯然 敬之 无咎　　象曰: 履錯之敬 以辟咎也

六二: 黃離 元吉

象曰: 黃離元吉 得中道也

九三: 日昃之離 不鼓缶而歌 則大耋之嗟 凶

象曰: 日昃之離 何可久也

九四: 突如其來如 焚如 死如 棄如

象曰: 突如其來如 无所容也

六五: 出涕沱若 戚嗟若 吉

象曰: 六五之吉 離王公也

上九: 王用出征 有嘉 折首 獲匪其醜 无咎

象曰: 王用出征 以正邦也

30. 중화리(重火離)

열기 속의 혼란

▣ 리괘(離卦) 해설

리(離)는 과도한 열기로 흩어짐의 기운이다. 중심을 바로 잡지 못하고 마음과 행동이 따로 움직이는 형상을 말한다. 젊음의 끓는 피를 연상케 한다. 방종 속에서 헤매는 혈기 왕성한 시절의 에너지를 어떻게 긍정화 시킬 것인가를 고민해야 한다.

주체할 수 없는 끼, 예술에의 열정, 미친 것 같은 몰두, 밝은 기운, 불길과 같은 성정 등으로 표출된다. 젊은 시절의 열정과 같은 것으로 누구나 있는 것이지만 식지 않은 정열의 인생도 있다.

젊은이의 열정은 일시적으로 겪는 열병과 같은 것이지만 장년이나 노인들이 열기를 뿜어댄다면 사회의 혼란이 오게 마련이다. 청년시절의 짝을 찾는 열기는 아름다운 것이지만, 늙어서도 짝을 찾아 돌아다닌다면 늦바람둥이에 불과하다. 사회불안 요인이 될 수도 있다.

주역의 처방은 균형감을 회복하는 중도에 있다고 한다. 열정과 이성의 조화란 어떤 것인가? 그렇다고 너무 이성적이고 냉정해도 안 된다. 극과 극은 불안을 몰고 온다. 조화로운 생각과 조화로운 행동은 사회를 평화롭게 하는 지름길이다.

한국인은 대체로 열기가 많다. 감성적이다. 빨리 달아오른다. 빨리 식기도 한다. 그런 다이내믹함이 창조의 근원이 된다.

■ 離卦辭

離 利貞 亨 畜牝牛 吉 (리 리정 형 축빈우 길)
열기에 의한 흩어짐의 기운은(離) 利와 貞의 시절에 활발하다(亨). 순한 암소를 기르는 것 같이 하면(畜牝牛) 길하다(吉)

離: 떠날 리 / 떠나다, 떨어지다, 가르다, 헤어지다   牝: 암컷 빈 / 암컷, 음

利와 貞의 시절에 분출되는 열기로 인한 흩어짐의 기운은 많은 문제를 남길 수 있다. 젊은 시절에나 있음직한 열기를 노인이 뿜어대는 것, 사회적인 파장을 크게 일으킬 수 있다.

'열기에 의해 흩어진다' 는 뜻은 생산적이거나 먹고사는 본연의 일보다는 그 이외의 일에 도가 지나치게 신경 쓰고 몰두한다는 의미다. 직업에 충실해야 할 시기에 취미생활이나, 자기만족을 위한 일, 허황된 일에 빠져 있는 모습이다. 그것을 '利貞 亨' 이라고 표현했다.

리(離)의 운이 강성할 때는 순종과 희생, 노력, 여유만이 利貞의 시절에 발산되는 열기를 식힐 수 있다. '암소를 기른다' 는 뜻은 순종과 희생을 배우라는 것이다. 그리고 돈 버는 일에 열중하라. 그러면서 적당히 끼를 발산하여 생산의 활력소로 삼는다면 누가 뭐라고 하겠는가?

열기가 넘칠 때

직업을 버리고
본처를 버리고
늦바람의 열기에 묻혀
몸부림치는구나

누가 그 끼를 묶을까?
그를 코뚜레할 수 있는 신(神)을
찾아라

▣ 離初九

履錯然 敬之 无咎 (리착연 경지 무구)
신발이 뒤죽박죽되어 있는 무질서 속에서는(履錯然) 남을 공경하면(敬之) 허물이 없다(无咎)

履: 신 리 / 신, 신다, 밟다   錯: 섞일 착, 둘 조 / 섞이다, 두다, 어지러워지다, 등지다   然: 그러할 연 / 그러하다

신발이 뒤섞인 것처럼 무질서의 열기는 오만의 표본이다. 왜 신발이 뒤섞였는가? 신발을 벗고 난 다음의 뭔가가 욕심낼 만한 대상이 있다는 것이다. 먹을 것이 있다든지 구경거리가 있다든지 차지할 어떤 목표가 있기 때문에 신발 따위는 아랑곳하지 않아 마구 뒤섞였다. 적어도 어떤 집단이거나 사회가 열기에 휩싸여 있는 모습이다.

질서가 우선이다. 이럴 때는 상대방을 공경해야 허물이 없다. 자신을 낮추어야 한다. 겸손하고 공경의 마음을 갖춰서 질서를 잡아가면 열기를 누그러뜨릴 수 있다.

혼란 속의 질서

열기의 혼란 속에서는
'장유유서'

'이성'
'도덕'
모든 것을 다 동원해서라도
질서를
질서를…

▣ 離六二

黃離 元吉 (황리 원길)
離는 중용으로 대처해야(黃離) 근원적으로 길하다(元吉)

黃: 누를 황 / 누른 빛, 늙은이, 황금, 중앙, 중용

황(黃)은 중앙과 중용을 의미한다. 열기로 인한 흩어짐을 다스리는 데는 토(土)의 성질인 중용의 道가 근원적인 처방이라는 것이다.
가장 이상적인 처방이기는 하지만 극히 이론적이다. 이성을 잃은 열기 속에서 중용을 논하는 것은 시의적절하지 않다. 미리 중용을 교육하여 예방해야 한다고 받아들여야 하겠다.

열기의 대처

열기가 오르기 전
중용의 도를 가르쳐
지나침을 예방하라
예방은 근원적인 대처이니

▣ 離九三

日昃之離 不鼓缶而歌 則大耋之嗟 凶 (일측지리 불고부이가 즉대질지차 흉)

뜨거운 열기가 약간 기울어졌는데(日昃之離) (상황이 호전되었다고) 북 치고 장구 치고 노래하며 호들갑 떨지 말라(不鼓缶而歌). 곧 경험이 많아 혜안을 가진 노인이 탄식을 한다(則大耋之嗟). 흉하다(凶)

昃: 기울 측/해가 기울다, 오후　鼓: 북 고/북, 두드리다, 맥박　缶: 장군 부/질 그릇 장구　歌: 노래 가/노래하다　耋: 늙은이 질　嗟: 탄식할 차

離(리)의 열기가 약간 주춤했다고 해서 지나갔다고 생각하고 좋아하지 마라. 주춤했다가 더 거세게 번지는 불은 얼마든지 있다. 본질과 내용을 아는 사람은 어림없는 일이라고 탄식하고 있다.

열기의 근원인 태양이 기울어 오후가 되어도 이미 달구어진 몸체는 더 큰 열기를 느끼게 된다. 그것도 모르고 금방 끝날 것이라는 안이한 생각을 하면 세상의 이치를 경험한 팔순 노인은 걱정의 한탄을 한다. 열기는 그렇게 쉽게 빠지는 것이 아니다. 열기의 본질을 설명하고 있다. 바람도 끼가 있는 사람이 난다. 죽은 줄 알았던 잔불이 큰불이 되는 경우는 얼마든지 있다.

잔불을 조심하라

열기를 잡았다고 오판하지 마라
열기는 죽어야 꺼진다

■ 離九四

突如其來如 焚如 死如 棄如 (돌여기래여 분여 사여 기여)

돌연히 離의 기운이 다시 나타나(突如其來如) 불태우고(焚如) 죽이고 (死如) 버린다(棄如).

突: 갑자기 돌 / 갑자기, 부딪히다   焚: 불사를 분 / 타다, 불을 놓아 사냥하다
棄: 버릴 기 / 버리다, 그만두다, 물리치다

기운 줄 알았던 離의 기세가 다시 되살아나서 큰 혼란이 발생했다. 노인의 염려가 현실로 나타난 경우이다.
離의 기세가 더 심해진 경우이다. 포악스럽다. 전혀 다스려지지 않는 상황이다. 방심했던 잔불이 되살아나면 엄청난 재앙을 부른다.

방심의 결과

'자나 깨나 불조심' 은
그냥 나온 말이 아니다
'꺼진 불도 다시 보자' 는
더욱 그렇다
누가 잔불이라고 업수이 보는가?

태우고 죽이고 버리고
만신창이가 되었다

▣ 離六五

出涕沱若 戚嗟若 吉 (출체타약 척차약 길)
끊임없이 눈물을 흘려(出涕沱若) 참회하고 한탄하면(戚嗟若) 길하다 (吉)

涕: 눈물 체 / 눈물을 흘리며 울다   沱: 물 이름 타 / 눈물을 흘리는 모양   若: 같을 약 / 같다, 너, 만일   戚: 슬퍼할 척

離의 기운이 기세가 올라 어찌할 도리가 없으면 눈물을 흘리며, 북 치고 장구 치고 노래하며 즐거워하던 것을 참회하고 근신하며 진심으로 잘못을 빌어야 한다. 열기로 인한 방랑의 순간을 후회하고 참회해야 한다.
늦바람으로 가정을 버린 가장은 가정으로 돌아와 부인에게 용서를 빌고 한탄의 눈물로 과거를 씻어야 한다. 자기만족을 채우기 위해 돈벌이를 외면해 파탄에 이른 가장도 근신해야 한다.
주역은 참회하고 근신하기를 요구하고 있다. 그래도 길하다는 것은 인간사에서 있을 수 있는 일들이고, 순간순간 거쳐 가는 열병이라는 것이다.

근신하라

열병의 끝은 허망하다
식고 나면 언제 뜨거웠었는지도 모른다
태워진 것들에 대한
안타까움과 속죄의 참회로
인생은 새롭다

▣ 離上九

王用出征 有嘉 折首 獲匪其醜 无咎 (왕용출정 유가 절수 획비기추 무구)

왕이 직접 혼란을 정벌하러 나서니(王用出征) (백성들은) 즐거움이 있다(有嘉). 혼란의 우두머리를 죽이고(折首) 그 부하들은 잡아 죽이지 않는다(獲匪其醜). 허물이 없어진다(无咎)

嘉: 아름다울 가 / 아름답다, 훌륭하다, 기쁘다   折: 꺾을 절 / 꺾다, 자르다   獲: 얻을 획 / 얻다, 짐승을 잡다, 빼앗다   醜: 추할 추 / 추하다, 무리

국가적 차원의 과열된 열기로 혼란이 오면 왕이 직접 나서서 질서를 바로잡아야 한다. 혼란의 주범을 잡아 죽이고, 단순히 따르는 사람은 용서하면 허물이 없다고 한다. 정치적인 결단이 필요한 경우이다.

열기로 인한 추종자는 용서하는 포용의 정치가 아름다운 모습이다. 백성들이 기뻐한다. 이해하고 포용하는 군주, 분열을 수습하고 백성을 기쁘게 하는 군주가 성군임은 말할 필요도 없다. 우리가 사는 세상에서도 포용의 군주를 만나고 싶다.

포용의 군주

과열을 잠재우고
주범을 징벌하고 동조자를 포용하고
백성을 기쁘게 하는
군주
왕 중의 왕을 만나고 싶다

택산함(澤山咸)

　사랑의 감정으로 자신의 가슴이 따뜻해지고, 그 따뜻함을 나눔으로 상대의 가슴도 따뜻해져, 가슴 따뜻한 세상을 만들어가는 조화로움의 근원! 사랑을 가꾸고 사랑을 나누고 사랑을 외치다 죽는 아름다운 인간으로 살 수는 없을까? 주역은 인간사 가치의 으뜸은 '사랑'이라고 거듭 외치고 있다.

第三十一卦 【咸】澤山咸 兌上艮下

卦辭：咸 亨利貞 取女 吉
彖曰：咸 感也 柔上而剛下 二氣感應以相與 止而說 男下女
　　　是以亨利貞取女吉也
　　　天地感而萬物化生 聖人感人心而天下和平
　　　觀其所感而天地萬物之情 可見矣
象曰：山上有澤 咸 君子以虛受人

初六：咸其拇
象曰：咸其拇 志在外也

六二：咸其腓 凶 居 吉
象曰：雖凶居吉 順 不害也

九三：咸其股 執其隨 往 吝
象曰：咸其股 亦不處也 志在隨人 所執下也

九四：貞吉悔亡 憧憧往來 朋從爾思
象曰：貞吉悔亡 未感害也 憧憧往來 未光大也

九五：咸其脢 无悔　　象曰：咸其脢 志末也

上六：咸其輔頰舌　　象曰：咸其輔頰舌 滕口說也

31. 택산함(澤山咸)

참사랑의 실체

■ 함괘(咸卦) 해설

　함(咸)은 '순수한 감정의 사랑'이다. 참사랑이라고 할 수 있다. 제짝을 만난 남녀의 애틋한 사랑, 모정, 깊은 우정 등 일대일의 개인적인 사랑일 수도 있고, 일대다(一對多)의 사랑의 모습인 민족애, 인류애와 같은 차원 높은 사랑도 있으며, 다대일(多對一)의 숭배적인 사랑인 인기인의 팬클럽 같은 것도 있다.
　또한 종교적인 사랑인 '예수의 사랑'과 '부처의 자비'도 참사랑의 범주에 포함시킬 수 있을 것이다.
　주역의 30번째 괘까지를 상경(上經)이라 부르며, 점술적인 해석으로는 선천(先天)을 기술하였다고 한다. 31번째부터 64괘까지를 주역의 하경(下經)이라 부르며 후천(後天)에 해당하는 인간사를 기술하였다. 하경(下經)의 첫 번째 장(章)에 함(咸)괘를 놓은 것은 인간이 사는 세상에서 가장 으뜸가는 가치가 '사랑'이라고 역설하고 있는 것이다.
　함(咸)은 또한 감성과 느낌이다. 이(理)의 반대개념이다. 태극의 음양과 같이 남녀의 진정한 사랑을 함(咸)괘에서 설명하고 있다.
　인간의 인격은 이성과 감성의 조화에서 완성된다. 감성과 사랑은 개인적인 차이도 심하고, 시간과 장소에 따라서 오묘하게 변화하고, 나이와 환경에 따라서도 다양하게 표출된다.
　이(理)를 다분히 과학적인 사고이고 양의 성질이라고 한다면 함(咸)은 감성이고 느낌이며 음의 기운이다. 인간의 온갖 수양과 도를 닦는 것은 함(咸)을 향상시키기 위한 작업이다.

▣ 咸卦辭

咸 亨利貞 取女 吉 (함 형리정 취녀 길)
함(咸)은 무극의 시절을 제외한 형, 리, 정의 시절에 통한다(咸 亨利貞). 사랑으로 여인을 얻으면 길하다(取女 吉)

咸:다 함/다, 모두, 두루 미치다, 같게 하다　取: 취할 취/취하다, 돕다, 의지하다

사람이 태어나면 함(咸)과 함께 살아간다. 咸은 순수한 사랑의 감정을 말한다. 이성을 만날 때도 순수한 사랑의 감정으로 다가가면 길하다고 했다.
　사랑은 인생 전반을 지배하는 가치다. 여기에서 말하고자 하는 사랑은 일대일 쌍방향의 사랑을 원칙으로 기술하고 있다. 가장 표본적인 것이 음과 양의 결합인 성숙한 남녀의 사랑을 그 대상으로 상상할 수 있다. 주역은 남성인 군자를 주인공으로 쓴 저술이므로, 그 짝이 되는 '취녀(取女)'를 언급함으로써 사랑의 완전성을 말하고 있다.
　사랑의 출발점은 사랑의 결합체인 남녀의 조화와 같은 순수성에서 찾을 수 있다는 것을 강조하고 있다.

　　　사랑의 원천

　　　　사랑의 시작이며 극치는
　　　　짝과의 완전한 결합이다

그 결합의 산물은
위대한 창조물의 유전(遺傳)이다

인간의 세상을 돌리는 건
사랑이다

▣ 咸初六

咸其拇 (함기무)
사랑은(咸) 우리의 갈 길이며 목표다(其拇: 그 엄지발가락이다)

拇: 엄지 무 / 엄지손가락, 엄지발가락

직역하면 '함(咸)은 엄지발가락에 있다'이다. 엄지발가락은 우리가 가고자 하는 방향을 가리키고 있다. 사람이 걸어갈 때 가장 앞서 가는 것이 엄지발가락이다. 인간이 나아갈 방향은 사랑이라는 것이다.

기독교의 성경에서 역설하는 '사랑'이라는 것을 주역에서는 간단하게 함축하여 '함기무(咸其拇)'로 표현하고 있다. 함은 우리의 갈 길이므로 열심히 다듬고 실천해야 한다.

이어서 설명하고 있는 咸의 단계에서 볼 때 엄지발가락의 咸은 가장 낮은 단계의 咸이다. 그러나 가장 원초적인 咸이므로 가장 순수하고 소중하다.

인간사의 어떠한 어려움도 사랑으로 해결해야 한다. 30장까지 상경에서 설명한 주역의 초점이 '믿음'과 '중용'이었다면, 인간사를 다루는 하경의 화두이며 초점은 '사랑'이다.

가장 위대한 가치

믿음, 중용, 사랑
그중에 제일은 사랑이라

사랑은
품고
존중하고
용서하게 하고
용기를 갖게 하고
힘을 내게 하고
인간도 생산한다

▣ 咸六二

咸其腓 凶 居 吉 (함기비 흉 거 길)

장딴지의 함과 같이(咸其腓) 미숙한 함은 흉하다(凶). 함부로 나가지 말고 머물러 있어야(居) 길하다(吉)

腓: 장딴지 비 居: 있을 거 / 있다, 살다, 거주하다, 앉다

장딴지는 종아리 부분이다. 아직은 다듬어지지 않은 咸이다. 열 살 아래의 어린아이의 咸이라고 할 수 있다. 미숙한 咸이므로 흉하다. 종아리를 맞으면서 더 교육받고, 다듬는 과정을 거(居)라고 표현했다. 그런 교육의 과정은 길하다. '종아리의 매는 사랑이다' 라는 것은 여기에서 연유된 말이다.

인간사의 기본인 사랑의 교육을 받지 않은 상태에서 세상에 나아감은 흉하다고 했다. 가장 중요한 가치를 수행할 능력 없이 현장에 나갈 수는 없다. 더 성장하고 실질적인 교육을 받아야 하는 시기이다.

咸의 발전단계를 신체의 부위를 아래서부터 위로 비유하면서 가르침을 주고 있다. 주역의 기자는 인체의 구조뿐만 아니라 삼라만상의 원리를 이해하는 자가 뜻을 헤아릴 수 있도록 깊은 비유를 쓰고 있다. 그래서 주역을 어렵다고 한다. 당연한 일이다. 그래서 주역은 끝없이 성취감을 주는 흥미진진한 학문이다. 이 대목도 독자들은 필자와 다른 깨달음을 얻고 희열을 맛보는 순간이 될 수도 있다. 장딴지가 우리 몸에서 어떤 구조이고 어떤 역할을 하며 무슨 메시지를 주는 기관인지, 3천여 년 전 선인들의 생각을 더듬어보는 재미가 그만이다.

종아리 사랑

타고나는 사랑에서 참사랑에로의 발전은
교육으로 완성됨이니
아이 종아리 피멍은
'사랑의 꽃'

■ 咸九三

咸其股 執其隨 往 吝 (함기고 집기수 왕 린)

(아직은 의사 결정이 미숙한) 넓적다리의 함은(咸其股) 어른을 따르며 더 배워야 한다(執其隨). 아직 나아가면(往) 궁색해진다(吝)

股: 넓적다리고   執: 잡을 집 / 잡다, 지키다, 가지다   隨: 따를 수고(股)는 엉덩이 바로 밑 부분이다. 아직은 인체의 하부일 뿐 상부기관이 아니다. 수동적이어야 한다. 능동적인 결정의 단계에 이르지 못하였다. 인간의 연령으로는 사춘기의 과정을 거치는 시기로 사랑에 눈뜨기 시작하는 과정이다. 매우 위험한 시기이다.

집기수(執其隨)는 윗사람을 따라다니며 가르침을 더 받아야 한다는 뜻이다. 직역하면 '그 따름을 잡아라' 정도로 해석할 수 있다. 따를 만한 선생을 잡아서 배워야 한다는 뜻이다.

이 시기에 함부로 사회에 나아가면 곤란해진다는 것은 당연한 일이다.

3장 둔(屯)괘에서 설명한 사춘기의 첫사랑과 연계하여 음미할 필요가 있다. 주역은 선천의 하늘과 땅 다음에 자연적인 사랑의 발로인 사춘기의 사랑에 대하여 설명하고, 후천의 첫머리에 성숙한 사랑인 咸괘를 놓았다. 사랑이 인간사에서 으뜸의 가치임을 천명하고 있는 것이다.

사랑의 홍역

누구나 치르는
사랑의 열병
사춘기의 아픔으로 대신하매
홍역의 마마딱지마다
사랑이 담겼네

■ 咸九四

貞吉悔亡 憧憧往來 朋從爾思 (정길회망 동동왕래 붕종이사)
(함의 도를 깨달으면) 끝까지 길하고(貞吉) 후회할 일이 생기지 않는다(悔亡). (몹시 그리워하여) 동동거리며(憧憧) 가고 오고 하면(往來) 벗이

내 생각을 따르게 된다(朋從爾思)

憧: 그리워할 동 / 그리워하다, 왕래가 빈번하다　從: 좇을 종 / 좇다, 순직하다, 나아가다　爾: 너 이 / 너, 그, 같이, 가깝다, 어조사

사랑이 표현의 단계에 왔다. 열애의 단계다. 우리말에도 '동동거린다'는 말이 있다. 안타깝게 그리워하는 모습으로 쓰이는 말이다.

못 잊어 그리워하면서 가고 오는 것, 그래도 후회하지 않는다는 것은 감정에 대한 통제가 가능한 것이다. 얼마나 절실한 열애의 과정을 표현한 말인가? 벗과 내가 하나가 되는 咸의 완벽한 경지다. 사랑하는 사람과 일체를 이루는 완전성을 표현하고 있다. 뾰족한 것과 오목한 것이 만나 맞춰진 모습이다. 위에는 연못이고 아래는 산이니 택산함(澤山咸)이다.

아름다운 결합

암(음)
수(양)
결합
잉태
생산
유전(遺傳)

▣ 咸九五

咸其脢 无悔 (함기매 무회)

희생하고 봉사하는 함은(咸其脢) 후회함이 없다(无悔)

脢: 등심 매 / 등심, 등의 고기

매(脢)는 등짝에 붙은 고기를 말한다. 등심은 지게 지고 일하는 인체 기관이다. '등골이 빠진다' 는 것은 일을 많이 한다는 표현이다. 등은 지극히 수동적이고 욕심이 없는 기관이다. 앞에 붙어 있는 눈, 코, 입 등과 같이 욕심이 가득한 기관과는 차원이 다르다.

함기매(咸其脢)는 희생과 봉사의 사랑이다. 자신의 욕심을 채우기 위한 사랑이 아니라 진정으로 남을 위한 사랑을 주역은 가르치고 있다. 인간이 남녀가 사랑으로 만나 생산하고 키우고 제짝을 만들어 보내고 나면, 남을 위해 봉사하는 또 다른 사랑의 과정이 기다리고 있다는 것이다.

'사랑하면서 살라! 죽는 순간까지!' 이것이 인간의 삶의 목표이고 가치이며 道이다. 또한 남을 위한 희생과 봉사의 희열을 느끼게 하는 신이 내려주신 또 다른 배려이다.

사랑의 열매는 희생과 봉사다

사랑의 꽃은
결합과 생산

사랑의 열매는
희생
봉사

■ 咸上六

咸其輔頰舌 (함기보협설)

광대뼈와 뺨, 혀(말로 咸을 펼침)를 통해 드러나는(其輔頰舌) 咸의 경지를 말한다

輔: 광대뼈 보 / 광대뼈, 돕다, 재상, 아전   頰: 뺨 협   舌: 혀 설

함(咸)이 더 발전한 단계는 말로써 사랑을 펼치는 단계다. 머리에서 생각하는 것을 드러내는 기관이 보협설(輔頰舌)이다. 광대뼈와 뺨과 혀는 말할 때 쓰이는 필수기관이다.

예수와 부처처럼 설교로 인간을 교화하는 것이다.

사랑의 단계를 보면 사랑을 배우고 아픔을 겪고 짝을 만나 결합하고 생산하는 것이며 그러고 나서 사랑을 선포하는 것이다. 가톨릭 예식에서 모든 의식이 다 끝나고 맨 마지막 메시지가 "가서. 복음을 전합시다!"인데, 여기서 복음은 '사랑'을 의미한다. 예수가 가르치는 사랑을 전파하라는 것이다. 동서의 모든 종교나 사상이 으뜸으로 가르치는 가치가 '사랑'임이 증명되었다.

육체적인 희생과 봉사를 통한 사랑의 다음 단계로 정신적인 사랑의 표출을 설명하고 있다.

통일교의 교리에서 주역사상을 맨 머리에 두고 있는 것은 우연이 아니다.

끝없는 사랑

동서를 불문하고
시대를 넘어
영원한 목표이며
가치인
사랑

뢰풍항(雷風恒)

변해야 하는 것과 변하지 말아야 하는 것에 대하여 가치를 따져본다면 우열을 가리기 힘들다. 그중에서 변하지 말아야 하는 것에 대하여 어떤 가치를 부여해야 하는가? 군자는 항(恒)에 안주해서는 안 된다.

第三十二卦 【恒】雷風恒 震上巽下

卦辭：恒 亨 无咎 利貞 利有攸往
彖曰：恒 久也 剛上而柔下 雷風相與 巽而動 剛柔皆應 恒
　　　恒亨无咎利貞 久於其道也 天地之道恒久而不已也
　　　利有攸往 終則有始也 日月得天而能久照
　　　四時變化而能久成 聖人 久於其道而天下化成
　　　觀其所恒而天地萬物之情 可見矣
象曰：雷風 恒 君子以立不易方

初六：浚恒 貞 凶 无攸利　　象曰：浚恒之凶 始求深也

九二：悔亡　象曰：九二悔亡 能久中也

九三：不恒其德 或承之羞 貞 吝
象曰：不恒其德 无所容也

九四：田无禽　象曰：久非其位 安得禽也

六五：恒其德 貞 婦人 吉 夫子 凶
象曰：婦人貞吉 從一而終也 夫子 制義 從婦凶也

上六：振恒 凶
象曰：振恒在上 大无功也

32. 뢰풍항(雷風恒)

변화와 불변

■ 항괘(恒卦) 해설

항(恒)은 '항구함'이다. 변하지 않은 '불변인 것'을 恒이라 표현하고 있다. 허공에 떠 있는 공기와 바람, 우레와 같은 것을 恒의 물질적 표본으로 삼고 있다. 인간적으로는 장남과 장녀의 결합이 恒이다. 상괘의 뢰(雷)는 장남을 의미하고, 하괘의 풍(風)은 장녀를 의미한다. 남과 여의 결합이고, 어른이 되어 짝을 만남이므로 항구한 가정을 이룸이다. 사랑 다음에 결합된 가정의 괘를 놓았다.

세상에서 변하는 것과 변하지 않는 것은 무엇인가? 사람도 변하고 자연도 변하고 우주도 변화한다. 그 속에서도 변해서는 안 되는 것을 주역에서는 恒이라고 표현하고 있다. 인간의 삶을 자연의 변화 속에 맡겨 일치시킨다면 변화를 느끼지 못하며 살아갈 수 있을지도 모른다.

자연의 변화는 반복적인 순환과 조화를 기본 원리로 삼고 끊임없이 변화한다. 그런 자연의 변화는 항구하게 규칙적으로 일어난다. '규칙적인 변화'를 항구성으로 보고 있다.

변화하는 것에 대한 순종, 변화하지 않는 恒에 대한 존중을 주역은 설명하고 있다. 자연에 은거한 도사의 삶도 중요하고 세속에서 변화와 변동에 부딪히며 고달프게 발전하고 쇠퇴하는 인간의 삶을 위해 처방을 제시하는 것이 주역이다. 과연 항의 道는 어떻게 찾으며 깨닫는 것일까?

▣ 恒卦辭

恒 亨 无咎 利貞 利有攸往 (항 형 무구 리정 리유유왕)

변하지 않는 태도인 항은(恒) 젊은 시절에는(亨) 허물이 되지 않는다(无咎). 그러나 利와 貞의 시절에는(利貞) 적극적으로 나아가 변화를 추구해야 이롭다(利有攸往)

恒: 항상 항 / 언제나, 변치 않다

주역은 자연을 기준으로 하여 변화와 불변의 이론을 정립하고 있다. 자연은 거의 변하지 않는 것, 인간과 문명은 변하는 것으로 정의하고 있다. 자연을 닮으려는 것이 恒이다.

亨의 시절은 변화와 개혁을 주도하는 시절이 아니라 잠재력을 키우는 시절이기 때문에 亨의 시절에는 별 상관이 없다고 한다. 그러나 利와 貞의 시절에는 자기를 중심으로 끊임없이 변화와 개혁을 주도하여 인류문명을 향상시켜야 한다. 자연과 닮은 恒을 추구하는 사람들은 은거자, 수도자들이 선택한 삶이다.

성명학에서도 이름 속에 항괘(恒卦)를 갖고 있으면 수도자와 같은 속성을 지니게 된다. 다분히 사색적이고 원리에 집착하고 고고함을 유지하려는 삶을 산다.

인간의 항구성

젊은 날에
자라고 배우는 데 항구함을 갖고
일구고 수확함에는
배운 것을 활용하고 利를 취하고

변화의 주역이 되고

■ 恒初六

浚恒 貞 凶 无攸利 (준항 정 흉 무유리)

항의 생활에 오래도록 깊게 빠져 있으면(浚恒) 끝이(貞) 흉하고(凶) 유리할 것이 없다(无攸利)

浚: 깊을 준 / 깊다, 치다, 빼앗다, 재물을 약탈하다

자연 속에서 무위의 생활을 하는 것은 개인적으로는 안락을 느낄지 모르지만, 발전도 퇴보도 없는 의미 없는 생활이고 현실에서 물러남이다. 주역의 주인공인 군자는 변화의 주체이므로 변화에서 결코 자유로울 수 없다. 그러므로 변화를 힘차게 주도해야 한다.

恒을 지켜야 하는 수도자가 아닌 보통 사람이 자연친화적인 항구함에 깊이 빠져 있다면 흉하고 유리할 것이 없다.

이상한 것에 빠진 가장(家長)

이것이 아니면 못 산다고
이상한 것에 빠져
일탈이 생활화된 가장

돈도 벌어오지 않고
가족도 돌보지 않아
흉하구나

◨ 恒九二

悔亡 (회망)
후회가 없다

항(恒)은 인간적인 목표나 성취가 없다. 자연과 동화되려는 것이다. 잃을 것도 없고 얻는 것도 없다. 이것은 인간적인 삶이 아니다. 인간은 욕심과 후회 속에서 살아간다. 정도의 차이만 있을 뿐이다.

후회할 것이 없는 삶, 도인의 길을 가는 거룩한 삶을 살아가는 사람에게 세상사를 논할 수 없다. 자신의 길을 갈 뿐이다.

후회 없는 삶

후회 않겠다고
속세의 삶을 버리고
욕심도 다 버리고 나면
새처럼 살다 죽겠구나
알을 낳지 않은 새

◨ 恒九三

不恒其德 或承之羞 貞吝 (불항기덕 혹승지수 정 린)
恒의 덕을(其德) 무시하고 부정했다가는(不恒) 혹 수치스런 일을 당할 수도 있고(或承之羞) 결국 곤란한 지경에 이른다(貞吝)

承: 받들 승 / 받들다, 공경하여 높이어 모시다, 잇다, 계승하다　羞: 부끄러울 수

온 세상이 변화와 개혁만 지향한다면 미친 세상이 될 것이다. 恒의 삶을 사는 사람들이 인간의 삶에 균형을 맞춰주고 있는 것이다. 마땅히 존중되어야 한다. 인간의 삶에서 恒의 삶을 살아가는 수도자들의 인생을 존중해야 한다. 성직자들이 보통 사람들의 물질적 편향과 변화 일변도의 생각을 바로잡아 균형을 만들어가는 역할을 하고 있다.
　　그래서 恒의 힘은 강한 것이다. 소수의 성직자들이 대중의 생각과 균형을 맞춰가는 것을 보면 그것을 알 수 있다. 인간은 누구나 절대자에게 의지하게 되어 있다. 그래서 신과 가깝다고 생각하는 곳으로 마음이 뻗치는 것이다. 恒은 心(마음 심)+亘(뻗칠 긍)으로 이루어졌다. 곧 '마음이 뻗치는 곳'이라 해석할 수 있다. 결국 마음이 뻗치는 곳이란 '절대자가 있는 곳' '자연의 힘'이 아니겠는가?

　　　　마음이 뻗치는 곳

　　　　숨겨둔 고향
　　　　속으로 꺼내 보고
　　　　그리워하는 곳

　　　　인간의 본향인
　　　　자연과 신께
　　　　의탁하는 마음은 恒이다

◼ 恒九四

田无禽 (전무금)
　사냥터에(田) 사냥감이 없다(无禽)

禽: 날짐승 금 / 짐승의 총칭

전(田)은 경작의 대상이고 금(禽)은 소출이다. 인간이 살아가는 데 필요한 소출이 없다는 것은 경제활동을 하지 않는다는 것이다. 恒의 생활에는 경제적인 결실이 없다. 먹고사는 것에 문제가 된다. 일정한 소득이 없다. 恒의 생활은 어려운 것이다. 엉뚱한 곳에 생각이 팔려 있는 것이다. 그래서 보통 사람이 지향할 일이 아니다.

소출이 없다

가족이 있는 가장은
이상한 곳에 생각을 두지 말라
소출이 없어 곤란하다

恒은 아무나 하는 것이
아니다

■ 恒六五

恒其德 貞 婦人 吉 夫子 凶 (항기덕 정 부인 길 부자 흉)

항의 덕을(恒其德) 끝까지 유지해도(貞) 부녀자는 길하다(婦人 吉). 가장이 항에 빠지면(夫子) 흉하다(凶)

婦: 지어미 부 / 아내, 여자, 며느리   夫: 지아비 부 / 사내, 장정

가정의 안정을 책임지는 부녀자는 恒의 덕을 갖고 있어도 길하다. 밖

에서 변화와 개혁을 추구하고 소출을 만들어내는 군자의 역할과 조화를 이루는 주부는 지향점이 다름을 이야기하고 있다. 주부는 가족의 안녕을 빌기 위해 신과 가까이하고 욕심 없는 생활이 훌륭한 가정을 만들어간다.

경제적인 소득으로 가족을 책임져야 하는 가장의 경우 恒의 덕을 오래 지속하는 것은 절대로 흉하다고 했다. 恒에는 소출이 없기 때문이다.

주부와 항덕(恒德)

가족의 안녕과
가정의 번창은
주부의 염원

욕심을 절제케하고
신께 간구함이
항(恒)의 덕(德)이다

▣ 恒上六

振恒 凶 (진항 흉)
과도하게 몸부림치는(振) 恒은 흉하다

振: 떨칠 진 / 떨치다, 진동하다, 움직이다, 구원하다

진(振)은 격렬하게 움직이는 것으로 변화에 대한 집착이다. 恒의 道와 일상의 욕망의 잘못된 결합이라고 할 수 있다. 恒으로 이름을 떨쳐 세상을 뒤엎으려는 시도를 말하고 있다.

어떤 여승이 자연의 이름을 빌려 터널공사를 반대하며 단식투쟁하여 유명인사가 된 경우가 여기에 해당된다. 또 성직자들이 정의 구현을 외치며 과도하게 세상사에 관여한다면 성직자로서의 신비감이 퇴색되어 본연의 성직을 수행하기가 힘들지 않겠는가?

진정한 恒의 道는 쉽지 않은 길이다. 그래도 모든 걸 버리고 恒의 길을 가고 있다면 자신의 길에 충실해야 한다. 자신을 드러낼수록 흉해진다.

나서지 마라

속세를 벗어난
수도자는
세상일에 나서지 마라
그것이 恒을 지키는 길이다

천산둔(天山遯)

언젠가는 정든 곳에서 물러나야 한다. 이사를 해서 있던 곳에서 물러나고, 여인은 출가를 해서 가족에게서 물러나고, 평생을 바친 직장도 그만둬야 하고, 죽음으로 이 세상을 물러나야 하는 순간까지 이별의 연속이다. 물러나는 타이밍을 어떻게 감지해야 하는가?

第三十三卦 【遯】天山遯 乾上艮下

卦辭：遯 亨 小利貞

彖曰：遯亨 遯而亨也
　　　剛當位而應 與時行也 小利貞 浸而長也 遯之時義大矣哉

象曰：天下有山 遯 君子以遠小人 不惡而嚴

初六：遯尾 厲 勿用有攸往

象曰：遯尾之厲 不往何災也

六二：執之用黃牛之革 莫之勝說

象曰：執用黃牛 固志也

九三：系遯 有疾 厲 畜臣妾 吉

象曰：系遯之厲 有疾憊也 畜臣妾吉 不可大事也

九四：好遯 君子吉 小人否

象曰：君子好遯 小人否也

九五：嘉遯 貞吉

象曰：嘉遯貞吉 以正志也

上九：肥遯 无不利

象曰：肥遯 无不利 无所疑也

33. 천산둔(天山遯)

물러남의 지혜

■ **둔괘(遯卦) 해설**

둔(遯)은 '은둔' '물러남' 이다. 물러남에는 알맞은 때가 있다. 평생을 최고통치자의 자리에서 군림하는 인생을 살았던 카다피도 물러남의 때를 놓쳐 비극적으로 생을 마감하였다.

인생사에 시작이 없음은 있어도 끝이 없음은 있을 수 없다. 끝내고 물러나고 피하고 죽는 것……. 언제 마감해야 하는가? 그 때를 알고 움직이는 것, 물러나기 전에 해야 할 일은 무엇인가?

적당한 시기에 물러날 수 있으려면 새로운 길을 마련해두어야 한다. 다른 직장, 다른 사업, 취미 등 미지의 세계에 대한 호기심을 갖고 있는 상태에서 물러남은 즐거운 일이 될 수 있으나, 아무 준비도 없는 불안한 상태의 물러남은 불행을 초래하게 되어 있다.

박수를 받으며 물러나는 것, 물러난 후에도 인정받고 존경받는 것, 그것을 아름다운 인생이라고 말할 수 있다.

물러남의 시기가 도래하였음에도 불구하고 미적거리는 것은 추함을 남길 가능성이 많다.

어떤 일을 시작했으면 끝냄을 준비해야 하고, 인생을 마무리하는 죽음도 항상 염두에 두고 살아야 한다.

물러남의 지혜를 담고 있는 것이 둔(遯)이다.

◼ 遯卦辭

遯 亨 小利貞 (둔 형 소리정)
물러남에는(遯) 힘찬 결단이 있어야 하고(亨) 끝까지 가면(貞) 점점 이로움이 작아진다(小利)

> 遯: 달아날 둔 / 달아나다, 피하다, 물러나다

물러남의 시기를 놓치면 과거의 공적이 작아져 명예롭지 못하다. 물러날 때가 이르면 과감하게 정리하고 물러나야 한다. 욕심을 부려 때를 놓치면 흉한 꼴을 보는 경우가 많다.

이순(耳順)의 시기란 죽음의 신이 자신을 불러도 순응하는 시기라는 의미도 갖고 있다. 이순을 넘겨 암 진단을 받은 사람이 죽음의 때가 왔다는 신호에 순응하지 못하고 몸을 가르고 잘라내며 더 살아보겠다고 발버둥을 치면 칠수록 몸은 고단해지고 재물은 탕진되고 자식들을 어렵게 만드는 추함을 만나게 된다. 죽음이야말로 용기를 갖고 힘찬 결단으로 응해야 한다.

주역에서 죽음을 다룬 유일한 괘가 둔(遯)이다. 죽음조차도 힘차게 응하라고 하였다. 죽음의 때도 놓치지 말라.

사라짐의 때

> 직장에서 사라지는 것
> 세상에서 사라지는 것
> 때가 오면
> 힘차고 민첩하게
> 물러나라

■ 遯初六

遯尾 厲 勿用有攸往 (둔미 려 물용유유왕)
등 떠밀려 물러나니(遯尾) 위태롭다(厲). 새롭게 더 나아가지 말라(勿用有攸往)

尾: 꼬리 미

둔미(遯尾)는 떠나는 사람의 꼬리이며 등이다. 그러므로 등 떠밀려서 물러나는 격이다. 황당하게 권고사직이나 해고를 당하였다. 이런 경우 앞날이 위태롭다는 것이다. 물러남에 대한 아무런 준비도 하지 못한 경우이다.

이런 경우를 당한 사람은 꼭 무슨 일을 벌이고 만다. 오기를 품고 본때를 보이겠다고 무슨 일을 벌이면 위태하므로 충분히 고려하여 나아가야 된다. 함부로 새로운 일을 시작하면 수렁에 빠지고 만다. 어려울 때일수록 침착해야 한다.

쫓겨남

청천벽력 같은 해고
어찌할 바를 몰라

아무 일이나 해야 한다는 절박함으로
오기의 발동으로

일을 벌이면
위태하다

▣ 遯六二

執之用黃牛之革 莫之勝說 (집지용황우지혁 막지승설)

(물러난다는 의지를) 황소의 가죽처럼(黃牛之革) 집착한다(執之用). 그 의지를 막을 수가 없다(莫之勝說)

執: 잡을 집 / 잡다, 지키다   莫: 없을 막   勝: 이길 승

때가 되어 물러나겠다는 판단을 하면 강한 의지와 신념으로 물러나야 한다. 미리 마음속으로 물러남의 때를 정하고 그 때가 오면 물러나기를 실행해야 한다.

세상에는 물러남의 때를 모르는 사람이 너무 많다. 비리가 적발되어 쫓겨날 위기에서도 구명운동을 벌이며 자리보전을 위해 동분서주하는 인사가 있는가 하면, 때가 되어도 적당히 눌러 앉았다가 후에 곤욕을 치르는 경우도 있다.

막지승설(莫之勝說)은 '이길 수 있는 말이 없다' 는 뜻이다. 그 고집스러움을 설득할 말이 없음이다. 할 일을 마치고 임기가 되었으니 물러나야겠다는 강한 의지를 막을 길이 없다는 뜻이다.

주역은 그렇게 해야 된다는 것을 가르치고 있다. 때가 되면 물러나라!

때가 되면 물러나라

때가 되었는데
미련
욕심
남기지 마라

떠난다는 고집은
버리지 마라

▣ 遯九三

係遯 有疾 厲 畜臣妾 吉 (계둔 유질 려 축신첩 길)
인간관계가 복잡하게 얽혀(係) 물러남은(遯) 아픔도 있고(有疾) 위태하다(厲). 신하나 첩을 길러둠(장래의 할 일, 은신처)이(畜臣妾) 길하다(吉)

係: 맬 계 / 매다, 잇다, 걸리다

계둔(係遯)은 동료들과 노동쟁이를 하다가 회사가 파산하거나 팔려서 많은 직원이 단체로 물러나는 경우다. 정치적으로 복잡하게 얽혀 물러나는 경우도 있을 것이다. 아무튼 인간관계가 복잡하게 얽혀 본의 아니게 물러나게 되는 경우이다.

이런 경우는 개인적으로 아픔이 뒤따른다고 했다. 나름대로는 최선의 선택이라 생각하고 한 행동이 결과는 엉뚱하고 쓰라린 경우다. 신변이 위태로운 상태가 되어버렸다.

이런 경우를 대비해서 축신첩(畜臣妾)을 해두라는 가르침이다. 그러면 축신첩이란 무엇인가? '부하나 첩을 마련하다'라는 뜻인데, 부하는 별도의 사업체를 의미하고 첩은 먹고살 수 있는 어떤 방도를 의미한다. 직장에서 잘려도 먹고사는 데 걱정이 없으면 그나마 괜찮다는 의미로 받아들일 수 있다. 어쨌든 준비되지 않은 물러남은 걱정스러운 것이다.

동반 사퇴

뭉뚱그려 문책을 당하거나
얽힌 인간관계로 물러남은
준비되지 않은 자
아픔이 큼이니
조그맣게
먹고사는 터전을 마련하라

▣ 遯九四

好遯 君子吉 小人否 (호둔 군자길 소인부)
　좋은 때에 맞게 물러남은(好遯) 준비된 군자에게는(君子) 영예로운 일이고(吉) 소인은 거부하다 쫓겨난다(小人否)

　好: 좋을 호

　호둔(好遯)은 '좋은 시기, 알맞은 때'이다. 언제가 물러남의 좋은 때인지 군자는 안다. 때를 놓치지 않고 과감하게 물러난 군자는 영예를 간직할 수 있지만, 좋은 때가 왔음에도 물러나기를 거부한 소인은 흉한 꼴을 만나게 된다.
　인간은 죽을 때가 되면 죽어야 하는데, 덜 된 의술의 힘을 빌려 연명을 하다 보면 반신불수가 되기도 하고 식물인간이 되기도 하고 치매가 되어 흉측한 모습으로 여생을 보내며 주변과 국가의 신세를 지게 된다. 명예직이라고 오래 머물러 있다가는 갖고 있던 조그만 명예도 송두리째 잃게 된다.

호둔(好遯)의 시기를 안다는 것은 군자의 복이다. 군자는 好遯을 놓치지 말라는 교훈이다.

좋은 시기

직장도
명예도
사업도
인생도
물러남의 좋은 시기에
물러남의 복을 구하라

▣ 遯九五

嘉遯 貞吉 (가둔 정길)
칭송받으며 물러나는 것은(嘉遯) 끝이 길하다(貞吉)

嘉: 아름다울 가

 가둔(嘉遯)은 '아름다운 물러남'이다. 훌륭하게 일을 마무리하고 아름답게 주변의 칭송을 받으며 물러난 경우이다.
 때를 알아 물러나며 남은 사람들을 배려한 경우 축복받으며 물러난다. 물러난 다음의 행로도 좋다고 하였다.
 우리나라의 정치인이든 경제인이든 유명인사가 아름다운 물러남을 실천한 경우가 드물다. 최근에 법정스님이나 김수환 추기경이 물러난 경우는 아름다운 물러남이라 할 수 있다. 얼마나 많은 국민들이 추모하고 기렸는가? 그 여운은 오래 국민들의 가슴속에 남아 사랑의 실천과 장기기증이라는 유산을 받들고 있다.

아름다운 물러남

다정하고
깨끗하고
남길 것 남기고
버릴 것 버리고
아쉬움의 씨앗 흩날리며

■ 遯上九

肥遯 无不利 (비둔 무불리)
재산을 모은 후에 물러남은(肥遯) 불리할 것이 없다(无不利)

肥: 살찔 비

비둔(肥遯)은 물러나도 새로운 일을 시작하거나 노후를 보내는 데 어려움이 없다는 뜻이다.
그만두고 할 일이 없는 사람이 아니라 할 일이 꽉 차 있는 사람이다. 저술 작업을 한다든지, 취미를 발전시키는 일, 건강을 추스르는 일, 자영업을 벌이는 것 등이다.
또 삶에 여유가 있다.
물러남의 여러 경우를 설명하고 있다. 인생에는 마감이 매우 중요한 화두이다. 마감의 때와 방법을 깊이 묵상하고 찾아봐야 한다.

은퇴하고 나서

은퇴하면 무얼 할 텐가?
하고픈 것 할 여력이 있는가?

건강
돈
장만하고 은퇴하라

뭘 남길까? 뭘 버릴까?
그걸 연구하라

뢰천대장(雷天大壯)

힘이 있는 사람이 그 힘을 누굴 위해 쓸까? 자신의 부귀영달을 위해 쓰기도 하고, 폭력과 같은 헛힘을 쓰기도 하고, 남을 위해 쓰기도 한다. 힘은 육체적인 힘, 정신적인 힘, 지위와 권력이나 재력에서 나오는 힘들이 있다. 온 국민의 힘이 바람직한 방향으로 쓰여질 때는 언제일까?

第三十四卦 【大壯】 雷天大壯 震上乾下

卦辭：大壯 利 貞
彖曰：大壯 大者壯也
　　　剛以動 故壯 大壯利貞 大者正也 正大而天地之情可見矣
象曰：雷在天上 大壯 君子以非禮弗履

初九：壯于趾 征 凶 有孚
象曰：壯于趾 其孚窮也

九二：貞 吉
象曰：九二貞吉 以中也

九三：小人用壯 君子用罔 貞 厲 羝羊觸藩 羸其角
象曰：小人用壯 君子罔也

九四：貞 吉 悔亡 藩決不羸 壯于大輿之輹
象曰：藩決不羸 尚往也

六五：喪羊于易 无悔
象曰：喪羊于易 位不當也

上六：羝羊觸藩 不能退 不能遂 无攸利 艱則吉
象曰：不能退不能遂 不詳也 艱則吉 咎不長也

34. 뢰천대장(雷天大壯)

힘을 쓰는 요령

■ 대장괘(大壯卦) 해설

　대장(大壯)은 '큰 힘'이다. 힘에는 여러 가지가 있다. 육체에서 나오는 본능적이고 단순한 힘, 정신적인 힘, 금전적인 힘, 공권력에 의한 힘 등이 있다. 소기의 목적을 달성하기 위해서는 힘이 있어야 하는데, 어떤 종류의 힘을 어느 정도의 양으로 써야 가장 효과적일까? 또 진정한 힘이란 무엇을 말함인가?

　모든 개인과 조직은 힘이 필요하다. 힘이 없다는 것은 이미 죽은 것이다. 어떤 힘을 얼마만큼 갖고 있을까? 갖고 있는 힘을 어떻게 행사해야 하는가?

　국가는 국방과 치안의 힘을 갖고 있어야 한다. 그래야 질서 있게 움직인다. 개인도 마찬가지다. 군자에게는 정신적인 지혜와 물리적인 힘을 갖고 있어야 자신을 지키고 가족도 지킬 수 있다.

　강한 힘과 약한 힘의 조화, 그것이 대장(大壯)의 가르침이다. 진정한 힘은 갇힌 자를 풀어주고 어려운 자를 도와주는 힘이다. 작은 힘으로 설치지 말고 헛힘을 쓰지 말 것을 가르치고 있다.

　힘자랑하다가 잘못되는 경우를 많이 본다. 혼자의 힘이 아무리 강해도 다수의 힘을 당하지 못한다. 난공불락이라 생각되는 절대 권력도 민중의 힘을 당할 수 없다. 이미 역사가 증명하고 있다. 세계를 1300여 년 동안 호령하던 로마제국도 멸망하고(1453년 동로마제국 멸망), 근세에 각처에 식민지를 개척하며 '해가 지지 않는 나라'로 불리던 대영제국도 해가 저물고 말았다. 그것은 힘의 균형과 조화가 무너진 것이다. 개인도 마찬가지다. 가까운 이웃 중에도 혼자 잘 먹고 잘 살겠다는 부자나 권력자는 망하고 만다는 현실을 보고 있다. 그러나 경주 최부잣집 같은 경우는 베풂의 철학을 실천함으로 주위의 존경과 존중을 받았으므로 오랫동안 그 명맥을 유지할 수 있었다. 힘도 나눌수록 강해진다는 아이러니를 배워야 한다.

▣ 大壯卦辭

大壯 利 貞 (대장 리 정)
크고 장한 힘은(大壯) 利와 貞의 시절에 쓰인다

壯: 장할 장 / 씩씩하다, 장하다, 기상이 굳세다

큰 힘은 아무 때나 쓰는 것이 아니다. 또 아무렇게나 쓰는 것이 아니다. 시기로는 利와 貞의 시절에 쓰라고 하고 있다. 利와 貞의 시절이라 함은 힘과 경험 지혜를 충분히 비축한 시기라고 할 수 있다. 이 시기가 되어야 진정한 힘을 갖출 수 있을 것이다. 利의 시기는 인생 중에 전쟁의 시기다. 경제활동을 하는 시기이기 때문이다. 또 혼란의 시기일수록 장한 힘의 위력은 빛난다.

어떻게 써야 할까? 정고하게 씀이 이롭다고 했다. 힘을 바르게 쓴다는 것은 억울하게 갇힌 자를 풀어주고 어려움에 처한 자를 도와주는 것이다. 군자는 그런 힘을 갖춘 자이다. 자신의 힘이 모자라면 여러 힘을 모아서 쓰면 된다.

큰 힘

힘을 만들고
힘을 나누고
힘을 모아
더 크게 만들어
갇힌 자 풀어주고
어려운 자 도와주고

◨ 大壯初九

壯于趾 征 凶 有孚 (장우지 정 흉 유부)

힘의 기운이 발가락에 모여 있다(壯于趾). 나아가면(征) 흉하다. 신념에 차 있을 때 나오는 현상이다(有孚)

趾: 발 지 / 복사뼈 이하의 부분

계획도 세우지 않고 생각도 깊게 하지 않고 행동부터 하고 보는 형상이다. 저속하고 오만한 힘을 말하고 있다.

이런 힘은 믿음에서 나온다는 말인데, 그것은 자신의 힘에 대한 믿음, 종교, 권력, 돈, 사상에 대한 신념으로 확신에 차서 달려 나가는 것이다. 이렇게 힘을 사용하는 것은 결과가 흉하다는 것이다.

어떤 힘을 쓰고 일을 함에는 결과도 생각하고 따져봐야 한다. 흥분된 상태의 힘은 좋은 결과를 가져오지 못한다. 힘도 남을 위해 쓸 때 빛나게 된다.

여기서는 유부(有孚)의 해석이 어렵다. 신념, 새로운 깨달음으로 생기는 믿음 등으로 해석할 수 있다.

원초적인 힘

옳다고 생각해도
결과를 생각하라
흥분하여 행동하면
후회하니
신념이 있다 해도 남을 위한 것이 아니면
참으며 생각하라

▣ 大壯九二

貞 吉 (정 길)
(대장의 힘은) 끝에(貞) 길하다(吉)

　貞은 시기적으로 끝이다. 끝은 혼란의 막바지를 의미한다. 아무 때나 대장의 기운을 쓰는 것이 아니다. 인생에 있어서도 말년에 발하는 힘, 어려움이 극에 달한 사람을 도와줄 수 있는 힘, 스포츠 선수라면 결승에서 쏟아 붓는 힘 등을 대장의 기운이라 할 수 있다.
　힘을 쓰는 시기를 말하고 있다. 친구를 도울 때도 처음부터 선뜻 도우면 고마움이 반감되고 그 의미를 느끼지 못한다. 교만하고 거만하게 된다. 자신의 한 행위에 대한 충분한 어려움을 겪고 반성하고 뉘우칠 때 돕는다면 도움의 효과를 깨닫게 될 것이다.
　힘을 좋게 쓰는 것은 쉽지 않다. 알맞은 시기에 알맞은 힘을 쓰는 것은 쉽지 않다. 한국 정치는 홍역을 치르고 있다. 복지의 크기와 시기는 어떻게 해야 할 것인가? 과연 국가의 힘은 어느 만큼인가? 복지싸움의 결과는 어떻게 나타날 것인가?

힘을 쓰는 시기

축적하고
축적한 힘은
탈진하고 기진한 자에게
나누라

◼ 大壯九三

小人用壯 君子用罔 貞 厲 羝羊觸藩 羸其角 (소인용장 군자용망 정 려 저양촉번 리기각)

소인들은 드러나는 물리적 힘을 쓴다(小人用壯). 군자는 드러나지 않는 그물을 쓴다(君子用罔). 둘 다 끝까지 위태롭다(貞 厲). 어린양이 (탈출하려고) 울타리를 들이받다가(羝羊觸藩) 걸린 뿔이 처량하다(羸其角)

罔: 그물 망   羝: 숫양 저   觸: 닿을 촉 / 부딪히다, 떠받다   藩: 울타리 번 / 울타리, 가리다   羸: 여윌 리 / 여위다, 약하다, 고달프다, 괴로워하다

식민지배와 같은 어떤 규모 있는 조직을 다스림에 있어서 소인은 육체에서 나오는 힘, 즉 물리력을 사용한다. 그런데 군자는 법률이나 제도와 같은 망을 쳐서 조직을 지배하려고 한다. 지배자와 피지배자의 관계를 설명하면서 지배자의 양태를 설명하고 있다. 올바른 지배의 방법이 아닌 경우들이다. 지배하거나 억압하는 힘은 대장의 힘이 아님을 말해주고 있다.

그래서 둘 다 위태롭다고 한다.

  그러면 규모 있는 조직의 지배는 어떻게 해야 하는가? 무릇 백성을 다스림에는 덕으로 다스려야 한다. 법과 물리력이 아니라 설득과 동화를 통한 덕의 실행이다. 우리 정치가 꼭 터득해야 할 덕목이다. 다수당의 횡포나 권력자의 치적에 대한 욕망이 백성들을 어려움에 처하게 한다.

  이러한 소인과 군자의 행위로 희생되는 피지배자는 어린 숫양처럼 울타리를 들이받고 몸부림치며 울부짖게 되고, 그중에 망에 걸리거나 잡힌 자는 처량한 신세가 된다. 저항의 힘을 키우게 되어 지배자도 위태하게 된다. 민초의 힘을 간과하면 안 된다.

    대장의 망에 걸린 민초

      힘에 밀리고
      덫에 걸리고
      처량하게 허우적거리는
      힘 잃은 민초여
      작은 힘도 모으면
      大大壯이 되어
      大壯을 이기리니

▣ 大壯九四

  貞 吉 悔亡 藩決不羸 壯于大輿之輹 (정 길 회망 번결불리 장우대여지복)

  (진정한 대장의 힘은) 끝까지 길하고(貞 吉) 후회스러움이 없다(悔亡). (대장의 기운은) 울타리를 깨뜨려(藩決) 갇힌 자를 구하고(不羸) 큰 수레

를 타고 당당하게 나아간다(壯于大輿之輹)

決:터질 결/터지다, 제방이 무너져 넘쳐흐르다, 결정하다　輿:수레 여　輹:당토 복

앞에 '大壯'이 생략되어 있다. 대장의 참뜻은 갇힌 자를 풀어주고 약한 자를 도와주는 힘이라고 했다. 그런 대장의 기운은 끝까지 길하다는 것이다.

번결불리(藩決不羸) 앞에도 '大壯'이 있다고 보고 해석해야 한다. 울타리가 터지니 괴로운 이가 해방되고, 해방시킨 대장의 기운은 보무도 당당하게 큰 수레를 타고 나아갈 수 있다는 것이다.

대여지복(大輿之輹)의 복(輹)은 26장 대축괘(大畜卦)의 九二爻에서 자세히 설명하였다. 부연하면 큰 수레를 떠받드는 당토의 역할, 즉 국가 기간요원이 되어 당당하게 대장의 기운을 뽐낸다는 것이다.

남을 위한 힘

공동체를 위한
공인으로서의 힘

빛나는 기운으로
세상을 끌고 감이니
크고 당당하도다!

◨ 大壯六五

喪羊于易 无悔 (상양우역 무회)

잃어버린 양을(喪羊) 돌아오게 해야(于易) 후회함이 없다(无悔)

喪: 죽을 상 / 죽다, 잃어버리다, 없어지다

상양(喪羊)은 길 잃은 양이며, 잃어버린 양이다. 보호의 울타리를 벗어나 길을 잃어버린 사람이거나, 방황하는 사람을 비유하고 있다.

성경의 마태오복음 18장 12~14절, 루가복음 15장 3~7절의 '되찾은 양의 비유'와 너무도 흡사하다. 길을 잃고 어둠을 헤매는 가엾은 인간을, 위험을 무릅쓰고 구해내는 것이 주역이 원하는 대장의 기운이다. 진정한 목자의 정신을 말한다.

> **마태오복음 18장 12~14절**
> "너희는 어떻게 생각하느냐? 어떤 사람에게 양 백 마리가 있는데 그 가운데 한 마리가 길을 잃으면, 아흔아홉 마리를 산에 남겨둔 채 길 잃은 양을 찾아 나서지 않느냐? 그가 양을 찾게 되면, 내가 진실로 너희에게 말하는데, 길을 잃지 않은 아흔아홉 마리보다 그 한 마리를 두고 더 기뻐한다. 이와 같이 이 작은 이들 가운데 하나라도 잃어버리는 것은 하늘에 계신 너희 아버지의 뜻이 아니다."

상양우역(喪羊于易)의 역(易)을 '쉬울 이'로 새기는 학자도 있고, '바꿀 역'으로 해석하는 경우도 있다. 대부분 '쉬울 이'로 번역하고 있지만 필자는 '바꿀 역'으로 해석하고자 한다. 그래야 철학적인 의미로 맞는다. 잃은 양을 찾아 돌아오게 하는 것이야말로 진정한 대장의 기운이 아니겠는가? 범죄의 소굴에서 허우적거리는 친구를 밝은 세상으로 돌아오게 하는 덕, 왕따 당한 사람을 공동체의 일원으로 편입시키는 일은 힘 있는 자만이 할 수 있는 일이다. 어쩌면 힘 있는 국가가 할 일인 것이다. 우리나라도 약간 힘이 붙어서 약자를 돌보는 일에 힘을 쓰고 있다.

주역과 성경은 상통하는 구절이 너무 많다. 그것은 진리가 하나이기 때문이다.

힘을 복지에 쓰라

남고 넘치는 것
하나하나 모아
산을 이루게 하고
고통 받는 1인을 위해 쓰여짐이
대장(大壯)의 힘이다

■ 大壯上六

羝羊觸藩 不能退 不能遂 无攸利 艱則吉 (저양촉번 불능퇴 불능수 무유리 간즉길)

갇힌 어린 숫양이 울타리를 들이받다가 뿔이 걸렸다(羝羊觸藩). 후퇴도 안 되고(不能退) 전진도 안 되는(不能遂) (진퇴양난에 처하여) 유리할 것이 없다(无攸利). 그 어려움을 이겨내야 길하다(艱則吉)

能: 능할 능 / 능하다, 잘하다   遂: 이룰 수 / 이르다, 성취하다, 미치다, 통달하다
艱: 어려울 간

여기서는 피지배자의 입장을 설명하고 있다. 아무리 격렬하게 저항해도 고달픔만 따르고 유리할 것이 없어 보이지만 어렵더라도 이겨내야 한

다. 지배자의 속박에서 벗어나는 것이 그리 쉽게 되겠는가?

민초들에게서 읽을 수 있는 대장의 기운은 어떤 것인가? 역사에서 볼 수 있는 민초의 삶이란 긴긴 고난과 짧은 누림이다. 그러나 그 짧은 누림을 축적하고 물려주기 위하여 힘이 있는 한 저항하여 자신의 영역을 한 뼘씩 늘려가야 한다. 그런 처절한 광경을 드라마틱하게 설명하고 있다.

상상해보라! 가시 울타리에 갇힌 한 마리 어린 숫양이 탈출의 수단을 강구하는 처절한 모습을! 이리 들이받고 저리 들이받아 피투성이가 된 몸으로 뿔이 울타리에 걸려 오도 가도 못하여 굶어 죽게 생긴 안타까운 순간이다. 이 순간에 주역의 응원 만 마디 우렁차다. '간즉길(艱則吉)!' 이 얼마가 속상하고 기가 막힌 이야긴가?

"견뎌라! 힘차게 견뎌라. 그러면 吉하리라!"

어려움에 처한 모든 이에게 "힘내세요!"를 외치는 주역을 미워할 수만은 없다.

민초여 힘내세요!

힘에 겨워
오도 가도 못하여도
굶어 죽게 생겨도
죽을 수 없으매
하느님이 보우하사
힘내세요!

화지진(火地晉)

냉정한 권력의 세계에서 권력자로 살아남으려면 권력의 속성을 알아야 한다. 경우에 따라서는 정적을 무너뜨려야 하고 상급자의 심기도 읽어야 하고 여론에도 민감해야 한다. 그러는 과정에서 더 큰 권력에 대한 욕심으로 빠져 들어가게 된다.

第三十五卦【晉】火地晉 離上坤下

卦辭：晉 康侯 用錫馬蕃庶 晝日三接
彖曰：晉 進也 明出地上 順而麗乎大明 柔進而上行
　　　是以康侯用錫馬蕃庶晝日三接也
象曰：明出地上 晉 君子以自昭明德

初六：晉如 摧如 貞吉 罔孚 裕 无咎
象曰：晉如摧如 獨行正也 裕 无咎 未受命也

六二：晉如 愁如 貞吉 受茲介福于其王母
象曰：受茲介福 以中正也

六三：眾允 悔亡
象曰：眾允之志 上行也

九四：晉如鼫鼠 貞厲
象曰：鼫鼠貞厲 位不當也

六五：悔亡 失得 勿恤 往 吉 无不利
象曰：失得勿恤 往有慶也

上九：晉其角 維用伐邑 厲 吉 无咎 貞吝
象曰：維用伐邑 道未光也

35. 화지진(火地晉)

권력의 본질

■ 진괘(晉卦) 해설

진(晉)은 '나아가다, 누르다'의 뜻이다. 즉, 권력을 의미한다. 나아간다고 했는데 무엇을 향해 나아가는가? 돈을 번 사람, 지식이 많은 사람, 명예를 얻은 사람 등 모두가 마지막에는 권력을 향하는 기운이 있다. 그러므로 권력을 향해 나아가 누르는 기운이라는 것이다. 그러나 진정한 권력자가 되기는 쉽지 않다. 권력은 무상한 것이라 십 년을 유지하기도 어렵다.

권력은 여러 양태가 생겨났다. 정치권력, 재벌권력, 언론권력, 지방권력, 문화권력, 행정을 기반으로 한 공권력 등이 사람들의 생활을 지배하고 있다. 권력의 맛을 알고 나면 권력을 놓고 싶지 않다. 권력자의 욕심은 끝이 없다.

진(晉)은 이러한 권력의 실체를 밝히고, 권력을 유지하는 방법과 권력자의 어려움을 밝히고 극복의 방법도 제시하고 있다.

권력자는 언제나 불안하다. 그래서 남을 믿기가 어렵다. 권력자에게는 언제나 위기가 닥칠 수 있다. 어디서나 욕심은 결과가 흉하다.

인간과 권력과의 관계에서 벌어지는 일은 이루 헤아릴 수 없이 많다. 권력이 나아감에는 반작용이 따른다. 권력의 반작용이란 피지배자의 저항이다. 권력의 입장에서의 그 저항은 극복과 타협의 대상이다.

언제나 권력의 끝은 허망하다.

▣ 晉卦辭

晉 康侯 用錫馬蕃庶 晝日三接 (진 강후 용석마번서 주일삼접)

권력자란(晉) 강후의 직위를 받고(康侯) 많은 마필을 상으로 받으며(用錫馬蕃庶) 하루에 세 번 임금을 배알하여(晝日三接) 정사를 논하는 사람이다.

晉: 나아갈 진 / 나아가다, 억누르다 康: 편안할 강 / 편안하다, 즐거워하다 侯: 제후 후 / 제후, 후작, 임금, 과녁 錫: 주석 석 / 주석, 주다, 하사하다 蕃: 우거질 번 / 우거지다, 많다, 늘다 庶: 무리 서 / 여러, 많다

강후(康侯)는 사구(司寇: 사법관의 우두머리)와 제후(諸侯: 장관)의 일을 겸한 자로서 권력의 중심에 있는 자이다. 그러므로 막강한 권력의 소지자를 의미한다. 진(晉)은 곧 '권력자'이다.

강후(康侯)의 다른 뜻은 백성을 편케 해주는 제후라는 뜻도 있다.

주일삼접(晝日三接)은 임금의 신임과 사랑을 독차지하고 있음을 의미한다. 하루에 세 번이나 최고 권력자와 정책과 시행에 관하여 논의하는 막강한 실세를 의미한다.

이는 좋고 나쁘고를 떠나 하늘이 내린 권력의 표본이다.

무소불위(無所不爲)

하늘이 내린 권력이라면
하지 못할 일이 무엇인가?
권력은
저항을 동반하는 것
민초가 하늘이다

▣ 晉初六

晉如 摧如 貞吉 罔孚 裕 无咎 (진여 최여 정길 망부 유 무구)
하늘이 낸 권력자가(晉如) 정적을 꺾으니(摧如) 끝까지 길하고(貞吉) 신뢰로 얽어(罔孚) 부드럽게 하면(裕) 허물이 없다(无咎)

摧: 꺾을 최 / 누르다, 억압하다, 막다   罔: 그물 망   裕: 넉넉할 유 / 너그럽다, 관대하다, 느긋하다, 관대하게 하다

먼저 권력을 잡는 과정이다. 권력을 얻으려면 누군가를 꺾어야 한다. 현대 국가에서는 선거라는 제도를 통해 권력의 경쟁상대를 꺾어야 한다. 합법적인 과정으로 국민의 지지를 받는 권력이라야 끝까지 길하다고 하였다.

처음 권력을 잡으면 동료나 부하를 믿을 수가 없다. 서로 겪어보지 않아서 의심스러운 점이 있다. 그렇지만 신뢰로 얽어야 한다. 부하뿐만이 아니라 국민과의 관계도 마찬가지다. 신뢰라는 그물 속에 담아야 공동체를 운영할 수가 있다.

그리고 이들을 부드럽고 넉넉하게 대해야 한다. 그래야 허물이 없다. 결국 다스림의 종착역은 덕이다. 권력자가 부드럽고 넉넉하게 할 수 있는 원천은 덕이기 때문이다. 권력의 끝은 덕이라야만 허물이 없는 정도의 결과를 얻을 수 있다.

덕으로 가는 길

치열한 정적과의 싸움도
결국 신뢰의 망 속에 가두어야 하고

덕으로 하나 되어야 하느니
권자는 덕자여야 하는가?

▣ 晉六二

晉如 愁如 貞吉 受茲介福于其王母 (진여 수여 정길 수자개복 우기왕모)

하늘이 낸 권력자는(晉如) 근심이 생기더라도(愁如) 끝내는 길하다(貞吉). 그 왕의 모친을 찾아가 복을 구하라(受茲介福于其王母)

愁: 근심 수 / 근심하다, 시름   受: 받을 수 / 받다, 얻다, 이익을 누리다   茲: 이 자 / 이, 이에, 이때, 검다, 흐리다

하늘이 낸 권력자도 어려움을 겪을 수 있다. 어려움을 만난 권력자의 대처방안이다. 도와줄 사람이 있으니 길하다고 했다.

왕모는 권력은 없어도 덕이 있는 자이다. 왕모의 지혜와 덕을 구하는 것이다. 권력에는 덕을 가미하지 않고는 오래 유지할 수 없음을 누누이 강조하고 있다.

보통의 권력자들은 권력을 잡으면 자기 방식을 고집한다. 자신이 지존이라는 생각을 버리지 못함이다. 자기의 방식과 백성의 방식의 충돌은 부지불식간에 일어나며 그 결과는 백성도 권력자도 불행해진다.

그러나 하늘이 낸 권력자는 자신의 방법이 아닌 덕의 방향으로 나아가고 있다.

이렇게 주역은 하늘이 낸 권력자를 표본으로 삼아 보통의 권력자를 유추하게 만들고 있다. 고등수법이다. 한 가닥의 성공하는 권력의 양태를

집중 조명함으로써 실패할 수밖에 없는 권력의 양태도 밝히고 있는 것이다.

그래도 덕이다

권력의 어떤 유혹에도
하늘을 생각하고
백성을 생각하면
나의 방식을 버리고
덕의 방식을 좇아
구하고 또 구하라

▣ 晉六三

衆允 悔亡 (중윤 회망)
대중의 믿음과 지지가 있어야(衆允) 후회가 없다(悔亡)

衆: 무리 중 / 무리, 많은 사람, 많은 물건   允: 진실로 윤 / 진실로, 믿음, 동의하다

권력의 원천은 대중에게 있고, 대중으로부터 나온다. 권력을 대중이 인정하지 않으면 아무것도 안 된다.

어떻게 백성이 권력을 믿게 할 것인가? 따르게 할 것인가? 이미 설명하였다. 항상 덕의 방향으로 가라. 덕의 가르침을 받고 덕을 백성들에게 홍보하고, 믿게 하고, 덕과 믿음의 그물 속에서 돌게 하여야 한다.

묻고 싶다. 권력을 쥐려는 자여! 주역의 권고대로 하려고 권력을 쥐려 하는가? 자신의 욕심인가? 아마 99%는 후자일 것이다. 백성은 남은 1%

의 덕자(德者)를 찾고 있다.

백성이 찾는 자

백성의 짝은
권자가 아니라 덕자다
덕자는 숨고
권자가 날뛰니
상사병에 기력을 잃은 백성
덕자만 기다리네

▣ 晉九四

晉如 鼫鼠 貞 厲 (진여 석서 정 려)
권력자가(晉如) 날다람쥐와 집쥐와 함께 있으니(鼫鼠) 끝이 위태롭다 (貞 厲)

鼫: 날다람쥐 석 / 땅강아지   鼠: 쥐 서 / 집 쥐, 근심하다

　석서(鼫鼠)는 권력자 옆에 붙어 다니는 간신배들을 말하고 있다. 얼마나 절묘한 표현인가? 날래게 훔치고 도망가는 자, 광 속에 들어앉아 쉼 없이 갉아먹는 자 등이 보통의 권력자 주변에는 우글거리게 되어 있다.
　그들과 함께 한 권력자의 끝은 위태로운 것이 자명하다. 권력의 속성에 대한 경계이다.

간신배

축내고
망가뜨리고
자신의 배만 채우다
권력이 기울면
쏜살같이 도망치는
쥐의 무리들

▣ 晉六五

悔亡 失得 勿恤 往 吉 无不利 (회망 실득 물휼 왕 길 무불리)

  권력자는 항상 후회가 없어야 한다(悔亡). 권력을 잃고 얻는 것에 대하여(失得) 걱정하지 말라(勿恤). 그래야 물러남도 길하고(往 吉) 불리함이 없다(无不利)

   恤: 구휼할 휼 / 구휼하다, 근심하다, 동정하다

  권력자는 언젠가는 물러나게 되어 있다. 권력에 오르는 순간 물러남을 생각해야 한다. 매우 어려운 주문이다. 권력은 무상한 것이다. 적당한 순간에 물러나고 후회가 없어야 하는 것은 권력자의 미덕이라고 할 수 있다.
  물러나서 오히려 편안한 권력자가 되어라. 권력의 마지막 순간인 물러남의 철학이다. 덕을 품고 다스린 권력자는 언제나 자유롭다. 자유를 느끼는 권력자가 있다면 그가 곧 덕자(德者)다.

덕자(德者)의 순정

순정을 바쳐
사랑한 당신
당신의 처분에 맡기오리다
이제
더 바칠 것도 없으니
그만 거두소서

■ 晉上九

晉其角 維用伐邑 厲 吉 无咎 征 吝 (진기각 유용벌읍 려 길 무구 정 린)

권력자는(晉) 뿔(角: 자신의 권력)을 이용하여 이웃을 치는 일에(伐邑) 사용하는데(維用) 그것은 위험한 일이다(厲). 당시는 길하고 허물이 없다 하여도(吉 无咎) 시간이 지나 살아가는 데(征) 곤란해진다(吝)

維: 바 유 / 바, 밧줄, 매다, 받치다   伐: 칠 벌 / 치다, 베다, 공훈

권력의 길로 들어서면 만족이란 있을 수 없다. 더 큰 권력을 위해 각(角)을 세우고, 권력을 이용하여 이웃을 친다는 말이다. 과거에 자신과 관계를 맺었던 사람들에게 으스대고, 본때를 보이려 하는 소인의 속성을 드러내는 것은 매우 위험한 짓이라는 경고를 하고 있다.
　권력을 쥐고 있을 당시에는 그 행위로 인한 이익이 발생할 것이므로 길하고 허물이 없을 수 있겠지만, 자리에서 물러난 후 손가락질 받을 것은 자명한 일이다. 인생길이 인색해질 것이다.

권력의 자리에서 이웃을 못살게 굴지 말라. 소인의 짓이다. 군자는 권력의 자리에서 모든 백성이 고루 평안을 추구하는 일에 매진할 것이다.

이웃을 치는 소인(小人)

자리를 이용하여
폼 잡고
재물을 취하고
망나니가 된 소인배

백성의 눈이
어사의 마패라

지화명이(地火明夷)

능력은 갖추었으나 세상이 그 능력을 쓰지 못함이다. 능력을 더 키우면서 때를 기다려야 한다. 운명적으로 밝은 기운에 상처를 받았다. 땅속의 불덩이가 되어 지각변동을 일으키는 힘으로 세상을 송두리째 바꾸는 혁명가가 되기도 한다.

第三十六卦 【明夷】 地火明夷 坤上離下

卦辭 : 明夷 利艱貞

彖曰 : 明入地中 明夷 內文明而外柔順 以蒙大難 文王以之
利艱貞 晦其明也 內難而能正其志 箕子以之

象曰 : 明入地中 明夷 君子以莅衆 用晦而明

初九 : 明夷于飛 垂其翼 君子于行 三日不食 有攸往 主人有言

象曰 : 君子于行 義不食也

六二 : 明夷 夷于左股 用拯馬壯 吉

象曰 : 六二之吉 順以則也

九三 : 明夷于南狩 得其大首 不可疾貞

象曰 : 南狩之志 乃大得也

六四 : 入于左腹 獲明夷之心 于出門庭

象曰 : 入于左腹 獲心意也

六五 : 箕子之明夷 利貞

象曰 : 箕子之貞 明不可息也

上六 : 不明 晦 初登于天 後入于地

象曰 : 初登于天 照四國也 後入于地 失則也

36. 지화명이(地火明夷)

캄캄할 때의 처세

▣ 명이괘(明夷卦) 해설

　명이(明夷)는 '밝음이 상했다'의 뜻이다. 밝은 기운이 땅 밑으로 들어가 군자의 도를 펼 수 없는 시기이다. 밝음의 기운이 나를 비켜 간 경우다. 그러면 어둠의 기운이 엄습하게 되고, 이런 때는 어떻게 대처해야 하는가? 현대사회는 변혁의 속도가 워낙 빠르므로 시운(時運)을 타는 사람과 때를 얻지 못하는 탈락자가 속출하고 있다.
　지혜는 있어도 때를 얻지 못한 자를 주역은 명이지자(明夷之者)라 부르고 있다. 진(晉)과 대비되는 말이다. 그 대표적인 경우로 기자(箕子)의 예를 들고 있다.

> **기자(箕子)**
> 　성(姓)은 자(子), 이름은 서여(胥余)이다. 기(箕, 지금의 山西 太谷)에 봉(封)해져 기자(箕子)라고 한다. 상(商)의 28대 군주인 문정(文丁, 太丁이라고도 함)의 아들로 주왕(紂王)의 숙부이다. 농사와 상업, 예법 등에 두루 능통하였으며, 상(商)을 떠나지 않고 주왕의 폭정(暴政)에 대해 간언하다 유폐(幽閉)되어 비간(比干), 미자(微子)와 함께 상(商) 말기의 세 명의 어진 사람[三仁]으로 꼽힌다.
> 　商나라의 마지막 황제 주왕(紂王)은 자신의 재능을 과신하여 신하의 간언을 듣지 않았으며, 달기(妲己)를 총애하여 호화로운 궁궐을 짓고 '주지육림(酒池

肉林)'의 방탕한 생활을 하였다. 기자는 형인 비간(比干)과 함께 주왕(紂王)에게 거듭 간언하며 정치를 바로잡으려 하였다. 주왕(紂王)이 상아젓가락(象箸)을 만들게 하자 기자가 "상아젓가락으로 식사를 하게 되면 그때까지 사용하던 질그릇이 성에 차지 않아 옥그릇을 만들게 하고, 옥그릇을 쓰면 요리가 성에 차지 않아 진귀한 음식을 만들게 하고, 다음에는 화려한 복장과 호화스런 궁궐을 만들게 한다"며 간언했다는 이야기가 전해진다. 여기에서 하찮은 낭비가 망국(亡國)의 사치로 이어진다는 '상저옥배(象箸玉杯)'라는 말이 생겼다.

사람들은 기자에게 상(商)을 떠날 것을 권했지만, 기자는 신하된 도리로 임금이 간언을 듣지 않는다고 떠나는 것은 임금의 악행을 부추기는 것으로 따를 수 없다고 거절하였다. 그리고 머리를 풀어 미친 척을 하며 남의 노비가 되려 하였다. 하지만 주왕(紂王)은 그를 사로잡아서 유폐시켰다.

주(周)의 무왕(武王)은 충신을 잔인하게 살해한 주왕(紂王)을 토벌한다는 명분을 내세우고 제후들을 규합하여 상(商)을 공격하였으며, 기원전 1046년 상(商)을 멸망시켰다. 그는 갇혀 있던 기자를 풀어주고, 그를 찾아가 정치에 대해 물었다. 기자는 무왕(武王)에게 하(夏)의 우(禹) 임금이 정했다는 아홉 가지 정치의 원칙을 전했다고 한다. 이를 '홍범구주(洪範九疇)' 혹은 '기주(箕疇)'라고 하며, 『서경(書經)』의 '홍범편(洪範編)'에 그 내용이 전해진다.

하지만 기자는 주(周)의 신하가 되기를 거부하며 상(商)의 유민(遺民)을 이끌고 북쪽으로 이주했다. 당시 기자가 상(商)의 멸망을 슬퍼하며 지었다는 「맥수지시(麥秀之詩)」에서 '맥수지탄(麥秀之嘆)'이라는 성어가 비롯되었다. 일부에서는 기자가 한반도(韓半島)로 옮겨가 그곳에 기자조선(箕子朝鮮)을 세웠다는 이야기도 전해진다. 이러한 '기자동래설(箕子東來說)'은 『사기(史記)』'송미자세가(宋微子世家)', 『한서(漢書)』'지리지(地理志)', 『상서대전(尙書大傳)』의 '은전(殷傳)', 『삼국지(三國志)』의 '위지(魏志)' 등의 중국 사서(史書)와 『삼국유사(三國遺事)』, 『제왕운기(帝王韻紀)』, 『동국사략(東國史略)』 등의 고려와 조선 시대의 사서(史書)들에 나타나 있다.

> 조선시대에는 이러한 기자동래설(箕子東來說)에 근거하여 단군과 함께 기자의 제(祭)를 지냈으며, 그의 사당(祠堂)을 세우기도 하였다. 하지만 오늘날에는 요동(遼東)과 한반도 지역의 청동기가 중국과 크게 다르며, 한(漢) 이전의 기록들에서는 기자가 조선으로 갔다는 기록이 전혀 나타나지 않는다는 점을 근거로 하여, 기자동래설(箕子東來說)이 역사적 사실과는 거리가 먼 것으로 받아들여지고 있다.

명이지자(明夷之者)는 시작은 당당하여도 시대를 잘못 만나 뜻을 펴지 못한다. 마음을 다쳐 재기불능의 경우도 있다. 마음을 굳게 하고 자신의 운명을 받아들여야 한다. 명이(明夷)의 기간 동안 은거하며 힘을 기르고 도약의 준비를 해야 한다.

▣ 明夷卦辭

明夷 利艱貞 (명이 리간정)
운명의 밝은 기운이 멸하였으니(明夷) 利와 貞이 연결되는 중간시점이 어렵겠다(利艱貞)

夷: 오랑캐 이 / 멸하다, 평평하다, 상하다   艱: 어려울 간 / 어렵다, 괴로워하다

지혜로움이 빛을 발하지 못하고 어둠에 갇혀 있다. 결국 어려움에 처하게 된다.
리간정(利艱貞)은 利와 貞의 시절, 혹은 利의 시절과 貞의 시절의 접하는 시기가 어렵다는 말이다. 명이(明夷)의 기운 속에 묻힌 자는 어떻게

해야 하는가? 밝은 쪽으로 나아가기 위해 수련하고 준비해야 한다. 그리고 밝은 쪽을 면밀하게 관찰해야 한다. 어두운 운의 기간을 삭히는 과정이 필요하다. 3년, 5년, 10년 정도로 비교적 명이(明夷) 운의 기간이 길다고 봐야 한다.

암흑의 기운이 물러나는 때를 기다려야 한다.

암흑에 갇히다

캄캄하다
과거를 해부하라
쓸 것과 못 쓸 것을 골라내고
쓸 것을 보충하라

희미한 빛이
밝은 빛이 될 때까지
기다려라

▣ 明夷初九

明夷于飛 垂其翼 君子于行 三日不食 有攸往 主人有言
(명이우비 수기익 군자우행 삼일불식 유유왕 주인유언)

밝음의 기운이 숨어버린 사람은(明夷) 날아오르려 하다가도 날개를 접어야 한다(垂其翼). 그 이유는 날아오르려는 군자가(君子于行) 삼 일 동안 먹은 것이 없는데도(三日不食) 나아가려고 함에(有攸往) 주인에게 꾸중만 듣는다(主人有言).

飛: 날 비 / 날다, 오르다   垂: 드리울 수 / 드리우다, 늘어지다, 베풀다, 끝

주역이 말하는 시운(時運)과 성취는 3요소를 갖추어야 한다. 하늘의 허락, 땅의 기운, 대인을 만남, 즉 천지인삼재(天地人三才)의 충족이다. 이러한 삼재의 충족이 없이는 군자가 뜻을 이룰 수 없다. 괜히 주인에게 꾸중거리만 만든다는 것이다.

땅속의 캄캄한 굴속에서 날아오르려 하면 박쥐나 올빼미가 아닌 새는 이리저리 부딪혀 날개만 상하게 된다. 삼 일 굶은 군자가 뭔가 하려는 모습과 대비하여 설명하고 있다. 마음만 앞선 모습이다. 뭐든 하기는 해야 하는데 우왕좌왕하는 모습이다. 침착해야 한다. 굴속에서 빠져나오려면 매뉴얼대로 움직여야 한다. 그 매뉴얼은 주역의 가르침이다.

주인유언(主人有言)의 주인(主人)은 절대자인 神이다. 만물의 주재자다.

실패하고 다친다

자만과 오기로
도움도 없이
성공해 보이겠다고

부딪히고
굶고
헤매고 다녀도

멍들고
상처 나고
핀잔 듣고

■ 明夷六二

明夷 夷于左股 用拯馬壯 吉 (명이 이우좌고 용증마장 길)

밝음의 기운이 떠나버린 사람이(明夷) 왼 허벅지에 화살을 맞았다(夷于左股). 빨리 구원의 말을 타고 용감하게 달아나라(用拯馬壯). 괜찮다(吉)

股: 넓적다리 고 / 허벅지, 정강이   拯: 건질 증 / 구조하다, 돕다, 취하다, 받다

명이(明夷)의 기운에 처한 사람이 나아가다 허벅지에 화살을 맞았다 함은 운이 꺾였다는 말이다. 그런데 허벅지는 허벅진데 왜 왼쪽 허벅지일까? 그것은 음양(陰陽)의 기운 중에 양(陽)의 기운에 타격을 입었다는 말이다. 양의 기운이란 형이상학적인 기운이기도 하고, 힘차게 행동하는 기운이다. 허벅지에 화살을 맞았으니 치명상은 아니지만 움직이는 데는 도움이 필요한 지경이다. 이 명이자(明夷者)의 상처 받은 양의 기운에 도움이 되는 것은 무엇인가? 그것은 대표적인 양의 기운인 말이다. 그래서 장(壯)한 말의 기운이 양의 기운이 허물어져 어려움에 처한 명이자의 구원자로 등장하고 있다.

명이자가 심각한 어려움을 만나면 상응하는 만큼의 도움을 받아야 한다. 명이자가 혼자의 힘으로 이룰 수 있는 것은 없다는 뜻이기도 하다. 또 명이자는 후퇴하는 데도 도움이 필요하다는 뜻이다.

물러나 때를 기다려라.

쓰러지면 도움 받고 후퇴하라

쓰러지면 소리쳐라
살려달라는 건 흉이 아니다

물러나
때를 기다려라

■ 明夷九三

明夷于南狩 得其大首 不可疾貞 (명이우남수 득기대수 불가질정)

明夷者가 (군사의 조련을 위하여) 남쪽으로 사냥을 나갔다가(于南狩) 운 좋게 괴수를 잡았다(得其大首). (그래도 상을 받기 위해) 끝까지(貞) 서둘지(疾) 말라(不可)

狩: 사냥 수 / 사냥, 겨울사냥 疾: 병 질 / 괴로움, 빠르다, 앓다

전(田)은 여름사냥으로 귀족놀이다. 수(狩)는 겨울사냥이고 군사훈련이 목적이다. 남쪽으로 이동해서 훈련한다. 훈련 중에 적의 우두머리를 잡았으나 명이자(明夷者)는 그 공로를 인정받기가 쉽지 않다. 우연한 공로의 상을 받으려고 서두르지 말아야 한다.

불가질정(不可疾貞)의 질(疾)은 '빠르다, 급하다'의 의미로 쓰였다.

근본적으로 운이 없는 자가 운 좋게 공을 세웠다 해도 그 공로를 인정받기 힘들다는 뜻이다. 결국 운이 제로(zero)가 되었다.

어떻게든 명이(明夷)의 운은 작용을 한다. 명이의 운을 거부하면 할수록 도움도 떠나가고 멍들고 상처만 남긴다.

돈이 생기면 들어갈 곳이 기다린다

돈을 번 기쁨도
챙길 새 없이

생각지도 못한 곳으로 들어가고

좋은 일 해도
보따리 내놓으라고
덤비고

헛수고 같은 것들을 쌓아
디딤돌이 되어
굴에서 탈출한다

■ 明夷六四

入于左腹 獲明夷之心 于出門庭 (입우좌복 획명이지심 우출문정)
왼쪽 뱃속으로 들어가 상대의 속마음을 읽고(入于左腹), 자신의 운이 명의의 운임을 알아채고(獲明夷之心), 새로운 길을 모색한다(于出門庭)

腹: 배 복 / 배, 창자, 마음, 중앙부   獲: 얻을 획 / 얻다, 짐승을 잡다, 인정받다, 빼앗다   庭: 뜰 정 / 뜰, 마당, 조정, 집안

상대의 뱃속에 들어간다는 뜻인데, 왜 들어가는가? 상대의 속셈을 알기 위해서다. 그런데 왜 왼쪽 배에 들어가는 것인가? 왼쪽은 陽의 기운이고 陽의 기운은 힘찬 행동의 기운이다. 그러므로 상대가 어떻게 행동할 것인가를 알았다.
　나의 기운은 어떤가? 나는 어두운 기운이다. 상대의 밝음의 기운에 대적할 수 없는 어두운 기운에 처해 있다. 즉, 적을 알고 나를 알았다. 적을 이길 수 없으면 도망가야 한다. 아주 자명한 전투의 원리를 설명하고 있다.

우출문정(于出門庭)은 완벽한 도망이다. 문(門)만 나온 것이 아니라 뜰도 나와 과거와 이별했음을 의미한다. 새로운 길을 가야 한다.

　노무현 전 대통령의 이름을 풀어본 적이 있다. 그 이름 속에 명이(明夷)의 기운이 있었다. 明夷의 기운은 利와 貞의 시절이 접하는 시기가 특히 어렵다고 하였다. 대통령을 그만두고 貞의 시절로 접어든 노무현 전 대통령의 기운과 맞아 떨어진다. 그리고 돌아가신 해가 64세로 明夷六四爻에 해당되었다. 돌아가시던 날, 대문을 나서는 대통령의 모습이 너무 생생하지 않은가? 완벽하게 일치한다.

적을 알고 나를 알다

병법을 빌리지 않아도
적이 나보다 강하면
도망가야 한다

과거를 잊고
힘을 길러
후일을 도모하라

▣ 明夷六五

箕子之明夷 利貞 (기자지명이 리정)
　기자와 같은 현자는 명이의 운을 잘 알고 있으므로(箕子之明夷) 끝에는 이롭다(利貞)

　箕: 키 기 / 키, 곡식을 까는데 쓰는 기구

기자(箕子)는 상(商)나라 주(紂)왕의 숙부다. 상(商)나라가 주(周) 무왕(武王)에게 망하자 무왕에게 홍범구주(洪範九疇)를 전했다고 한다. 기자는 자신이 명이(明夷)의 운임을 알고 현자이면서도 나아가지 않아 목숨을 부지하였다.

기자(箕子)를 보라

어두운 시기의 기자(箕子)는
당당하게 도피하여
밝음의 때를
기다렸다

▣ 明夷上六

不明 晦 初登于天 後入于地 (불명 회 초등우천 후입우지)
명이의 운을 모르는 자는(不明 晦) 처음은 그 기세가 하늘을 찌를 듯하나(初登于天) 나중에는 땅속으로 추락하고 만다(後入于地)

晦: 그믐 회 / 그믐, 어둡다, 캄캄하다, 어둠   登: 오를 등 / 오르다, 지위에 오르다, 윗사람에게 바치다

기자(箕子)는 명이(明夷)의 운을 아는 현인이고, 明夷를 모르고 날뛰는 자를 불명(不明), 회(晦)라 한다. 晦는 분수를 모르는 어리석은 자이다.
　明夷의 기운이란 그 기운을 아는 자는 탈출의 매뉴얼을 잘 이행하여 끝이 좋아지지만, 그 기운을 모르는 자는 기세등등하게 날뛰다가 나중에는 추락하여 보이지도 않는다.

어리석은 자

명이(明夷)를 알지 못하고
어리석게 날뛰는 자
까불거리다가
흔적도 없다

풍화가인(風火家人)

가정의 소중함은 아무리 강조해도 지나침이 없다. 가정을 이끌어가는 주인공에 관한 얘기다. 주부의 역할에 관해서 상세하게 기술하고 있다. 현대의 가정에도 틀림이 없는 가르침에 놀라움을 금할 수 없다.

第三十七卦 【家人】 風火家人　巽上離下

卦辭：家人 利女貞
彖曰：家人 女 正位乎內 男 正位乎外 男女正 天地之大義也
　　　家人有嚴君焉 父母之謂也
　　　父父子子兄兄弟弟夫夫婦婦而家道正 正家而天下定矣
象曰：風自火出 家人 君子 以言有物而行有恒

初九：閑有家 悔亡　　象曰：閑有家 志未變也

六二：无攸遂 在中饋 貞吉
象曰：六二之吉 順以巽也

九三：家人嗃嗃 悔厲 吉 婦子 嘻嘻 終吝
象曰：家人嗃嗃 未失也 婦子嘻嘻 失家節也

六四：富家 大吉
象曰：富家大吉 順在位也

九五：王假有家 勿恤 吉
象曰：王假有家 交相愛也

上九：有孚 威如 終吉
象曰：威如之吉 反身之謂也

碩: 클 석 / 크다, 머리가 크다, 가득 차다

건(蹇)의 시간을 완전히 벗어났다. 예(譽)의 단계다. 初六의 왕건래예(往蹇來譽)와 같이 영광스러운 기쁨의 시간이 온 것이다.

국가적인 어려움의 경우 난세를 극복하는 과정에서 영웅이 나타나게 마련이고, 그 영웅이 난세를 평정하지만 그 또한 대인을 만나지 못하면 불리하다는 것이다. 여기에서의 대인은 왕이라고 볼 수 있다. 영웅도 왕을 잘 만나야 한다. 성웅이라고 불리는 이순신은 왕을 넘어 신을 만난 경우다.

건(蹇)괘에서의 대인은 개인적인 차원에서도 절대적으로 필요한 존재로 인식되고 있으며, 국가적인 차원에서도 요구되는 존재다.

영웅과 왕

백성이 받드는 영웅도
왕이 인정해야 한다

고난의 시간은 지나가고
기쁨의 시간에
욕심 없는 영웅이
가슴에 앉았다

뢰수해(雷水解)

고난의 시절이 지나면 일이 풀려 새롭게 일을 시작하게 된다. 어렵던 시절을 거울삼아 다시는 고난을 겪지 않도록 다짐해야 한다. 결국 운은 돌고 도는 것이다.

第四十卦 【解】雷水解 震上坎下

卦辭：解 利西南 无所往 其來復 吉 有攸往 夙 吉
彖曰：解 險以動 動而免乎險 解 解利西南 往得衆也
　　　其來復吉 乃得中也 有攸往夙吉 往有功也
　　　天地解而雷雨作 雷雨作而百果草木 皆甲坼 解之時大矣哉
象曰：雷雨作 解 君子以赦過宥罪

初六：无咎　　象曰：剛柔之際 義无咎也

九二：田獲三狐 得黃矢 貞吉
象曰：九二貞吉 得中道也

六三：負且乘 致寇至 貞 吝
象曰：負且乘 亦可醜也 自我致戎 又誰咎也

九四：解而拇 朋至 斯孚
象曰：解而拇 未當位也

六五：君子 維有解 吉 有孚于小人
象曰：君子有解 小人退也

上六：公用射隼于高墉之上 獲之 无不利
象曰：公用射隼 以解悖也

40. 뢰수해(雷水解)

운이 풀릴 때의 처세술

▣ 해괘(解卦) 해설

　건(蹇)의 운(運)도 다음에 오는 해(解)의 운이 있기 때문에 참고 견딜 수 있는 것이다. 어렵고 혼란스러운 기운이 정리되고 새로운 질서가 확립된다. 과거에는 어물거리던 사람들도 적극적으로 도와주고 기회가 주어진다.
　해(解)의 기운이 도래하면 서로 힘을 합쳐야 한다. 사리사욕을 버리고 순수해야 한다. 갈 길을 정하고 힘차게 전진하면 새로운 인생을 경영할 수 있다.
　고난의 시절이 가고 상승의 기운을 타기 시작하면 모든 일이 풀리는 조짐이 일어난다. 그러면 어떻게 새로운 기운을 받아들여야 하는가? 첫째로 감사와 겸손이다. 감사와 겸손의 마음으로 기운을 받아들여 경망됨이 없어야 한다. 둘째로 새로운 친구들과 상생의 협력을 해야 한다. 셋째로 자신에 대한 강한 믿음으로 나아가되 욕심을 버려야 한다. 넷째로 정보를 소중히 하고 기회를 놓치지 말아야 한다.
　경건한 자신감으로 과감하게 행동하면서도 범법이나 부도덕한 일은 용기 있게 거부해야 한다. 비굴하거나 구걸하면 안 된다.
　그리고 해(解)의 운이 끝나면 다시 어려움의 운이 올 수 있다는 것을 각오해야 한다. 대비하고 비축하는 지혜가 요구된다.

▣ 解卦辭

解 利西南 无所往 其來復 吉 有攸往 夙 吉 (해 리서남 무소왕 기래복 길 유유왕 숙 길)

풀리는 운에는(解) 서로 도와 협동함이 이롭고(利西南) 갈 바가 없는 막힌 곳에서 물러나(无所往) 자신의 본연의 자리로 돌아와야 한다(其來復). 새로운 일을 하매(有攸往) 삼가고 조심하면(夙) 길하다(吉)

解: 풀 해 / 풀다, 화해하다, 깨닫다, 용서하다   復: 돌아올 복 / 돌아오다, 뒤집다

夙: 일찍 숙, 삼갈 숙 / 일찍, 삼가다, 조신하다, 빠르다

운이 풀릴 때는 어떻게 해야 하는가?

첫째로 서로 도와 협동해야 한다. 리서남(利西南)은 '서남쪽이 이롭다' 인데 서남방(西南方)은 오행의 금(金)과 화(火)의 방향으로 중앙 토(土)의 입장에서 보면 서로 상생의 관계다. 그래서 '서로 상생하면 이롭다' 로 해석할 수 있다. 존중하고 격려하는 것이 우선이다.

둘째로 희망이 없는 곳에서 오래 서성이면 안 된다. 무소왕(无所往)은 '갈 곳이 없다' 의 뜻으로 갑갑한 환경에 처해 있는 모습이다. 다 비우고 본연의 자리로 돌아오라(其來復). 그러면 좋은 일이 기다리고 있다고 했다.

새로운 희망을 찾았으면 조심스럽게 삼가며 굳세게 나아가야 소망을 이룰 수 있다. 이것이 '유유왕 숙 길(有攸往 夙 吉)' 이다. 하는 일들이 결과가 따라온다.

희망의 시대

빛이 보인다

이러지도 저러지도 못하여
끙끙대다가
귀인을 만나다

하늘이 열리고
땅도 풀렸다

▣ 解初六

无咎 (무구)
풀리는 운에서는 허물이 없어진다

앞에 해(解)가 생략되었다. 풀리는 운에는 인생의 새로운 질서가 형성된다. 허물이라고 하는 것은 과거의 고난의 운을 말한다. 결국 고난의 기운이 없어졌음을 의미한다.

고난이 물러감

어려운 과거는 흘러가고
희망과 행동의 시대가 왔다

하는 일에
성취가 따른다

▣ 解九二

田獲三狐 得黃矢 貞吉 (전획삼호 득황시 정길)

解의 운에 사냥을 나가서(田) 여우 세 마리를 잡고(獲) 황금 화살도 얻었으므로(得黃矢) 마지막까지 길하다(貞吉)

田: 밭 전 / 밭, 심다, 여름사냥　獲: 얻을 획 / 얻다, 짐승을 잡다　狐: 여우 호
矢: 화살 시 / 화살

　해(解)의 운에는 일이 순조롭게 풀린다. 전(田)은 여름사냥을 의미하고 야유회의 성격이다. 놀이 삼아 나간 여름사냥에서 여우 세 마리를 잡았다. 여우는 요사한 동물로 천지인(天地人)에게 해를 끼치는 동물이므로 나의 운에 해를 끼치는 요소를 다 잡아버렸다고 이해하는 것이 좋겠다. 어려운 운의 근본을 해결한 셈이다.
　또 여우의 몸속에서 황금 화살촉도 얻었다는 것은 새로운 일에 중요한 정보를 얻었다는 뜻이다. 즉, 큰돈이 되는 정보를 말한다. 해(解)의 운에는 아주 우연한 기회에 매우 유익한 정보가 슬슬 들어온다. 너무 흥분하지 말고 침착하게 자기 것으로 만들어라.

돈이 되는 새 정보

얼마나 기다렸는가
귀가 번쩍하고 눈이 번쩍 뜨이는
새 정보

열심히 하리라
다시는
실패하지 않게

▣ 解六三

負且乘 致寇至 貞 吝 (부차승 치구지 정 린)

(자기가 갖고 있는 것을 짐으로 꾸려) 짐을 지고 차를 타서 계속 짐을 지고 있다(負且乘). 그것은 도적을 부르는 격이니(致寇至) 끝이 걱정스럽다(貞 吝)

負: 짐질 부 / 등에 짐을 지다, 책임을 지다, 빚을 지다   且: 또 차 / 또, 잠깐, 장차
乘: 탈 승 / 타다, 오르다, 업신여기다   致: 이를 치 / 이르다, 보내다, 바치다   寇: 도둑 구, 도둑, 원수, 난리

해(解)의 운에 조심할 것은 무엇인가? 그것을 잊어버리고 있는 것 같다. 분명 조심하고 삼가라고 했는데, 그것을 풀어서 강조하고 있다.
　짐을 지고 차에 오른 자가 짐을 내려놓지 않으므로 무지하게 중요한 것이 들어 있음을 눈치 챈 도둑이 다가올 것이고, 욕심만 부리고 재물을 나누지 않고 자랑만 하면 결국 걱정스런 일을 당한다.
　우리 주변에서 '아무개가 요즘 잘나가서 좋은 차 타고 넓은 집으로 이사했대' 라는 말들을 한다. 먼저 도움을 준 사람들에게 감사하고, 분수에 맞게 생활하고, 과거의 어려움을 생각하여 이웃과 나누는 마음을 갖고 행동해야 탈이 없는 것이다. 돈을 벌었다고 겸손하지 못하고 베풀지도 않고 떠벌리며 자랑만 하면 도와주던 좋은 사람들이 적이 된다.
　도적은 멀리 있는 것이 아니다.

도적은 근처에 있다

엊그제 어렵던 시절

다 잊고
폼 잡고
자랑하고

부러움 받고
시기(猜忌)를 불러일으키면
친구가 도적이 된다

▣ 解九四

解而拇 朋至 斯孚 (해이무 붕지 사부)

풀리는 운에 인생의 목표가 분명해졌다(解而拇). 벗들이 찾아와(朋至) 이것을 믿고 동행한다(斯孚)

拇: 엄지 무 / 엄지손가락, 엄지발가락   斯: 이 사 / 이, 이것, 떨어지다

무(拇)는 초효에 있으면 엄지발가락이지만 여기는 4효에 있으므로 엄지손가락으로 이해함이 좋을 것 같다. 엄지손가락은 지상목표를 의미한다. 일생일대의 목표일 것이다. 그 목표가 뚜렷하다. 사업계획이 분명하고 뚜렷하므로 투자자도 나타나고, 능력자도 모여들어 그 계획을 믿고 동행한다는 말이다.

4효이므로 비로소 해(解)의 기운이 밖으로 드러나고 있는 것이다. 이제부터는 자신의 의지와 노력이 가미돼야 성공에 이를 수 있다.

목표가 세워졌다

목표가 분명하니

계획을 세우고
투자자를 모으고
직원을 뽑고

실행의 의지만 남았다
투명
신뢰가
과실을 만든다

▣ 解六五

君子 維有解 吉 有孚于小人 (군자 유유해 길 유부우소인)

군자는(君子) 해결책을 찾아 解의 운을 만들어가므로 길하다(維有解 吉). 그래서 보통 사람들의 신망의 대상이 된다(有孚于小人)

운에만 의지해서 모든 일이 되는 것은 아니다. 주역은 적극적인 자세를 강조하고 있다. 소인은 운만 믿고 가만히 있겠지만 군자는 운을 개척하는 존재다. 유유해(維有解)는 인생의 해법을 만들어간다는 것이다. 계획을 세우고 자금을 모으고 동지를 규합하고 힘차게 전진함으로 인생의 개척자가 되는 것이다.

그 결과 보통 사람들의 선망의 대상이 되었다. 성공한 사람으로 인정받는 단계가 된 것이다.

성공한 사람

운도 따르고
능력도 통하고
화합도 이루고
베풀 여력을 갖추니
성공했다

■ 解上六

公用射隼于高墉之上 獲之 无不利 (공용사준우고용지상 획지 무불리)

(어두운 시절 고통을 안겨주었던 원흉을 찾아내어) 높은 성벽 위에 세워놓고(高墉之上) 공개적으로(公用) 처형함으로써(射隼) 해의 기운을 완전히 장악해야(獲之) 불리함이 없어진다(无不利)

射: 쏠 사, 맞힐 석 / 쏘다, 맞히다   隼: 새매 준 / 새매, 맹금   墉: 담 용 / 담, 성벽

자신의 인생에서 과거의 혼란과 어둠을 야기한 원인을 분석해야 한다. 그것들을 조목조목 찾아내어 만인 앞에서 높이 올려놓고 처형해버려야 한다. 글자 그대로 해석하면 '만인 앞에서(公用) 성 위에 높이 올려놓고(于高墉之上), 매를 정조준한다(射隼)'는 뜻이다. 과거의 잘못된 점을 완전히 뿌리 뽑아야 한다. 그런 후 좋은 점들을 확보하여 발전시켜야 한다.

과거의 타성을 버린다는 것은 쉬운 일이 아니다. 큰일을 하려면 상황에 맞게 사고하고 행동해야 한다. 그런 것을 강조하고 있다. 그러면 해(解)의 기운을 완전히 누릴 것이다.

또 다른 해석은 상효의 값이므로 가장 높은 해(解)의 기운의 해석으로서 국가 차원의 해석이다. 국가를 어지럽힌 원흉을 잡아 공개처형함으로써 국운을 해(解)의 기운으로 가게 함이다.

마지막 걸림돌

나의 약점과
타성
과감히 처단하여
다시는 살아나지 못하게 하라

나의 시대를
완전히 장악했다

산택손(山澤損)

일이 풀리고 재정에 여유가 생기면 투자에 눈을 돌리게 된다. 투자가 무조건 수익을 창출하는 것이 아니다. 투자의 법칙은 무엇이고, 지속적인 이익의 법칙은 어떤 것이 있을까?

第四十一卦 【損】 山澤損　艮上兌下

卦辭：損 有孚 元吉 无咎 可貞 利有攸往 曷之用 二簋 可用享
彖曰：損 損下益上 其道上行 損而有孚 元吉无咎可貞利有攸往
　　　曷之用二簋可用享 二簋應有時
　　　損剛益柔有時 損益盈虛 與時偕行
象曰：山下有澤 損 君子以懲忿窒欲

初九：已事 遄往 无咎 酌損之
象曰：已事遄往 尚合志也

九二：利貞 征 凶 弗損益之　象曰：九二利貞 中以爲志也

六三：三人行 則損一人 一人行 則得其友
象曰：一人行 三則疑也

六四：損其疾 使遄 有喜 无咎　象曰：損其疾 亦可喜也

六五：或益之 十朋之龜 弗克違 元吉
象曰：六五元吉 自上祐也

上九：弗損益之 无咎 貞吉 利有攸往 得臣无家
象曰：弗損益之 大得志也

41. 산택손(山澤損)

수익을 내는 투자법

▣ 손괘(損卦) 해설

손(損)은 '덜다, 감소하다, 투자하다'의 뜻이다. 덜어내고 감소하는 것은 자신의 가진 것이 축나는 것이고, 가진 것 중의 일부를 투자함이다. 당장은 손해의 의미가 있다. 그러나 장래에 더 큰 이익이 기대되는 손해, 즉 투자다. 투자라고 하면 이익을 내는 방법을 말하고 있다. 투자의 마음가짐, 시기를 설명하고 있다. 앞의 장에서 해(解)의 운이 돌아왔다고 설명했으니 과감히 투자해서 이익을 창출하기 위한 노력을 해야 한다.

자본의 투자뿐만 아니라 사람을 키우는 작업을 포함한 전체를 말한다. 부동산투자, 주식투자, 사업투자, 인재투자 등이다. 풀리는 운이 돌아오면 새로운 정보들이 들어오고, 그 정보에 따른 사업계획을 세우고, 사업계획에 따른 사람과 자본이 투입된다. 사업의 장소가 있어야 하는 경우가 있고, 시설이 필요한 경우도 있다. 일련의 과정들을 손괘(損卦)가 설명하고 있다.

투자의 덕목에는 신념과 겸손, 검소한 생활, 장기적 안목, 끊임없는 공부와 돌봄, 타이밍을 전부 가르치고 있다.

이렇게 성공투자의 원칙을 상세히 도출할 수 있는 것은 주역의 기자가 자본주의 경제체제에 대한 심도 있는 연구 없이는 상상할 수 없는 일이다. 그것이 가능할까? 아마도 성인 반열에 있는 사람들은 영계를 통해서 몇 천 년의 시공을 초월하여 왕래할 수 있는 초능력을 가졌는지도 모른다.

▣ 損卦辭

損 有孚 元吉 无咎 可貞 利有攸往 曷之用 二簋 可用享
(손 유부 원길 무구 가정 리유유왕 갈지용 이궤 가용향)

투자에는(損) 신념이 있어야 하고(有孚) 타고난 자질도 있어야 길하고(元吉) 허물이 없어야 하고(无咎) 끝까지 갈 수 있어야 한다(可貞). 준비가 되면 이익을 위해 행동으로 옮겨야 하고(利有攸往) 그 방법을 연구해야 하며(曷之用) 정성을 다해 검소하게 제사 드려라(二簋 可用享).

損: 덜 손 / 덜다, 감소하다, 잃다, 손해보다   曷: 어찌 갈 / 어찌, 언제, 누가   簋: 제기이름 궤   享: 누릴 향 / 누리다, 드리다, 제사 지내다

이 문장은 손 유부(損 有孚), 損 元吉(손 원길), 損 无咎(손 무구), 損 可貞(손 가정), 損 利有攸往(손 리유유왕), 損 曷之用(손 갈지용), 損 二簋 可用享(손 이궤 가용향)으로 구분하여 해석하면 내용이 분명하고 명쾌해진다. 투자의 원칙을 아주 상세히 기술하고 있다. 이보다 더 자세한 가르침은 없을 것이다.

투자에는 제일 먼저 이익이 발생할 것이라는 분석과 믿음이 있어야 한다. 자신이 계획하는 투자에 대한 확신이 없으면 투자하지 말아야 하는 것은 당연하다. 확신이 없는 투자를 해서는 안 된다. 그것이 '손 유부(損 有孚)'에 해당된다.

투자의 기운은 타고난다. 아무나 투자하면 모두 성공하는 것이 아니다. 투자의 기운은 남다른 재능을 말한다. 시기를 감지하는 능력이 탁월한 자가 있다. 그런 재능이 있는 사람이라야 성공의 가능성이 훨씬 높다는 것이다. 이것이 '손 원길(損 元吉)'이다.

소가 끌어야 할 큰 수레를(其牛掣) 사람이 끄는 것을 본다(見輿曳). 그런데 그 사람이 코를 베고 이마에 죄수의 표식을 하였다(其人天且劓). (그것들을 보아도) 처음은 방도를 모르다가 마침내 도울 방법을 찾아내었다 (无初有終)

曳: 끌 예 / 끌다, 고달프다   掣: 끌 체, 당길 철 / 끌다, 당기다, 억압되다   劓: 코 벨 이 / 코를 베다, 찌르다, 가르다

규(睽)를 실행에 옮긴 후의 상황이다. 과거를 청산하여 자아로 돌아와 보니 과거의 나와 같이 먹고사는 데 급급하여 끌려 다니고 있는 수많은 사람들이 보이기 시작한다(見輿曳: 수레 끄는 이들을 보다, 대기업의 종사자들을 보다). 여(輿)는 '큰 수레'로 대기업을 의미하기도 한다.

또 과거의 나의 행동으로 인해 고통 받는 사람들의 모습을 보고 있는 모양을 표현하고 있다. 나 때문에 노예와 같은 생활을 하고 있는 사람, 범죄의 소굴에 들어간 사람, 형벌을 받는 사람들을 보고 있는 모습이다.

그들은 죄인의 모습을 하고 있다. 왜일까? 천차의(天且劓)의 속뜻은 무엇인가? 천(天)은 '절대자'를 의미하기도 하고, '이마'를 뜻한다. 이마에 표식이 있다는 말이다. 의(劓)는 물리적으로 코에 형벌이 가해진 모습이기도 하고, 명예와 기쁨을 잃은 모습을 표현하고 있다. 코는 명예를 의미한다. 왜 전 동료들이 죄인의 모습으로 다가오고 있는가? 그들은(其人) 자아를 찾지 못한 노예들이며, 신이 부여한 자신만의 특성을 외면하며 신께(天) 죄를 짓고 있는 현행범이라는 것이다.

한스럽다. 후회의 마음으로 발을 굴러도 할 수 있는 일은 많지 않다. 그 조직에서 용감하게 탈출한 규지자(睽之者: 배신자)가 안타까운 마음으로 고민 끝에 도울 방법을 찾아낸다. 처음은 찾아내지 못했으나 끝에 가서 그 방법을 알아냈다(无初有終).

천벌

나날이 고통이다
부서지고 깨지고
자존심도 뭉개지고
한숨의 나날이다

남의 인생 살고 있다
남의 돈 벌어주고
남의 시중 들어주고…

죽어도 좋을 일
쓰러져도 웃을 일
당당한 나의 일
그 일 찾을 용기 없어
천벌이다

■ 睽九四

睽孤 遇元夫 交孚 厲 无咎 (규고 우원부 교부 려 무구)
 규의 실현은(睽) 외로움이다(孤). 우연히 큰 스승을 만나(遇元夫) 믿음으로 정을 나누니(交孚) 위태롭기는 하여도(厲) 허물이 없다(无咎)

　孤: 외로울 고 / 외롭다, 홀로

배신 이후의 삶을 설명하고 있다. 지금까지의 인생을 배반하고, 나의 길이긴 하지만 새로운 삶을 산다는 것은 외로움이다. 익숙한 곳에서 도망 나와 새 친구를 사귀어야 하고 서먹한 일들을 해야 한다. 신명이야 나겠지만 외로운 투쟁이다. 과거를 청산하고 산다는 것이 얼마나 외로운 일일까?

다행히 규(睽)에 대한 훼방꾼이 아닌 큰 스승을 만나기도 하고, 믿음을 주고받는 동지를 만나서 자아의 세계를 열어 갈 수 있을 것이므로 다소 위태롭고 걱정스럽기는 해도 허물이 없다.

하늘이 부여한 일을 하는 것이므로 도움을 주는 사람들을 하늘이 보내준다. 자신에게 맞는 일을 한다는 것이 그렇게 행복한 것이다.

배신의 외로움

환경
친구
다
멀리하고

홀로
이리저리 구르며
즐겁게 부딪히니
선생도 만나고
친구도 만나리

▣ 睽六五

悔亡 厥宗 噬膚 往 何咎 (회망 궐종 서부 왕 하구)

자신을 배신한 것을 후회하지 않는다(悔亡). 친척들이 있어서(厥宗) 경제적으로(噬膚) 도움이 된다. 살아가는 데(往) 어찌 허물이 있겠는가?(何咎)

厥: 그 궐 / 그, 그것, 파다, 다하다   噬: 씹을 서 / 씹다, 미치다   膚: 살갗 부 / 살 갖, 피부, 고기

문장의 앞에 규(睽)가 생략되었다. 睽를 실행한 후에 진실로 나를 믿고 도와주는 친척이 있다면 얼마나 힘이 될까? 특히 약간씩이라도 경제적인 도움을 받을 수 있다면 곤궁을 면할 수 있을 것이다. 궐종(厥宗)은 친척이라는 말이고 서부(噬膚)는 고기를 씹어주는 것이니 약간의 경제적인 도움을 말한다. 최소한의 삶은 살아간다는 것이다. 친척들이 도와주는 조건은 현재의 곤궁한 삶을 후회하지 않는다는 조건하에서 일어나는 일이다.

마음이 편하고 하루하루를 만족을 느끼며 살아간다면 허물이 없는 인생이다.

睽의 생활에 적응하고 만족을 느끼기 시작한 단계이다.

후회 말라

청산하고
나의 일을 한다는 것에
굶주려도
외로워도
후회 말라

그 모습 대견하여
친척도 돕고
친구도 염려해주고
보람도 찾아간다

▣ 睽上九

睽孤 見豕負塗 載鬼一車 先張之弧 後說之弧 匪寇 婚媾 往 遇雨則吉 (규고 견시부도 재귀일거 선장지호 후설지호 비구 혼구 왕 우우즉길)

배신은 외로운 고난의 행군이다(睽孤). 온몸에 진흙을 잔뜩 바른 돼지를 보았는데(見豕負塗) 그 돼지가 귀신과 같고 한 수레에 가득 실려 있음을 보았다(載鬼一車). 먼저 화살을 쏘아댄다(先張之弧). 그러나 후에는 그 돼지들에게 화살을 쏘는 법을 가르친다(後說之弧). 그들은 도적이 아니라 혼인을 청하는 사람들이었다(匪寇婚媾). 그 동지들과 함께 나아감에(往) 비를 만나 진흙이 벗겨지니 길하다(遇雨則吉)

豕: 돼지 시 / 돼지 負: 짐 질 부 / 등에 짐을 지다, 책임을 지다, 빚을 지다 塗: 진흙 도 / 진흙, 칠하다 載: 실을 재 / 싣다, 탈것, 실어서 운반하다 鬼: 귀신 귀 / 귀신, 지혜롭다, 교활하다 弧: 활 호 / 활

역시 자신을 배신한 삶은 고통스럽고 고독한 것이다. 배반의 다음에 오는 수없이 많은 역경을 '고(孤)'라는 글자를 반복하여 표현하고 있다.

주역은 이렇게 최소한의 표현으로 여러 의미를 내포하고 있다. 그러므로 어렵다고 한다. 그러나 그 뜻을 알아내는 묘미는 희열에 가깝다. 한 글자를 끝없이 묵상한다. 그 글자의 시대적 배경, 같은 뜻의 다른 글자와의 비교, 왜 그 글자를 선택하였는지, 어느 장(章)의 어느 구절에서 다시 나오며 어떻게 다른 의미로 쓰이는지, 파자를 하여 해석하면 어떤 의미들인지, 앞뒤 글자와의 조화, 중복의 의미 등 검토할 사항이 너무 많다. 역경(易經)의 부분만 4367자(字)로 구성되어 있으며 중복된 글자를 빼면 798자 정도의 다른 글자들로 쓰여졌다. 같은 글자라 할지라도 쓰인 곳에

따라 미세하지만 약간씩 뉘앙스가 다르게 다가온다. 그 느낌을 잡을 수 있다면 주역의 맛을 다실 수 있다. 또 묵상하는 자의 기분이나 처지, 환경에 따라서도 느낌이 다를 수 있다. 그래서 점(占)으로도 사용되며, 잘 맞추는 사람, 못 맞추는 사람이 있는 것 같다.

진흙을 잔뜩 바른 돼지가 돼지인지 귀신인지 모를 흉측한 것이 수레 가득 실려 오고 있는 것을 보았다. 너무 놀라 활을 쏘아대는데, 만나 보니 옛날의 동지들이 나를 따라 규(睽)를 결행한 것이었다. 왜 진흙범벅이 된 돼지로 표현하였을까? 앞에서 설명한 대로 그들은 죄인이다. 천명을 어긴 죄인들이다. 돼지는 암흑세계를 대변하고 있다.

그들에게 규(睽)의 실행(활쏘기)을 가르쳤다. 나는 이미 규(睽)를 실행하고 안정을 찾은 상태이므로 睽의 선구자가 되었다. 선구자의 뒤를 따라 자아를 찾는 무리들이 몰려오고 있는 것이다. 처음은 귀신 떼인 줄 알고 놀라 자빠졌으나 자세히 보니 옛 동지들이 아닌가! 그들에게 자아를 찾는 방법을 강의하고 있는 모습이다. 후설지호(後說之弧)는 '나중에는 활 쏘는 법을 설명하고 있다'는 뜻이다.

비구 혼구(匪寇 婚媾)는 귀신 떼가 아니라 선구자인 나와 함께하려고 온 것이다. 비로소 동지가 되니 어깨동무하고 나아가매 하늘도 도와서 비를 내려 축복한다. 그 축복의 비로 진흙돼지들의 과거를 씻겨주는구나!

눈물겹고 아름다운 광경이다. 필자는 이 구절을 강의하는 데 반시간 이상이 걸린다. 얼마나 흥미진진한가?

광명의 세계로

고독이
고난이
자유의 앞길을 막을 수 없다
죄인의 소굴에서

멧돼지인지 귀신인지 모를
이상한 모습으로
이상한 짓 하며 살다가

한줄기 광명을 보았다
죽기로 탈출하여
광명의 품에 안겼다

수산건(水山蹇)

어려움의 때, 고난이 몰려와 어쩌지 못하는 상황이 되면 어떻게 처신해야 하는가? 갈팡질팡하고 혼란스러울 뿐만 아니라 엎친 데 덮친 격으로 연이어 어려움이 닥친다. 어떻게 이겨나갈까? 도와줄 친구는 얼마나 있는가?

第三十九卦 【蹇】 水山蹇 坎上艮下

卦辭：蹇 利西南 不利東北 利見大人 貞吉
彖曰：蹇 難也 險在前也
　　　　見險而能止 知矣哉 蹇利西南 往得中也 不利東北 其道窮也
　　　　利見大人 往有功也 當位貞吉 以正邦也 蹇之時用大矣哉
象曰：山上有水 蹇 君子以反身脩德

初六：往蹇來譽
象曰：往蹇來譽 宜待也

六二：王臣蹇蹇 匪躬之故
象曰：王臣蹇蹇 終无尤也

九三：往蹇來反
象曰：往蹇來反 內喜之也

六四：往蹇來連　　象曰：往蹇來連 當位實也

九五：大蹇朋來
象曰：大蹇朋來 以中節也

上六：往蹇來碩 吉 利見大人
象曰：往蹇來碩 志在內也 利見大人 以從貴也

39. 수산건(水山蹇)

고난 극복의 지혜

▣ 건괘(蹇卦) 해설

건(蹇)은 '절름발이, 고난'을 의미한다. 지극히 개인적인 인생의 역경에 대하여 설명하고 있다. 인생의 행로가 다 같을 수는 없다. 순탄하게 상승곡선을 그리며 살아가는 부러운 인생이 있는가 하면 이리저리 부딪혀 깨어지고 넘어지는 안타까운 인생도 있다. 유난히 어려워 절름발이 같은 인생을 살아가는 자, 부축해주는 친구가 필요하다.

건(蹇)의 괘를 갖고 있는 인생은 친구가 절실하고, 경륜이 높은 대인을 만날 수 있으면 더 좋다. 사람을 중시해야 한다. 결국 누구나 어려운 시련을 만났을 때 도움이 되는 것은 주변의 사람이다.

어떤 사람은 보잘것없이 살아왔지만 우연한 주선으로 대중의 도움을 받고 재기하는 경우도 있다. 대중소통이 가능한 현대 사회에서는 흔히 있는 일이다. 그러나 대부분의 고통 받는 사람들은 별 도움 없이 어려운 세상을 살아간다. 그것이 지혜의 차이다. 평소 어떤 삶을 살았는지에 따라 운명이 갈리고 있는 것이다.

건(蹇)의 기운은 시간이 지나면 소멸된다. 성숙한 인간, 좀 더 겸손한 인간이 되는 것이다. 지나가지 않는 고통은 없다. 고통을 안고 견딘 사람은 인생의 쓴맛을 알게 된다.

▣ 蹇卦辭

蹇 利西南 不利東北 利見大人 貞吉 (건 리서남 불리동북 리견대인 정길)

고난의 시절에는(蹇) 상생의 방위인 서남방은 이롭고(利西南) 상극의 방위인 동북방은 불리하다(不利東北). 대인을 만날 수 있으면(利見大人) 끝이 길하다(貞吉)

蹇: 절 건 / 절다, 절뚝 발, 고생하다

2장(章) 곤(坤)의 서남득붕(西南得朋) 동북상붕(東北喪朋)에서 설명한 바와 같이 서쪽과 남쪽은 상생의 방향이고, 동쪽과 북방은 상극의 방위이다. 그러므로 건(蹇)의 시절에는 상생을 찾아 움직여야 하고, 상극의 행위는 하지 말라는 것이다.

상생이란 자신을 이해해주는 친구, 가족, 선배, 지도자를 의미한다. 상극의 행위란 오기, 시기, 투쟁, 질투, 소송, 도박, 범죄 등 비정상적인 행위를 말한다.

절대로 사람을 소중히 해야 한다. 어려워 고난을 겪을 때는 위에 열거한 상극의 행위를 하지 말고 친구, 가족, 선배, 지도자를 찾아 조언을 구하고 도움을 요청하며 긍정적인 방향으로 고난에서 벗어나야 한다.

친구에게 답이 있다

어려움을 털어놓고
함께 고민하고
시련을 감내하라

오기, 시기, 투쟁, 질투, 소송, 도박, 범죄
그런 것들을 멀리하고
현명한 친구에게 매달려라

■ 蹇初六

往蹇來譽 (왕건 래예)
고난의 시절이 지나가면(往蹇) 명예가 온다(來譽)

譽: 명예 예 / 명예, 기리다, 칭찬하다, 가상히 여기다

이것은 건괘(蹇卦)의 원칙이다. 어려움의 시절은 반드시 지나가고 기쁨의 때가 온다는 것이다.

굳게 어려움을 이겨내라는 희망의 메시지다. 모든 운명의 시계는 움직이고 있으며, 좋은 운도 나쁜 운도 지나간다는 말이다. 그러므로 기다려야 한다.

어려움을 이기는 첫째 조건

기도하고
공부하고
좋은 친구 만나고
바쁘게 기다려라
좋은 정보
공부로 연마하고
새롭게 나아가면
기쁨 얻으리

▣ 蹇六二

王臣蹇蹇 匪躬之故 (왕신건건 비궁지고)

왕과 신하가 모두 어려움에 빠졌으나(王臣蹇蹇) 이것은 그들 스스로가 만든 것이 아니다(匪躬之故)

躬: 몸 궁 / 몸, 자신, 몸소 행하다   故: 옛 고 / 옛날, 연고, 고로, 이미 지나간 때, 본래, 원래

나라의 운명이 건(蹇)의 운에 빠졌을 때 일어나는 현상이다.

개인의 운으로는 이렇게 되지 않는다(匪躬之故). 국가에도 건(蹇)의 운이 있다는 것이다. 서로 탓하지 말고 이성을 찾아야 한다.

나랏일을 갖고 정권도 야권도 오기부리지 말아야 한다. 시기하고 질투하고 투쟁하지 말아야 한다. 자꾸 법을 내세우면 정치가 필요 없어진다. 법으로만 나라가 다스려진다면 판검사만 있으면 됐지 정치인이 무슨 필요가 있겠는가? 법이 있어도 정치가 필요한 이유를 생각해야 한다.

정치는 국익이 우선이다. 가장 경계해야 할 것은 나랏일을 갖고 도박하는 것이다. 그리고 범죄가 되는 행동도 하지 말아야 한다. 냉정하고 겸손하게 국익을 생각하고 지도자의 본분대로 행해야 한다.

고난의 국운

대한아
왕은 옴짝도 못하고
나서면 웃음거리 되고
신하는
사리사욕에 눈이 멀었도다

건(蹇)의 운이
온 나라에 퍼졌으니
침착하라
이성을 찾아라
본분을 행하라

▣ 蹇九三

往蹇來反 (왕건 래반)
고난의 시절이 지나가도(往蹇) 안정에 반하는 것이 온다(來反)

건(蹇)의 운이 지나가도 안정을 거부하는 세력이 있다는 것이다. 이것은 지나간 蹇의 시절에 자신을 너무 망가뜨린 경우다. 시기하고 질투하고 투쟁하던 세력들이 안정의 시기가 되어도 다른 시빗거리를 찾아내고 다시 반대하며 등장한다는 뜻이다.
그러므로 蹇의 시절을 악쓰지 말고 순응하고 절제하며 잘 지내야 한다.
蹇의 시절을 잘 보내야 한다는 가르침이다.

반대를 위한 반대

반대의 사건이 마무리되어도
다시
반대의 꼬투리를 잡아
시기하고 투쟁하는
끝없는 투쟁의 무리

▣ 蹇六四

往蹇來連 (왕건 래연)
건의 운이 지나가도(往蹇) 다시 어려움이 연이어 올 수 있다(來連)

連: 이을 연 / 잇다, 계속하다, 맺다, 연결하다

사람에 따라서는 연속적으로 고난이 덮칠 수 있다. '엎친 데 덮친 격'이라는 말이다. 주변에서도 나쁜 일이 연속하여 오는 경우를 흔히 볼 수 있다. 건(蹇)은 홀로 다니는 것이 아니다.

이런 상황에서는 우선 가족끼리 뭉쳐 의견의 일치를 이루어야 한다. 가족이 가장 중요하다. 다음으로 친구의 도움을 받아라. 그리고 어려움에서 구해줄 수 있는 대인을 찾아 나서야 한다.

당황하지 말고 사람을 소중히 하라. 주변 사람을 원망하거나 미워하여 잃어버리는 일이 없도록 하라.

엎친 데 덮친다

나쁜 일은
홀로 서성이지 않는다

연이어 들어오는
고난이라는 손님은
혼자 막을 순 없다

가족과 뭉치고
친구들과 합치고
어른을 찾아 나서라

▣ 蹇九五

大蹇朋來 (대건붕래)
큰 고난의 때에(大蹇) 친구가 와서 도와준다(朋來)

대건(大蹇)은 어려움이 극치에 달한 때를 말한다. 이 도와주는 친구가 진정한 친구다. 대건(大蹇)에 찾아가지 않아도 찾아오는 친구가 있다는 것은 행복한 인생이다.

삶에서 어려움을 나눌 수 있는 친구 한 명은 갖고 있어야 한다. 과연 그런 친구를 지닌 사람이 몇이나 될까? 웃고 즐기는 친구는 주머니만 든든하면 얼마든지 있다. 믿어주고 삶을 윤택하게 하는 친구가 있어야 함을 강조하고 있다.

건(蹇)은 친구의 필요성을 역설하는 장이다.

친구야!

어려움의 소식 듣고
한걸음에 달려오는
그런 친구 하나
또 하나의 반려

▣ 蹇上六

往蹇來碩 吉 利見大人 (왕건래석 길 리견대인)
고난이 지나가면(往蹇) 큰 사람이 와서(來碩) 도와주니 길하고(吉), 또한 대인을 만나야 이롭다(利見大人)

碩: 클 석 / 크다, 머리가 크다, 가득 차다

건(蹇)의 시간을 완전히 벗어났다. 예(譽)의 단계다. 初六의 왕건래예(往蹇來譽)와 같이 영광스러운 기쁨의 시간이 온 것이다.

국가적인 어려움의 경우 난세를 극복하는 과정에서 영웅이 나타나게 마련이고, 그 영웅이 난세를 평정하지만 그 또한 대인을 만나지 못하면 불리하다는 것이다. 여기에서의 대인은 왕이라고 볼 수 있다. 영웅도 왕을 잘 만나야 한다. 성웅이라고 불리는 이순신은 왕을 넘어 신을 만난 경우다.

건(蹇)괘에서의 대인은 개인적인 차원에서도 절대적으로 필요한 존재로 인식되고 있으며, 국가적인 차원에서도 요구되는 존재다.

영웅과 왕

백성이 받드는 영웅도
왕이 인정해야 한다

고난의 시간은 지나가고
기쁨의 시간에
욕심 없는 영웅이
가슴에 앉았다

뢰수해(雷水解)

고난의 시절이 지나면 일이 풀려 새롭게 일을 시작하게 된다. 어렵던 시절을 거울삼아 다시는 고난을 겪지 않도록 다짐해야 한다. 결국 운은 돌고 도는 것이다.

第四十卦 【解】雷水解 震上坎下

卦辭：解 利西南 无所往 其來復 吉 有攸往 夙 吉
彖曰：解 險以動 動而免乎險 解 解利西南 往得衆也
　　　其來復吉 乃得中也 有攸往夙吉 往有功也
　　　天地解而雷雨作 雷雨作而百果草木 皆甲坼 解之時大矣哉
象曰：雷雨作 解 君子以赦過宥罪

初六：无咎　　象曰：剛柔之際 義无咎也

九二：田獲三狐 得黃矢 貞吉
象曰：九二貞吉 得中道也

六三：負且乘 致寇至 貞吝
象曰：負且乘 亦可醜也 自我致戎 又誰咎也

九四：解而拇 朋至 斯孚
象曰：解而拇 未當位也

六五：君子 維有解 吉 有孚于小人
象曰：君子有解 小人退也

上六：公用射隼于高墉之上 獲之 无不利
象曰：公用射隼 以解悖也

40. 뢰수해(雷水解)

운이 풀릴 때의 처세술

▣ 해괘(解卦) 해설

건(蹇)의 운(運)도 다음에 오는 해(解)의 운이 있기 때문에 참고 견딜 수 있는 것이다. 어렵고 혼란스러운 기운이 정리되고 새로운 질서가 확립된다. 과거에는 어물거리던 사람들도 적극적으로 도와주고 기회가 주어진다.

해(解)의 기운이 도래하면 서로 힘을 합쳐야 한다. 사리사욕을 버리고 순수해야 한다. 갈 길을 정하고 힘차게 전진하면 새로운 인생을 경영할 수 있다.

고난의 시절이 가고 상승의 기운을 타기 시작하면 모든 일이 풀리는 조짐이 일어난다. 그러면 어떻게 새로운 기운을 받아들여야 하는가? 첫째로 감사와 겸손이다. 감사와 겸손의 마음으로 기운을 받아들여 경망됨이 없어야 한다. 둘째로 새로운 친구들과 상생의 협력을 해야 한다. 셋째로 자신에 대한 강한 믿음으로 나아가되 욕심을 버려야 한다. 넷째로 정보를 소중히 하고 기회를 놓치지 말아야 한다.

경건한 자신감으로 과감하게 행동하면서도 범법이나 부도덕한 일은 용기 있게 거부해야 한다. 비굴하거나 구걸하면 안 된다.

그리고 해(解)의 운이 끝나면 다시 어려움의 운이 올 수 있다는 것을 각오해야 한다. 대비하고 비축하는 지혜가 요구된다.

▣ 解卦辭

解 利西南 无所往 其來復 吉 有攸往 夙 吉 (해 리서남 무소왕 기래복 길 유유왕 숙 길)

풀리는 운에는(解) 서로 도와 협동함이 이롭고(利西南) 갈 바가 없는 막힌 곳에서 물러나(无所往) 자신의 본연의 자리로 돌아와야 한다(其來復). 새로운 일을 하매(有攸往) 삼가고 조심하면(夙) 길하다(吉)

解: 풀 해 / 풀다, 화해하다, 깨닫다, 용서하다　復: 돌아올 복 / 돌아오다, 뒤집다
夙: 일찍 숙, 삼갈 숙 / 일찍, 삼가다, 조신하다, 빠르다

운이 풀릴 때는 어떻게 해야 하는가?

첫째로 서로 도와 협동해야 한다. 리서남(利西南)은 '서남쪽이 이롭다'인데 서남방(西南方)은 오행의 금(金)과 화(火)의 방향으로 중앙 토(土)의 입장에서 보면 서로 상생의 관계다. 그래서 '서로 상생하면 이롭다'로 해석할 수 있다. 존중하고 격려하는 것이 우선이다.

둘째로 희망이 없는 곳에서 오래 서성이면 안 된다. 무소왕(无所往)은 '갈 곳이 없다'의 뜻으로 갑갑한 환경에 처해 있는 모습이다. 다 비우고 본연의 자리로 돌아오라(其來復). 그러면 좋은 일이 기다리고 있다고 했다.

새로운 희망을 찾았으면 조심스럽게 삼가며 굳세게 나아가야 소망을 이룰 수 있다. 이것이 '유유왕 숙 길(有攸往 夙 吉)'이다. 하는 일들이 결과가 따라온다.

희망의 시대

빛이 보인다

이러지도 저러지도 못하여
끙끙대다가
귀인을 만나다

하늘이 열리고
땅도 풀렸다

▣ 解初六

无咎 (무구)
풀리는 운에서는 허물이 없어진다

앞에 해(解)가 생략되었다. 풀리는 운에는 인생의 새로운 질서가 형성된다. 허물이라고 하는 것은 과거의 고난의 운을 말한다. 결국 고난의 기운이 없어졌음을 의미한다.

고난이 물러감

어려운 과거는 흘러가고
희망과 행동의 시대가 왔다

하는 일에
성취가 따른다

■ 解九二

田獲三狐 得黃矢 貞吉 (전획삼호 득황시 정길)

解의 운에 사냥을 나가서(田) 여우 세 마리를 잡고(獲) 황금 화살도 얻었으므로(得黃矢) 마지막까지 길하다(貞吉)

田: 밭 전 / 밭, 심다, 여름사냥   獲: 얻을 획 / 얻다, 짐승을 잡다   狐: 여우 호
矢: 화살 시 / 화살

해(解)의 운에는 일이 순조롭게 풀린다. 전(田)은 여름사냥을 의미하고 야유회의 성격이다. 놀이 삼아 나간 여름사냥에서 여우 세 마리를 잡았다. 여우는 요사한 동물로 천지인(天地人)에게 해를 끼치는 동물이므로 나의 운에 해를 끼치는 요소를 다 잡아버렸다고 이해하는 것이 좋겠다. 어려운 운의 근본을 해결한 셈이다.

또 여우의 몸속에서 황금 화살촉도 얻었다는 것은 새로운 일에 중요한 정보를 얻었다는 뜻이다. 즉, 큰돈이 되는 정보를 말한다. 해(解)의 운에는 아주 우연한 기회에 매우 유익한 정보가 슬슬 들어온다. 너무 흥분하지 말고 침착하게 자기 것으로 만들어라.

돈이 되는 새 정보

얼마나 기다렸는가
귀가 번쩍하고 눈이 번쩍 뜨이는
새 정보

열심히 하리라
다시는
실패하지 않게

■ 解六三

負且乘 致寇至 貞 吝 (부차승 치구지 정 린)

(자기가 갖고 있는 것을 짐으로 꾸려) 짐을 지고 차를 타서 계속 짐을 지고 있다(負且乘). 그것은 도적을 부르는 격이니(致寇至) 끝이 걱정스럽다(貞 吝)

負: 짐질 부 / 등에 짐을 지다, 책임을 지다, 빚을 지다   且: 또 차 / 또, 잠깐, 장차
乘: 탈 승 / 타다, 오르다, 업신여기다   致: 이를 치 / 이르다, 보내다, 바치다   寇: 도둑 구, 도둑, 원수, 난리

해(解)의 운에 조심할 것은 무엇인가? 그것을 잊어버리고 있는 것 같다. 분명 조심하고 삼가라고 했는데, 그것을 풀어서 강조하고 있다.
짐을 지고 차에 오른 자가 짐을 내려놓지 않으므로 무지하게 중요한 것이 들어 있음을 눈치 챈 도둑이 다가올 것이고, 욕심만 부리고 재물을 나누지 않고 자랑만 하면 결국 걱정스런 일을 당한다.
우리 주변에서 '아무개가 요즘 잘나가서 좋은 차 타고 넓은 집으로 이사했대'라는 말들을 한다. 먼저 도움을 준 사람들에게 감사하고, 분수에 맞게 생활하고, 과거의 어려움을 생각하여 이웃과 나누는 마음을 갖고 행동해야 탈이 없는 것이다. 돈을 벌었다고 겸손하지 못하고 베풀지도 않고 떠벌리며 자랑만 하면 도와주던 좋은 사람들이 적이 된다.
도적은 멀리 있는 것이 아니다.

도적은 근처에 있다

엊그제 어렵던 시절

다 잊고
폼 잡고
자랑하고

부러움 받고
시기(猜忌)를 불러일으키면
친구가 도적이 된다

▣ 解九四

解而拇 朋至 斯孚 (해이무 붕지 사부)

풀리는 운에 인생의 목표가 분명해졌다(解而拇). 벗들이 찾아와(朋至) 이것을 믿고 동행한다(斯孚)

拇: 엄지 무 / 엄지손가락, 엄지발가락   斯: 이 사 / 이, 이것, 떨어지다

무(拇)는 초효에 있으면 엄지발가락이지만 여기는 4효에 있으므로 엄지손가락으로 이해함이 좋을 것 같다. 엄지손가락은 지상목표를 의미한다. 일생일대의 목표일 것이다. 그 목표가 뚜렷하다. 사업계획이 분명하고 뚜렷하므로 투자자도 나타나고, 능력자도 모여들어 그 계획을 믿고 동행한다는 말이다.

4효이므로 비로소 해(解)의 기운이 밖으로 드러나고 있는 것이다. 이제부터는 자신의 의지와 노력이 가미돼야 성공에 이를 수 있다.

목표가 세워졌다

목표가 분명하니

계획을 세우고
투자자를 모으고
직원을 뽑고

실행의 의지만 남았다
투명
신뢰가
과실을 만든다

◾ 解六五

君子 維有解 吉 有孚于小人 (군자 유유해 길 유부우소인)
군자는(君子) 해결책을 찾아 解의 운을 만들어가므로 길하다(維有解 吉). 그래서 보통 사람들의 신망의 대상이 된다(有孚于小人)

운에만 의지해서 모든 일이 되는 것은 아니다. 주역은 적극적인 자세를 강조하고 있다. 소인은 운만 믿고 가만히 있겠지만 군자는 운을 개척하는 존재다. 유유해(維有解)는 인생의 해법을 만들어간다는 것이다. 계획을 세우고 자금을 모으고 동지를 규합하고 힘차게 전진함으로 인생의 개척자가 되는 것이다.
　그 결과 보통 사람들의 선망의 대상이 되었다. 성공한 사람으로 인정받는 단계가 된 것이다.

성공한 사람

운도 따르고
능력도 통하고
화합도 이루고
베풀 여력을 갖추니
성공했다

■ 解上六

公用射隼于高墉之上 獲之 无不利 (공용사준우고용지상 획지 무불리)

(어두운 시절 고통을 안겨주었던 원흉을 찾아내어) 높은 성벽 위에 세워놓고(高墉之上) 공개적으로(公用) 처형함으로써(射隼) 해의 기운을 완전히 장악해야(獲之) 불리함이 없어진다(无不利)

射: 쏠 사, 맞힐 석 / 쏘다, 맞히다   隼: 새매 준 / 새매, 맹금   墉: 담 용 / 담, 성벽

자신의 인생에서 과거의 혼란과 어둠을 야기한 원인을 분석해야 한다. 그것들을 조목조목 찾아내어 만인 앞에서 높이 올려놓고 처형해버려야 한다. 글자 그대로 해석하면 '만인 앞에서(公用) 성 위에 높이 올려놓고(于高墉之上), 매를 정조준한다(射隼)'는 뜻이다. 과거의 잘못된 점을 완전히 뿌리 뽑아야 한다. 그런 후 좋은 점들을 확보하여 발전시켜야 한다.

과거의 타성을 버린다는 것은 쉬운 일이 아니다. 큰일을 하려면 상황에 맞게 사고하고 행동해야 한다. 그런 것을 강조하고 있다. 그러면 해(解)의 기운을 완전히 누릴 것이다.

또 다른 해석은 상효의 값이므로 가장 높은 해(解)의 기운의 해석으로서 국가 차원의 해석이다. 국가를 어지럽힌 원흉을 잡아 공개처형함으로써 국운을 해(解)의 기운으로 가게 함이다.

마지막 걸림돌

나의 약점과
타성
과감히 처단하여
다시는 살아나지 못하게 하라

나의 시대를
완전히 장악했다

산택손(山澤損)

일이 풀리고 재정에 여유가 생기면 투자에 눈을 돌리게 된다. 투자가 무조건 수익을 창출하는 것이 아니다. 투자의 법칙은 무엇이고, 지속적인 이익의 법칙은 어떤 것이 있을까?

第四十一卦 [損] 山澤損 艮上兌下

卦辭：損 有孚 元吉 无咎 可貞 利有攸往 曷之用 二簋 可用享
彖曰：損 損下益上 其道上行 損而有孚 元吉无咎可貞利有攸往
　　　曷之用二簋可用享 二簋應有時
　　　損剛益柔有時 損益盈虛 與時偕行
象曰：山下有澤 損 君子以懲忿窒欲

初九：已事 遄往 无咎 酌損之
象曰：已事遄往 尚合志也

九二：利貞 征 凶 弗損益之　象曰：九二利貞 中以爲志也

六三：三人行 則損一人 一人行 則得其友
象曰：一人行 三則疑也

六四：損其疾 使遄 有喜 无咎　象曰：損其疾 亦可喜也

六五：或益之 十朋之龜 弗克違 元吉
象曰：六五元吉 自上祐也

上九：弗損益之 无咎 貞吉 利有攸往 得臣无家
象曰：弗損益之 大得志也

41. 산택손(山澤損)

수익을 내는 투자법

▣ 손괘(損卦) 해설

손(損)은 '덜다, 감소하다, 투자하다'의 뜻이다. 털어내고 감소하는 것은 자신의 가진 것이 축나는 것이고, 가진 것 중의 일부를 투자함이다. 당장은 손해의 의미가 있다. 그러나 장래에 더 큰 이익이 기대되는 손해, 즉 투자다. 투자라고 하면 이익을 내는 방법을 말하고 있다. 투자의 마음가짐, 시기를 설명하고 있다. 앞의 장에서 해(解)의 운이 돌아왔다고 설명했으니 과감히 투자해서 이익을 창출하기 위한 노력을 해야 한다.

자본의 투자뿐만 아니라 사람을 키우는 작업을 포함한 전체를 말한다. 부동산투자, 주식투자, 사업투자, 인재투자 등이다. 풀리는 운이 돌아오면 새로운 정보들이 들어오고, 그 정보에 따른 사업계획을 세우고, 사업계획에 따른 사람과 자본이 투입된다. 사업의 장소가 있어야 하는 경우가 있고, 시설이 필요한 경우도 있다. 일련의 과정들을 손괘(損卦)가 설명하고 있다.

투자의 덕목에는 신념과 겸손, 검소한 생활, 장기적 안목, 끊임없는 공부와 돌봄, 타이밍을 전부 가르치고 있다.

이렇게 성공투자의 원칙을 상세히 도출할 수 있는 것은 주역의 기자가 자본주의 경제체제에 대한 심도 있는 연구 없이는 상상할 수 없는 일이다. 그것이 가능할까? 아마도 성인 반열에 있는 사람들은 영계를 통해서 몇 천 년의 시공을 초월하여 왕래할 수 있는 초능력을 가졌는지도 모른다.

🔲 損卦辭

損 有孚 元吉 无咎 可貞 利有攸往 曷之用 二簋 可用享
(손 유부 원길 무구 가정 리유유왕 갈지용 이궤 가용향)

　투자에는(損) 신념이 있어야 하고(有孚) 타고난 자질도 있어야 길하고(元吉) 허물이 없어야 하고(无咎) 끝까지 갈 수 있어야 한다(可貞). 준비가 되면 이익을 위해 행동으로 옮겨야 하고(利有攸往) 그 방법을 연구해야 하며(曷之用) 정성을 다해 검소하게 제사 드려라(二簋 可用享).

　損: 덜 손 / 덜다, 감소하다, 잃다, 손해보다　曷: 어찌 갈 / 어찌, 언제, 누가　簋: 제기이름 궤　享: 누릴 향 / 누리다, 드리다, 제사 지내다

　이 문장은 손 유부(損 有孚), 損 元吉(손 원길), 損 无咎(손 무구), 損 可貞(손 가정), 損 利有攸往(손 리유유왕), 損 曷之用(손 갈지용), 損 二簋 可用享(손 이궤 가용향)으로 구분하여 해석하면 내용이 분명하고 명쾌해진다. 투자의 원칙을 아주 상세히 기술하고 있다. 이보다 더 자세한 가르침은 없을 것이다.

　투자에는 제일 먼저 이익이 발생할 것이라는 분석과 믿음이 있어야 한다. 자신이 계획하는 투자에 대한 확신이 없으면 투자하지 말아야 하는 것은 당연하다. 확신이 없는 투자를 해서는 안 된다. 그것이 '손 유부(損 有孚)' 에 해당된다.

　투자의 기운은 타고난다. 아무나 투자하면 모두 성공하는 것이 아니다. 투자의 기운은 남다른 재능을 말한다. 시기를 감지하는 능력이 탁월한 자가 있다. 그런 재능이 있는 사람이라야 성공의 가능성이 훨씬 높다는 것이다. 이것이 '손 원길(損 元吉)' 이다.

투자에는 범죄에 해당하는 변칙을 이용해서는 안 된다. 또 투자에 사용되는 자금이나 인적자원과 시설이 정당하지 않은 것을 사용하다가는 언제 탈이 날지 모른다. 정당하고 합법적이고 합리적이라야 한다. 그것이 '손 무구(損 无咎)' 이다.

투자는 하다가 포기하면 안 된다. 끝까지 갈 수 있어야 한다. 투자를 시작했으면 끝에 수익을 창출하여 자신의 것으로 만들어야 한다. 욕심과 물욕에 사로잡혀 있으면 끝까지 갈 수 없으며 좋지 않다. '손 가정(損 可貞)' 의 설명이다.

위의 설명이 총론이라면 이제부터는 각론이다. 투자에 대한 의지를 갖고 계획했으면 반드시 적기에 실행에 옮기는 것이 중요하다. 마음속으로만 투자하면 무슨 소용이 있는가? 투자의 타이밍에 실행하는 것을 '손 리유유왕(損 利有攸往)' 이라 하였다.

'손 갈지용(損 曷之用)' 은 '어찌 쓸 것인가?' 이다. 즉 투자의 방법론이다. 성공하는 투자법은 그 방법을 잘 연구해야 한다. 위험을 분산하는 분산투자의 원칙이라든가 인사관리의 원칙 등을 연구하고 준수해야 한다. 투자란 어떻게 안정적인 수익을 확보하느냐의 문제이다. 그 방법에 관한 가르침이다.

투자자는 검소한 생활을 권하고 있다. 이궤(二簋)는 '검소하고 정성스런 간략한 제사' 를 일컫는 말로 주역에 여러 번 등장한다. 簋(궤)는 '피나 기장을 담는 그릇' 이다. 바깥모양은 둥글지만 안은 네모난 모양으로 대나무나 흙으로 만들었으며, 곡식이 한 말 두 되 들어간다고 한다. 큰 제사에는 6궤나 8궤를 사용하고, 보통의 제사는 4궤를 쓰며, 간소한 제사에는 2궤를 쓴다.

> **피와 기장**
>
> 피와 기장은 크기가 좁쌀보다 2배 정도 굵다. 피는 도정 후에 색이 하얗다. 기장은 도정하면 색이 황금색이다. 둘 다 쌀을 대치하는 곡물이라고 할 수 있다. 필자는 어린 시절 피와 조를 경작했던 경험이 있다.

그리고 '가용향(可用享)'은 '제사를 드려라' 라는 뜻인데 경건한 마음으로 투자에 임하라는 뜻이다. 기도하라는 뜻이다. 자신의 능력을 다 발휘했으면 하늘의 도움을 구하라는 뜻이다. 투자의 성공은 투자자의 능력만으로 되는 것이 아니라 신의 가호가 있어야 함을 밝히고 있다.

투자

피 같은 돈으로
먹고 먹히는 시장에서
투자는

원칙을 준수하고
기도해야 함이니

돈은
투자하면 먹는 것이 아니라
하늘이 내려주는 것임을

▣ 損初九

已事 遄往 无咎 酌損之 (이사 천왕 무구 작손지)

일이 시작되었으면(已事) 빠르게 행동해야(遄往) 허물이 없다(无咎). 투자를 예측해야 한다(酌損之)

已: 이미 이 / 이미, 낫다, 그치다, 癒(병 나을 유)와 같다   遄: 빠를 천 / 빠르게
酌: 따를 작 / 따르다, 취하다, 예측하는 것

이사(已事)는 이미 일이 벌어졌다는 뜻이다. 이왕지사(已往之事)와 같은 말이다. 계획된 투자의 일이 진행되고 있다는 것이다. 初爻의 값이므로 투자의 최초 진행단계를 설명하고 있다. 왕(往)은 '나아가다' 라는 뜻으로 '전진성 행동(행위)' 을 의미한다. 그러므로 천왕(遄往)은 '빠르게 행동하다' 라고 해석할 수 있다.

투자의 타이밍을 감지하고 투자의 결정을 하였으면 재빠르게 행동해야 한다고 하였다. 마치 주식투자나 외환투자의 현장을 설명하는 것 같다. 무려 3100년 전에 현대의 투자의 행태를 보는 것 같은 가르침을 쓰고 있는 것이 믿기지 않는다.

작손지(酌損之)는 투자를 감지하고 예측하는 것은 물론, 이익과 위험의 예측도 내포하는 '감(感)의 총체' 를 설명하고 있다.

주역철학의 해석에는 일관성이 매우 중요하다. 손(損)은 투자의 원칙에 대해 시작과 끝이 잘 짜여진 기사(記事)처럼 해석해야 한다.

투자의 시작

치밀하고
일사불란하게
정보에 감(感)을 가미하여
쾌속으로 결행하라

▣ 損九二

利貞 征凶 弗損益之 (리정 정 흉 불손익지)
끝장에(利貞) 공격적으로 투자하면(征) 흉하다(凶). 투자 이익이 없다 (弗損益之)

> 弗 : 아닐 불 / 아니다, 빠른 모양, 떨다

여기에서의 리정(利貞)의 의미는 무엇인가? 利와 貞의 속뜻을 분석할 필요가 있다. 利는 '수확하고 열매 맺는 시기'이다. 다른 사람들은 이미 투자하여 수익을 거두고 빠져나가기 시작한 단계다. 貞은 마지막 저장(貯藏)과 멸극(滅極)의 단계로 이미 파장(罷場)이다. 이런 끝장에 투자하면 망한다는 설명이다.

정(征)은 다분히 공격적인 의미를 담고 있다. 투자를 설명하고 있는 중이므로 '공격적인 투자'로 이해할 수 있다.

불손익지(弗損益之)의 손(損)을 '투자'로 번역하면 손익(損益)은 '투자이익'이 된다. 우리는 막장에 상투 잡고 망한 사람을 흔히 본다. 주식시장에서의 개미들의 속성이기도 하다. 이 글을 쓴 주공(周公)은 현대의 증권시장을 들여다보며 쓴 것 같다.

> **주공(周公)**
> 이름은 단(旦). 주왕조를 세운 문왕(文王)의 아들이며 무왕(武王)의 동생. 무왕과 무왕의 아들 성왕(成王)을 도와 주왕조의 기초를 확립하였다. 무왕이 죽은 뒤 나이 어린 성왕이 제위에 오르자 섭정(攝政)이 되었는데, 당시 상족(商族)을

이끌고 있던 주왕(紂王)의 아들 무경(武庚)과 주공의 동생 관숙(管叔)·채숙(蔡叔) 등이 동이(東夷)와 결탁하여 대반란을 일으켰다. 주공은 소공(召公)과 협력하여 이 난을 진압하고 다시 동방을 원정(遠征)하여 허난성[河南省] 뤄양[洛陽] 부근 낙읍(洛邑: 成周)에 진(鎭)을 설치하였다.

주공은 상족을 회유하기 위하여 상(商)의 고지(故地: 商丘)에 주왕(紂王)의 형 미자계(微子啓)를 봉하여 송(宋)나라라 칭하고, 아들 백금(伯禽)을 노(魯: 曲阜)나라에 봉건(封建)하는 등 주왕실의 일족과 공신들을 중원(中原)의 요지에 배치하여 다스리게 하는, 주초(周初)의 대봉건제(大封建制)를 실시하여 주왕실의 수비를 공고히 하였다. 한편, 예악(禮樂)과 법도(法度)를 제정하여 주왕실 특유의 제도문물(制度文物)을 창시하였다. 그는 중국 고대의 정치·사상·문화 등 다방면에 공헌하여 유교학자에 의해 성인으로 존숭되고 있다. 저서에『주례(周禮)』가 있다.

(참조: 두산백과)

막장을 타지 마라

남이 번다고
남의 흉내를 내다가
흉(凶)을 만난다

▣ 損六三

三人行 則損一人 一人行 則得其友 (삼인행 즉손일인 일인행 즉득기우)

다수가 참여하고 완전하다는 투자에도(三人行) 일부는 손해를 볼 수 있고(則損一人) 단독으로 결행해도(一人行) 동참자인 벗을 얻을 수 있다(則

得其友)

則: 곧 즉, 법칙 칙, 본받을 측   得: 얻을 득 / 얻다, 이익, 덕

삼인행(三人行)은 '다수가 참여하는 투자', 즉 국민주 같은 공공성을 띤 투자이기도 하고, 천지인(天地人)의 화합된 완전한 모습의 투자를 말하기도 한다. 그런데도 투자액의 일부를 잃거나 투자자의 일부는 손해를 보기도 한다는 말이다. 완벽한 것 같아도 일정의 손실은 발생할 수 있으며 각오해야 한다는 것이다.

일인행(一人行)은 단독으로 투자를 진행해도 친구를 얻을 수 있다는 말이니, 준비가 좀 덜 되더라도 하늘이 도우면 뜻을 이룬다. 노력으로만 되는 일은 없다.

주역에서의 삼인(三人)은 때를 얻는 '天'과 환경을 얻는 '地'와 도와주는 사람을 얻는 '人'의 화합을 의미한다. 삼인(三人)이 오거나 삼인(三人)을 얻었다는 것은 운의 3요소를 얻었다는 의미가 된다. 그리고 '많은 사람'을 의미하기도 한다.

운이 각각이다

같은 시기에 같은 것에 투자해도
각각 얻는 것이 다르고
남을 따라가도
그보다 이익이 더할 수도 있다

▣ 損六四

損其疾 使遄 有喜 无咎 (손기질 사천 유희 무구)

투자에 문제가 생기면(損其疾) 재빠르게 고쳐야(使遄) 기쁨이 있고(有喜) 허물이 없다(无咎)

使: 하여금 사 / 하여금, 시키다, 쫓다   喜: 기쁠 희 / 기쁘다, 즐거워하다, 좋아하다, 즐기다

투자에 문제가 감지될 때 미적거리면 손해만 본다. 잽싸게 고치라고 하였다. 당연한 일이다.

사천(使遄)의 사(使)가 놀랍다. 使는 '시키다'의 의미다. 투자자는 오더를 내고 행위자는 使가 되는 것이다. 투자자는 언제나 사용자의 위치에 있음을 밝히고 있다. 주식투자자가 매입이나 매각의 오더를 내면 증권회사가 그 행위를 하는 것으로 상상하면 이해가 될 것이다.

위험 감지

사건과 정세가
순항하지 않아
위험이 발견되면
급히 오더를 내고
투자를 수정하라

▣ 損六五

或益之 十朋之龜 弗克違 元吉 (혹익지 십붕지구 불극위 원길)
큰 이익을 바라는 투자에는(或益之) 전문가의 자문을 받아야(十朋之龜) 어긋나지 않고(弗克違) 근원적으로 길하다(元吉)

> 或: 혹시 혹 / 혹은, 있다, 늘, 언제나　龜: 거북 귀, 나라 이름 구, 틀 균 / 거북, 거북점, 거북껍데기, 나라 이름, 트다　違: 어길 위 / 어기다, 위반하다, 다르다, 틀리다, 망하다

혹익지(或益之)는 '언제나 이익을 내고 싶으면' 으로 해석할 수 있다. 언제나 이익을 낸다는 것은 큰 이익이며 인간의 욕심이기도 하다. 십붕지구(十朋之龜)의 朋은 화폐의 단위다. 조개껍데기 10개가 1朋이다. 10朋은 조개껍데기 100개에 해당하는 큰돈이다. 큰돈을 복채로 놓고 거북점을 친다는 뜻인데, 그것은 투자대상의 방면에 권위자를 찾아가 큰돈을 내고 자문을 받거나 배우는 행위를 말한다.

점을 치거나 자문을 받는 것은 앞일을 예측하는 행위이다. 그러면 어긋남이 없을 것이라고 하였다. 자문의 내용에는 위험의 요소들도 분석되고 대처요령도 파악되었을 것이기 때문이다. 그런 근원적인 투자의 절차를 거쳤으므로 이익이 실현될 것이다.

자문을 구하라

큰 이익에는
큰 위험이 있음이니
큰 투자에는
전문가의 자문을 구하라

▣ 損上九

弗損益之 无咎 貞吉 利有攸往 得臣 无家 (불손익지 무구 정길 리유유왕 득신 무가)

투자의 이익이 나지 않아도(弗損益之) 허물이 없고(无咎) 끝은 좋다(貞吉). 투자이익은(利有攸往) 사람을 얻었고(得臣) 집은 날렸다(无家)

리유유왕(利有攸往)의 유유왕(有攸往)은 '공격적인 행동'이라고 설명하였다. 그러므로 利有攸往은 행동의 이익, 즉 '투자이익'이라고 해석할 수 있다. 그러므로 투자이익은 득신(得臣)이고, 득신은 투자자의 이익을 위해 종사하는 사람들이다. 대신에 집은 날렸다.

우리는 이런 경우를 수도 없이 본다. 손익을 초월한 사람의 경우는 주위에 베풀면서 사람을 얻는다고 해석할 수도 있다. 베풂을 통하여 사람을 얻는 것도 결국 이문이 남는 큰 투자의 일종이다.

굉장히 차원 높은 투자의 경지를 설명하고 있다. 투자를 하다 보니 어쩌다 집은 날리고 사람은 얻는 경우가 있겠지만, 처음부터 사람을 얻기 위하여 집을 팔아 투자한다면 대단한 배짱과 용기와 확신을 필요로 할 것이다.

사람에게 투자하라

사람이 돈이다
아이디어를 사고
지식을 사고
행동을 얻는 것

그것들을 돈으로 만들 수 있다면
집을 팔아 투자하라

풍뢰익(風雷益)

투자의 능력을 넘어서고 스스로 기업을 경영하는 단계에 이르렀다. 기업인이다. 기업은 국가의 재산으로 공공의 의미를 띠기도 한다. 기업이 시대의 흐름을 타면서 수익을 증대할 수 있는 좋은 시절을 만났다.

第四十二卦 【益】風雷益 巽上震下

卦辭：益 利 有攸往 利 涉大川
彖曰：益 損上益下 民說无疆 自上下下 其道大光
　　　利有攸往 中正有慶
　　　利涉大川 木道乃行 益 動而巽 日進无疆
　　　天施地生 其益无方 凡益之道與時偕行
象曰：風雷益 君子以見善則遷 有過則改

初九：利用爲大作 元吉 无咎　　象曰：元吉无咎 下不厚事也

六二：或益之 十朋之龜 弗克違 永貞吉 王用享于帝 吉
象曰：或益之 自外來也

六三：益之用凶事 无咎 有孚 中行 告公 用圭
象曰：益用凶事 固有之也

六四：中行 告公從 利用爲依 遷國　　象曰：告公從 以益志也

九五：有孚惠心 勿問 元吉 有孚 惠我德
象曰：有孚惠心 勿問之矣 惠我德 大得志也

上九：莫益之 或擊之 立心勿恒 凶
象曰：莫益之 偏辭也 或擊之 自外來也

42. 풍뢰익(風雷益)

지속적인 이윤추구

◨ 익괘(益卦) 해설

익(益)은 '더하다, 증가하다, 이익' 의 뜻이다. 앞장에서 설명한 투자의 결실이 익(益)이다. 준비하고 심고 키워서 결실의 때에 수확을 하는 것은 당연한 것이지만, 지속적으로 수확을 하는 방법은 무엇일까? 겨울에도 수확을 할 수 있을까? 유리로 집을 만들고 가온시설을 하여 경작하는 것도 생각할 수 있지만 과연 투자대비 이익은 얼마나 될까?

익(益)의 기운은 더 바랄 나위 없이 좋은 운을 만난 것이다. 건(蹇), 해(解), 손(損)의 기운을 거쳐 익(益)의 단계에 이른 것이다. 성운의 시기이고 번영의 시기이다.

익(益)의 기운이 들어오면 첫째, 돈이 모이는 장소로 나아가라. 둘째, 블루오션을 찾아 과감하게 투자하라. 셋째, 시대에 맞는 사업에 투자하라.

주역의 투자법은 실물경제의 원칙, 경영제일주의의 원칙, 규모의경제의 원칙을 신봉한다. 그리고 타이밍, 정성, 전문가의 자문을 가르치고 있다. 현대적 감각의 투자법이고 철저하게 자본주의 경제원칙을 따르고 있다.

◨ 益卦辭

益 利 有攸往 利 涉大川 (익 리 유유왕 리 섭대천)

이익의 추구는(益) 이익을(利) 향해 나아가야 하고(有攸往) 이익을 위해(利) 모험을 해야 한다(涉大川)

益: 더할 익 / 더하다, 증가, 유익하다   涉: 건널 섭 / 건너다, 이르다

이익을 추구한다는 것은 돈이 모여 있는 곳으로 나아가 공략해야 하고, 큰 모험과 도전의 산물이라는 것이다. 돈 벌 수 있는 방법만 떠벌리고, 과거를 한탄하고, 행동에 옮기지 않는 자가 거의 전부다. 돈 버는 정보를 면밀히 검토하고 자신과 맞는가를 따져보고 확신을 갖게 되면 지체 없이 행동으로 옮겨야 되는데, 의지가 약하거나 자금이 없어 세월만 보내는 경우다.

이익추구는 사업을 전제로 쓰여졌다. 그렇다면 사업의 기초준비가 되어 있지 않은 사람은 이 바닥에 끼어들지 말아야 한다. 직장생활을 하든지 품팔이를 해야 한다. 그게 현실적이고 현명한 것이다.

여기에서의 이윤추구는 사업의 기초준비인 자금과 의지를 전제로 하고 있다. 이익을 추구하는 자가 이익이 있다면 과감하게 행동해야 한다. 행동의 요령은 앞 장에 나온 투자의 요령대로 하면 될 것이다. 본격적인 추가행위는 이익을 위해 큰 모험을 감행한다는 것이다. 모험이 없는 곳에는 이익이 없다.

이익은 행동과 모험의 산물이다.

이익의 근본

이익이 무엇인지 분석하고
공격적으로
행동하라
큰 모험과 큰 이익은

비례한다

이익은 행동과 모험을 먹고
큰다

◼ 益初九

利用爲大作 元吉 无咎 (이용위대작 원길 무구)
큰 이익을 추구함에는(益) 큰 프로젝트를 활용해야(利用爲大作) 근원적으로 길하고(元吉) 허물이 없다(无咎)

爲: 할 위 / 하다, 만들다, 다스리다   作: 지을 작 / 짓다, 일어나다, 일으키다

앞에 익(益)이 생략되었다.
대작(大作)은 큰 프로젝트를 말한다. 대형 국책사업으로 이해할 수 있다. 대형프로젝트에 참여하는 것이 큰 이윤의 지름길이다. 시대의 흐름을 잘 타야 한다.
첫 번째로 큰 이익의 종류를 예를 들어 설명하고 있다. '큰 프로젝트에 참여하는 것을 이용하라'고 조언하고 있다. 대기업들의 성장 과정을 보면 대형 국책사업을 업고 발전한 역사를 갖고 있다. 이것은 천시(天時)와 관련된 항목이다. 기업과 시운이 맞아야 급성장하는 것이다.

기업과 시운(時運)

큰일과 큰 이익
능력만 갖췄다고 되는가?

능력이 있다면
큰일이 벌어져야 하고
큰 모험을 해야
큰 기업을 만든다

▣ 益六二

或益之 十朋之龜 弗克違 永貞吉 王用享于帝 吉 (혹익지 십붕지구 불극위 영정길 왕용향우제 길)

큰 이익을 추구함에는(或益之) 전문가의 자문을 받아야(十朋之龜) 어긋나지 않아(弗克違) 오랫동안 끝까지 길하고(永貞吉) 왕이 황제의 제사를 드려도(王用享于帝) 길하다(吉)

帝: 임금 제 / 하느님, 임금

손괘(損卦)의 六五와 비슷한 문구가 나왔다. 혹익지 십붕지구 불극위(或益之 十朋之龜 弗克違)는 앞 장(章)에서 설명한 것을 참조하기 바란다.
왕용향우제(王用享于帝)는 왕이 자신의 신분을 넘어 황제에 해당하는 제사를 지낸다고 하는 것은 그만큼 정성을 들이고 있다는 것이다. 그리고 익(益)의 운에는 무리해도 통한다는 의미도 들어 있다. 능력이 약간 모자라지만 큰 프로젝트를 수주해서 성공으로 이끄는 경우는 얼마든지 있다.

무리해도 통한다

능력이 모자라는데

대작(大作)이 들어왔다
순간적으로 허덕거려도
정성에 정성을 다하니
대업을 이루다

▣ 益六三

益之用凶事 无咎 有孚 中行 告公 用圭 (익지용 흉사 무구 유부 중행 고공 용규)

이익의 추구에는 흉한 일을 맡아서 처리하라(益之用凶事). 그래도 허물이 없다(无咎). 확신을 갖고(有孚) 중용을 행하고(中行) 어려울 때는 정치인을 활용하고(告公) 황제가 내린 옥패(권한)를 사용하라(用圭)

公: 공작 공 / 공작, 공변되다, 공적인 것   圭: 홀 규 / 홀(제후가 들고 있는 옥)

이익을 추구함에는 남들이 기피하는 흉한 일을 맡아서 처리하는 것이 좋다. 그런 일은 경쟁이 없으므로 이윤이 많이 남을 뿐만 아니라 주변의 이목을 받기도 한다. 그러므로 그런 일은 시비도 일어나지 않고 질투의 대상이 되지도 않는다. 그렇다 하더라도 좋은 일을 하면서 돈을 벌고 있다는 확신과 중용의 도를 행하라고 하였다.

공(公)은 높은 관직을 의미한다. 그 정도가 정무직에 해당하는 장관 이상의 직급을 말한다. 그러므로 어려움을 당하거나 돈을 버는 일에 정치권에 고(告)하여 도움을 받으면 지속적인 이익을 누릴 수 있다는 것이다.

규(圭)는 홀(笏: 벼슬아치가 임금을 만날 때 양손으로 가슴 높이에 드는 막대모양의 물건)이라는 뜻이므로 최고 권력자를 만난다의 의미이기도 하고, 최고 권력자에게 부여받은 권한을 사용하여 이익을 창출하라는 것이다. 정경유착을 말하고 있지만 그 허용범위는 유부와 중행에 있다고 했다.

정치권력과 경제인의 관계를 어떻게 볼 것인가에 대해 생각해보게 되는 구절이기도 하다. 정치인은 국리민복을 위해 고차원의 행위를 하는 사람들이고, 경제인은 이익의 추구를 향해 행동하는 자이다. 국가가 경제 주체이고 국가를 움직이는 정치인은 가장 거대한 소비자인 국가의 관리자로서 권한을 행사한다. 여기에서 정치인과 경제인의 공통분모가 형성되는 것이다. 또 정치는 막대한 돈을 필요로 하지만 자금을 만들어내는 기능을 갖고 있지 않다. 대형 소비자에게 접근하는 기업인과 돈이 필요한 정치인 간에 커넥션(Connexion)이 발생하는 것이다. 정치인과 경제인의 커넥션을 전면 부정하거나 터부(taboo)시 할 수도 없는 이유가 여기에 있다. 그러나 거기에는 정도가 있어야 한다. 어디까지 얼마를 인정해야 되는 것인가? 그것이 유부(有孚)와 중행(中行)이다. 국민이 납득할 만큼, 정치와 정치의 발전을 위해 쓰인다면 묵인하고 용서할 수밖에 없는 이유가 형성되는 것이다. 정경유착의 결과가 정치인이나 기업의 욕심을 채우는 일에 이용되었다면 매우 중한 범죄행위가 될 것임을 밝히고 있다. 위대한 주역의 가르침이다.

위험한 일에 이익이 크다

어려운 일
위험한 일
흉측한 일
그런 일이
국가의 숙원사업이라면
이익이 크다

▣ 益六四

中行 告公從 利用爲依 遷國 (중행 고공종 리용위의 천국)

이익을 추구하는 자가 중행의 도를 따른다면(中行) 정치권에 말하여 나의 뜻에 따르게 할 수 있고(告公從) 그들을 의지하고 활용하면 이롭고(利用爲依) 나라를 움직일 수 있는 경제의 힘이 생긴다(遷國)

從: 좇을 종 / 좇다, 나아가다   依: 의지할 의 / 의지하다, 따르다, 힘이 되다   遷: 옮길 천 / 옮기다, 위치를 바꾸다, 교환하다, 움직이다

아무리 이익을 쫓는 경제활동을 하고 있다 하더라도 중도를 행해야 한다. 사술을 쓰거나 불량품을 생산해서는 안 된다. 기업이 가장 소홀히 할 수 있는 부분을 강하게 강조하고 있다. 요즘 정도경영의 기치를 내세우는 기업들이 많다. 그것이 쉽지 않은 일이기에 끊임없이 모토(motto)의 대상이 되는 것이다.

경제의 힘은 개인뿐만 아니라 국가도 움직인다. 기업가가 중도를 따른다면 나라의 수도를 옮기는 것과 같은 큰일을 할 수 있는 힘이 생긴다는 것이다. 세상을 홀로 서기는 불가능하다. 정치와 경제의 결합을 설명하고 있다.

경제와 정치의 결합

경제가 때론 정치를 의지하고
정치는 경제에 기대어
동무하며 나아가
선진경제가 선진정치와 합하여
가세

가세! 선진국으로

▣ 益九五

有孚惠心 勿問 元吉 有孚 惠我德 (유부혜심 물문 원길 유부 혜아덕)

　기업가가 믿음과 은혜의 마음이 있으니(有孚惠心) 물을 필요도 없이(勿問) 근원적으로 길하다(元吉). 신뢰를 창출하는 것은(有孚) 자기 스스로를 은혜롭게 하는 것이다(惠我德)

> 惠: 은혜 혜 / 은혜, 은혜를 베풀다, 사랑하다　　德: 덕 덕 / 덕, 복, 베풀다

　다른 사람들에게 은혜를 베푸는 것은 혜심(惠心)이고, 스스로 자신을 은혜롭게 하는 것이 혜아덕(惠我德)이다. 분명 은혜의 마음을 갖고 있는 기업인은 존경받을 것이다. 기업가가 소비자를 믿고 국가를 믿고, 소비자에게 베푸는 마음을 갖고 있으면 물어보나마나 근본적으로 좋은 일이다. 반대로 소비자도 기업을 믿게 해야 한다. 믿음을 창출한다는 것은 일종의 德이라고 할 수 있다.

믿음을 주고받는 것

　　믿음이 교차하면
　　덕이 흐르고
　　물어보나마나
　　좋은 세상

■ 益上九

莫益之 或擊之 立心勿恒 凶 (막익지 혹격지 입심물항 흉)
益의 운이 막히면(莫益之) 다분히 공격적이 되고(或擊之) 평상심을 잃어 마음을 곧게 세울 수 없으므로(立心勿恒) 흉하다(凶)

> 莫: 없을 막, 저물 모, 고요할 맥 / 없다, 저물다, 고요하다, 말다   擊: 칠 격 / 부딪치다, 질서 있게 나아가다

익(益)의 운이 끝날 때를 설명하고 있다. 기업경영이 어려울 때는 경영자의 성격이 날카로워지고 불안해서 공격적이 된다. 기업이든 인간이든 굴곡이 있게 마련이다. 잘나가던 기업도 정치권과의 과도한 밀착으로 하루아침에 어려움을 당하여 존폐의 위기를 맞는 경우가 종종 있다. 이뿐만 아니라 여러 경우에서 어려움은 나타날 수 있다.

기업이 어려울 때일수록 경영자는 냉철하고 침착해야 한다. 정도와 중용을 갖추는 것이 탈출의 지름길이다.

쇠운(衰運)의 처방

좋은 시절이 다 가고
옛날 방식이 통하지 않고
선택한 일마다 헛다리구나!

침착하라
냉정하라
자문을 구하고 정도를 행하라

택천쾌(澤天夬)

권리 중에서 가장 강한 권리는 민중의 권리다. 권리를 침해당한 민중의 소리가 쾌(夬)이다. 어떻게 권리주장을 하는 것이 바람직한가? 그 절차와 요령을 가르치고 있다.

第四十三卦 【夬】澤天夬　兌上乾下

卦辭：夬 揚于王庭 孚號 有厲 告自邑 不利卽戎 利有攸往
彖曰：夬 決也 剛決柔也 健而說 決而和 揚于王庭 柔乘五剛也
　　　孚號有厲 其危乃光也 告自邑不利卽戎 所尚乃窮也
　　　利有攸往 剛長乃終也
象曰：澤上於天 夬 君子以施祿及下 居德則忌

初九：壯于前趾 往 不勝 爲咎
象曰：不勝而往 咎也

九二：惕號 莫夜有戎 勿恤
象曰：有戎勿恤 得中道也

九三：壯于頄 有凶 獨行遇雨 君子夬夬 若濡有慍 无咎
象曰：君子夬夬 終无咎也

九四：臀无膚 其行次且 牽羊 悔亡 聞言不信
象曰：其行次且 位不當也 聞言不信 聰不明也

九五：莧陸夬夬 中行 无咎　　象曰：中行无咎 中未光也

上六：无號 終有凶　　象曰：无號之凶 終不可長也

43. 택천쾌(澤天夬)

민초의 항쟁

▣ 쾌괘(夬卦) 해설

쾌(夬)는 '터놓다, 정하다, 나누다'의 뜻을 갖고 있다. '어떤 것을 터놓고 결정하여 나누다'의 의미로 해석할 수 있다. 그 어떤 것이란 국가권력이나 재물, 개인의 권리 등을 망라한 개념이다. 민주주의 사회에서 평등주의와 참여의 보장에 관한 권리확보를 부르짖고 끊임없이 감시하고 투쟁해야 얻을 수 있을 것이라는 가르침도 들어 있는 항목이다.

가진 자들로부터 부당하게 받는 억울한 일에 대해 어떻게 저항하고 성공에 이를 것인가를 이 괘에서 설명하고 있다. 돈과 권력은 없는 자를 속박하고 지배하고자 하는 속성을 지니고 있다. 있는 자들의 비리와 횡포에 대한 민초들이 저항하고 몰아내는 과정이 쾌(夬)다. 다 터놓자는 것이다. 그러고는 민초들의 힘으로 결정하고 고르게 나누고자 하는 고도의 민주주의가 숨어 있다. 민주주의는 투쟁의 산물이다.

없는 자들은 평등이라는 이상을 먹고 산다. 부당한 권력에의 대항은 없는 자들이 뭉쳐서 여론을 형성해야 한다. 대중의 힘을 보여줘야 한다. 어려움이 따른다. 인내가 필요하다. 더 어려울 수도 있다.

민권과 민주주의를 향한 끝없는 항쟁을 설명하는 장(章)으로 주역이 경전(經典)의 위치에 있음을 천명하고 있다.

우리 역사에서 주역은 과거시험의 시험과목이 아니었다. 그 이유가 밝혀지고 있다. 지향하는 체제가 다르기 때문이다. 주역은 철저하게 민주주의와 자본주의를 주창하고 있다.

■ 夬卦辭

夬 揚于王庭 孚號 有厲 告自邑 不利卽戎 利有攸往
(쾌 양우왕정 부호 유려 고자읍 불리즉융 리유유왕)
 척결하는 행위인 쾌(夬)의 행동은 왕이 주재하는 조정회의에 올라(揚于王庭) 믿음으로 울부짖으니(孚號) 위태함을 자초하는 것이다(有厲). 그러므로 쾌는 믿는 고향에서 자신을 지지하는 사람들에게 고하여 지지를 받아야 하며(告自邑), 병기를 사용하면 불리함을 알아야 하고(不利卽戎), 뜻을 굽히지 말고 힘차게 밀고 가야 이롭다(利有攸往)

  夬 : 터놓을 쾌 / 터놓다, 결정하다, 나누다, 가르다   揚 : 오를 양 / 오르다, 하늘을
  날다, 도끼   庭 : 뜰 정 / 뜰, 마당, 집안, 조정   號 : 부르짖을 호 / 부르짖다, 한탄하
  다, 닭이 울다   卽 : 곧즉 / 곧, 가깝다, 나아가다   戎 : 되 융 / 되, 오랑캐, 병기의 총칭

 왕이 정사를 보는 곳이 왕정이다. 이곳의 비리를 천하에 드러낸다는 것이다. 가장 높은 곳의 비리를 말하고 있다. 어마어마한 일이다. 보통의 용기로는 가당치 않다. 신념을 가진 자가 할 수 있는 일이다.
 굳게 믿는 것을 공개적으로 해야 한다. 아무리 신념에 가득 찬 일을 한다 할지라도 매우 위험한 일이다.
 고자읍(告自邑)은 뜻을 같이하는 사람들을 설득하고 세를 확보한다는 뜻이다. 자신과 신념이 같은 후원자의 지원이 있어야 한다. 특히 언론의 지지를 받아야 한다. 그래서 당당함이 우러나야 한다.
 반군과 결탁하면 안 된다. 병기를 숨겨놔서도 안 되고 병기를 사용해

서도 안 된다. 비폭력 저항을 천명하고 있다. 어려울 것이다, 그러나 저항의 방법은 정당해야 한다. 정의가 불의를 이기는 것이다. 인도의 성자 간디가 주역의 이 원칙을 명쾌하게 실천한 인물이다.

항쟁의 기본

외침소리가 보편적 가치를 담아
백성의 가슴을 파고드니
행동대가 모이고
언론의 지원받아
당당하게 하라

창칼이 아니라
백성의 가슴이 무기다

▣ 夬初九

壯于前趾 往 不勝 爲咎 (장우전지 왕 불승 위구)

크고 장한 힘이 발가락에만 모여 있으므로(壯于前趾) 나아가면(往) 이기지도 못하고(不勝) 허물만 남는다(爲咎)

壯: 씩씩할 장 / 씩씩하다, 장하다   趾: 발 지 / 발, 발가락, 발자국

힘과 기상만 앞세워 덤비는 모습이다. 지혜나 치밀한 계획 없이 분노와 오기로 결행하는 것을 말한다. 군중 속에는 이렇게 다혈질적인 행동대장이 앞장서게 마련이다. 그러나 그렇게 호락호락한 일이 아니다. 가

진 자에게 덤벼 나누어야 하는 일이 울분의 분출로만 이루어지는 것이 아니다.

위구(爲咎)는 '하자 있는 행위'로 번역할 수 있다. 꼬투리 잡힐 일만 하게 된다는 뜻이다.

경솔한 행동은 결코 목적을 달성할 수 없다. 그리고 돌이킬 수 없는 손상만 남기고 후퇴하게 된다. 무조건적 투쟁을 경계하는 구절이다.

분노와 오기의 투쟁

분노와 오기의 투쟁
힘의 분출
시련과
패배의
씨앗이다

▣ 夬九二

惕號 莫夜有戎 勿恤 (척호 모야유융 물휼)

두려워 떨면서도 부르짖는다(惕號). 어두운 밤에(莫夜) 급습이(有戎) 있을지도 모르지만 두려워하지 말라(勿恤)

惕: 두려워할 척 / 두려워하다, 놀라다, 걱정하다   莫: 저물 모, 없을 막, 고요할 맥 / 저물다, 없다, 고요하다   恤: 구휼할 휼 / 구휼하다, 근심하다, 동정하다

상대가 워낙 두려운 존재다. 우리의 군사정권 시대와 같이 언론이 통제받고 국민들의 기본권도 제약을 받던 암울한 시대의 힘없는 민중을 생

각할 수 있다.

그러한 시대에 권력자의 비리를 고하는 것이므로 목숨이 위태로울 수 있다. 모야(莫夜)는 해가 저물어 어두운 밤을 뜻한다. 융(戎)은 '무기를 들고 덤비는 자'로 연상할 수 있는 글자이다.

그러나 두려움에 떨고만 있으면 쾌(夬)를 실행할 수 없다. 일제 강점기 때 두렵지 않은 투사가 어디 있었겠는가? 그래도 일제에 저항하는 세력은 끊이질 않았다. 당당하고 공개적으로 저항하라. 그것이 습격을 피하는 길이다. 권력에 저항하다가 쥐도 새도 모르게 사라져간 인물이 한둘인가?

주역은 투사들에게 힘차게 격려하고 있다. "두려워 말라!"

투사여! 두려워 말라

무소불위의 권력에
두려워도 저항하라
주눅 들지 말고
만천하에 공개적으로 당당하게

죽을 각오면 산다

▣ 夬九三

壯于頄 有凶 獨行遇雨 君子夬夬 若濡有慍 无咎
(장우구 유흉 독행우우 군자쾌쾌 약유유온 무구)

힘찬 기운이 광대뼈에 모여 험악하게 버럭버럭 소리 지르는 사람은(壯于頄) 흉하다(有凶). 홀로 투쟁하다가(獨行) 어려움을 맞는다(遇雨). 그래

도 거듭 분명하게 부르짖으니(君子夬夬) 비에 젖어 화가 나도(若濡有慍) 허물은 없다(无咎)

忥: 광대뼈 구   若: 같을 약 / 같다, 너, 만일   濡: 젖을 유 / 젖다, 은혜를 입다   慍: 성낼 온 / 화내다, 괴로워하다, 노여움

구(忥)는 '규' 로 읽기도 하는데 인상이 험악하거나 말로만 하는 사람을 의미한다. 모든 기운이 광대뼈에 모였으니 험악하게 소리소리 지르는 사람이라고 연상할 수 있다. 그런 사람은 민심을 얻기 어려워 홀로 투쟁하다가 어려움을 당한다. 그런 역경 속에서도 거듭거듭 분명히 하면 외롭고 화는 날지라도 순수한 열정이므로 허물은 없다.

이런 사람이 스스로의 힘으로 결과를 도출할 수는 없지만 대형사건의 단초를 마련하기도 한다.

약유유온(若濡有慍)의 비에 젖는다는 말은 사람들로부터 비웃음을 받기도 하고, 자신의 고통은 물론이고 가족까지도 어려운 일을 당함을 표현하고 있다. 그러므로 화가 날 것이다. 나중에는 오기가 생겨 끝까지 가겠다는 힘이 생길 것이다. 자신이 하는 일이 옳은 일이기 때문이다.

열 받으면 끝까지 가라

열 받아서 시작한 일이
자존심이 발동했다
여기저기서
자꾸 건드리는 것이
화가 나고 오기가 생겼네

▣ 夬九四

臀无膚 其行次且 牽羊 悔亡 聞言不信 (둔무부 기행차저 견양 회망 문언불신)

둔부에 살점이 없을 정도로 지독히 궁핍하니(臀无膚) 나아가려 해도 거듭 나아가지 못한다(其行次且). 이런 사람이 쾌의 선두에 서면(牽羊) 개인적인 후회는 없겠지만(悔亡) 믿을 수 없다는 말을 듣는다(聞言不信)

臀: 볼기 둔 / 볼기, 밑, 바닥　膚: 살갗 부 / 살갗, 피부, 고기　次: 버금 차 / 버금, 다음, 둘째, 이어서　且: 또 차, 머뭇거릴 저 / 또, 잠깐, 장차, 머뭇거리다　牽: 끌 견 / 끌다, 끌어당기다

세상에서 성공하지 못하고 가난한 사람이 투쟁에 앞장서는 경우가 많다. 그런 경우를 둔무부(臀无膚)라고 표현하였다. 얄미울 정도로 기가 막힌 표현이다. 가난을 '궁둥짝이 말랐다'고 말하고 있다.

먹고사는 것도 해결하지 못한 사람이 투쟁에 앞장서면 생각과 행동이 과격해지고 지혜를 발휘하지 못한다. 그러므로 군중을 끌고 가기에는 만만치가 않다. 개인적으로는 후회 없이 한풀이를 하고 있는지 모르지만 '믿을 수 없는 사람'이라는 말을 들을 수밖에 없다.

투쟁은 누구나 할 수 있지만 투쟁의 지도자는 주위의 인정을 받는 사람이 앞장서야 한다. 자신이 부실하면 신뢰를 얻을 수 없다.

투쟁의 지도자

험악한 자
힘쓰는 자
가난한 자

말 많은 자
투쟁에는 다 필요하지만

투쟁의 지도자는
갖춘 자라야 한다

▣ 夬九五

莧陸夬夬 中行 无咎 (현륙쾌쾌 중행 무구)
비름 풀처럼 끈질기고 분명하게 쾌를 주장할 때는(莧陸夬夬) 중용을 행해야(中行) 허물이 없다(无咎)

莧:비름 현/비름 陸:뭍 륙/뭍,육지,언덕

현륙(莧陸)의 비름은 뿌리가 단단한 풀이다. 질긴 생명력을 상징한다. 민초를 뜻하고 있다. 민초들이 정치에 항거하는 모습이다. 주역은 정치인이 썼음에도 정치권에 항거하는 민초들에 대한 정당한 권리를 기술하고 있다. 항거의 원칙과 방법 등에 대하여 상세한 가르침을 주고 있다.

중행(中行)은 두 가지 의미로 해석할 수 있다. 먼저 치자들에게 항거하는 민초의 입장이다. 울분의 항거를 할지라도 폭력은 안 되고 정당성을 확보해야 한다는 뜻이다. 두 번째는 항거를 받는 정치권의 입장에서도 무력을 사용해서는 안 되며, 중도를 행함이 허물을 만들지 않는 방법이라고 하고 있다.

항거에도 원칙을 지켜야 한다. 절대 무력을 사용해서는 안 된다.

폭력은 금물

민주주의에서
폭력은 금물이다
거센 투쟁에도
비폭력이 진정
승리한다

▣ 夬上六

无號 終有凶 (무호 종유흉)
부르짖지 않으면(无號) 결국 흉하다(終有凶)

투쟁 없이 자유나 민주, 권리가 저절로 취득되지 않음을 상기시키는 구절이다. 주역이 최고의 학문임을 증명하는 구절이다.
'권리 위에서 잠자는 자는 보호받지 못한다'는 법철학은 주역의 이 구절에서 따온 것 같다.
필자가 성명학을 연구하다 보면 이름에 쾌패가 있는 사람들이 시민운동가로 활동하는 경우가 많음을 본다.

투쟁으로 얻어라

눈치 본다고
내 몫이 오지 않는다
적극적으로
차지하지 않으면
기본도 흩어지고 말아

천풍구(天風姤)

인간이 후천시대라고 하면 혼인으로 가정을 이루고 자신의 인생을 살아가는 본격적인 시기를 후천의 시작이라고 본다. 인생의 짝이 되는 상대는 누구일까? 남녀 공히 배우자를 잘 만나야 한다. 사랑으로 맺어진 가정은 아름답다.

第四十四卦 【姤】天風姤 乾上巽下

卦辭：姤 女壯 勿用取女

彖曰：姤 遇也 柔遇剛也
　　　勿用取女 不可與長也 天地相遇 品物 咸章也
　　　剛遇中正 天下大行也 姤之時義大矣哉

象曰：天下有風 姤 后以施命誥四方

初六：繫于金柅 貞吉 有攸往 見凶 羸豕 孚蹢躅
象曰：繫于金柅 柔道牽也

九二：包有魚 无咎 不利賓
象曰：包有魚 義不及賓也

九三：臀无膚 其行次且 厲 无大咎
象曰：其行次且 行未牽也

九四：包无魚 起凶　　象曰：无魚之凶 遠民也

九五：以杞包瓜 含章 有隕自天
象曰：九五含章 中正也 有隕自天 志不舍命也

上九：姤其角 吝 无咎
象曰：姤其角 上窮 吝也

44. 천풍구(天風姤)

만남과 결혼

■ 구괘(姤卦) 해설

사람은 태어나면서부터 만남의 관계가 형성된다. 산파의 손길과 만나고 부모와 대면하고 형제와 친척, 이웃과 만나면서 배우고 성장하고 주고받으며 살아가는 사회적 동물이다.

사람이 나면서 만난 부모는 천륜의 만남으로 인력으로는 어쩔 수 없는 관계가 평생 유지된다. 그러나 가장 중요한 만남은 반려를 찾아 짝을 이루고 다시 천륜을 만드는 자기중심의 가정을 꾸리는 것이라 할 수 있다.

누구를 언제 만날 것인가? 그런 만남을 구괘(姤卦)는 설명한다. 물론 주역은 남자를 중심으로 기술하고 있다. 만나야 하는 여자의 기운, 자신의 준비과정, 결혼 후의 관리, 특히 경제력을 중심으로 설명하고 있는 점은 가정생활에서 경제력의 중요성을 강조하고 있다.

부부의 만남은 조화가 으뜸이다. 음양이 화합하여 건전한 가정을 이루어가는 것, 협력하여 부를 쌓아가는 것이 만남의 이유이다. 그 첫 번째가 조화인데, 조화롭지 못한 여인은 취하지 말라고 단호하게 말한다. 여자의 여성다움을 강조한 말이기도 하다. 여성만이 지니는 덕이 있는데 그 덕은 남성이 대신할 수 없고 여성의 권리이기도 하다.

가장 중요한 만남은 결혼이며, 결혼으로 이룬 가정을 어떻게 꾸려갈 것인가를 가정경제를 중심으로 풀어가고 있다. 여기에서 사랑과 경제와 문화의 조화를 설명하고 있다.

▣ 姤卦辭

姤 女壯 勿用取女 (구 여장 물용취녀)
 만나는 여자의 기운이 너무 장하면(姤 女壯) 그 여자와 결혼하지 말라 (勿用取女)

姤: 만날 구 / 만나다, 우아하다, 추하다   取: 취할 취 / 취하다, 의지하다

 만나서 사귀는 여자가 기운이 장(壯)하다는 것은 남자에게나 있어야 할 양의 기운이 너무 강하다는 것이다. 여자는 여성의 기운이라고 할 수 있는 음의 유덕한 기운을 갖고 있어야 남성의 강한 기운과 조화를 잘 이룰 수 있다는 것이다.
 여성이 양의 기운이 장하면 남편의 양의 기운이 위축되어 조화롭지 못하다고 판단하고 있다. 주역의 가장 으뜸인 질서는 음과 양의 조화다. 조화로운 음과 양의 결합으로 양질의 후세가 생산되고 세상은 진화한다고 보는 것이다. 양의 기운이 넘치는 여성은 혼인 대상으로 적합지 않다는 가르침이다. 설령 혼인하여 자식을 낳았다 하더라도 교육에도 문제가 있다. 음과 양의 조화로운 교육이 이루어져야 하는데, 양의 기운만 불어넣는다면 바람직하지 않은 인간상이 될 수 있음이다.

음양의 결합

혼인은
음과 양의 결합

음덕의 여성과
힘찬 기운의 조화

▣ 姤初六

繫于金柅 貞吉 有攸往 見凶 羸豕 孚蹢躅 (계우금니 정길 유유왕 견흉 리시 부적촉)

여자는 집안에서 부인의 본분을 다 하는 것이(繫于金柅: 쇠로 된 얼레에 실을 감아두는 것이) 끝까지 길하다(貞吉). 밖으로 나아가 경제활동을 하면(有攸往) 흉한 꼴을 본다(見凶). 여윈 돼지가(羸豕) 먹이에 붙어 버르적거리는 것과 같이 추하다(孚蹢躅)

繫: 맬 계 / 매다, 죄수   柅: 고동목 니 / 고동목, 얼레, 살피다, 무성하다   羸: 여윌 리 / 여위다, 앓다   豕: 돼지 시   孚: 붙일 부, 미쁠 부 / 붙다, 붙이다   蹢: 굽 적, 머뭇거릴 척 / 발굽, 머뭇거리다   躅: 머뭇거릴 촉 / 머뭇거리다, 밟다

계우금니(繫于金柅)는 '쇠로 만든 얼레에 실을 감아둔다'는 뜻이다. 튼튼한 얼레에 실을 감아두듯 여자를 가정에 매어두라는 뜻이다. 여자는 가정에서 여자의 본분을 다하는 것이 끝까지 길하다고 했다. 여기에서 얼레는 양(陽), 실은 음(陰)을 의미한다. 실과 얼레를 예로 들어 음과 양의 조화를 설명하고 있다.

유유왕(有攸往)은 '나아가는 바가 있다'로 직역이 되는데, 경제활동을 말한다. 여성의 경제활동을 불미스러운 일로 보고 있다. 그래서 흉한 꼴을 보게 된다고 지극히 원칙적인 설명을 하고 있다.

부적촉(孚蹢躅)은 여성의 사회생활을 비유적으로 표현하는 말이다. 여윈 돼지가 먹이에 붙으려고 발굽을 들어 버르적거리는 모습으로 형상화하고 있다. 蹢을 '적'으로 읽고 '발굽'으로 해석하면 이해가 쉽다. 주역은 여성의 사회활동을 원칙적으로 장려하지 않는다.

여성의 길

혼인한 여성은
부인의 덕으로
가정을 지켜라

▣ 姤九二

包有魚 无咎 不利賓 (포유어 무구 불리빈)

먹고사는 최소한의 경제력은 갖고 있으니(包有魚: 부엌에 생선이 있어) 허물은 없다(无咎). 손님을 충분히 접대할 정도는 아니다(不利賓: 손님은 이롭지 않다)

包:쌀 포/싸다, 꾸러미, 부엌   賓:손 빈/손님, 손님으로 묵다, 손님으로 대우하다

포(包)는 부엌을 의미한다. 포유어(包有魚)는 부엌에 최소한의 식량이 있다는 뜻이다. 신혼인 남자가 갖추어야 할 최소한의 경제력을 말해주고 있다. 부엌에 쌀이나 빵이 있는 것이 아니고, 왜 물고기로 비유하였는가? 성경의 오병이어(五餠二魚)의 기적에서 유추해보면 빵은 빠지고 물고기만 남았다. 아직 식량에 조화롭지 못함이 있다. 식사의 구색을 갖추지 못하였으므로 손님을 대접하기는 미흡하다.

먹는 것도 음양의 조화

밥은 없고
반찬만 있으니

조화가 허물어져

주림은 면해도
손님은 맞을 수 없네

■ 姤九三

臀无膚 其行次且 厲 无大咎 (둔무부 기행차저 려 무대구)
　살림이 빈곤하면(둔무부: 궁둥짝에 살이 없으면) 무슨 일을 하려고 해도 할 수 없어(其行次且: 행동이 머뭇거려) 위태롭지만(厲) 큰 허물은 아니다(无大咎)

　　臀:볼기 둔/볼기, 궁둥이　次:버금 차/다음, 둘째, 이어서, 버금　且:머뭇거릴
　　저,또 차/머뭇거리다, 또, 장차

　부부가 혼인하여 사랑의 바탕은 허물어지지 않았다. 그런데 마땅한 직업이 없는 상황이다. 그러므로 빈곤하다.
　둔무부 기행차저(臀无膚 其行次且)는 쾌괘 九四에도 나온 문구다. 둔무부(臀无膚)는 엉덩이에 살이 없다는 뜻이므로 포유어(包有魚)보다 더 가난하다. 앞으로 나아가려 해도 걱정스럽다는 것으로 봐서 실업의 상태로 읽어진다.
　그것만으로 큰 허물이 되지 않는다는 것은 부부는 믿음과 사랑이 더 중요하다는 것이고, 그것이 아직은 있다는 것이다. 그러므로 가정이 파멸에 이르는 위험은 없다.

사랑은 가난도 이긴다

부부의 근본은 사랑
가난이라는 불편은
살을 여위게 할 뿐
근본을 흩트리지는 못하리

■ 姤九四

包无魚 起凶 (포무어 기흉)

부엌에 식량이 떨어지니(包无魚: 부엌에 물고기도 없다) 흉함이 일어난다(起凶)

포무어(包无魚)는 부엌에 물고기가 하나도 없는 상태다. 비상식량도 없다. 앞뒤가 캄캄한 상황이다. 훔치려는 생각이 일어나고 차라리 죽으려는 마음도 일어난다. 만남과 혼인의 조건에 맞지 않다. 혼인의 상태라면 잘못된 만남이다.

만남과 혼인에는 최소한의 경제력을 강조하고 있다. 먹고사는 속에서 조화로움도 찾을 수 있는 것이다.

먹고살 수 없으면

굶으며 사랑할 수는 없음이니
때를 기다려라

굶으면 온갖

나쁜 생각만
올라온다

▣ 姤九五

以杞包瓜 含章 有隕自天 (이기포과 함장 유운자천)
구기자나무에 오이넝쿨이 휘감겨 서로 사랑하며(以杞包瓜) 아름다움을 머금고 있으면(含章) 하늘이 스스로 떨어뜨린다(有隕自天)

杞: 나무이름 기 / 구기자 나무, 갯버들   瓜: 오이 과   含: 머금을 함 / 머금다, 넣다, 품다   章: 빛날 장 / 빛나다, 글, 문장   隕: 떨어질 운 / 떨어지다, 떨어뜨리다

'가난한 부부도 살 수 있을까?' 에 대한 답이다. 아무리 가난하다고 할지라도 부부가 진정 기쁜 마음으로 사랑하고 의지하면 하늘이 돕는다고 했다. 부부의 중심은 사랑임을 강조하고 있다.

이기포과(以杞包瓜)의 기(杞)는 구기자나무로 양의 기운을 말하고, 과(瓜)의 오이넝쿨은 음을 의미한다. 만남의 조건 중에 가장 으뜸의 조건이다. 사랑이 없이 조건만으로 혼인에 이르는 세태를 경계하고 있다. 혼인의 조건은 사랑이어야 한다는 것을 거듭 강조하고 있다.

유운자천(有隕自天)은 '하늘이 알아서 도와준다' 는 뜻이다. 사랑이 가득한 가정에 하늘의 가호가 내리는 것은 당연한 것이다.

결혼의 조건

첫째도
둘째도

혼인의 조건은 사랑이라
사랑 이외의 것은 먹고살 수만 있으면
된다

▣ 姤上九

姤其角 吝 无咎 (구기각 린 무구)

자존심이 강한 남녀의 만남은(姤其角: 그 뿔의 만남) 걱정스럽기는 해도(吝) 허물은 없다(无咎)

角: 뿔 각 / 뿔, 곤충의 촉각, 귀

뿔은 자존심을 의미한다. 삶의 문화를 다르게 살아온 남녀가 만나서 화합을 이룰 때까지는 서로 부딪히고 깎아내는 작업을 해야 한다. 싸우면서 커가는 것이 사랑이다.

문화적 차이를 극복하는 과정이다. 살아온 환경과 습관이 다르기 때문에 서로 맞추어 살기가 만만치 않다. 만남에는 문화적 차이가 있음을 알고 이를 극복하며 살겠다는 의지도 있어야 한다. 그것을 소홀히 한 남녀가 걱정스런 결과를 낳기도 한다.

남녀의 만남에는 사랑, 경제력, 문화의 동일성을 조건으로 삼고 가르치고 있다. 사랑은 근본적인 것이고, 경제력은 굶어 죽지만 않으면 서로 힘을 합쳐 극복해야 하는 당연한 과제에 불과한 것이며, 문화의 차이는 서로 극복의 의지만 있으면 맞출 수 있다는 것이다.

문화적 차이

개성이 다르고
환경이 다르고
교육이 다르고

음과 양이 다른데
일치와 조화는 남녀의
몫이네

택지췌(澤地萃)

사람들은 관심 있는 곳에 모여든다. 인기인들에게 눈이 돌아간다. 연예인이든 정치인이든 군중의 인기를 먹고 산다. 어떻게 사람을 모으고 유지할 수 있을까? 그 답을 알아보고자 한다.

第四十五卦 【萃】 澤地萃 兌上坤下

卦辭：萃 亨 王假有廟 利見大人 亨利貞 用大牲 吉 利有攸往
彖曰：萃 聚也 順以說 剛中而應 故聚也 王假有廟 致孝享也
　　　利見大人亨 聚以正也 用大牲吉利有攸往 順天命也
　　　觀其所聚而天地萬物之情 可見矣
象曰：澤上於地 萃 君子以除戎器 戒不虞

初六：有孚不終 乃亂乃萃 若號 一握爲笑 勿恤 往 无咎
象曰：乃亂乃萃 其志亂也

六二：引 吉 无咎 孚乃利用禴
象曰：引吉无咎 中未變也

六三：萃如嗟如 无攸利 往 无咎 小吝
象曰：往无咎 上巽也

九四：大吉 无咎　象曰：大吉无咎 位不當也

九五：萃有位 无咎 匪孚 元永貞 悔亡
象曰：萃有位 志未光也

上六：齎咨涕洟 无咎
象曰：齎咨涕洟 未安上也

45. 택지췌(澤地萃)

집단화의 지혜

▣ 췌괘(萃卦) 해설

췌(萃)는 '모이다'의 뜻이다. 내용적으로는 '모이게 하는 것과 모이는 것'으로 구분할 수 있다. '취'로 읽기도 한다.

세상에 혼자서 되는 일은 없다. 모여야 뭐가 되는 것이다. 사람이 모이고 물자를 모이게 하는 것, 어떻게 모이게 하고 조화를 만들어갈 것인가? 정치인은 표를 모아야 하고 기업인은 재물을 모아야 한다.

지도자가 필요하고 중요하다. 사람이 모이면 지도자가 있는데, 지도자는 통치의 질서를 세워야 한다. 질서를 세우는 데는 정통성이 확보되어야 한다. 그리고 보통의 무리 중의 사람이 아닌, 특별한 사람을 만나 조력을 받아야 한다. 이 사람을 주역은 대인(大人)이라 한다. 학식과 덕망이 있는 참모를 말함이다.

정치인이 나라를 다스리거나 기업인이 조직과 재물을 운용하고 확장하려면 사람을 모으고 관리해야 하며, 재물도 모으고 관리해야 한다. 지도자 혼자 모든 일을 할 수 없다. 그러면 지도자는 어떻게 해야 하는가? 사람들 간에 믿음을 갖게 해야 한다. 사람들은 그 믿음에 의지하여 자신의 능력을 발휘한다. 믿음의 바탕 위에 재물을 써야 하는데 재물은 어떻게 써야 하는가?

지도자는 믿음과 재물로만 사람을 쓰고 다스릴 수 있는가? 자신의 처세도 중요하다. 소박한 생활을 해야 한다. 그리고 무리를 제압할 수 있는 능력과 배짱도 있어야 한다.

▣ 萃卦辭

萃 亨 王假有廟 利 見大人 亨利貞 用大牲 吉 利有攸往
(췌 형 왕격유묘 리 견대인 형리정 용대생 길 리유유왕)

　사람이 모여드는 기운은(萃) 힘찬 기운이다(亨). 지도자의 정통성을 만천하에 공표하고(王假有廟: 왕이 이를 사당이 있다) 수확의 시절에 훌륭한 참모를 만나면 이롭다(利見大人). 모으고자 하는 자는 언제나(亨利貞) 큰 희생을 해야(用大牲) 길하고(吉) 추진하는 일이 잘된다(利有攸往)

　　萃: 모일 췌 / 모이다, 이르다　假: 빌 가, 이를 격 / 빌리다, 거짓, 크다, 이르다　廟:
　　사당 묘 / 사당, 신주를 모시는 곳　牲: 희생 생 / 희생, 통째로 제사에 쓰이는 소

　사람이 모이는 것은 형통한 것이다. 잘 되는 곳에 사람이 모인다. 왕격유묘(王假有廟)는 왕이 종묘에 나가 제사를 드린다는 뜻이다. 왕이 제사 드리는 행위는 왕 자신의 정통성을 만천하에 드러내는 것이다. 자신의 권한을 공고히 한 다음에 훌륭한 참모를 만나야 한다.
　많은 사람을 거느린 지도자는 훌륭한 참모가 필수적이다. 주역은 모든 참모나 후견인 또는 스승의 도움을 리 견대인(利 見大人)으로 표현하고 있다.
　형리정(亨利貞)은 곧 태어난 元의 시절을 제외한 모든 시절을 망라한 말이다. '언제나, 늘'로 해석하였다.
　자신의 정책을 실현하기 위해서는 본인의 노력과 희생, 재물을 써야 한다. 본인의 희생 없이 참모들만 노력하라고 하면 한두 번은 몰라도 분

명 한계가 있을 것이다.

췌괘는 사람을 모으는 방법과 관리하는 요령과 자신의 처세법에 대하여 기술하고 있다.

모으기의 기본

역동적인 행동력과
명분을 확보하고
인재를 뽑아 투입하고
스스로 희생해야

▣ 萃初六

有孚不終 乃亂乃萃 若號 一握爲笑 勿恤 往 无咎 (유부부종 내란내췌 약호 일악위소 물휼 왕 무구)

믿음이 있고 없고에 따라(有孚不終) 사람들은 흩어지기도 하고 모이기도 한다(乃亂乃萃). 크게 외쳐라(若號). 한 손아귀에 들어오는 우스운 행위자들일랑(一握爲笑) 걱정하지 마라(勿恤). 하고자 하는 일에(往) 문제가 없다(无咎)

終: 마칠 종 / 마치다, 끝나다, 극에 이르다, 죽다   亂: 어지러울 란 / 어지럽다, 다스리다, 반역   號: 부르짖을 호 / 부르짖다, 큰소리로 울면서 한탄하다   握: 쥘 악 / 쥐다, 주먹, 손아귀   笑: 웃을 소 / 웃다, 꽃이 피다   恤: 구휼할 휼 / 구휼하다, 근심하다, 동정하다

유부부종(有孚不終)은 '믿음이 끝에 이르지 아니하다'의 뜻이다. 그러

므로 믿음이 있을 때도 있고 없을 때도 있다는 말이다. 사람이 모인다는 것은 인기가 있다는 것이다. 인기로 먹고사는 정치인이나 연예인은 인기 관리를 잘 해야 한다. 인기의 시작은 믿음에서 출발한다.

믿음이 있고 없고에 따라 사람들은 흩어지기도 하고 모여들기도 한다 (乃亂乃萃). 자신이 정도(正道)를 가고 있는데 사람들이 흩어지면 큰 소리로 호통하여 꾸짖어라(若號). 일악위소(一握爲笑)는 '한 손아귀에 들어오는 웃기지도 않은 것들'이라는 뜻이다. 그런 하찮은 행위에 일희일비(一喜一悲)할 필요가 없음을 말해주고 있다. 사필귀정(事必歸正)이라는 말은 그냥 있는 것이 아니다.

인기관리의 기초단계를 말하고 있다. 사람을 모으고 관리하는 가장 기본이 되는 사항들이다.

사람 모으기

믿음이 통하게 하라
굳건하게 자신의 길을 간다면
모이고 흩어짐이 있어도
걱정 마라

▣ 萃六二

引 吉 无咎 孚乃利用禴 (인 길 무구 부내리용약)

무리 중에서 인재를 선발하면(引) 길하고(吉) 허물이 없다(无咎). 인재는 신뢰와 검소한 정성으로 이끌어야 한다(孚乃利用禴)

引: 끌 인 / 끌다, 끌어당기다, 활을 쏘다, 물러나다   禴: 제사이름 약 / 종묘의 제

사이름, 간략한 제사

앞에 췌(萃)가 생략되어 있다. 二爻는 '인재(人材)'라는 속뜻이 있다. 그래서 췌인(萃引)을 '무리 중의 인재의 선발'로 해석한다. 관리자를 외부에서 영입하는 것보다는 내부에서 선발하라는 뜻이다. 무리가 처음으로 의욕을 갖고 모여들었는데, 외부의 관리자가 들어오면 불안하게 되고 자연적으로 반발하게 된다.

부내리용약(孚乃利用禴)은 '믿음으로 약(禴)을 쓰면 이롭다'는 뜻이다. 약(禴)은 종묘의 제사로 간략하고 검소한 제사를 말한다. 제사는 정성이다. 지도자는 무리에게 검소한 정성으로 다가가야 한다. 너무 화려하게 다가가면 위화감과 이질성을 갖게 되어 흩어지고 말 것이다. 정치인이나 연예인에게 해당되는 말이다.

인재는 큰 재물이나 권력으로 복종시키려 하지 말고 믿음을 바탕으로 정성으로 이끌어야 한다.

정성으로 다가가라

무리 스스로 관리하게 하고
검소한 정성
솔직함으로
다가가라

▣ 萃六三

萃如嗟如 无攸利 往 无咎 小吝 (췌여차여 무유리 왕 무구 소린)
군중들이 모여 웅성거리며 탄식하니(萃如嗟如) 이로울 바가 없다(无攸

利). 나아감에(往) 허물은 없어도(无咎) 작은 근심은 있다(小吝)

嗟: 탄식할 차 / 탄식하다, 감탄하다, 발어사

　인기인에게는 언제나 팬들의 원성과 불만이 있을 수 있다. 그것이 좋은 일도 아니고 작은 걱정거리임에는 분명하지만 인기인으로서 허물이 되는 것은 아니다.
　추종자(fan)들이 모여 걱정하고 탄식하는 모습을 췌여차여(萃如嗟如)로 표현하고 있다. 맹목적인 추종자들은 사실이 아닌 것에도 걱정하고 웅성거리는 무리들이다. 인기를 먹고사는 사람은 모든 것을 감수해야 한다.

인기인의 걱정

작은 일에도 웅성거리고
사실이 아닌 것에도 한탄하고
욕심에 어긋나도 원성한다

그 걱정이
인기인의 일이다

▣ 萃九四

大吉 无咎 (대길 무구)
(사람들이 모이는 것은) 크게 길하고 허물이 없다

앞에 췌(萃)가 생략되었다. 사람이 모여야 무언가를 할 수 있을 것이다. 그 속에서 작은 말썽거리들이 있다 하더라도 감수해야 할 일들이고, 잘 관리하면 발전의 원동력이 된다는 것이다. 四爻의 값이므로 모인 군중이 드러남이다. 처음 등장하는 양효의 값이기도 하다.

정치인에게 사람이 모이고, 연예인에게 사람이 모이고, 기업에 사람이 모이면 얼마나 행복한 일인가? 대길 무구(大吉 无咎)는 '현재 길하고 앞으로는 허물이 없을 것이다' 로 해석할 수 있다. 사람이 필요한 곳에 사람이 모임이니 경사로다!

구름 떼

사람이
구름 떼처럼

경사로다!

▣ 萃九五

萃有位 无咎 匪孚 元永貞 悔亡 (췌유위 무구 비부 원영정 회망)

무리에는 서열과 질서가 있어야(萃有位) 허물이 없다(无咎). 믿음이 없더라도(匪孚) 처음부터 끝까지 계속되는 것이며(元永貞) 후회는 없다(悔亡)

位: 자리 위 / 자리, 순서, 벼슬   匪: 아닐 비 / 아니다, 넣다, 나누다, 대나무 상자

이익집단의 조직은 위계질서를 중심으로 해야 한다. 조직 중에서 가장 강한 조직인 기업의 조직에 대하여 설명하고 있다. 설령 믿음이 없더라

도 이익집단은 통솔이 가능하다는 것이다. 믿고 말고를 떠나서 '하라면 하라!' 는 것이다. 이익을 추구하는 무리의 속성을 간파하고 있다.

자본주의를 지지하고 있는 주역의 이론에 알맞은 해석이다. 이익집단은 책임소재가 분명해야 한다. 그것은 위계질서가 해결한다는 의미다. 주역의 위대함이 돋보인다.

기업의 질서

기업의 구성원
단계로 질서와 책임을 가르고
인적자원의 빈틈을 없애고

그래야
후회 없다

◼ 萃上六

齎咨涕洟 无咎 (재자체이 무구)

(무리가) 탄식과 한숨으로 눈물 콧물 흘리면(齎咨涕洟) 허물이 없다 (无咎)

齎: 가져올 재, 재물 자, 가질 제 / 가져오다, 탄식하는 소리, 재물, 가지다　咨: 물을 자 / 묻다, 탄식하다, 이것　涕: 눈물 체 / 눈물, 울다, 눈물 흘리다　洟: 콧물 이 / 콧물, 눈물

앞에 췌(萃)가 생략되어 있다. 재자(齎咨)는 탄식과 한숨이다. 체이(涕

洟)는 눈물, 콧물 흘린다는 말이다. 무리의 조직이 위기를 맞았다. 조직의 무리들이 반성하고 있는 모습이다. 아직은 가능성이 있는 조직이다. 그래서 무구(无咎)라고 하였다.

사람들이 모이고 조직하고 나아가고 번성하고 쇠퇴하는 과정까지 적나라하게 그리고 있다.

필자가 연구하는 성명학에서도 췌(萃)괘가 있는 사람은 인기직종에서 종사하는 사람임을 알 수 있다. 동인(同人)괘나 송(訟)괘와 같이 있으면 정치인으로, 리(離)괘와 같이 있으면 연예인으로 해석할 수 있다. 또 익(益)괘나 대유(大有)괘와 같이 있으면 종업원을 많이 거느린 기업인이다.

반성하는 조직

위기에도
흩어지지 않고
탄식하고 반성하면
재기하리

지풍승(地風升)

일생 중에 성장의 시기가 있다. 성장의 흐름을 잘 타면 거침없이 출세가도를 달리며 동료의 부러움을 산다. 회사는 부를 축적할 것이다. 잘나갈 때 어떻게 처신해야 하는가? 안하무인이 돼서는 안 된다.

第四十六卦 【升】地風升　坤上巽下

卦辭：升 元亨 用見大人 勿恤 南征 吉
彖曰：柔以時升 巽而順 剛中而應 是以大亨
　　　用見大人勿恤 有慶也 南征吉 志行也
象曰：地中生木 升 君子以順德 積小以高大

初六：允升 大吉
象曰：允升大吉 上合志也

九二：孚乃利用禴 无咎
象曰：九二之孚 有喜也

九三：升虛邑
象曰：升虛邑 无所疑也

六四：王用亨于岐山 吉 无咎
象曰：王用亨于岐山 順事也

六五：貞吉 升階
象曰：貞吉升階 大得志也

上六：冥升 利于不息之貞
象曰：冥升在上 消不富也

46. 지풍승(地風升)

성장과 발전

■ 승괘(升卦) 해설

승(升)은 '나아가다, 오르다, 성하다, 익다'의 뜻이다. '성장의 기운'을 의미한다.

인생에서 누구나 성장의 기운을 만날 때가 있다. 성장의 기운에는 지위가 높아지고 부와 명예가 올라간다. 인생은 그 성장의 기운인 때를 잘 활용해야 한다. 어려움의 시기에는 자중하고 준비해야 하며, 성장의 시기에는 힘차게 나아가야 한다.

나무의 싹이 자라 큰 나무가 되듯 위로 올라가는 기운이고, 작은 것이 커지고 약한 것이 강해지는 발전의 과정이다. 升의 기운은 元亨의 시절에 잠재력이 형성되므로 청소년기가 가장 중요하다고 하였다. 어린 시절 약간의 격차가 시간이 갈수록 점점 크게 벌어지게 된다.

升卦는 커지고 강해지는 방법을 제시하고 있다. 인생의 정도(正道)를 알려주고 있는 것이다. 이 비법을 익히고 실행한다면 누구나 성장하는 삶을 살 수 있다. 즉, 좋은 스승을 만나 학문과 인격을 닦고 당당하고 밝은 곳으로 진출해야 한다. 방황의 시간은 길지 않아야 하고 단계를 밟아 목표를 향해 나아가야 한다.

◼ 升卦辭

升 元亨 用見大人 勿恤 南征 吉 (승 원형 용견대인 물휼 남정 길)

성장의 기운은(升) 타고난 씩씩한 기상이다(元亨). 청소년기에(元亨) 큰 스승을 만나 잘 배워야(用見大人) 걱정이 없다(勿恤). 그런 다음 밝은 세상에 진출하면(南征: 남쪽으로 나아간다) 길하다

> 升: 되 승 / 되(1.8리터), 나아가다, 오르다, 성하다, 익다   恤: 구휼할 휼 / 구휼하다, 근심하다, 걱정하다

元亨은 元과 亨의 시절에 통한다는 뜻이다. 즉, 성장의 기운은 타고나는 것이고 亨의 시절에 그 기틀이 다져진다는 것이다. 元亨의 시절을 대표적으로 말하면 '청소년기'이다. 청소년기의 중요성은 긴 설명을 하지 않아도 잘 알고 있는 사실이다. 승(升)의 기운은 청소년기에 그 확장성이 결정된다는 말이다.

청소년기에 훌륭한 선생을 만나 열심히 배워야 한다. 이때 인생의 진로가 결정되기 때문이다. 용견대인(用見大人)은 대인을 만나 활용하라는 뜻이다.

남정(南征)의 南은 세상을 의미한다. 즉, 밝은 세상이다. 南은 두 가지 의미를 내포하고 있다. 하나는 리(利)의 세계, 즉 배운 것을 써먹고 경제활동을 하는 사회생활의 총체를 의미하고, 다른 하나는 국가와 인류세계에 유익하고 밝은 일을 향해 나아갈 지향점을 의미하고 있다. 암울한 음의 세계에서 방황하는 것이 아니라 이상적인 양의 세계를 향함이다.

升의 기운의 성격을 밝히고 있다. 청소년기에 인생의 목표를 정하고 큰 스승의 도움을 받아 세상을 밝히는 일로 나아가라는 가르침이다.

성장의 기운

청소년기에
큰 스승을 만나
성장의 틀을 만들고
밝은 세상에서
밝은 기운을 만들어라

▣ 升初六

允升 大吉 (윤승 대길)
진실한 마음과 신념으로 함께 성장하는 것은(允升) 매우 길하다(大吉)

允: 진실로 윤 / 진실로, 동의하다

진실로 함께하는 성장은 길하다. 가족이 함께하는 성장, 조직 구성원이 혼연일체가 된 회사의 성장, 국민들이 신바람 나는 국가의 성장 등 더불어 성장하는 것이 가장 바람직한 성장의 목적이라는 것이다.

믿음으로 한마음이 되어 성장하는 모습으로 국가적으로 볼 때 1970년대 '새마을운동'을 들 수 있다.

함께하는 성장

진실이 흐르고
혼연일체가 되어
신바람 나는
성장의 기운

■ 升九二

孚乃利用禴 无咎 (부내리용약 무구)
믿음으로 검소하고 정성스런 제사를 올리니(孚乃利用禴) 허물이 없다 (无咎)

禴: 제사 이름 약 / 종묘의 제사, 검소하고 정성스런 제사

부내(孚乃)는 '믿음을 갖고'의 뜻이고, 리용약(利用禴)은 '종묘에 검소하게 제사 지냄이 이롭다'는 뜻이다.

믿음을 갖고 검소한 생활과 정성스러움으로 접근해야 성장의 기운을 얻을 수 있다. 주역이 가르치는 가장 기본적인 道이다. 주역은 구하고자 하는 자에게 첫 번째 가르침으로 언제나 '믿음'을 강조하고 있다. 이 믿음은 자신에 대한 확신이고, 주변 환경에 대한 확신이며, 신의 도움에 대한 믿음이다. 그런 믿음이 없으면 행동이 미적거리게 된다.

접근의 자세는 검소와 정성이다. 그리고 힘찬 기운이다. 성공할 수 있다는 확신에 찬 행동으로 밀고 가야 한다.

성장의 접근법

성장할 수 있다는
믿음과
검소하고 정성스런
마음과
거침없이 힘찬
행동

◼ 升九三

升虛邑 (승허읍)
텅 빈 마을에서 홀로 성장한다

虛: 빌 허 / 비다, 없다, 적다, 드물다, 모자라다, 준비가 없다, 욕심이 없다

윤승(允升)과 반대의 개념이다. 더불어 함께함이 없다. 홀로 방황하는 것이다. 청소년기의 방황은 누구나 겪는 것이고, 그것은 성장의 촉진제 역할을 한다. 약간 위험하기는 하지만 거기에는 길흉이 있을 수 없다.

만약 승허읍(升虛邑)을 '거침없이 승승장구함' 이라고 해석하려면 뒤에 대길(大吉)이 붙어야 할 것이다. 필자는 방황과 고독으로 해석하려 한다.

이 구절은 자신과의 싸움을 말하고 있다. 고독한 방황을 통한 성장의 기운이다. 밖으로 이룬 것은 없어 보여도 내적으로는 성장의 기운을 충전하였다. 조만간 그 결과가 나올 것이다.

방황 속의 성장

홀로 이리저리
방황 속의 고독함도
내적 충전의 시기
성장의 기틀은 다져지고

◼ 升六四

王用亨于岐山 吉 无咎 (왕용향우기산 길 무구)

성장을 염원하는 자가(王) 험준한 산에 올라 정성스런 제사를 올리니 (用亨于岐山) 길하고(吉) 허물이 없다(无咎)

亨: 형통할 형, 드릴 향 / 형통하다, 드리다, 제사 지내다   岐: 갈림길 기 / 갈림길, 자라는 모양, 날아가는 모양

기산(岐山)은 높고 험준한 산을 의미한다. 왕(王)은 승(升)의 기운을 가진 자의 다른 말로 '성장을 염원하는 자'로 번역해야 자연스럽다. 용향(用亨)은 '제사 드리다'의 뜻이다. 실제의 기산(岐山)은 중국 섬서성에 있는데, 봉우리가 둘로 갈라져 있다.

성장하려면 누구나 정성과 노력이 필요하다.

성장의 조건

성장의 길에는
노력
정성이라는
여정이 숨어 있다

▣ 升六五

貞吉 升階 (정길 승계)
끝이 길하다(貞吉). 섬돌 위에 올랐도다!(升階)

階: 섬돌 계 / 섬돌, 층계

성장을 염원하는 자가 드디어 목적을 달성했다. 갈고닦고 차곡차곡 올라 정상에 선 승자(升者)의 모습이다.

정길(貞吉)은 升의 과정을 답습한 升者가 정상의 자리인 마지막 단계에 이르렀음을 말하고 있다.

정상에 서다

믿음으로 가르침 받고
정성을 다하고
고독과 방황을 거쳐
노력을 더하여
정상에 섰다

▣ 升上六

冥升 利于不息之貞 (명승 이우불식지정)
어두운 곳에서의 성장은(冥升) 쉬지 않고 끝까지 가야 이롭다(利于不息之貞)

冥 : 어두울 명 / 어둡다, 깊숙하다, 그윽하다   息 : 숨쉴 식 / 숨쉬다

명(冥)은 밝은 곳으로의 진출이 아닌, 어두운 곳에서의 발전을 꾀하는 모습이다. 지혜와 경륜이 없이 육체노동을 바탕으로 노력하는 것이기도 하다. 끝까지 쉴 시간이 없다. 승자(升者 : 성장을 열망하는 자)로서의 준비가 안 된 상황이다.

명승(冥升)은 升의 기운이 없어 성장의 기운을 얻지 못하였으므로 하루

벌어 하루 먹는 상황이다. 쉬지도 못하고 일해야 하는 고난의 인생이다.

성장의 기운이 없으면

성장의 터전도 없고
기운도 없으니
하루하루
육체노동으로
살아간다

택수곤(澤水困)

곤란한 경우는 헤아릴 수 없이 많다. 어떤 종류가 되었든지 곤란한 경우에 빠져 있다. 직장에서, 친구 간에, 경제적으로 등 곤란한 지경에서 빠져나오는 현명한 방법은 무엇일까?

第四十七卦 【困】澤水困 兌上坎下

卦辭：困 亨 貞 大人 吉 无咎 有言 不信
彖曰：困 剛揜也 險以說 困而不失其所亨 其唯君子-乎
　　　貞 大人吉 以剛中也 有言不信 尙口乃窮也
象曰：澤无水 困 君子以致命遂志

初六：臀困于株木 入于幽谷 三歲不覿
象曰：入于幽谷 幽不明也

九二：困于酒食 朱紱方來 利用亨祀 征 凶 无咎
象曰：困于酒食 中 有慶也

六三：困于石 據于蒺藜 入于其宮 不見其妻 凶
象曰：據于蒺藜 乘剛也 入于其宮 不見其妻 不祥也

九四：來徐徐 困于金車 吝 有終
象曰：來徐徐 志在下也 雖不當位 有與也

九五：劓刖 困于赤紱 乃徐有說 利用祭祀
象曰：劓刖 志未得也 乃徐有說 以中直也 利用祭祀 受福也

上六：困于葛藟 于臲卼 曰動悔 有悔 征 吉
象曰：困于葛藟 未當也 動悔有悔吉 行也

47. 택수곤(澤水困)

괴로움에서의 탈출

■ 곤괘(困卦) 해설

곤(困)은 '괴롭다, 통하지 않는다'의 뜻이다. 하는 일이 풀리지 않은 상황이다.

자신의 의지와는 상관없이 세상이 움직이고 있다. 진실과 정성을 다해도 세상이 믿어주지 않는다. 가까운 가족, 부인, 자식이 불신하는 불행한 사태다. 어쩔 수 없이 범죄에 연루되어 오지도 가지도 못하고 허우적거리고 있다.

살아가는 동안에 어려움에 처하게 되거나 스스로 자초해서 지독한 곤경에 빠지는 경우가 있다. 어떻게 탈출할 것인가의 지혜를 말해주는 장이다.

문제가 정확해야 답도 정확하듯, 자신의 처한 처지를 정확히 파악해야 한다. 다음으로 선례를 배우고 참고하라. 대부분의 어려움은 그 해결책도 자신 속에서 찾을 수 있다. 가난에서 오는 어려움은 신(神)과의 교감이 끊어졌다고 표현하고 있다. 신과의 관계를 개선하는 것은 정성과 기도의 삶이라고 한다. 방랑하는 자는 아내의 소중함을 깨닫고 감사해야 하며, 범죄자는 종교생활과 통렬한 반성이 요구된다. 복합적인 어려움에 대해서는 일을 잘 분석하여 대처해야 한다.

▣ 困卦辭

困 亨 貞 大人 吉 无咎 有言 不信 (곤 형 정 대인 길 무구 유언 불신)

어려움의 기운은(困) 일의 시작과(亨) 끝의 단계에서(貞) 일어난다. 대인과 같이 지혜로운 사람은(大人) 길하고(吉) 허물이 없다(无咎). 곤란에 처하게 되면 옳은 말을 해도(有言) 믿지 않는다(不信)

> 困: 괴로울 곤 / 괴롭다, 부족하다, 통하지 않는다

형 정(亨 貞)이라고 한 것은 亨의 시절과 貞의 시절이라는 뜻이니 일의 시작과 마지막 단계를 뜻한다. 그때 어려움이 많이 발생한다는 것이다. 대인(大人) 앞에 곤(困)이 생략되어 있다고 생각하라. 困의 시절이라 할지라도 준비가 되고 지혜를 갖추고 환경을 구비한 대인은 문제가 없을 것이다.

유언(有言) 앞에도 困이 생략되어 있다고 생각하라. 困의 시절에는 진실의 말을 많이 하여도 남들이 믿어주지 않는다는 뜻이다.

보통 사람이 困의 운을 당하면 콩으로 메주를 쑨다고 역설을 해도 믿어주지를 않는다. 아무것도 할 수 없는 상황이다.

곤란한 운

진실이 통하지 않고
갈 곳도 없고
만날 사람도 없어
아무것도 할 수 없네

▣ 困初六

臀困于株木 入于幽谷 三歲不覿 (둔곤우주목 입우유곡 삼세부적)

현재 앉아 있는 자리가 매우 곤란하니(臀困于株木: 그루터기에 앉은 엉덩이가 곤란하다) 계곡 깊숙이 들어가(入于幽谷) 오래(三歲: 삼 년 동안) 은둔한다(不覿)

臀: 볼기 둔 / 볼기, 밑, 바닥　株: 그루 주 / 그루, 그루터기, 뿌리　幽: 그윽할 유 / 그윽하다, 숨다, 피하여 숨다, 멀다, 아득하다　覿: 볼 적 / 보다, 만나다, 눈이 붉다

둔곤우주목(臀困于株木)은 나무의 그루터기(株木)에 있는 엉덩이가 곤란하다는 뜻이니, 앉아 있는 자리가 어려움에 처해 있다는 것이다. 가시방석에 앉아 있는 모습이다. 좌불안석(坐不安席)이다.

입우유곡(入于幽谷)은 그윽한 골짜기 속으로 들어간다는 뜻이다. 속 편한 산속에서 은둔의 생활을 하고 싶을 것이다. 현재의 처지에서 회피하고 싶은 마음을 표현하고 있다.

삼세(三歲)는 3년, 혹은 오랜 세월이란 의미다. 부적(不覿)은 현실세계를 보지 않는다는 뜻으로 은둔을 의미한다.

현실의 자리가 가시방석이면 자리를 버리고 은둔하여 객관적으로 자신을 바라보고 새 삶에 대한 다짐을 해야 한다.

첫 번째의 괴로움으로, 현재의 자리에서의 곤란함을 설명하고 있다. 과분한 자리에 앉아 있으면 언제든 괴로움이 몰려오게 되어 있다. 홀로 마음을 정리해야 한다.

앉은 자리의 괴로움

현재의 처지가 괴로워
앉으면 가시방석

쉬고 싶다
숨어서

오래
아무도 만나고 싶지 않다

▣ 困九二

困于酒食 朱紱方來 利用亨祀 征 凶 无咎 (곤우주식 주불방래 이용향사 정 흉 무구)

먹고사는 데 곤란을 겪고 있으니(困于酒食) 주불이라는 신이 오도록(朱紱方來) 제사를 올리는 것이 이롭다(利用亨祀). 이럴 때는 남의 것을 탐해 무리해서 나아가면 흉하다(征 凶). 가난은 허물이 아니다(无咎)

朱: 붉을 주 / 붉다, 적토 紱: 제복 불 / 제복, 입다 亨: 형통할 형, 드릴 향 / 형통하다, 드리다, 제사 지내다 祀: 제사 사 / 제사 지내다, 해(年)

가난의 괴로움을 설명하고 있다. 곤우주식(困于酒食)은 의식주의 곤궁을 의미한다. 개인주의 사상이 팽배한 현대사회에서는 가난의 괴로움도 다른 괴로움 못지않게 견디기 힘들다. 이런 극빈의 경우는 주불(朱紱)이라는 재물을 관장하는 神에게 찾아가 제사 드리면 주불이 재물을 내려준다고 하였다. 먹고사는 것이 가장 중요하기 때문에 집중적으로 정성을 다하여 해결해야 한다는 의미다.

어렵다고 해서 무리하게 남을 공격하거나 해를 끼쳐서는 안 된다. 정(征)은 치고 정벌하는 것으로 이해함이 좋다.

가난은 결코 허물이 될 수는 없다(无咎). 다만 불편할 따름이다. 무구(无咎)의 주어는 곤우주식(困于酒食)이다. 정성을 드리면 먹고사는 문제는 해결난다. 이것은 욕심의 문제가 아니라 기본적인 생존의 문제이기 때문이다.

가난의 괴로움

의식주의 해결을 위해서는
항상 정성스레
기도하라

무리한 생각은
악을 낳는다

困六三

困于石 據于蒺藜 入于其宮 不見其妻 凶 (곤우석 거우질려 입우기궁 불견기처 흉)

돌 위에서의 곤란함은(困于石) 가시덤불에(蒺藜) 거처하는 곤란함이다(據于). 다시 집으로 돌아왔으나(入于其宮) 아내를 볼 면목이 없다(不見其妻) 흉하다(凶)

據: 의지할 거 / 의거하다, 일정한 사실에 근거하다, 증거로 삼다, 의탁하다   蒺: 납가새 질 / 가시, 바닷가 모래땅에 자라는 풀, 벌레 이름, 납가새   藜: 명아주 려 / 명아주, 가시, 나라이름   宮: 집 궁 / 집, 담, 장원, 두르다

집을 떠나 떠돌이 생활을 하며 돌멩이처럼 구르고 가시덤불에서 지내는 어려움이 곤우석 거우질려(困于石 據于蒺藜)이다. 집을 버리고 떠날 수밖에 없는 처지는 어떤 것인가? 사업이 망해 빚쟁이에게 쫓기는 자, 경찰에 쫓기는 자, 가정이 불화한 자 등이다.

시간이 흘러 집으로 다시 돌아왔을 때 빚쟁이에게 시달린, 경찰에 시달린 아내를 볼 면목이 있겠는가? 먼저 아내를 위로하고 가족을 챙겨야 한다. 가정은 인간 최후의 보루다.

노숙인들을 연상하게 하는 구절이다. 사연이 없는 인생이 어디 있겠는가? 떠돌이의 괴로움을 설명하고 있다.

떠돌이의 괴로움

빚에 쫓겨
경찰에 쫓겨
도망자의 신세
더 불쌍한 건
아내다

■ 困九四

來徐徐 困于金車 吝 有終 (래서서 곤우금거 린 유종)
곤은 천천히 오고 간다(來徐徐). 금으로 된 마차 위에서의 어려움이다

(困于金車). 걱정스럽지만(吝) 끝이 있다(有終)

徐: 천천히 서 / 천천히, 다, 모두

어려움의 기운은 비교적 천천히(來徐徐) 움직인다. 한번 어려움이 닥치면 물러가는 데 시간이 걸린다.

곤우금거(困于金車)는 부자들의 괴로움이다. 부자들은 어려운 일이 없는 것 같지만, 부자도 곤경에 처하는 일이 있다는 것이다. 그러나 부자는 괴로움이 오면 해결방식이 극과 극이다. 부자는 어려움에 대한 내성이 약한 경우가 많다. 인생을 마감하는 경우다(有終). 돈 있는 자들의 자살을 가난한 자들은 이해할 수 없다고 여긴다.

또한 부자의 어려움은 시간이 지나면 돈으로 해결될 것이니 유종(有終)이라고 했다. 有終은 중복의 의미를 갖고 있다.

부자의 괴로움

돈이 부른 괴로움
욕심이 크니 절망도 커
목숨과 바꾸네

▣ 困九五

劓刖 困于赤紱 乃徐有說 利用祭祀 (의월 곤우적불 내서유열 이용제사)

명예에 관련된 괴로움이 있다는 것은(劓刖) 赤紱이라는 신(神)과 곤란한 처지이므로(困于赤紱), 서서히 즐거움이 있을 때(乃徐有說) 제사를 드

림이 이롭다(利用祭祀)

劓: 코 벨 의 / 코를 베다, 고대 五刑 중의 하나   刖: 벨 월 / 베다, 자르다, 발꿈치를 자르다   說: 말씀 설, 달랠 세, 기뻐할 열, 벗을 탈

의월(劓刖)은 코를 베었다는 말이니 명예에 큰 손상을 입었다는 뜻이다. 명예에 상처를 입은 괴로움을 설명하고 있다. 모든 언론에서 대서특필(大書特筆)되고 감옥에 가서 앉아 있는 경우다.

명예는 절대자와의 관계로 규정하고 있다. 절대자인 神, 적불(赤紱)과의 관계에서의 괴로움이므로 약간 여유가 생길 때 제사를 지내라고 하였다. 명예에 손상을 줄 수 있는 위치에 있는 자에게 정성을 보여 문제를 해결하라는 말이다.

명예 상실의 괴로움

하루아침에
무너져 내렸다
모든 언론에
묶인 모습 보이고
고개 숙여
벽 너머에 앉았다

■ 困上六

困于葛藟 于臲卼 曰動悔 有悔 征 吉 (곤우갈류 우얼올 왈동회 유회 정 길)

칡덩굴처럼 얽히고설켜(困于葛藟) 위태롭고 급하게 되었다(于臲卼). 후회할 일이 발동한다(曰動悔). 후회한 후에(有悔) 나아가면(征) 길하다(吉)

葛: 칡 갈 / 칡, 덩굴, 갈포, 거친 베   藟: 등나무덩굴 류 / 등나무 덩굴, 얽히다, 감기다, 꽃봉오리   臲: 위태할 얼 / 위태하다, 불안하다   卼: 위태하다

곤(困)의 상황이 겹으로 덮친 상황이다. 곤란한 일은 하나가 오면 겹으로 밀려온다. 급하게 오는 것은 급하게 가는 법, 곧 困이 물러가고 후회가 발동하여 후회의 생각을 행동으로 옮긴다. 스스로 문제를 찾아 뉘우치는 것이다. 그 후에 나아가면 길하다. 困의 기운이 쇠잔하여짐을 암시하고 있다.

겹친 괴로움에 대하여 설명하고 있다.

겹친 괴로움

엎친 데 덮치고
정신없이 밀려와
가눌 길이 없구나

뉘우치고 각오하네

수풍정(水風井)

우물은 국가가 제공하는 복지혜택이다. 어떻게 복지를 실현할 것인가? 도시계획에서부터 식생활에 이르기까지 복지의 영역은 끝이 없다. 국민들의 넘치는 욕구를 어떻게 충족시킬 것인가? 정(井)괘에 우리 시대에 화두가 되고 있는 복지가 들어 있다.

第四十八卦 【井】水風井 坎上巽下

卦辭：井改邑 不改井 无喪无得 往來井井 汔至 亦未繘井 羸其瓶 凶
彖曰：巽乎水而上水 井 井 養而不窮也 改邑不改井 乃以剛中也
　　　汔至亦未繘井 未有功也 羸其瓶 是以凶也
象曰：木上有水 井 君子以勞民勸相

初六：井泥不食 舊井 无禽
象曰：井泥不食 下也 舊井无禽 時舍也

九二：井谷射鮒 甕敝漏
象曰：井谷射鮒 无與也

九三：井渫不食 爲我心惻 可用汲 王明 並受其福
象曰：井渫不食 行惻也 求王明 受福也

六四：井甃 无咎
象曰：井甃无咎 修井也

九五：井 冽寒泉食
象曰：寒泉之食 中正也

上六：井收勿幕 有孚 元吉
象曰：元吉在上 大成也

48. 수풍정(水風井)

민심의 우물, 복지정책

▣ 정괘(井卦) 해설

정(井)은 '우물, 민심, 도시계획'을 의미한다. 물은 생명의 근원이고, 우물은 공동체의 상징이다. 우물이 순환이 필요한 것처럼 공동체도 순환이 필요하다.

물이 귀하다고 우물의 출입을 제한하면 공동체가 망가지고 만다. 먹는 물의 관리는 동서고금을 막론하고 치자의 정책에서 가장 중요한 자리를 차지한다.

고대사회의 제후의 역할은 우물을 파고 관리하는 능력으로부터 출발한다. 우물의 수량(水量)에 따라 작은 촌락이 되기도 하고, 도시로 발전하기도 한다. 제후를 통한 촌락개척의 제도를 정(井)이라 불렀다. 새로운 도시의 건설이고 도시계획이다. 근본정신은 홍익인간의 정신이라고 할 수 있다.

차고 맑고 깨끗한 우물의 조건은 군자의 조건과도 통한다. 군자는 끊임없이 자신을 수양하고 창의력을 발휘하여 샘처럼 마르지 않은 지혜를 공급해야 한다.

우물은 지속적으로 청소하고 관리해야 한다. 그리고 베풀어라. 그만큼 채워지는 것이 우물의 원리다.

필자가 강의 중에 유명한 야구선수인 박찬호의 이름을 해설한 경우가 있었다. 박찬호의 이름 속에 정괘(井卦)가 들어 있었다. 井을 스트라이크

존으로 해석하여 모두 파안대소한 적이 생각난다. 井이 스트라이크존 모양으로 생기지 않았는가? 박찬호 선수는 적지 않은 세월 동안 井字 모양의 스트라이크존을 향해 공을 던졌을 것을 생각하면 해석에 무리가 있는 것도 아니다. 박찬호는 타고난 야구선수이며 그것도 투수다. 주역은 그만큼 기발한 것이다.

정(井)은 우물의 역할처럼 복지사회를 이념의 목표로 삼고 있으며 그것은 우리 민족의 고유사상인 홍익인간(弘益人間)의 정신과 통한다.

> **홍익인간(弘益人間)**
>
> 널리 인간세계를 이롭게 한다는 뜻으로 『삼국유사』의 단군(檀君) 신화에 나오는 말이다. 우리나라 정치·경제·사회·문화의 최고 이념으로, 윤리 의식과 사상적 전통의 바탕을 이루고 있다.
>
> 이러한 내용의 단군 신화에는 우리 민족의 가치 의식이 그대로 나타나 있을 뿐 아니라, '널리 인간을 이롭게 한다'는 '홍익인간(弘益人間)'과 '세상으로 나아가 도리로 교화한다'는 '재세이화(在世理化)'의 인본주의적이고 현세주의적인 윤리의식과 철학사상의 특징이 잘 나타나 있다.
>
> 또한 단군 신화에서는 다른 나라의 신화들과는 달리, 신들 사이의 대립이나 신과 인간 사이의 갈등이 전혀 나타나지 않는다. 심지어 곰과 호랑이도 같은 굴에서 살며 대립하지 않는다. 이처럼 '홍익인간'의 이념에는 조화와 평화를 중시하는 세계관이 담겨 있다.
>
> 환웅이 웅녀와 혼인하여 단군을 낳는 과정은 천상과 지상의 결합을 상징적으로 나타내며, 단군은 하늘과 인간이 합하여 하나가 된 '천인합일(天人合一)'의 존재이다. 조화와 평화를 중시하는 이러한 세계관은 원효의 화쟁(和諍) 사상, 불교의 '교선일치(敎禪一致)' 전통, 유·불·도(儒彿道)를 통합한 동학(東學) 등에서도 보여지듯이, 한국 사상의 중요한 특징으로 나타났다.

▣ 井卦辭

井改邑 不改井 无喪无得 往來井井 汔至 亦未繘井 羸其瓶 凶 (정개읍 부개정 무상무득 왕래정정 흘지 역미율정 리기병 흉)

우물은 마을을 건설하고 고치는 것을 말하는데(井改邑) 마을을 고치면서 우물은 고치지 않으니(不改井) 잃을 것도 얻는 것도 없다(无喪无得). 주민들이 우물을 쫓아 왔다 갔다 하니(往來井井) 우물이 거의 마르고(汔至) 또한 두레박줄마저 우물의 물에 닿지 않고(亦未繘井) 두레박도 고장이 났다(羸其瓶). 흉하다(凶)

井: 우물 정 / 우물, 정자형(井字形), 一里四方(周나라 제도)　喪: 죽을 상 / 죽다, 잃다　汔: 거의 흘 / 거의, 절반, 물이 마르다　亦: 또 역 / 또한, 모두, 크게, 대단히　繘: 두레박줄 율 / 두레박줄, 실오리, 실낱　羸: 여윌 리 / 여위다, 약하다, 고달프다, 엎지르다, 잃다　瓶: 병 병 / 병, 단지, 항아리, 두레박, 시루

주(周)나라에 정(井)이라는 제도가 있었는데 井을 다스리는 자가 제후(諸侯)다. 그 제후에 대한 기본적인 가르침이기도 하다. 井은 사방 10리의 땅을 제후에게 주어 촌락을 건설하고 다스리게 하는 하나의 도시계획 정책이다. 촌락을 여는 기초 작업인 것이 우물을 파고 사람이 모이게 하는 것이었다.

촌락을 열려고 하는 제후가 그 기본 요소인 우물을 정비하지 않는다면 하나마나다(无喪无得). 백성을 모으기는커녕 있던 백성들마저 우물을 찾아 이 마을 저 마을로 전전할 것이다(往來井井). 마을의 우물은 거의 말라(汔至) 두레박줄은 우물의 바닥에 미치지 못하며, 두레박도 결국 못쓰게 된다. 우물과 공동체, 치자와의 관계를 상세하게 설명하고 있다.

이러한 사실적인 가르침 속에 군자의 수양과 학습이 비유되고 있다.

군자가 수양과 학습을 게을리하면 말라버린 우물과 같다는 것이다. 군자는 끊임없이 자신의 수양에 정진해야 한다.

우물 공동체

한 우물을 먹고 사는 공동체
물이 마르면 흩어짐이니

우물을
지키고
청소하고
관리함은
치자의 몫

▣ 井初六

井泥不食 舊井 无禽 (정니불식 구정 무금)

진흙탕이 되어 먹을 수 없는 우물이라면(井泥不食) 그것이 오래된 우물이라 해도(舊井) 새들도 찾지 않는다(无禽).

泥: 진흙 니 / 진흙, 진창, 흐리다, 더럽혀지다   舊: 옛 구 / 옛, 오래, 늙은이   禽: 날짐승 금 / 날짐승, 새, 짐승

우물이 진흙탕이 되어버렸다. 사실상 물이 없는 우물이다. 삶의 근원, 정치적 입지, 사업의 기반이 엉망이 되었다는 것이다. 그래서 잘나가던 사람도, 오래된 정치인도, 물려받은 기업도 힘을 잃게 되고 찾는 사람이 없게 된다.

관리가 안 된 우물의 표본이다. 이곳의 치자는 사리사욕에 혈안이 되어 백성을 돌보는 일에는 손을 놓고 있었던 모양이다.

폐허가 된 탄광촌을 연상할 수 있다. 여기서의 우물은 수요가 있는 석탄이다. 석탄이 바닥나거나 쓰임이 없어지고 난 탄광촌은 폐허만 남아 있다. 한때 검은 석탄이 많은 사람들을 먹여 살렸다.

망가진 우물

우물이 망가져
주민은 흩어지고
폐허!

새도 쉬어가지 않는다

■ 井九二

井谷 射鮒 甕敝漏 (정곡 사부 옹폐루)

우물의 홈에서(井谷) 두꺼비가 독을 뿜고 있으며(射鮒) 두레박조차도 깨어져 물이 샌다(甕敝漏)

谷: 골 곡 / 골짜기, 홈, 홈통, 좁은 길   鮒: 붕어 부 / 붕어, 두꺼비   甕: 항아리 옹 / 독, 단지, 옹기, 두레박   敝: 해질 폐 / 해지다, 깨지다, 부서지다   漏: 샐 루 / 새다, 스며들다, 비밀이 드러나다

우물에 물은 있으나 오염된 물로, 길어 올려도 먹지 못하는 물이다. 치자인 제후가 독소를 뿜어 백성들이 믿고 모여들 수 없는 상황을 설명하

고 있다. 뿐만 아니라 두레박이 깨어졌다는 것은 제후를 보좌하는 관리들도 사리사욕에 눈이 멀어 도둑떼로 변한 상황이다. 그리고 치자와 백성과의 교감이나 연결선이 끊어졌다는 말이다.

관리가 안 된 우물에 대한 설명이다.

우물의 독

공동체의 치자가
독을 뿜고 있고
관리자는 도둑으로 변해
하소연할 길도 없다

▣ 井九三

井渫不食 爲我心惻 可用汲 王明 竝受其福 (정설불식 위아심측 가용급 왕명 병수기복)

우물을 청소하였으나 아직 먹을 수 없으니(井渫不食) 나의 마음이 측은하다(爲我心惻). 청소가 되어 물을 공급할 수 있는 우물이니(可用汲) 왕이 밝으면(王明) 더불어 복을 받으리라(竝受其福)

渫: 칠 설 / 치다, 물 밑을 쳐내다, 흩다   惻: 슬퍼할 측 / 슬퍼하다, 진심을 다하는 모양   汲: 길을 급 / 긷다, 물을 긷다, 당기다   竝: 아우를 병 / 아우르다, 나란히 하다, 견주다

우물을 청소했다는 것은 군자가 학식과 덕망을 갖추었다는 의미다. 앞부분은 군자가 홀로 수련하여 봉사의 준비가 되었으나 알아주는 바가 없

으니 측은하다는 뜻이다.

 언제든지 출사의 준비가 되어 있으니 왕이 밝아 그를 불러 쓰면 왕도, 군자도, 백성도 더불어 복을 받을 것이다.

 군자는 수행해야 하고 왕은 준비된 군자를 알아보고 쓸 줄 알아야 한다.

 우물을 새롭게 단장하여 언제든 먹을 수 있게 만들었으니 이제 주민을 모아야 한다. 청소를 마친 군자는 먹을 사람이 없음을 슬퍼하고 있다. 왕이 알아보고 명령을 내리면 사람들이 몰려올 것이다.

청소를 마친 우물

아직 알려지지 않아
먹을 사람은 없으나
물은 차올랐으니
왕의 공인을 기다리네

▣ 井六四

井甃 无咎 (정추 무구)
담을 둘러 우물을 꾸미는 것은(井甃) 허물이 없다

甃: 벽돌담 추 / 벽돌 담, 우물의 담, 꾸미다

 정추(井甃)는 4효의 효사이므로 우물의 외부를 단장하는 것으로 해석함이 좋다. 군자가 수련이 끝났음을 외부에 널리 알리고 출사의 의사를 알리는 것이다. 수련이 잘 되었으면 단장은 허물이 되지 않는다는 의미다.

 우물의 물이 차고 맑으니 외부를 단장하여 이용을 편안케 하고 널리 홍보함은 좋은 일이다.

드러내 알려라

구정(舊井)을 정비했으니
재개발이 완성되었다

주민이 입주하고
새 지도자가 뽑히니
신도시가 형성되었다

◼ 井九五

井 冽寒泉食 (정 렬한천식)
우물(井), 차고 맑고 깨끗한 샘물을 먹는다(冽寒泉食)

冽: 찰 렬 / 차다, 차가운 바람   泉: 샘 천 / 샘, 돈

    좋은 우물, 즉 훌륭한 군자의 덕성을 말하고 있다. 차고 맑고 깨끗한 군자는 주역의 가장 바람직한 군자상이다. 천(泉)은 군자가 내놓는 현실의 정책이다. 투명하고 깨끗하고 무한하여 백성의 목마름을 채울 수 있는 역량을 의미한다. 한 사람의 천재가 온 나라를 먹여 살린다는 뜻이다. 천식(泉食)은 홍익(弘益)과 애민(愛民)정신이다.
    우리는 이런 지도자에 굶주려 있다. 정치지도자의 부재는 슬픈 현상이다. 온 국민이 훌륭한 지도자를 보내 달라고 기도라도 올려야 할까?

좋은 우물

정겹고
지혜롭고
먹는 이의 마음도
시원하게 하는 샘물

그런 지도자

▣ 井上六

井收勿幕 有孚 元吉 (정수물멱 유부 원길)

우물은 잘 관리하되 덮개를 씌워두지 않으니(井收勿幕) 믿음이 생긴다 (有孚). 원천적으로 길하다(元吉)

收: 거둘 수 / 거두다, 정리하다   幕: 덮을 멱 / 덮다, 막

우물이나 군자의 덕성은 잘 관리하고 널리 쓰이도록 해야 한다는 것이다. 서로 믿을 수 있는 지도자가 있다는 것은 얼마나 행복한 일인가? 스스럼 없이 소통하는 지도자의 덕을 말하고 있다.

믿음의 행복

우물을 잘 관리하고
개방하고
서로 믿고 마시니
행복하다
칭송하세, 왕이시여!

택화혁(澤火革)

바꿀 때가 되면 바꿔야 한다. 물건도 환경도, 생각도 바꿔야 한다. 송두리째 바꾸는 것은 혁명이라 부른다. 좀 더 바람직한 모습으로 탈바꿈하는 것을 혁(革)이라 한다. 아무리 잘 바꿨다고 하더라도 시간이 가면 다시 바꿔야 하는 대상이 되므로 革은 돌고 도는 것이다.

第四十九卦 【革】澤火革　兌上離下

卦辭：革 已日 乃孚 元亨利貞 悔亡
彖曰：革 水火相息 二女同居 其志不相得 曰革 已日乃孚 革而信之
　　　文明以說 大亨以正 革而當 其悔乃亡
　　　天地革而四時成 湯武革命 順乎天而應乎人 革之時大矣哉
象曰：澤中有火 革 君子以治歷明時

初九：鞏用黃牛之革
象曰：鞏用黃牛 不可以有爲也

六二：已日 乃革之 征 吉 无咎
象曰：已日革之 行有嘉也

九三：征 凶 貞厲 革言三就 有孚
象曰：革言三就 又何之矣

九四：悔亡 有孚 改命 吉　　象曰：改命之吉 信志也

九五：大人虎變 未占 有孚
象曰：大人虎變 其文炳也

上六：君子 豹變 小人 革面 征 凶 居貞 吉
象曰：君子豹變 其文蔚也 小人革面 順以從君也

49. 택화혁(澤火革)

개혁과 혁명

■ 혁괘(革卦) 해설

혁(革)은 '고치다'의 뜻이다. 언제 어떻게 고칠 것인가? 인간은 모든 것을 고치며 살아간다. 환경도 고치고 자신의 모습도 고치고 생각도 고친다. 과거와 현재의 환경과 생각을 바꾸는 것은 그리 쉬운 일이 아니다. 현재까지의 자신을 부정하는 것이 아니라 개선하는 것이라 할 수 있다. 한번 고친 것이 끝이 아니라 다시 고치고 또 고치며 살아간다.

세월이 가면 모든 것은 변한다. 지속적으로 새로운 것을 요구한다. 새로움에 대한 갈망을 실현하는 것이 革이다. '가죽 革' 자를 쓰는 것은 가죽에는 털이 붙어 있어서 다듬고 정제하는 작업이 필요하다. 그런 작업을 革이라 한다.

革은 더 개선되고 쓸모 있게 만드는 것을 말한다. 革에는 개선의 대상이 있어야 한다. 그 대상은 무한하다. 구태, 폐습 등 잘못된 것을 망라한다.

革의 주체는 신뢰를 받는 자(者)라고 말할 수 있다. 革은 아무나 할 수 있는 것도 아니고, 아무나 하는 것도 아니다.

혁괘는 개혁의 대상과 주체, 개혁자의 요건, 개혁의 연속성에 대해서 설명하고 있다.

■ 革卦辭

革 已日 乃孚 元亨利貞 悔亡 (혁 이일 내부 원형리정 회망)

개혁은(革) 이미 지나간 것들에 대하여(已日) 믿음을 가지고(乃孚) 처음부터 끝까지(元亨利貞) 후회 없이 만드는 것이다(悔亡).

革: 가죽 혁 / 가죽, 피부, 갑주, 투구   已: 이미 이 / 이미, 말다, 그치다   乃: 이에 내 / 이에, 너, 오래전부터

이일(已日)의 해석은 '지나간 것들', '시간이 지나야', '이미 밝은 사람' 등으로 해석한다. 어느 것으로 해석해도 뜻은 통한다. 필자는 맨 앞의 해석을 따르기로 하겠다. 다르게 해석하면 '시간이 지나야 잘했다는 믿음이 생긴다' '이미 밝은 사람들이 고쳐서 믿게 하는 것이다' 라는 의미가 된다.

어쨌든 개혁에는 믿음이 가장 중요하다. 이룰 수 있다는 믿음과 이룬 다음의 편의성, 나쁜 것의 청산이라는 것에 대한 믿음이다.

원형리정(元亨利貞)은 모든 만물에 革이 적용된다는 뜻이며, 사람의 일생을 통하여 발생한다는 뜻도 되고, 사건의 시발과 전개 및 종결의 의미도 있다.

회망(悔亡)은 革을 이룸이 후회 없게 되는 것이라는 뜻이다. 그리고 고치면 후회하지 않는다는 뜻이기도 하다.

개혁의 의미

낡은 것
불편한 것

수명이 다한 것

확실히 더 좋은 것으로
후회 없이 고치는 것

■ 革初九

鞏用黃牛之革 (공용황우지혁)
황소의 가죽으로(用黃牛之革) 단단히 묶는다(鞏)

鞏: 묶을 공 / 묶다, 굳다, 볶다

革의 실행자에 대한 마음을 말하고 있다. 단단한 각오를 의미한다. 저항에 굴하지 말라는 것이다.
　개혁의 첫 단계를 설명하고 있다. 개혁의 마음을 굳게 다져야 한다는 뜻이다. 개혁의 마음이 흔들리면 기득권 세력을 제압하고 끌고 갈 수가 없을 뿐만 아니라, 고변자가 생겨 허무한 상황이 되기도 한다. 국가적 차원의 개혁은 엄격히 비밀을 유지해야 하는 경우가 있다. 그 비밀을 단단히 묶어야 한다.

개혁의 첫 단계

각오하고
기획하고
단결하고
비밀을 유지하고
단단히 끌고 가야

▣ 革六二

已日 乃革之 征 吉 无咎 (이일 내혁지 정 길 무구)
이미 지나간 것들을(已日) 개혁하는 것이니(乃革之) 나아감에(征) 길하고(吉) 허물이 없다(无咎)

앞의 괘사에서 설명한 바와 같이 다르게 해석하면 '시간이 지나야 개혁할 수 있으니 나아가면 길하고 허물이 없다' '해와 같이 밝은 사람이 개혁하면 나아감에 길하고 허물이 없다' 로 말할 수 있다.

개혁의 조건을 논하고 있다. 아무것이나 개혁하는 것이 아니라 이미 시차가 생겨 현재나 장래의 요구에 맞지 않는 것, 낡아버렸거나 수명을 다한 것을 고치는 작업이다.

개혁의 조건

이미 역할을 마친 것들
고쳐
편하고
능률적이고
아름답게

▣ 革九三

征 凶 貞厲 革言三就 有孚 (정 흉 정려 혁언삼취 유부)
나아감에(征) 흉하고(凶) 끝이 위험하니(貞厲) 개혁에 대한 공약을 세 번 성취해야(革言三就) 믿음이 생긴다(有孚)

就: 이룰 취 / 이루다, 나아가다, 좇다

개혁의 결과에 대하여 영향을 받는 백성들과의 신뢰에 관한 얘기다. 개혁에는 지극한 정성과 노력을 기울여야 한다. 개혁의 길은 험난하다. 무조건 밀어붙이면 흉하다고 하였다. 그리고 끝이 위태해진다.

고치는 대상과 계획, 고친 다음의 장점을 거듭 홍보하고 이해를 구하며 끌고 가야 한다. 그런 노력이 믿음을 갖게 하고 개혁을 성공으로 마무리할 수 있다. 서울의 청계천을 고치는 과정은 혁언삼취(革言三就)의 노력으로 성공한 표본이라고 말할 수 있다. 그러나 4대강사업의 과정을 보면 혁언삼취의 노력이 미흡하므로 일어나는 잡음이 끊이지 않았다.

개혁의 목표는 다중의 행복이어야 한다. 서로의 신뢰 속에서 이루어지는 개혁은 행복하다.

개혁의 과정

홍보
설득
이해
반복 반복

꿈을 꾸는 개혁의 과정

▣ 革九四

悔亡 有孚 改命 吉 (회망 유부 개명 길)
후회하지 않을(悔亡) 믿음이 있으면(有孚) 혁명도(改命) 길하다(吉)

개명(改命)은 혁명(革命)을 의미한다. 혁명은 하늘의 명을 바꾸는 것으로 최대의 사건이다. 자신에 대한 확신에 찬 믿음과 발전적인 개선의 열망이 혁명에 이르게 한다.

모든 것을 바쳐도 후회하지 않을 믿음이 있다면 혁명도 할 수 있음이다. 세상에는 혁자(革者)의 길을 가는 사람이 많다. 타고난 기운이 있어야 한다. 그중에는 극(克)의 기운을 가진 革者도 많음을 볼 수 있다. 바꾸는 데 감이 남다른 사람들이다. 이름 속에도 그런 기운을 가진 사람이 많다. 직장에서도 혁명의 일을 하는 사람이 좋은 방향의 개혁을 많이 했으면 좋겠다.

혁명의 길

하늘을 바꿈이니
백성의 마음과
신념을 더하여
다 바쳐도
후회 않을 길

▣ 革九五

大人 虎變 未占 有孚 (대인 호변 미점 유부)
대인은(大人) 호랑이 같이 변하고(虎變), 아직 점을 치지 않아도(未占) 믿음이 있다(有孚)

확신에 찬 용맹으로 점을 치지 않아도 믿음이 간다는 뜻이다. 개혁을 담당하는 자의 자질이다. 믿음이 가는 사람이 큰일을 하겠다고 하면 전

폭적인 지지를 보낸다.

혁자(革者)의 자질

학식
덕망
경험
용맹
혜안
신뢰

▣ 革上六

君子 豹變 小人 革面 征 凶 居貞 吉 (군자 표변 소인 혁면 정 흉 거정 길)
　개혁을 완수한 후 개혁의 주체인 군자는(君子) 표범으로 변하고(豹變) 소인은(小人) 낯을 바꾸니(革面) 나아가면(征) 흉하고(凶) 끝까지 머물러 있으면(居貞) 길하다(吉)

豹:표범 표

　革을 완수하면 혁명자도 수구세력으로 변하고, 소인들은 이익에 눈이 멀어 간악해진다. 순수성이 상실된다. 먹을 것이 생기면 하이에나가 된다는 것이다.
　이런 때는 출사하려고 애쓰지 말고 자신을 연마하며 때를 기다려야 한다. 다시 革者가 나타나게 되어 있다.

혁(革)은 혁(革)을 부르고

革을 마치면
革者가 다 차지하고

배고픈 표범처럼 사납고
욕심에 굶주려 날뛰니

다시
革者를 기다리는 백성

화풍정(火風鼎)

균형과 조화, 분배에 관한 철학이다. 관심의 대상인 권력과 재물에 대한 균형과 조화를 어떻게 이루어갈 것인가? 어떻게 모으고 분배할 것인가? 어떻게든 생산물이 많게 해야 한다. 솥단지 속에 인생사가 들어 있다.

第五十卦 【鼎】火風鼎 離上巽下

卦辭：鼎 元吉亨

彖曰：鼎 象也 以木巽火 亨飪也 聖人亨 以享上帝 而大亨 以養聖賢
　　　巽而耳目聰明 柔進而上行 得中而應乎剛 是以元亨

象曰：木上有火 鼎 君子以正位凝命

初六：鼎顚趾 利出否 得妾 以其子 无咎

象曰：鼎顚趾 未悖也 利出否 以從貴也

九二：鼎有實 我仇 有疾 不我能 卽吉

象曰：鼎有實 愼所之也 我仇有疾 終无尤也

九三：鼎耳革 其行塞 雉膏不食 方雨虧悔 終吉

象曰：鼎耳革 失其義也

九四：鼎折足 覆公餗 其形渥 凶

象曰：覆公餗 信如何也

六五：鼎黃耳金鉉 利貞

象曰：鼎黃耳 中以爲實也

上九：鼎玉鉉 大吉 无不利

象曰：玉鉉在上 剛柔節也

50. 화풍정(火風鼎)

조화와 분배

■ 정괘(鼎卦) 해설

정(鼎)은 '발이 셋이고 귀가 둘 달린 솥'을 뜻한다. 발이 셋이라는 것은 안정과 조화를 의미하고, 귀가 둘인 것은 '균형과 조화를 이루려면 백성의 소리를 잘 들어야 함'을 의미하고 있다.

솥은 둥근 모양으로 인간의 사는 세상을 형상화하고 있다. 그 속에서 삶고 볶으면서 살아가는 인간들의 균형과 조화를 말하고 있다. 솥을 받들고 있는 다리는 솥의 바닥에 삼등분한 자리에 같은 길이로 붙여서 세상을 지탱하는 천지인을 상징한다. 국가의 권력구조인 삼권분립에 비유되기도 한다. 세상을 지탱하는 백성을 말하기도 한다.

또한 솥의 귀는 정확히 대칭이 되는 몸통에 붙여 솥을 들고 움직일 수 있는 기능을 담당한다. 통치자를 비유하고 있다. 귀가 비틀어지면 솥을 움직이는 데 바르지 못할 것이다.

뚜껑은 세상의 하늘과 같은 것으로 솥 속의 음식을 익히는 결정적인 역할을 하며, 이승과 저승의 경계를 상징한다. 솥의 뚜껑이 열리면 음식이 되어 새로운 역할을 하게 된다.

균형과 조화는 인간이 살아가는 공동체의 목표이기 때문에 할 말이 많은 이론이다. 이론은 많아도 실현은 그리 쉽지 않기 때문에 더욱 의견이 분분하다.

솥은 고통의 상징이기도 하다. 솥 속에 들어간 낱알들이 불과 물의 고통 속에서 변형된 물건인 밥이 된다. 밥은 솥 밖으로 나와 사람의 양식이 되는데, 인생에 비유하면 세상 밖으로 나가는 것이므로 죽은 후의 영혼이다. 내가 죽어 새로운 모습으로 누군가의 양식이 된다고 생각하면, 살아 있는 동안 인생의 알곡이 튼실해야겠다는 다짐도 하게 된다.

■ 鼎卦辭

鼎 元吉亨 (정 원길형)
분배와 균형의 정신은(鼎) 근본이 튼튼해야 길하다(元吉亨)

鼎: 솥 정 / 솥, 존귀하다, 바야흐로

  분배와 균형의 정신은 일의 시작단계에서부터 잘 계획되어야 한다. 돈이 벌리면 나중에 잘 분배하겠다는 생각은 옳지 않다. 균형과 조화는 인생사의 가장 기본이라는 의미다.
  원길형(元吉亨)을 직역하면 '기본적인 생각과 기획과의 사이가 길해야 한다' 는 뜻이다. 어떤 일을 할 때 분배에 대한 명확한 원칙을 세우지 않으면 진행 중에 잡음이 있고 다투게 된다. 요즘은 채용을 할 때 고용계약서를 법률적 문제가 없게 받아두어도 시간이 가면 욕심 부리는 자가 나타나고 몫을 더 확보하려고 대항하고, 동맹하여 투쟁하기도 한다.
  분배의 원칙을 정하는 것은 아무리 강조해도 모자람이 없다.

분배의 원칙

일의 시초에

몫을 정하라
배분의 몫은
생명이니

■ 鼎初六

鼎顚趾 利出否 得妾 以其子 无咎 (정전지 리출비 득첩 이기자 무구)

발이 뒤집어진 솥에서(鼎顚趾) 막힌 것들이 씻겨져 이로운 것처럼(利出否) 첩을 얻어(得妾) 아들을 낳아도(以其子) 허물이 없다(无咎)

顚: 꼭대기 전 / 꼭대기, 정수리, 넘어지다, 뒤집히다   妾: 첩 첩 / 첩, 계집 종

인생사의 시작이고 새로운 일의 시작이다. 기획의 단계를 마치고 실행의 단계에 접어들었다. 정(鼎)은 기업을 상징하기도 한다. 정전지(鼎顚趾)는 깨끗이 씻어 뒤집어놓은 솥을 말한다. 일의 준비단계를 의미한다. 과거의 모든 것들은 다 씻어서 방출(利出否)하는 것이 이롭다는 것은 새로운 일을 시작함에는 과거의 묵은 때를 청산해야 한다는 것이다.

첩을 얻는다는 것은 새로운 일에는 새로운 동반자가 필요하다는 뜻이다. 물리적인 공간에 새로운 인적자원이 확보됨을 의미한다. 첩에서 생산물인 아들을 낳았다고 해서 허물이 될 것은 없을 것이다. 과거에 본처는 아들을 낳지 못했다는 뜻도 된다.

새로운 균형과 조화로 생산물이 생산되고 있음을 표현하고 있다.

새 일의 시작

과거를 살피고
청산과 선택으로 정리하고

새 식구를 맞아
생산이 시작되다

▣ 鼎九二

鼎有實 我仇 有疾 不我能 卽 吉 (정유실 아구 유질 불아능 즉 길)
솥에 음식이 가득한데(鼎有實) 나의 사업 파트너가(我仇) 잘못이 있어서(有疾) 내가 모두 차지할 수 있어도 하지 않으니(不我能 卽) 길하다(吉)

實: 열매 실 / 열매, 익다, 가득 차다　仇: 원수 구 / 원수, 원망하다, 짝　能: 능할 능 / 능하다, 보통 이상으로 잘하다, 미치다

솥에 음식이 가득하다는 것은 사업으로 인한 소득이 쌓였다는 것이다. 그런데 자기의 파트너가 잘못을 저질러 소득을 나누어달라고 할 입장이 되지 못하게 되었다. 불아능(不我能)은 '내가 할 수 있어도 하지 않는다'의 뜻이다. 자신이 혼자 독차지할 수 있어도 분배한다는 뜻이다. 병든 짝이라는 뜻은 사업의 파트너뿐만 아니라 불우한 이웃의 총칭이다. 분배의 대상을 정의하고 있다.

　동업자가 잘못을 저질렀다고 할지라도 동업 당시에 맺은 약속은 지키는 것이 좋다. 그 동업자로 인해 처음에 용기를 갖고 사업을 시작한 것은 틀림없는 사실일 것이다. 그 공이 적지 않음이다. 헤어져도 분배하고 나

서 헤어져야 한다.

이 결정이 얼마나 고맙겠는가? 앞으로는 신명 나게 일할 것이다. 다른 조직원들도 믿고 일하게 될 것이다.

과실의 분배

처음의 분배 약속
공헌도가 미진해도
지킴이니

신뢰
얻었다

▣ 鼎九三

鼎耳革 其行 塞 雉膏不食 方雨虧悔 終吉 (정이혁 기행 색 치고불식 방우휴회 종길)

귀가 바뀐 솥은(鼎耳革) 움직이는데(其行) 옹색하다(塞). 기름진 꿩고기도 먹지 못한다(雉膏不食). 비가 내려야 (솥이 식을 것이므로) 후회도 줄어들고(方雨虧悔) 끝이 (먹을 수 있어서) 길하다(終吉)

塞: 막힐 색, 변방 새 / 막히다, 변방, 요새, 주사위, 성채   雉: 꿩 치 / 꿩, 담, 장미

정원   膏: 살찔 고 / 살찌다, 살찐 고기, 기름진 땅   虧: 이지러질 휴 / 이지러지다, 줄다, 덕택으로

솥의 귀는 통치자를 의미한다. 통치자는 백성의 소리를 잘 들어야 함

의 의미도 있다. 분배의 책임이 있는 자가 공평한 분배를 하지 못하거나 사리사욕으로 욕심을 가미하였다는 뜻이다. 백성의 지분인 꿩고기를 빼돌리는 형상이다. 치고(雉膏)는 기름진 꿩고기로 맛있는 음식이며, 백성의 몫인 음식이다. 백성이 먹을 꿩고기를 통치자가 빼돌리고 있다.

주역이 말하는 비(雨)는 백성의 말을 듣지 못하는 귀(통치자)에게 내리는 하늘의 씻김이다. 그래서 분배를 공평하게 한다면 끝이 길하다고 했다. 휴회(虧悔)는 후회가 줄어든다는 의미인데, 누구의 후회가 줄어든다는 것인가? 다행히 하늘이 복을 내림으로 백성들이 통치자를 잘못 뽑았다는 후회가 줄어든다는 말이다.

통치자의 전단(專斷)

욕심으로
분배를 전횡하여
가로채다

하늘만이
씻을 수 있는 죄

▣ 鼎九四

鼎折足 覆公餗 其形渥 凶 (정절족 복공속 기형악 흉)

솥의 다리가 부러지면(鼎折足) 제사를 위한 음식이 쏟아질 것이고(覆公餗), 음식을 만드는 사람의 몸이 뜨거운 음식에 젖게 될 것이다(其形渥). 흉하다(凶).

折: 꺾을 절 / 꺾다, 자르다, 쪼개다, 부러지다   覆: 뒤집힐 복 / 뒤집히다, 반전하다, 넘어지다, 전도되다, 무너지다, 망하다   餗: 죽 속 / 죽, 솥 안의 음식물, 흉조
形: 모양 형 / 모양, 몸, 몸체   渥: 두터울 악 / 두텁다, 젖다, 은혜를 입다, 윤, 광택

정절족(鼎折足)은 진행하는 일이 잘못됨을 의미한다. 경영하던 기업이 망하는 경우에 해당된다. 여기서는 나라를 떠받드는 민심의 이반을 의미하고 있다.

공속(公餗)의 餗은 제사 음식을 말하므로 '공공의 제사에 사용될 음식'이라고 번역하고 싶다. 고관대작과 같은 인간이 먹을 음식이 아니고 신께 바칠 음식을 쏟아버린 것이다. 그것은 통치자의 일이다. 음식만 버린 것이 아니라 뜨거운 음식으로 몸도 적셨다. 음식을 만들던 사람이 몸도 버리고 흉하게 되어 제 역할을 하지 못할 것이다. 제정일치(祭政一致)의 사회에서 통치자의 가장 중요한 일인 제사를 지내지 못하게 되었다.

그 이유는 솥의 다리가 부러진 때문이니, 그것은 민심이 떠난 것을 의미한다. 솥의 다리는 떠받들고 있는 아랫부분으로 백성을 의미한다.

음식을 만들던 사람은 통치자이고, 통치자의 잘못을 지적하고 있다. 통치자의 입장에서 백성은 하늘이고 신이다. 결국 백성의 밥통을 쏟아버렸다는 것이다.

이 구절의 해석은 약간 난해하다. 직역은 어렵지 않으나 속뜻을 간파하고 이해하기가 쉽지 않다. 독자들이 읽는 책마다 약간씩 해석을 달리하고 있을 것이다.

민심의 이반

통치자가
백성에게 정성이 부족하고

국익을 손상시켜
백성의 밥통을 쏟았네

▣ 鼎六五

鼎黃耳金鉉 利貞 (정황이금현 리정)

솥의 황색 귀에 황금 귀고리가 달렸다(鼎黃耳金鉉). 끝까지 이롭다(利貞)

鉉: 솥 귀고리 현 / 솥 귀고리, 삼공의 지위, 활시위

황(黃)은 중용의 덕이고 이(耳)는 통치자를 의미한다. 耳는 솥을 움직일 때 쓰이는 부속물이다. 솥의 몸통은 나라를 의미한다. 금현(金鉉)은 왕의 상징이다. 솥을 공정하게 관리한다는 것은 분배를 공정하게 하는 임금의 본분이다.

공정분배의 실현

통치자가
덕으로
중용의 이치로
분배하여
칭송받네

▣ 鼎上九

鼎玉鉉 大吉 无不利 (정옥현 대길 무불리)
옥고리가 달린 황제의 솥은(鼎玉鉉) 크게 길하고(大吉) 불리할 것이 없다(无不利)

황제는 옥처럼 청아하고 고결하게 백성의 소리를 듣는다는 것이다. 황제가 분배를 공평하게 하면 크게 길하다고 하였다.
금(金)은 왕을 의미하고 옥(玉)은 황제를 의미한다.

최고의 분배

백성의 민원
경청하고 또
경청함이라

중뢰진(重雷震)

자연과 함께 살아가는 인간은 자연재해의 위험 속에서 산다. 재해는 언제나 인간의 언저리에서 맴돌고 있으며, 덮치는 모습은 징벌적 개념도 갖고 있다. 인간이 어떻게 자연과 조화를 이루며 살아갈 수 있는가를 밝히는 가르침이다. 재해의 대처요령은 압권이다.

第五十一卦 【震】 重雷震 震上震下

卦辭：震 亨 震來虩虩 笑言啞啞 震驚百里 不喪匕鬯
彖曰：震 亨 震來虩虩 恐致福也 笑言啞啞 後有則也
　　　　震驚百里 驚遠而懼邇也 出可以守宗廟社稷 以爲祭主也
象曰：洊雷 震 君子以恐懼修省

初九：震來虩虩 後 笑言啞啞 吉
象曰：震來虩虩 恐致福也 笑言啞啞 後有則也

六二：震來厲 億喪貝 躋于九陵 勿逐 七日得
象曰：震來厲 乘剛也

六三：震蘇蘇 震行 无眚
象曰：震蘇蘇 位不當也

九四：震遂泥　　象曰：震遂泥 未光也

六五：震往來 厲 億 无喪 有事
象曰：震往來厲 危行也 其事在中 大无喪也

上六：震索索 視矍矍 征 凶 震不于其躬 于其隣 无咎 婚媾 有言
象曰：震索索 中未得也 雖凶无咎 畏隣戒也

51. 중뢰진(重雷震)

자연의 공포

■ 진괘(震卦) 해설

진(震)은 '벼락, 천둥, 지진'을 의미한다. 인간사에서 가장 두려운 자연적 현상들을 말하고 있다. 震은 자연재해에 어떻게 대처할 것인가를 설명하는 장이다.

자연재해는 인간의 욕심에서 비롯되는 것이 많다. 두려움이 있다는 것은 잃을 것이 있기 때문이다. 홍수로 농사를 망칠까, 집이 침수가 될까 전전긍긍하고 하찮은 것을 지키려다 목숨을 잃은 사람도 있다.

자연파괴에 따른 하늘의 벌이 벼락으로 표현된다. 본래 자연재해는 자연의 입장에서 막힌 것을 뚫는 의미가 있다. 막힌 것을 뚫는 자연의 행사를 인간들은 온갖 몸부림으로 이를 막으려고 한다. 자연재해도 자연의 한 형태로 받아들여야 한다. 인간도 자연의 일부분으로 자연현상 앞에 겸허해야 한다. 순응하면서 살아가는 지혜를 터득해야 한다.

자연과 함께 자연의 흐름에 맞춰 사는 지혜를 터득한다면 재해에 대한 두려움은 없을 것이다.

이 장에서는 자연재해에 대한 대처방안을 가르치고 있다. 선인들이나 현대를 사는 사람들이나 재해에 대응하는 자세는 비슷하다. 경거망동이 금물이다.

▣ 震卦辭

震 亨 震來虩虩 笑言啞啞 震驚百里 不喪匕鬯 (진 형 진래혁혁 소언아아 진경백리 불상비창)

우레의 기운은(震) 힘차다(亨). 우레가 우렁차게 오니 두렵고도 두렵다(震來虩虩). 웃음과 말소리를 벙어리처럼 다물라(笑言啞啞). 우레가 백 리를 놀라게 해도(震驚百里) 자신의 신념과 사상을 잃지 말라(不喪匕鬯)

震: 벼락 진 / 벼락, 천둥, 떨다, 벼락 치다, 움직이다, 놀라다, 두려워하다, 성내다, 지진 虩: 두려워하는 혁 / 두려워하는 모양, 범이 놀라는 모양 啞: 벙어리 아 / 벙어리, 어린아이의 서투른 말 驚: 놀랄 경 / 놀라다, 겁내다, 동요하다, 어지러워지다, 빠르다 匕: 비수 비 / 비수, 숟가락, 화살의 촉 鬯: 울창주 창 / 신에게 바치는 芳香酒, 활집, 자라다

우레가 힘차게 오면 두려워하고 조심해야 된다. 우레는 자연의 힘을 대변하고 있다. 자연의 힘은 위대하다.

소언아아(笑言啞啞)는 경거망동을 경계하라는 가르침이다. 침착해야 한다.

비(匕)의 뜻은 대추나무 숟가락으로, 자신의 능력을 말한다. 창(鬯)은 제사용 술이다. 이는 자신의 사상을 말한다. 자연재해가 와도 언행을 조심하면 먹고사는 것과 사상은 지킬 수 있다는 것이다.

자연재해의 대처요령을 설명하고 있다.

재해 대처요령

자연의 힘 앞에

망동 말고

다 버려도
지킬 건
숟가락과 제사도구

▣ 震初九

震來虩虩 後 笑言啞啞 吉(진래혁혁 후 소언아아 길)
　우레가 와서 두렵고 무섭다(震來虩虩). 후에도(後) 표정과 말을 조심하면(笑言啞啞) 길하다(吉)

　자연재해는 무섭고도 무섭다. 재앙이 지나간 후에도 말과 표정을 조심해야 한다. 분명 울고 있는 사람도 있을 텐데 히히덕거리면 좋지 않다. 삼가고 침착해야 한다.

삼가라

두려운 재해는
언제 또 올지 모르니
언행을 삼가고
침착하라

그리고
이웃을 생각하라

▣ 震六二

震來厲 億喪貝 躋于九陵 勿逐 七日得 (진래려 억상패 제우구릉 물축 칠일득)

자연재해가 오면 위험하다(震來厲). 재물을 잃을까 생각하여(億喪貝) 구릉에 오르되(躋于九陵) 쫓지는 말라(勿逐). 칠 일이면 얻는다(七日得)

億: 헤아릴 억 / 헤아리다, 억, 편안하다　貝: 조개 패 / 조개, 돈, 옛날의 화폐　躋: 오를 제 / 오르다, 올리다　陵: 언덕 릉 / 큰 언덕, 임금의 무덤　逐: 쫓을 축 / 쫓다, 내쫓다, 따르다, 추종하다, 경쟁하다

인간의 욕심으로 재물을 잃을까 두려워하여 재물을 지키려다 더 큰 것을 잃은 경우를 본다. 재물을 지키려고 연연하지 말라. 재물은 다시 얻으면 되는 것이다.

구릉(九陵)에 오르는 것은 물난리를 피하여 높은 곳으로 피신하는 것일 수도 있고, 능에 올라 제사를 올리는 것이 목적일 수도 있다. 안전한 곳으로 대피하라는 뜻이다. 능은 능인데 九陵이라고 한 것은 그냥 높은 곳이 아니라 조상의 도움을 받을 수 있는 높은 언덕을 의미함이다. 아울러 겸손하게 제사를 올림도 마땅할 것이다.

물축(勿逐)은 재해로 잃은 재물을 찾으려고 헤매다가 몸을 상할 수도 있고, 찾아도 이미 망가져 쓸 수도 없을 것이라는 뜻이다. 가장 기본적인 숟가락과 제주(祭酒)만 있으면 잃어버린 물건 따위는 다시 노력하면 얻을 수 있다는 의미다.

재해 대응 수칙

위험하니 물건 걱정일랑
하지 말며
안전지대로
대피하고

물건이 떠내려가도
함부로 쫓지 말라

◨ 震六三

震蘇蘇 震行 无眚 (진소소 진행 무생)

우레의 기운이 거듭거듭 되살아난다 하더라도(震蘇蘇) 두려워 조심하여 행동하면(震行) 재앙은 없다(无眚)

蘇: 되살아 날 소 / 되살아나다, 소생하다(蘇生·甦生-), 깨어나다, (잠에서)깨다, 깨닫다, 찾다, 구하다(求-), 잡다, 취하다(取-), 거스르다, 역행하다(逆行-), 그르치다, 틀리다, 소홀(疏忽)히 하다, (풀을)베다   眚: 눈에 백태 낄 생 / 잘못, 허물, 재앙

소소(蘇蘇)는 우레가 잠잠해졌다가 다시 살아나는 경우로 여진을 의미한다. 우레가 잠잠해져도 여진이 올 수 있으니 삼가고 조심하면 재앙을 면할 수 있다.

진행(震行)의 震은 '두려워하다'의 뜻으로 두려운 마음으로 행동하라는 가르침이다.

우레가 잠잠해졌다고 방심하면 안 된다. 여진의 피해가 더 클 수 있다.

방심 말라

잦아들었다가
다시 살아날 수 있음이니
삼가고 두려워하라
재앙을 면하려면

◼ 震九四

震遂泥 (진수니)
우레는 부정한 곳에 온다(震遂泥)

遂: 이를 수 / 이르다, 성취하다, 마치다   泥: 진흙 니 / 진흙, 진창, 흐리다

직역하여 '우레가 진흙에 이른다'는 것은 우레가 부정한 곳에 온다는 뜻이다. 부정한 자에게 벼락이 친다는 의미이기도 하다.

인간은 천둥소리를 통하여 자연의 메시지를 생각하고 자연과의 관계를 돌아보고 반성해야 한다.

인간의 삶은 점점 진흙탕의 삶이 되어가고 있다. 우레가 이르지 않을 곳이 없다. 많은 인간이 뀌어대는 암모니아 가스로 된 방귀소리를 합쳐도 자연의 천둥소리보다 몇 배는 더 요란할 것이다. 거기다가 매연을 뿜어대고 산림을 훼손하고 물을 오염시키니 자연을 원망할 염치도 없다.

세상사 진흙탕

누가 범인인가

인간아!

제 뿌린 대로
거둠이니
원망 마라

▣ 震六五

震往來 厲 億 无喪有事 (진왕래 려 억 무상유사)

우레는 반복되는 것으로(震往來) 위험함을(厲) 기억하라(億). 할 일이 있다는 것을 잊지 말고(无喪有事) 상기하라(億)

우레는 왔다 갔다 하는 것이며 언제 다시 올지 모르니 항상 조심해야 한다. 언제나 위험한 것이 우레다. 재해로 인해 일시적으로 재물을 잃었다 하더라도 가장 기본적인 것, 즉 당장 먹고사는 문제와 일할 수 있는 환경, 기도할 수 있는 처지만 확보하면 된다. 잃어버린 것은 시간이 가면 복구가 된다. 떠내려가는 물건을 찾으려고 목숨을 담보로 삼지 말라.

억(億)은 앞뒤로 두 번 해석함이 자연스럽다. 무상(无喪)은 직역하면 '잃음이 없다' 이다. 유사(有事)는 '일이 있다' 이므로 '일이 있으니 잃은 것이 없다' 로 해석할 수도 있고, '자연과 친화하고 잃어버린 것을 복구하는 일이 있음을 잊지 말라' 로 해석할 수도 있다. 둘 다 음미함이 좋겠다.

또 올 것임을 기억하라

때가 되면
또 오리니

자연을 두려워하고
친해져야 함을
기억하라

■ 震上六

震 索索 視矍矍 征 凶 震不于其躬 于其隣 无咎 婚媾 有言
(진 색색 시확확 정 흉 진불우기궁 우기린 무구 혼구 유언)

우레가 왔는데(震) 건질 것이 있나 하고(索索) 눈을 부릅뜨고 두리번거리며(視矍矍) 나아가면(征) 흉하다(凶). 벼락이 나에게 떨어지지 않고(震不于其躬) 나의 이웃에 떨어졌다(于其隣). 허물이 없다 하여도(无咎) 이웃과의 혼사에(婚媾) 말이 많아 이루어지지 않는다(有言)

> 索: 찾을 색, 동아줄 삭 / 찾다, 동아줄, 가리다, 선택하다, 새끼 꼬다　矍: 두리번거릴 확 / 두리번거리다, 기운이 솟는 모양　躬: 몸 궁 / 몸, 자신, 몸소　隣: 이웃 린 / 이웃, 이웃하다, 도움

재난이 일어나 우왕좌왕하고 있는데, 떠도는 물건이나 주우려고 두리번거리며 다니는 것은 흉하다고 했다. 옛날이나 지금이나 그런 사람은 항상 있는 모양이다.

벼락이 나에게가 아니고 이웃에 떨어졌으니 이웃에 대한 평판이 극도로 악화되어 혼사가 이루어지지 않는다는 뜻이다. 그 벼락이 사랑하는 남녀의 혼사와 무슨 상관이 있으랴마는 워낙 말이 많으니 이루어지기 힘들다. 재해는 또 하나의 재앙을 부르고 있다.

재해는 인간의 공포심을 자극하여 또 다른 재앙을 양산하고 있다.

모든 해설서에서 무구(无咎)의 해석에 얽매여 고민한 흔적을 읽을 수 있다. 无咎를 앞에 붙여 해석하지 말고 뒤로 붙이면 명쾌하게 해결된다. 주역은 상상의 학문이기도 하다.

재해는 다른 재앙을 부르고

도둑을 양산하고
공포를 조장하고
유언비어를 만들어내고
사랑도 잡는구나

중산간(重山艮)

전진의 시기가 있고 멈춤의 시기가 있다. 언제 전진하고 언제 멈춰야 하는 것인가? 가장 중요한 것은 적당한 시기에 욕망이 멈춰야 한다. 모든 화(禍)의 근원은 욕심에서 비롯되기 때문이다.

第五十二卦 【艮】 重山艮 艮上艮下

卦辭 : 艮其背 不獲其身 行其庭 不見其人 无咎
彖曰 : 艮 止也 時止則止 時行則行 動靜不失其時 其道光明
　　　艮其止 止其所也 上下敵應 不相與也
　　　是以不獲其身行其庭不見其人 无咎也
象曰 : 兼山 艮 君子以思不出其位

初六 : 艮其趾 无咎 利永貞
象曰 : 艮其趾 未失正也

六二 : 艮其腓 不拯其隨 其心不快
象曰 : 不拯其隨 未退聽也

九三 : 艮其限 列其夤 厲 薰心
象曰 : 艮其限 危薰心也

六四 : 艮其身 无咎　　象曰 : 艮其身 止諸躬也

六五 : 艮其輔 言有序 悔亡　　象曰 : 艮其輔 以中正也

上九 : 敦艮 吉
象曰 : 敦艮之吉 以厚終也

52. 중산간(重山艮)

욕망을 멈추는 도(道)

■ 간괘(艮卦) 해설

간(艮)은 '그치다, 멈추다, 어렵다'의 뜻이다. 艮은 멈춤의 道를 밝히고 있다. 왜 멈춤이 필요한가? 욕망이 도를 넘었기 때문이다. 욕망의 질주를 계속하면 결국 사고를 당하게 된다.

간(艮)괘는 함(咸)괘와 마찬가지로 신체의 부분적 역할에 비유하여 각 효를 설명하고 있다. 군자가 깨달은 진정한 멈춤의 도는 멈춤과 나아감이 구별되지 않는 경지를 말한다. 멈춘 것 같아도 나아가고 있으며, 나아가면서도 순간순간의 멈춤을 실행할 수 있는 것을 의미한다.

현대의 직장인들은 멈춤이 무엇인지 모르고 살아간다. 멈춰 자신의 인생을 돌아보기도 하고, 가는 방향을 응시하여 관조하기도 하고, 자연과의 일체를 시도하고 느끼는 시간이 필요한데 그럴 정신적인 여유가 없나보다. 직장에서의 사소한 욕망에서 헤어나지 못하기도 하고, 멈춤에 대한 두려움에 지배당하고 있는지도 모른다.

삶의 터전을 도시로 집중하면서 자연과는 점점 멀어지고 멈춰 설 곳도 잃어버렸다. 장소뿐만이 아니다. 인생의 마디마디마다 멈춤의 시점이 있는데 그냥 지나치고 있다.

멈춤이 길면 어려움으로 통하기도 하지만 멈춤을 지혜롭게 활용할 필요가 있음을 깨달아야 한다.

▣ 艮卦辭

艮其背 不獲其身 行其庭 不見其人 无咎 (간기배 불획기신 행기정 불견기인 무구)

멈춤의 도가 몸에 배어 있으니(艮其背) 그 몸을 구속하지 않으며(不獲其身), 조정에 나아가 행동함에도(行其庭) 사람들이 알아보지 못하니(不見其人) 허물이 없다(无咎)

艮: 머무를 간 / 머무르다, 한정하다, 그치다, 거스르다, 어렵다   背: 등 배 / 등 뒤, 등쪽   獲: 얻을 획 / 얻다, 짐승을 잡다, 손에 넣다, 빼앗다   庭: 뜰 정 / 뜰, 마당, 집 안, 朝廷

간기배(艮其背)는 '그 등에서 멈춤'이라는 뜻으로 '멈춤'을 항상 업고 다니므로 아이를 업은 듯 불편하지 않고 생활화되어 있다는 뜻이다. 멈춤의 도가 완숙의 경지에 이르렀다.

불획기신(不獲其身)은 '그 몸을 포획하지 않는다'는 뜻으로 불편하지 않음을 의미한다. 진퇴(進退)가 자유로움이다.

행기정(行其庭)은 '그 뜰을 거닐다' 이지만 '조정에서 일을 함에도'로 해석함이 좋겠다. 뜰을 거닐거나 조정에 나아가 일을 하는데도 멈춤을 실행하는 순간을 사람들이 알아보지 못하여 허물이 없다는 뜻이다.

멈춤의 도가 생활과 일체가 되었다는 것으로 허물이 없는 생활을 할 수 있다는 것이다.

완숙한 멈춤

순간순간

멈춤의 도가 몸에 배어
멈추는지
나아가는지
아무도 알아보지 못하니
자유인이다

▣ 艮初六

艮其趾 无咎 利永貞 (간기지 무구 리영정)
일의 시작단계에서 멈추는 것이니(艮其趾) 허물이 없고(无咎) 끝까지 오래도록 이롭다(利永貞)

趾: 발 지 / 발, 발자국, 발가락

발에서 멈춘다는 의미는 일의 검토단계에서 안 된다는 결정을 하고 멈추는 것으로 허물도 없고 잘한 일이라는 것이다.

무슨 일이든 관심이 있는 일에는 검토단계를 철저하게 해야 한다. 주역은 이 단계의 중요성을 '십붕지구(十朋之龜)'로 표현하고 있다. 朋은 화폐단위이므로 '十朋의 가치가 있는 거북'이라고 직역된다. 거북은 점을 친다는 뜻이다. 점을 친다는 것은 미래의 결과를 예측함이다. 十朋을 현재의 가치로 의미를 환산해보면 약 일억 원 정도의 자문료를 내어 자문을 받고 검토하라는 뜻이다. 검토가 잘 되면 진행과정의 착오를 줄일 수 있고, 목표한 이익을 향유할 가능성이 높아진다.

검토단계에서 멈춤

철저한 검토로
진행의 가치가 없으면
일단 멈춤

멈춤이 돈을 버는 일이다

▣ 艮六二

艮其腓 不拯其隨 其心不快 (간기비 부증기수 기심불쾌)

일의 진행과정에서 멈춤이니(艮其腓) 지금까지 따르던 자들을 받아들일 수가 없어(不拯其隨) 마음이 아프다(其心不快)

腓: 장딴지 비 / 장딴지, 다리를 베는 형벌, 피하다   拯: 건질 증 / 건지다, 구조하다, 돕다, 들어 올리다, 취하다, 받다   隨: 따를 수 / 따르다, 따라가 수행하다, 맡기다   快: 쾌할 쾌 / 상쾌하다, 기뻐하다, 병세가 좋아지다, 즐거워하다

장딴지의 멈춤은 일이 한창 진행 중에 멈춤을 의미한다. 그를 따르는 자를 어떻게 구조하고 도와야 할지 난감하여 그의 마음이 불쾌하다고 했다. 멈춰야 할 일은 검토단계에서 그만둬야 하는데 일의 진행에 이르렀으니 따르던 사람의 처리가 가장 큰 문제다.

현명하지 못하여 멈춤의 도를 터득하지 못한 자의 고통을 표현하고 있다.

진행 중에 멈춤

사업장이 마련되고
사원을 뽑고
자본도 투입됐는데

멈추니
직원들이 아우성이다

▣ 艮九三

艮其限 列其夤 厲 薰心 (간기한 렬기인 려 훈심)

일의 진행이 중간허리 지점에서 멈추게 되어(艮其限) 그와 연관되어 조심할 것들을 열거해보니(列其夤) 걱정스러워(厲) 마음을 태운다(薰心)

限: 한계 한 / 한계, 지경, 경계, 끝　列: 벌일 렬 / 벌이다, 반열, 줄, 매기다　夤: 조심할 인 / 조심하다, 연장되다, 미루어지다, 연관되다　薰: 향초 훈 / 향 풀, 향기, 태우다

일의 중간 지점, 허리에서 멈추는 상황이니 그 고통을 이루 말할 수 없다. 그 부작용의 결과를 열거해보니 참담하여 심장을 태우는 것 같은 고통이다.

인(夤)은 夕+寅으로 이루어진 글자로 '저녁 호랑이'라는 말이다. '무서움, 맹렬함'이 스며 있는 글자다.

훈(薰)은 '풀을 태워서 나는 향기'라는 뜻으로 심장을 태워 풀을 태우는 냄새가 난다는 의미이므로 얼마나 고통스런 단계인가?

위태한 멈춤

사업에 필요한
모든 것이 투입되었는데
강제 멈춤

파멸의
두려움에
심장이 오그라들었다

▣ 艮六四

艮其身 无咎 (간기신 무구)
그 몸통, 즉 잘못된 일의 전체를 멈춤이니(艮其身) 허물이 없다(无咎)

 몸통을 멈추었다는 것은 어떤 일을 통째로 멈추었다는 것이다. 그 일의 옳지 못함을 발견하고 어물쩡거리는 것이 아니라 단호하게 전체를 멈추게 하는 것이니 허물이 없다고 했다.
 앞에서는 멈추는 시기에 대한 설명이라면 여기서는 멈추는 방법에 대한 설명이다. 상괘(上卦)에 대한 설명이므로 상반신으로 올라왔다. 신(身)은 몸통을 뜻한다. 사효(四爻)는 심장의 자리이므로 행동만 그친 것이 아니라 마음도 그쳤다는 뜻이다.

몸통의 멈춤

중대 결함의 발견으로
행동

마음
다 멈추고
털고 잊었다

■ 艮六五

艮其輔 言有序 悔亡 (간기보 언유서 회망)

그 뺨에서 멈춤이니(艮其輔) 말에 질서가 있어서(言有序) 후회함이 없다(悔亡).

輔: 광대뼈 보 / 광대뼈, 돕다, 재상, 아전

뺨은 말하는 입의 근간을 이루는 기관이다. 모든 화(禍)의 근원은 말에서 나오는 것이므로, 말에 질서가 있다는 것은 후회할 일이 없을 것이라는 것이다.

모든 사람이 말을 하고 살아가므로, 사회인 모두가 말에 책임을 지는 삶을 살아야 한다. 가장 보편적이고 기본이 되는 가르침이다.

말을 참는다는 것은 쉽지 않다. 할 말과 안 할 말을 가린다는 것은 더욱 어렵다. 말에 대한 멈춤의 도를 깨달았다는 것은 매우 높은 멈춤의 경지를 터득한 것이다.

말의 절제

말의 절제는
인생의 절제

말과 행동의
안정

▣ 艮上九

敦艮 吉 (돈간 길)
멈춤이 도타우면(敦艮) 길하다(吉)

敦: 도타울 돈, 다스릴 퇴, 아로새길 조, 덮을 도 / 도탑다(서로의 관계에서 사랑이나 인정이 많고 깊다), 다스리다, 아로새기다, 덮다, 진을 치다, 힘쓰다, 노력하다

멈춤에 대한 마지막 정리다. 멈춤의 道란 나아감과 멈춤의 경계를 초월하는 것이다. 나아감 속에서도 멈춤을 실행하고, 멈추어 있는 듯하면서도 나아가고 있는 경지를 간도(艮道)라 할 수 있다.

진퇴(進退)의 조절이 자유로운 인간상이다. 행동과 마음이 일치되고 안정 속에서 살아간다. 아름다운 인생이다.

아름다운 멈춤

사랑을 향해
나아가고
진흙 앞에서
멈추고

고요 속에
출렁이는 인생

풍산점(風山漸)

주역은 군자가 주체가 되어 쓰여졌다. 그러나 그중에서도 여성이 주체가 된 괘가 둘 있다. 가인괘(家人卦)와 여기서 기술하고 있는 점괘(漸卦)이다. 가인(家人)은 주부의 道를 기술한 것이고, 점(漸)은 혼인 전후 시기의 여인을 주체로 하여 기술하였다. 시댁과 남편의 능력을 고르는 기준을 설정한 괘이기도 하다.

第五十三卦 【漸】風山漸 巽上艮下

卦辭：漸 女歸 吉 利貞
彖曰：漸之進也 女歸吉也 進得位 往有功也 進以正 可以正邦也
　　　其位剛得中也 止而巽 動不窮也
象曰：山上有木 漸 君子以居賢德 善俗

初六：鴻漸于干 小子 厲 有言 无咎
象曰：小子之厲 義无咎也

六二：鴻漸于磐 飮食衎衎 吉
象曰：飮食衎衎 不素飽也

九三：鴻漸于陸 夫征不復 婦孕不育 凶 利禦寇
象曰：夫征不復 離群醜也 婦孕不育 失其道也 利用禦寇 順相保也

六四：鴻漸于木 或得其桷 无咎
象曰：或得其桷 順以巽也

九五：鴻漸于陵 婦 三歲不孕 終莫之勝 吉
象曰：終莫之勝 吉 得所願也

上九：鴻漸于陸 其羽 可用爲儀 吉
象曰：其羽可用爲儀 吉 不可亂也

53. 풍산점(風山漸)

결혼과 여자의 일생

▣ 점괘(漸卦) 해설

　점(漸)은 '점점, 스며들다, 적시다'의 뜻이다. 여인이 결혼하여 서서히 적응하고 자신의 길을 찾아가는 과정을 그리고 있다.
　결혼으로 시작되는 여자의 일생에 대해 설명하고 있다. 여필종부(女必從夫)라고 여자는 남자의 성패에 따라 인생이 달라지기도 하지만, 여자의 영향이 남자를 성공시키기도 하고 나락으로 떨어뜨리기도 한다.
　漸은 자기도 모르는 사이에 변화하는 모습이다. 사람이 자라고 늙어가는 모습도 漸이다. 이러한 漸의 변화를 연인의 출가와 빗대어 설명하고 있다.
　여인은 천천히 잘 생각해서 상대를 고르고, 새로운 인생을 출발하면 급격하게 변화시키려고 하지 말고, 있는 듯 없는 듯, 알게 모르게 침착하고 계획적으로 변화시키기를 가르치고 있다.
　여자의 일생에 대하여 동서고금을 통하여 많은 철학을 양산하였다. 하지만 그것은 철학일 뿐 여자의 일생은 현실이다. 주역은 철학적인 이야기가 아니라 현실적인 가르침을 적고 있다. 누가 어디로 누구에게 시집가는가? 젊은 여성들의 화두가 아닌가? 결혼에 대하여 깊은 고민을 해보지 않은 여인은 없으리라. 인생의 대변화가 기다리고 있는 것이다. 별도의 둥지에서 자신이 스스로 개척해야 할 인생이라는 여정을 살아야 하는 것이다.

좋은 집으로 시집가서 탄탄대로의 인생여정을 사는 여인도 있고, 사기 결혼을 당하는 여인도 있고, 가정을 홀로 책임지고 끌고 가야 하는 버거운 인생도 있는 것이다.

▣ 漸卦辭

漸 女歸 吉 利貞 (점 여귀 길 리정)
漸은 여인의 출가이니(女歸) 길하고(吉) 利의 시절과 貞의 시절의 여인의 인생이다(利貞)

> 漸: 점점 점 / 점점, 차차, 차츰 나아가다, 천천히 움직이다, 흐르다, 적시다　歸: 돌아올 귀 / 돌아오다, 돌아가다, 반환하다, 시집가다, 시집보내다

漸은 천천히 나아감이다. 여인의 출가는 여인의 도리이고 음양의 조화이므로 길한 것이다. 역으로 여인이 출가하지 않는다면 결코 길한 일이라고는 할 수 없을 것이다.

漸은 여인이 자신의 가정을 꾸리면서 점점 변화시켜 나가는 과정을 말하고 있다. 여귀(女歸)는 '여인이 시집가다' 라는 뜻으로 漸을 친절하게 설명하는 문구이다.

利貞은 여인이 결혼 후 죽을 때까지 살아가는 시절을 의미하고 있다. 利는 인생에서 결혼 후부터 경제활동의 은퇴시기까지의 기간을 말한다. 貞은 利의 시절 이후 죽음에 이르기까지다. 사람에 따라서는 貞의 시절이 아주 짧은 사람도 있다.

그러므로 여인은 혼인으로 利와 貞의 시절이 결정 난다는 의미이다. 漸은 '여인이 시집가다' 로 해석하겠다. 그러면 모든 문맥이 자연스럽게

통한다.

시집가다

시집간다는 것은
여인이
남성의 품에 깃들어
긴
생을 사는 출발이다

■ 漸初六

鴻漸于干 小子 厲 有言 无咎 (홍점우간 소자 려 유언 무구)
기러기(여인)가 물가로 시집가니(鴻漸于干) 자녀가(小子) 위태롭다(厲). 말이 많지만(有言) 허물은 없다(无咎)

> 鴻: 큰기러기 홍 / 큰 기러기, 크다, 번성하다　干: 방패 간 / 방패, 막다, 범하다, 방어하다, 물가

기러기가 물가로 시집갔다는 것이다. 물가의 환경은 어떠한가? 누구나 물가로 나가 일을 해야 한다. 남편이 벌어 온 것으로는 성에 차지 않은 환경이다. 요즘의 맞벌이 부부를 말하고 있다. 맞벌이 부부의 최대 관점은 자녀교육의 문제다. 그래서 자녀가 위태롭다고 했다.

가난한 집으로 시집가서 이러저러한 말이 많으나 허물은 없다고 했다. 가난이 허물은 아니지만 고달픈 여인의 인생과 걱정스런 상황을 말해주고 있다. 가장 흔한 경우인 가난한 집으로 시집가는 여인의 경우를 초효

에서 설명하고 있다.

여기에서 기러기는 시집가는 여인의 비유로 문학적인 멋을 낸 대목이다. 홍점(鴻漸)은 여인이 시집가는 모습을 아름답게 표현했다. 일부종사하는 기러기의 삶과 시집가는 여인의 모습을 오버랩시켰다. 점괘(漸卦)는 주역에서 가장 문학적인 냄새가 나는 괘라는 생각이 든다.

가난한 남자와 결혼

맞벌이하고
살림하고
아이 낳고

자신의 어려움은
견딜 수 있는데
문제는 자녀교육

▣ 漸六二

鴻漸于磐 飮食衎衎 吉 (홍점우반 음식간간 길)
　여인이 반석 위로 시집을 가서(鴻漸于磐) 먹고 마시는 것을 즐기니(飮食衎衎) 길하다(吉)

磐: 너럭바위 반 / 너럭바위, 넓다, 반석　　衎: 즐길 간 / 즐기다

반석은 물가의 안전한 안식처다. 튼튼한 집안이다. 시댁 부모의 덕으로, 혹은 남편이 유능하여 훌륭한 보금자리를 마련한 모습이다.

요즘 세태에서 말하는 좋은 혼처를 만난 것이다. 인생은 살아봐야 되는 것이지만 당장은 아름다운 모양이다.

좋은 집안에 시집감

기반이 든든하고
직업이 번듯하고
보금자리 마련되고
물자도 풍족해
시집 잘 갔네

▣ 漸九三

鴻漸于陸 夫征不復 婦孕不育 凶 利禦寇 (홍점우륙 부정불복 부잉불육 흉 리어구)

여인이 뭍으로 시집을 가니(鴻漸于陸) 남편은 집을 나가 돌아오지 않고(不征不復) 여인이 아이를 잉태해도 키울 수 없어(婦孕不育) 흉하다(凶). 도적을 막아야 이롭다(利禦寇).

陸: 뭍 륙 / 뭍, 육지, 언덕, 뛰다   孕: 아이 밸 잉 / 아이 배다, 품다   禦: 막을 어 /
막다, 감당하다, 대비하다, 지키다, 거역하다   寇: 도둑 구 / 도둑, 도적

새는 물가의 반석에 둥지를 틀어야 하는데 포식자들이 득실거리는 언덕배기에 둥지를 틀었다. 가난은 이겨낼 수 있으나 먹이를 찾아 물가의 이국땅으로 가버린 남편과의 생이별이 가장 흉한 것이고, 임신한 아이를 낳아도 키울 수 없으니 더욱 흉하고, 맹수의 소굴에서 도적을 막을 길도

난감하다는 것이다.

　가정이 위험에 처해 있다. 둘 다 외도에 빠져 있는 상태로도 이해할 수 있다. 도둑은 두 가지로 해석하고 있는데, 하나는 가장이 없는 집에 도둑을 조심해야 된다는 뜻이고, 또 자식이 교육을 받지 못해 도둑이 됨을 막아야 한다는 뜻이다. 기러기의 입장에서는 알을 훔쳐가는 포식자를 경계해야 한다.

　여인의 입장에서 위험한 결혼이다.

위험한 결혼

남편은 돈벌이 떠나
생이별
임신 중에 외로움과 걱정
도둑도 무서워라

■ 漸六四

鴻漸于木 或得其桷 无咎 (홍점우목 혹득기각 무구)

　여인이 나무 위로 시집을 가니(鴻漸于木) 혹 그 나무에서 서까래를 얻는다면(或得其桷) 허물이 없다

> 桷: 서까래 각 / 서까래, 가지, 나뭇가지

　반석과 같이 튼튼하고 안전한 기반은 아니지만 나무에서 가지를 얻는다는 것은 부부가 열심히 노력하여 둥지를 만드는 것을 말한다. 건강하고 능력 있는 남편을 만나서 열심히 사는 모습이다.

삶의 지혜가 있고 독립심도 있다. 부지런하여 자신의 가정을 엮어가는 모습이다. 서로 의지하면 이루지 못할 것이 무엇인가? 부부가 노력하여 자신의 집을 마련하였다.

자수성가의 모습이다.

자수성가

지혜를 모으고
합심하고
열심히 노력하여
새 둥지 만드니
내 세상이로다

▣ 漸九五

鴻漸于陵 婦 三歲不孕 終莫之勝 吉 (홍점우릉 부 삼세불잉 종막지승 길)

여인이 왕실과 같이 대단한 집안으로 시집을 가서(鴻漸于陵) 여인이 (婦) 오래 임신을 하지 못하였으나(三歲不孕) 마침내 아득함을 이겨내고 (終莫之勝) 길하다(吉)

陵: 언덕 릉 / 언덕, 무덤, 능, 오르다   莫: 없을 막 / 없다, 아득하다

왕실과 같은 곳으로 시집가면 가장 중요한 생산의 의무를 완수해야 한다. 시집 식구들이 얼마나 회임을 기다리겠는가?

오래 임신하지 못하는 여인의 고통은 얼마나 심할 것인가? 줄기찬 기

다림과 정성으로 마침내 지루한 경쟁에서 이겼다고 하는 것은 회임에 성공하였다는 말이다.

여인의 본분과 인내를 가르치고 있다.

여인의 본분

시집간 여인이
가장 큰 본분은
인간 생산

여인이
본분을 게을리하면
세상은 멈춘다

■ 漸上九

鴻漸于陸 其羽 可用爲儀 吉 (홍점우륙 기우 가용위의 길)
 여인이 뭍으로 시집갔으나(鴻漸于陸) 그 깃이(其羽) 가히 표상으로 쓸 수 있으니(可用爲儀) 길하다(吉)

 羽: 깃 우 / 깃, 날개, 새, 돕다   儀: 거동 의 / 거동, 법도, 본보기, 본받다, 헤아리다

 기러기가 험악한 곳으로 시집을 갔으나 지혜를 발휘하여 남편과 함께 식솔을 거느리고 험악하고 위험한 곳으로부터 탈출하여 새로운 보금자리를 틀어 행복의 기반을 닦았다는 것이다. 훌륭한 여성상이다.
 옛 어른들이 '여자가 잘 들어와야 집안이 흥한다'고 했다. 이 구절은

여자가 잘 들어와 흥한 경우다. 주변에 얼마든지 있다. 험한 곳에서 가족을 가난에서 구한다든지, 이사를 한다든지, 훌륭한 내조로 남편을 출세시킨다든지 하는 상황이다.

성명학에서도 이름에 점괘(漸卦)가 들어 있으면 결혼을 잘하여 행복한 가정을 꾸리는 경우가 많다. 다른 요소에서 극을 받지 않으면 결혼 운이 좋고, 심하게 극을 받으면 결혼에 장애가 많음이다.

모범 여성

시댁을 부흥시키고
내조에
자녀교육에
화목한 가정 이끈
어머니들

뢰택귀매(雷澤歸妹)

정략결혼은 어떤 것인가? 현대사회에서도 정략결혼은 성행하고 있다. 어려움이나 결함이 있는 여자의 집안에서 혼인으로 어려움을 극복하고자 정략결혼을 추진하는 과정과 예상되는 결과를 기술하고 있다. 혼인은 사랑이 얽혀 성사되어도 왕왕 결함이 발생하는데, 거래의 성격이 다분한 정략결혼은 위험요소가 많음이다.

第五十四卦 【歸妹】 雷澤歸妹 震上兌下

卦辭: 歸妹 征凶 无攸利
彖曰: 歸妹 天地之大義也 天地不交而萬物不興 歸妹 人之終始也
　　　說以動 所歸妹也 征凶 位不當也 无攸利 柔乘剛也
象曰: 澤上有雷 歸妹 君子以永終知敝

初九: 歸妹以娣 跛能履 征吉
象曰: 歸妹以娣 以恒也 跛能履吉 相承也

九二: 眇能視 利幽人之貞
象曰: 利幽人之貞 未變常也

六三: 歸妹以須 反歸以娣　　象曰: 歸妹以須 未當也

九四: 歸妹愆期 遲歸有時
象曰: 愆期之志 有待而行也

六五: 帝乙歸妹 其君之袂 不如其娣之袂良 月幾望 吉
象曰: 帝乙歸妹 不如其娣之袂良也 其位在中 以貴行也

上六: 女承筐无實 士刲羊无血 无攸利
象曰: 上六无實 承虛筐也

54. 뢰택귀매(雷澤歸妹)

정략결혼의 허실

■ 귀매괘(歸妹卦) 해설

　귀매(歸妹)는 '시집보내는 누이' 라는 뜻으로 이해함이 가장 적절하겠다. 효사의 내용이 누이를 시집보내는 데 따른 정략적인 상황을 그리고 있다. 누이를 시집보내고 그 대가를 얻고자 함이다. 귀매는 '정략결혼' 이다.
　결혼은 무엇이며 어떤 문제가 있는가? 남녀가 만나 결혼하여 산다는 것은 지극히 자연스러운 자연의 섭리다. 너무 당사자의 감정에만 치우쳐 부모나 다른 가족들을 외면하면 결혼생활이 순탄하지 않을 것이다. 반대로 가문이나 환경에 휩쓸려 서로의 애정을 도외시하면 감정의 조화를 이루지 못할 것이다.
　귀매(歸妹)는 누이를 정략결혼시키려는 상황을 설명하고 있다. 일단 좋지 않은 일이라고 말하고 있다. 혼사를 통해 이익을 얻으려다가는 사기를 당할 수도 있다고 경고하고 있다. 진정 이익을 얻으려면 첩으로 가는 것을 감수해야 한다. 그래도 이익을 노리는 정략결혼을 하겠는가?
　주역이 쓰여질 당시나 요즘의 세태나 마찬가지로 일부 계층의 정략결혼은 인간사의 일부분인 것 같다. 정략결혼이 성공할 수 있는가 없는가는 중요하지 않다. 주역은 있을 수 있는 일에 대한 허와 실을 말하고 있고, 그 가르침을 새길 필요가 있다.

▣ 歸妹卦辭

歸妹 征 凶 无攸利 (귀매 정 흉 무유리)
누이를 정략결혼시켜(歸妹) 이득을 얻고자 한다면(征) 흉하고(凶) 유리함이 없다(无攸利)

歸: 돌아갈 귀 / 돌아가다, 돌아오다, 돌려보내다, 반환하다, 시집가다, 시집보내다
妹: 손아래 누이 매 / 손아래 누이, 소녀

   정략결혼은 좋지 않다고 단적으로 말하고 있다. 정략결혼은 쌍방이나 일방이 이익을 얻고자 혼사가 이루어지는 것이다. 혼인의 관계를 이용하여 '더 나아가고자 한다' 면 흉하다고 했다.
   인생에서 가장 중요한 혼인에서 순수성을 배제한다는 것은 옳지도 않고 묵인할 수도 없는 일이다. 그런데 혼인을 통한 거래가 이루어진다는 것은 단연코 흉한 일이라고 확실히 못 박고 있다.
   누이를 희생시켜 얻는 것이 얼마나 될까? 이 여인의 혼인으로 이득을 보는 자는 오라비다. 부모가 뒷바라지가 버거운 아들을 위해 딸을 파는 격이다. 변형된 인신매매의 일종이다.

매부(妹夫) 덕에 출세

노력하고
능력껏 살아야지
누이 팔아
매부 업고
그 출세가 얼마이랴!

▣ 歸妹初九

歸妹以娣 跛能履 征 吉 (귀매이제 파능리 정 길)
누이를 첩으로 정략결혼시킴은(歸妹以娣) 절름발이가 잘 걷고자 함이니(跛能履) 나아감이(征) 길하다(吉)

娣: 손아래 누이 제 / 손아래 누이, 손아래 동서   跛: 절름발이 파 / 절름발이, 절름거리다, 기대서다   履: 신 리 / 신, 신다, 밟다

누이를 손아래 동서로 시집보낸다는 것이니, 첩의 신분을 의미한다. 이는 가세가 기운 친정이 바로 서기를 바라는 것이므로, 누이는 고생스러울지 모르지만 이미 다 알고 각오한 것이므로 길하다고 했다.

전형적인 정략결혼이다. 차라리 이렇게 당당하게 첩의 신분으로 정략결혼하는 것은 그나마 봐줄 수 있다는 말이다. 또 오라비가 멀쩡한 것이 아니라 중병에 걸린 것을 살리려고 하는 것이거나, 큰 결함이 있어 다른 방법을 찾지 못하였을 때 가족과 본인의 결정으로 이런 혼인을 했다면 눈물겹고 아름다운 일이다. 그래서 길하다고 했다.

정략결혼의 전형

본인이 이해하고
가족이 결정하고
주변이 인정하고

안타깝지만
오라비 살리는 길로
누이가 희생했네

▣ 歸妹九二

眇能視 利幽人之貞 (묘능시 리유인지정)
애꾸눈이가 잘 보고자 하는 것인데(眇能視) 은거해서 바르게 행동함이 이롭다(利幽人之貞)

眇: 애꾸눈 묘 / 애꾸눈   幽: 그윽할 유 / 그윽하다, 깊다, 숨다, 가두다, 갇히다

누이를 어떻게든 결혼시키고 싶으나, 능력이 닿지 않아 눈치만 보고 있는 상황이다. 묘능시(眇能視)는 이리 살피고 저리 들여다보고 있는 모습이다. 누이를 팔아먹으려고 하는데 파는 기술이 신통치 않던지, 아니면 상품인 누이가 시원치 않은 모양이다. 그러면서 세월만 보내고 있다.

누이가 利에서 貞의 시절까지 시집을 못 가고 은거하고 있다는 것이다. 비록 시집을 못 가고 있다 하더라도 몸가짐을 바르게 해서 이롭기는 하지만 처녀귀신이 될까 두렵다. 첩으로 보내기는 아깝고, 정실로 보내기는 능력이 미치지 못하니 어찌할까?

아끼다가 처녀귀신

아까운 누이
이건 아깝고
저건 안 되고
하루하루
늙어가네

▣ 歸妹六三

歸妹以須 反歸以娣 (귀매이수 반귀이제)

　마땅히 좋은 혼처로 누이를 혼인시키려 하지만(歸妹以須) 반대로 첩으로 시집보낸다(反歸以娣)

> 須: 모름지기 수, 수염 수 / 모름지기, 마땅히, 수염, 기다리다, 대기하다

　정략결혼을 시키려고 잔뜩 대기하고 기다리다가 혼기를 놓쳐 첩으로 결혼하는 경우를 말하고 있다.
　누이가 반발하여 첩으로 결혼해버린다는 것이다. 더 이상 기다리다가는 첩으로도 갈 수 없을 것 같아 누이가 첩을 자원해버렸거나 혼기를 놓쳐 어쩔 수 없이 첩으로 보내는 경우다.
　정략결혼이야말로 마음대로 되는 것이 아니다. 괜한 욕심 부리지 말고 순리대로 조화롭게 살아라.

위험한 결과

사랑도 갈라놓고
한몫 보자는 욕심으로
이것 재고
저것 따지고
누이만 늙어가네
첩도 마지막 기회라
오라비 욕심도 채우고 시집은 갔구나

◧ 歸妹九四

歸妹愆期 遲歸有時 (귀매건기 지귀유시)
혼기를 놓쳐 누이를 결혼시키니(歸妹愆期) 늦은 출가에도 때가 있다(遲歸有時)

愆: 허물 건 / 허물, 죄, 과실, 잘못하다, 어그러지다   遲: 늦을 지 / 늦다, 더디다, 게을리하다

정략결혼을 위해 미루다가 늦게 결혼한 경우다. 늦었다 하더라도 때가 되면 인연이 나타난다. 무척 다행스런 경우다. 다시 한 번 정략결혼이 쉽지 않다는 걸 말해주고 있다.
늦게 이룬 결혼이 정략결혼인지 정상결혼인지는 독자의 상상에 맡긴다. 그것은 중요하지 않다.

늦은 인연

기다리고
기다리다

때가 되니
인연이 나타나네

◧ 歸妹六五

帝乙歸妹 其君之袂 不如其娣之袂良 月幾望 吉 (제을귀매

기군지몌 불여기제지몌량 월기망 길)

  누이를 황실에 시집보내는데(帝乙歸妹) 낭군의 소매가(其君之袂) 첩으로 갈 수 있는 곳의 좋은 소매보다 못하다고 할지라도(不如其娣之袂良) 때가 되면(月幾望) 길하다(吉)

  袂:소매 몌/소매　望:바랄 망/바라다, 바라보다, 보름

  제을(帝乙)은 버금황제라는 뜻이다. 왕실의 권력자라는 뜻이기도 하고, 차기 왕이 될 사람이라는 뜻도 된다. 그 제을의 소매가 검소하다는 뜻이다.
  재력가의 집에 첩으로 가는 것보다도, 소매가 귀티 나지 않더라도 때가 이르면 더 좋아진다는 말이다. 조만간 제을이 황제가 될 수도 있다는 의미다.
  이 집의 누이는 예쁘기도 하고 예절도 바른 훌륭한 규수인가 보다. 재력가와 권력가를 선택할 수 있는 위치에 있는 걸 보니 대단하다.
  월기망(月幾望)은 주역에 몇 번 나오는 말이다. '달이 이미 보름달이 되어가다' 이므로 '때가 이르다, 때가 되면' 이라는 뜻이다.
  이 구절은 어느 쪽을 선택하느냐가 정략이다. 행복한 고민이다.

선택의 정략

재력가냐
권력자냐
그 선택의 결과는
아무도 모른다
여인의 복이다

▣ 歸妹上六

女 承筐无實 士 刲羊无血 无攸利 (여 승광무실 사 규양무혈 무유리)

시집간 여인이(女) 빈 광주리를 받았다(承筐无實). 첩을 얻은 남자가 (士) 양을 찔렀으나 피가 나지 않으니(刲羊无血) 이로울 바가 없다(无攸利)

承: 이을 승 / 받들다, 공경하다, 높이어 모시다, 잇다, 계승하다, 받아들이다 筐: 광주리 광 / 광주리, 침상, 비녀 刲: 찌를 규 / 찌르다, 뻐개다, 베어 가르다, 취하다, 빼앗다, 가지다

정략결혼의 의미는 첫째, 여인은 부귀를 누리고 친정에 도움을 주는 것이 목적이고 둘째, 남자는 자식을 얻는 것이 목적이다.

상효에서는 잘못된 정략결혼의 예를 설명하고 있다. 여인이 얻는 것이 하나도 없는 사기 결혼을 당했다는 것이고, 남자가 여자의 몸에 이상이 있어서 자식을 낳지 못하는 경우이다.

둘 다 난감한 경우다. 정략결혼도 잘 해야 한다.

승광무실(承筐无實)은 열매가 없는 광주리를 받았다는 뜻으로, 빈껍데기와 속아 결혼했다. 그런데 여자도 임신이 안 되는 빈껍데기였다. 피장파장으로 사기당한 꼴이다.

여기에서는 앞에 귀매(歸妹)를 쓰지 않고 女를 썼으며, 반대 개념으로 士를 썼다. 단순한 남과 여의 결합을 의미한다. 서로 욕심의 결합이라는 것이다. 욕심이 부른 사기극이다.

규양무혈(刲羊无血)은 두 가지로 해석된다. 양(羊)은 순수, 순결의 의미로 쓰였다. 남자가 양을 찔렀는데 피가 없다는 것은, 첫째 처녀가 아니었다는 뜻이고, 둘째 월경이 없었다는 것이다. 여자는 처녀도 아니고 불임

인 상태다.

여자도 여자 역할을 못하고, 남자도 남자 역할을 못하고 있다.

사기 결혼 종말

있다고 속이고
낳겠다고 속여
짝을 이뤘으나
빈털터리 남자
빈껍데기 여자

뢰화풍(雷火豊)

풍요를 만끽하는 자가 있는가 하면 가난에 허덕이는 인생도 있다. 누구나 풍요의 때는 있다. 재물은 풍요롭다 할 수 없어도 마음이 풍요로움도 풍요다. 풍요를 누리는 자는 처신을 어떻게 해야 하는가? 풍요를 지키는 비결은 있는가?

第五十五卦 【豊】雷火豊 震上離下

卦辭：豊 亨 王假之 勿憂 宜日中
彖曰：豊 大也 明以動 故 豊 王假之 尙大也
　　　勿憂宜日中 宜照天下也 日中則昃 月盈則食
　　　天地盈虛 與時消息 而況於人乎 況於鬼神乎
象曰：雷電皆至 豊 君子以折獄致刑

初九：遇其配主 雖旬 无咎 往 有尙
象曰：雖旬无咎 過旬災也

六二：豊其蔀 日中見斗 往 得疑疾 有孚發若 吉
象曰：有孚發若 信以發志也

九三：豊其沛 日中見沬 折其右肱 无咎
象曰：豊其沛 不可大事也 折其右肱 終不可用也

九四：豊其蔀 日中見斗 遇其夷主 吉
象曰：豊其蔀 位不當也 日中見斗 幽不明也 遇其夷主吉 行也

六五：來章 有慶譽 吉　象曰：六五之吉 有慶也

上六：豊其屋 蔀其家 闚其戶 闃其无人 三歲不覿 凶
象曰：豊其屋 天際翔也 闚其戶闃其无人 自藏也

55. 뢰화풍(雷火豊)

풍요의 길

■ 풍괘(豊卦) 해설

풍(豊)은 '풍성하다, 넉넉하다, 풍만하다'의 뜻으로 '풍요로운 삶, 멋스러운 인생'이란 의미를 갖고 있다.

모든 사람이 갈망하는 '풍요' 이지만 어떤 이에게는 넘치고, 어떤 이에게는 야박한 것이 현실이다. 과연 어떤 것이 풍요로움인가? 풍요는 어디서 오고 어디로 가는 것일까? 똑똑하고 부지런하다고 해서 풍요가 주어지는 것은 아니다.

혼자서 부자가 될 수는 없다. 더불어 부자가 되는 지혜는 무엇인가? 우선 국가가 부자가 되어야 한다. 부자의 역할과 나눔의 세계를 역설하고 있다. 부잣집의 울타리가 높아서는 안 된다. 나눔을 실천하려는 적극적인 자세가 필요하다.

주역은 풍요를 누리는 자의 '나눔의 정신'에 초점을 맞춰 설명하고 있다. 풍요는 하늘이 내려주는 은혜이므로 하늘을 연관시켜 설명하고 있다. 하늘에 부끄럽지 말아야 한다. 하늘의 뜻을 외면하고 자꾸 하늘을 가리려 한다면 하늘의 벌을 받을 것이다.

성명학에서 豊의 기운을 누리는 사람들을 보면 대장(大壯)이나 귀매(歸妹)와 같이 오는 부지런한 사람, 해(解)와 같이 오는 운이 잘 풀린 사람, 항(恒)과 같이 오는 끈기 있게 한 우물을 판 사람, 리(離)나 소과(小過)와 같이 오는 끼가 있는 사람, 예(豫)와 같이 오는 기획력과 예지력이 있는 사람들이 누리는 것임을 알 수 있다. 풍요를 누림에도 그런 조건들이 있다는 것이다. 주역을 활용한 공자명성학은 이름의 해석이 풍성하여 참 재미있는 학문이다. 필자가 창안하고 정리한 이 학문은 우리 성명학의 한 이정표가 될 것임에 틀림없다. 이름만으로 사주 이상으로 인생을 읽는다면 믿겠는가?

▣ 豊卦辭

豊 亨 王假之 勿憂 宜日中 (풍 형 왕격지 물우 의일중)
　풍요의 기운은(豊) 힘찬 것으로 亨의 시절에 이루어진다(亨). 왕이라야 풍의 기운을 오게 할 수 있으나(王假之) 근심하지 말라(勿憂). 마땅히 해가 중천에 있기 때문이다(宜日中)

> 豊: 풍성할 풍, 굽 높은 그릇 례 / 풍성하다, 넉넉하다, 살찌다　假: 빌 가, 이를 격 / 빌다, 거짓, 크다, 이르다　憂: 근심할 우 / 근심하다　宜: 마땅할 의 / 마땅하다, 마땅히 ~하여야 한다, 화목하다

　풍(豊)의 기운은 매우 강한 기운이므로 왕이 모든 백성과 힘을 모아 나라 전체를 잘살게 하는 기운이다. 새마을운동과 같이 나라 전체가 잘살기 운동을 벌인다면 하늘이 골고루 잘사는 기운을 내린다는 것이다. 그래야 모두 근심이 없어진다. 만약 한 나라에 몇몇 사람만 부자라고 하면, 부자도 가난한 자도 근심에 싸이게 될 것이다.
　풍요의 기운이 亨의 시절을 통하여 이루어진다는 것은 亨의 시절에 인생의 갈림길에 선다는 뜻이다. 亨의 시절부터 변치 않는 자신의 꿈을 갖고 움직이는 인생은 풍요를 이루고야 말 것이다.

해가 중천이라는 말은 만물을 골고루 익게 만드는 역할이고, 밝은 임금이 모든 백성을 풍요로 이끈다는 뜻이다. 참다운 풍요의 의미를 가르쳐주는 구절이다.

참 풍요

홀로
부자가 되어
떵떵거리고 싶지만
도둑 걱정으로 잠을 이루지 못하리

골고루
풍요로우면
미움도
경계도
걱정도 없어
마음도 풍요로우리

▣ 豊初九

遇其配主 雖旬 无咎 往 有尚 (우기배주 수순 무구 왕 유상)

풍요를 일구는 짝을 만나니(遇其配主) 비록 시간이 걸릴지라도(雖旬) 허물이 없다(无咎). 계속 실행하면(往) 마침내 풍요를 얻게 될 것이다(有尚)

遇: 만날 우 / 만나다, 뜻이 합치되다, 때를 만나다, 등용되다   配: 짝 배 / 짝, 짝짓다, 나누다   雖: 비록 수 / 비록, ~라 하더라도, 벌레 이름, 밀다, 추천하다   旬: 열흘 순, 고를 순 / 열흘, 열 번, 10년, 고르다, 평등하다   尚: 오히려 상 / 오히려, 바

라다, 높다, 숭상하다

진정한 풍요를 누리는 것은 이웃이 모두 만족한 삶을 살아가는 것이다. 짝이 되는 주인을 만났다 함은 풍요의 근본을 아는 통치자를 만났다는 의미일 수도 있고, 풍요를 함께 일궈가는 공동체를 만났다는 뜻이다. 그 공동체는 마을 공동체일 수도 있고, 회사 공동체일 수도 있다. 회사의 경영자와 직원이 혼연일체가 되어 서로 격려와 노력의 결과로 성공한 기업의 신화는 얼마든지 있다.

수순(雖旬)은 '평등하게 하면'으로 해석할 수도 있다. 그 조건은 진실로 백성을 사랑하는 군주를 만나야 이루어질 수 있다. 개인의 노력으로 이루는 풍요는 한계가 있다. 또 순(旬)은 시간적 개념을 의미하므로 일정의 시간을 필요로 한다는 뜻이다.

시간이 걸린다고 초조해하지 말라. 지도자와 함께 꾸준히 실행하면 실현될 것이다.

풍요는 지도자를 중심으로 똘똘 뭉쳐 시간을 갖고 힘차게 밀고 가면 이룰 수 있는 희망이 있는 목표다.

개인적으로는 풍요의 기운이 후의 시절인 공부하는 시절에 결판이 나는 경우가 많다고 하였다. 자신이 좋아하고 공부한 것들이 세상의 환경에 잘 쓰여진다면 풍요를 누릴 것이고, 자신이 공부한 것이 세상에서 좋은 때를 만나지 못하면 풍요와 멀어질 것이다.

이상적인 풍요

지도자와
구성원이
힘을 모아
생각을 모아

목표를 향해
나아가면
풍요를 이루리

■ 豊六二

豐其蔀 日中見斗 往 得疑疾 有孚發若 吉 (풍기부 일중견두 왕 득의질 유부발약 길)

풍요의 기운이 차양에 막혀(豐其蔀) 대낮에 북두칠성이 보인다(日中見斗). 풍요를 얻으려 나아가면(往) 의심을 산다(得疑疾). 굳은 믿음으로 펼쳐 나가면(有孚發若) 길하다(吉)

> 蔀: 차양 부 / 차양, 덧문, 덮개   斗: 말 두 / 말, 용량의 단위, 별 이름   疑: 의심 의 / 의심하다, 의혹하다, 괴이하게 여기다, 두려워하다, 의심스럽다

부(蔀)는 풍의 기운을 차양으로 가렸다는 뜻이다. 아직 풍의 기운이 깃들지 않아 어두운 시절이다. 그러니 어둑어둑하여 낮인데도 북두칠성이 보인다는 것이다. 이렇게 어두운 때에 돈 벌겠다고 나가서 서성거리면 도둑으로 의심을 사게 된다.

자신의 믿는 일만 펼치고 전념하는 것이 좋다고 하였다. 또 자신의 신념을 굳게 하고 행동해야 한다. 그렇게 풍의 기운을 기다려야 한다. 차양이 걷히면 멋진 인생이 기다리고 있을 것이다.

가려진 풍요

아직 익지 않아

떳은 풍요

익을 날도 멀지 않아
믿는 일만 하여라

■ 豊九三

豊其沛 日中見沬 折其右肱 无咎 (풍기패 일중견매 절기우굉 무구)

　풍요의 기운이 장막에 가려(豊其沛) 대낮에도 어둑한 별이 보인다(日中見沬). 어둑한 곳에서 사고로 오른팔이 꺾여도(折其右肱) 허물이 아니다(无咎)

　沛: 늪 패 / 늪, 습지, 비 오다, 장막, 휘장　　沬: 지명 매 / 지명(遲明), 어둑어둑하다, 별이름　　折: 꺾을 절 / 꺾다, 자르다, 부러지다　　肱: 팔뚝 굉 / 팔뚝

　패(沛)는 휘장이나 장막을 의미하는 것으로, 부(蔀)보다는 덜 어두운 상태를 말한다. 차양보다는 얇은 천을 의미하고 있다.
　약간 어두운 상태에서 돈을 벌려고 하면 불의의 사고를 당하여 오른팔이 꺾어진다는 뜻이다. 그래도 허물이 없다고 한 것은, 계획을 고치고 개선하고 반성해서 나아갈 여지가 있으므로 크게 나쁘지는 않다는 것이다.
　시행착오의 과정을 설명하고 있다. 풍요를 이루는 데 전혀 시행착오가 없을 수는 없다. 고지가 바로 저긴데 힘을 내야 한다.

고지가 보인다

침착하라
고지가 보인다고
허겁지겁하면
다친다
호사다마

▣ 豊九四

豊其蔀 日中見斗 遇其夷主 吉 (풍기부 일중견두 우기이주 길)
풍요의 기운이 차양으로 가려(豊其蔀) 대낮에 북두칠성이 보인다(日中見斗). 후덕한 주인을 만나면(遇其夷主) 길하다(吉)

夷: 오랑캐 이 / 오랑캐, 평평하다, 혼화하다, 마음이 편안하다

부(蔀)의 차양은 풍요의 곳간을 지키기 위해 문을 굳게 닫아 있는 형상을 의미하기도 한다. 하지만 여기의 蔀는 밝기 전에 더 짙어지는 어둠을 경계하라는 뜻으로 해석하고 싶다. 풍요의 기운이 트이기 바로 직전에 긴장하고 조심해야 한다. 다가오는 풍요의 기운이 어그러지면 다시 어려워질 수 있음이다. 이때에 경거망동하여 사람을 잘못 만나면 풍요가 다 날아나고 만다. 그래서 후덕한 주인을 만나라고 하였다. 이주(夷主)께 기도하라. 자신의 주인인 자신의 신께 기도하라는 뜻이다. 욕심이 아닌 겸손을 요구하고 있다.

이주(夷主)는 선망의 성군(聖君)을 의미한다. 문왕(文王) 시대의 성군은 누구인가? 동이족이면서 성군으로 중원을 다스린 복희와 같은 주인을

기다림인가?

기도하라

풍요를 기원하는
마지막 수단은
기도

남은 어둠
거두어가시라고

▣ 豊六五

來章 有慶譽 吉 (래장 유경예 길)

진정한 풍요의 기운이 도래하니(來章) 경사와 영예로움이 있다(有慶譽). 길하다(吉)

章: 글 장 / 글, 문장, 악곡의 절, 빛나다　慶: 경사 경 / 경사, 경사스럽다, 축하하다　譽: 명예 예 / 명예, 기리다, 즐기다

풍요가 도래한다는 것은 후덕한 왕이 나타나 다스린다는 뜻이다. 그러면 왕과 함께 만백성이 경사와 명예를 얻는다.

차양과 휘장은 다 걷히고 진정한 풍요의 길로 접어들었다.

풍요의 잔치

기다리던 풍요

잔칫상을 받았다
영예도 얻어
마음의 잔치도 열었다

■ 豊上六

豊其屋 蔀其家 闚其戶 闃其无人 三歲不覿 凶 (풍기옥 부기가 규기호 격기무인 삼세부적 흉)

풍요가 그 집에 있으나(豊其屋) 차양이 그 집을 막았다(蔀其家). 작은 문으로 그 집을 들여다보니(闚其戶) 인기척도 없이 고요하다(闃其无人). 오랫동안 쳐다보는 사람도 없으니(三歲不覿) 흉하다(凶)

屋: 집 옥 / 집, 주거, 지붕, 덮개   闚: 엿볼 규 / 엿보다, 훔쳐보다   闃: 고요할 격 / 고요하다, 조용하다, 인기척이 없다   覿: 볼 적 / 보다, 만나다, 뵈다, 보이다

부(富)를 가득 쌓아놓은 집에 풍요를 혼자 누리려고 문을 틀어 잠근 상태를 말하고 있다. 욕심이 가득한 집이다. 아무도 찾는 이가 없으니 문틈으로 엿보아도 사람 하나 보이지 않는다.

그 집과는 왕래도 하지 않고 쳐다보지도 않으니 흉가나 다름없다.

나눔의 정신을 강조하고 있다. 나누지 않는 풍요를 강하게 질책하는 모습이다. 얼마나 걱정이 많을까? 용맹하고 거친 개를 여러 마리 기르고, 무인경비시스템을 설치하고, 귀퉁이마다 카메라를 달아도 문을 꽁꽁 닫아 단속을 한다.

차라리 풀고 이웃과 같이 살면 안 될까? 사람들이 지나가면서 침 뱉고 고개도 돌려버린다면 그 부자의 마음은 얼마나 가난할까?

풍요 속의 극빈

진정한 풍요는
마음의 평화

재물은 풍성해도
마음은 오그라들어
떨고 있네

화산려(火山旅)

여행은 즐거운 것인가? 여행도 준비에 따라 감도가 달라진다. 인생 자체가 잠시 이 세상에 머무는 여행이라는 개념과 잠시 떠나는 여행길을 함축하여 설명하고 있다.

第五十六卦 【旅】 火山旅 離上艮下

卦辭：旅 小亨 旅貞 吉
彖曰：旅小亨 柔得中乎外而順乎剛 止而麗乎明
　　　是以小亨旅貞吉也 旅之時義大矣哉
象曰：山上有火 旅 君子以明愼用刑 而不留獄

初六：旅瑣瑣 斯其所取災
象曰：旅瑣瑣 志窮災也

六二：旅卽次 懷其資 得童僕 貞
象曰：得童僕貞 終无尤也

九三：旅焚其次 喪其童僕 貞 厲
象曰：旅焚其次 亦以傷矣 以旅與下 其義喪也

九四：旅于處 得其資斧 我心不快
象曰：旅于處 未得位也 得其資斧 心未快也

六五：射雉一矢亡 終以譽命
象曰：終以譽命 上逮也

上九：鳥焚其巢 旅人 先笑後號咷 喪牛于易 凶
象曰：以旅在上 其義焚也 喪牛于易 終莫之聞也

56. 화산려(火山旅)

여행과 방랑

▣ 려괘(旅卦) 해설

려(旅)는 '나그네, 여행하다'의 뜻이다. 旅는 떠도는 나그네의 기운으로 고달픈 인생일 수도 있고, 여행의 기운으로 즐거운 인생일 수도 있다. 주역은 크게 인생 자체가 나그네 삶이라고 하고 있다. 인생을 살아가는 기술, 그 자체가 여행의 기술이고 삶의 질이다. 그 인생의 여행이 길한가 흉한가는 인생이 끝나봐야 안다.

'나그네 인생길' '인생은 나그네길' 이라는 말과 같이, 인생을 살아간다는 것이 어쩌면 잠시 이 세상에 여행을 온 것인지도 모른다. 여행의 동반자인 가족, 여행이 서툰 어린 시절은 부모라는 어른이 돌봐주고, 성인이 되면 짝이 되는 여행의 동반자를 만나 세상을 의지하며 여행하게 된다.

좋은 여행은 거처의 중심이 분명해야 한다. 돌아올 곳이 분명하다는 뜻이다. 돌아올 곳이 없는 여행은 방랑에 불과하다. 인생이 진정 돌아갈 종착역은 종교에서 찾아야 할 것이다. 인생이 여행이라면 죽어서 갈 곳은 천당인가, 지옥인가? 여행 중에 숙박은 어디서 할 것인가? 돈의 유무에 따라 노숙을 할 수도 있고, 특급호텔에 머물며 여행할 수도 있다. 노자는 충분한가? 수발을 들어줄 사람은 있는가? 이것이 인생이다.

이 장에서는 사람들이 살면서 떠나는 여행과 인생 자체가 여행이라는 개념을 잘 섞어서 설명하고 있다.

여행에는 동반자가 가장 중요하다. 어떤 부모, 어떤 배우자, 어떤 자식들…… 동반자의 성향에 따라 여행지가 달라지고, 즐겁기도 하고 짜증나기도 한다.

▣ 旅卦辭

旅 小亨 旅貞 吉 (려 소형 려정 길)
여행은(旅) 아주 작은 亨의 시절부터 시작되며(小亨) 죽음을 생각하는 여행이(旅貞) 길하다(吉)

旅: 나그네 려 / 나그네, 여행하다, 무리, 군사

소형(小亨)은 스스로 움직일 수 있는 시절을 가리킨다. 자신의 존재를 깨닫는 시기인 아주 어린 시절부터 인생의 여행길은 시작된다는 의미다.
려정(旅貞)은 '여행은 죽어야 끝난다' 는 뜻으로 해석할 수도 있고, '죽음을 생각하며 인생을 살아라' 라는 뜻이 되기도 한다. 인생 자체가 여행이다. 죽음을 생각하며 돌아갈 곳이 분명한 여행이 길한 여행이다. 돌아갈 곳이 있다는 것은, 죽은 다음의 세계를 믿는 종교적 세계를 말한다.
괘사(卦辭)의 의미를 음미해볼 때 旅는 분명 인생 자체를 여행으로 보고 있다. 우리는 대한민국이라는 여행지에서 대한민국을 체험하고 있는 것이다.

인생이라는 여행

태어나서부터
죽음을 향해 달리는
유한의 여행길

가이드는 누구이며
동반자는 누군가

▣ 旅初六

旅 瑣瑣 斯其所取災 (려 쇄쇄 사기소취재)
여행 중에(旅) 쩨쩨하게 구니(瑣瑣) 이것은 재앙을 불러오는 것이다(斯其所取災)

瑣: 자질구레할 쇄 / 자질구레하다, 세분하다   斯: 이 사 / 이것은

한 번 살다 가는 나그네 인생을 넓고 깊게 생각하며 살아야 한다. 죽을 때를 생각하면 못할 것도, 못 줄 것도 없다.

쇄쇄(瑣瑣)는 살면서 아득바득 쩨쩨하게 굴지 말라는 것이다. 여행은 보고 배우고 즐기고 느끼려 하는 것인데, 교류하고 소통하고 나누지 않으면 무엇을 배우고 느끼고 즐길 수 있는가? 노자를 풀어놓고 서로 주고받으며 멋지게 여행하다가 여행의 끝엔 눈을 감는 것이다.

'재앙을 취하는 바' 라는 것은 쩨쩨한 것에 대한 결과다. 재물에 대한 쩨쩨함은 물론이고, 마음 씀의 쩨쩨함도 포함하고 있다. 너그러운 마음으로 같은 여행길을 가는 동료들을 이해하고 인정해야 한다. 그들에게서 자신의 욕심을 주장하면 재앙을 부른다는 말이다. 가이드에게도 잘해야 하고 동반자에게도 잘해야 하고 뒤따르는 여행자에게도 마음 써야 한다. 가이드는 부모이고, 동반자는 배우자이며, 뒤에 오는 여행자는 자식이다.

구차한 여행길

주머니도 닫고
마음도 닫고
쩨쩨한 인생길
흉함만 부르네

■ 旅六二

旅卽次 懷其資 得童僕 貞 (려즉차 회기자 득동복 정)
　여행에는 숙소와(旅卽次) 노자가 있어야 하고(懷其資) 안내자가 있으면 (得童僕) 잘 마칠 수 있다(貞)

　　次: 버금 차 / 버금, 다음, 둘째, 잇다, 숙소, 머무르다　懷: 품을 회 / 품다, 가슴, 품
　　안, 마음, 생각, 정　資: 재물 자 / 재물, 밑천, 자본, 비용　童: 아이 동 / 아이, 어리
　　석다　僕: 종 복 / 종, 마부

　차(次)는 '숙소, 거처, 집'을 뜻한다. 거처할 일정한 집이 있어야 한다. 여행자가 잠잘 곳을 걱정하면 즐거운 여행이 될 수 없다. 인생의 여행에서 안정된 주거가 있어야 한다는 말이다.
　회기자(懷其資)는 '노자를 품고 있어야 한다'는 뜻으로 살아가는 데 필요한 돈이 있어야 한다. 돈의 중요성은 아무리 강조해도 지나치지 않다. 인생과 돈에 얽힌 이야기는 이 세상 끝까지 해도 끝나지 않을 것이다.
　득동복(得童僕)은 '안내자, 동반자'를 의미한다. 앞에서 말한 바와 같이 인생의 안내자는 부모이고, 동반자는 반려자이다. 여기에서는 반려자에 무게중심을 두고 있다. 인생에서 가장 중요한 위치에 있는 것은 반려

자이기 때문이다.

　정(貞)이 문장의 끝에 덩그렁 놓여 있는 경우 어떻게 해석할 것인가? 貞은 멸극의 시절을 뜻한다. '그렇게 끝내는 것이 좋다' 정도로 해석함이 적절할 것 같다.

여행의 조건

숙소
여비
안내자, 동반자

조건의 조화가
좋은 여행
좋은 인생

▣ 旅九三

旅焚其次 喪其童僕 貞 厲 (려분기차 상기동복 정 려)
　여행 중 숙소를 불사르고(旅焚其次) 안내자나 동반자를 잃으니(喪其童僕) 끝이(貞) 위태롭다(厲)

　　焚: 불사를 분 / 불사르다, 타다, 불을 놓아 사냥하다

　여행의 필수조건 세 가지를 전부 잃어버렸으니 방랑자의 신세가 된다. 고달픈 인생이다.
　려분기차(旅焚其次)는 '여행 중에 숙소를 불사르다'의 뜻이다. 그 말은

살아가는 동안에 살고 있는 집을 말아먹었다는 의미다. 살던 집을 왜 날리는가? 사업을 하다가 잘못돼서, 사기당해서, 도박해서 등 여러 경우가 있을 수 있다.

상기동복(喪其童僕)은 '여행의 안내자나 동반자를 잃었다'는 의미이므로, 어린 나이라면 부모를 여읜 것이고, 성년이 되어서는 반려자를 잃은 경우다.

어느 하나를 잃어도 인생이 괴롭고 위태할 텐데 전부 잃은 경우라면 심각하게 어려운 경우다.

여행을 하면서, 인생을 살아가면서 겪는 어려움을 설명하고 있다. 누구나 어려움을 겪으면서 인생을 살아간다. 정도의 차이만 있을 뿐이다.

인생의 여로

괴로운 일
슬픈 일
도망가고 싶은 때
죽고 싶은 때

환희의 순간도 섞여 있으니
그것이 인생이다

▣ 旅九四

旅于處 得其資斧 我心不快 (려우처 득기자부 아심불쾌)
여행지에서(旅于處) 돈을 벌기 위해 도끼를 드니(得其資斧) 나의 마음이 심히 불쾌하다(我心不快)

處: 살 처 / 살다, 머물러 있다, 남아서 지키다, 묵다, 쉬다   斧: 도끼 부 / 도끼, 베다   快: 쾌할 쾌 / 쾌하다, 상쾌하다, 즐거워하다

여행지에서 돈이 떨어져 궂은일을 한다는 뜻이다. 여관비가 없어 여관의 땔감을 장만하는 일을 하는 경우다. 기분이 좋을 리가 없다.

인생에서 돈은 벌어야 함은 당연하지만, 본연의 일자리가 없어지고 막노동을 뛰고 있는 형국이다. 본연의 일이 아니고, 본래의 인생도 아닌 꼬인 인생길이다.

자존심도 상하고 마음도 불쾌하고 기분 나쁜 여행을 하고 있는 것이다. 마지못해서 하는 돈벌이는 고통이다.

인생의 변수를 설명하고 있다.

인생의 변수

탄탄할 것 같은
직장이 날아가고
가족을 위해
연명을 위해
고된 품팔이 인생

▣ 旅六五

射雉一矢亡 終以譽命 (사치일시망 종이예명)

꿩을 향해 쏜 화살 하나를 잃어버렸으나(射雉一矢亡) 여행을 영예스런 명령으로 마친다(終以譽命).

射: 쏠 사, 맞힐 석 / 쏘다, 맞히다   雉: 꿩 치 / 꿩, 담, 장원(牆垣)   矢: 화살 시 / 화살, 맹세하다, 벌이다

여행 중에 꿩을 쏜 화살을 잃어버렸다는 것은 꿩도 놓치고 화살도 없어졌다는 말이다. 인생을 살아가는 동안 인생의 목표가 되는 중요한 것에 매진했으나 그 목적을 달성하지는 못하였다는 말이다.

그러나 영예로운 명령으로 여행을 마쳤다는 것은 사소한 투자로 큰 깨달음을 얻었다는 것이다. 화살을 하나만 잃었으므로 아직 두 개의 화살 정도는 남아 있음이다. 나머지 화살로 꿩이나 꿩보다 더 값진 목표물을 명중시킬 것이다. 보람 있는 실험이었다. 그리고 따라오는 여행자에게 이정표를 남겼다.

약간의 착오와 실패를 거치면서도 성공한 인생을 살아가는 모습이다. 여행이라는 인생 전체로 보면 사소한 시간과 비용으로 많은 것을 얻을 수 있는 중요한 여정이라는 의미다. 인간은 여행에서 배우고 깨우치는 것이 많음을 일깨워주고 있다. 목적을 갖고 떠나는 여행의 중요성을 강조하고 있다.

인생의 이정표

혼신의 힘을 다했다면
실패한 일도
성공한 일도
영예로움이 되어
후세의 이정표가 되리라

▣ 旅上九

鳥焚其巢 旅人 先笑後號咷 喪牛于易 凶 (조분기소 려인 선소후호도 상우우이 흉)

새가 둥지를 불사르니(鳥焚其巢) 떠도는 사람이(旅人) 처음은 웃지만 나중은 슬피 운다(先笑後號咷). 소를 쉽게 잃어버리니(喪牛于易) 흉하다(凶)

巢: 집 소 / 집, 깃들이다, 보금자리를 짓다, 모이다   笑: 웃을 소 / 웃다, 꽃이 피다
號: 부르짖을 호 / 부르짖다, 큰 소리로 울면서 한탄하다, 닭이 울다   咷: 울 도 / 울다   易: 쉬울 이, 바꿀 역 / 쉽다, 바꾸다, 교환하다, 고치다

새가 둥지를 태우듯 근본이 없이 떠도는 사람은 나중에는 모두 잃고 크게 후회하며 운다는 뜻이다. 사람은 언제나 근본이 든든해야 한다. 집이 가장 중요하다. 그래서 우리 국민들이 모두 집에 집착하는지도 모른다. 여행자가 돌아갈 집이 없다면 여행자가 아니라 방랑자다.

소를 잃었다고 했으니 재물을 잃은 것이다. 재물을 쉽게 잃는다는 말은 도박이나 투기로 탕진하여 거지가 되었다는 것이다. 소가 없으면 재물의 근간이 되는 밭을 일굴 수도 없다. 정신 차리고 보니 구멍가게를 할 밑천도 없다. 그런 상황을 만들지 말라는 경고다. 또 집을 판 돈은 쉽게 잃어버린다는 뜻이다. 집을 팔고 사업에 투자하여 성공하는 경우가 희박함을 말해주고 있다. 그런 어리석은 일을 하지 말라.

항상 가정을 생각하고, 긴 여행을 떠날 때도 돌아갈 집이 있어야 된다. 하루살이 인생이 되지 말라.

집을 팔면

집을 팔면
가정이 없어진다
집을 팔면
돈은 날아난다

몸 붙일 곳 없는 낭인

중풍손(重風巽)

인생에서 겸손은 큰 무기가 될 수 있다. 반면에 무기력의 표본이 될 수도 있다. 주역은 겸손이 무기가 되려면 어떤 훈련이 필요하며, 그 파괴력은 얼마나 될까를 기술하고 있다. 철저하게 무기력한 겸손은 경계하고 있다.

第五十七卦 【巽】 重風巽　巽上巽下

卦辭：巽 小亨 利有攸往 利見大人
彖曰：重巽以申命 剛巽乎中正而志行
　　　柔皆順乎剛 是以小亨 利有攸往 利見大人
象曰：隨風 巽 君子以申命行事

初六：進退 利武人之貞
象曰：進退 志疑也 利武人之貞 志治也

九二：巽在牀下 用史巫紛若 吉 无咎
象曰：紛若之吉 得中也

九三：頻巽 吝
象曰：頻巽之吝 志窮也

六四：悔亡 田獲三品
象曰：田獲三品 有功也

九五：貞吉 悔亡 无不利 无初有終 先庚三日 後庚三日 吉
象曰：九五之吉 位正中也

上九：巽在牀下 喪其資斧 貞凶
象曰：巽在床下 上窮也 喪其資斧 正乎凶也

57. 중풍손(重風巽)

겸손의 도(道)

■ 손괘(巽卦) 해설

손(巽)은 '부드럽다, 사양하다'의 뜻이다. '겸손'의 의미를 갖고 있다. 겸손은 인간이 갖추어야 할 기본적인 도리다. 인간관계의 기본을 설명하고 있다. 겸손은 약한 모습을 하고 있으나 가장 강한 인간의 행위임을 말해주고 있다.

겸(謙)과 손(巽)은 어떻게 다른가? 謙은 다스리는 자의 도리와 예를 다룬 괘이고, 巽은 다스림을 받는 자의 예와 행동을 다룬 것이다. 다시 말하면 謙은 통치자의 미덕을, 巽은 아랫사람의 행동지침이다.

손(巽)괘는 겉으로만 겸손한 것처럼 보이는 것을 경계하고 있다. 우리는 형식적인 겸손의 예절에 식상해 있기도 하지만, 어떤 경우엔 형식적이나마 겸손의 예절이 그리울 때도 있다. 예절을 최상의 미덕으로 삼는 외교사절도 강대국의 외교관은 교만이 배어 있는 경우가 많다. 그만큼 겸손을 지킨다는 것은 쉽지 않음이다.

몸에 밴 겸손으로 진심이 묻어나야 하지만 지나쳐서는 안 된다. 주역은 겸손의 지나침을 강하게 경계하고 있다. 지나치면 상대를 불편하게 만들기 때문이다.

겸손의 반대는 교만이다. 교만으로 이익을 보는 경우는 드물다. 순간적인 이익은 있을지 몰라도 교만으로 누리는 항구한 이익은 없다. 겸손으로 성공한 사례는 수없이 많다. 어디서 어디까지 겸손해야 하는지가 풀어야 할 숙제다.

▣ 巽卦辭

巽 小亨 利有攸往 利見大人 (손 소형 리유유왕 리견대인)
겸손의 도는(巽) 아주 어린 시절부터 익혀야 하고(小亨) 利의 시절로 나아가는데(利有攸往) 대인을 만남이 이롭다(利見大人)

> 巽: 부드러울 손 / 부드럽다, 사양하다

지극한 겸손은 자신의 아는 것을 버리고 무아의 경지에서 행동하는 것이다. 아주 어린 시절부터 성심으로 훈련해야 얻을 수 있는 경지다. 겸손을 몸에 익히면 세상에 나아가 일을 할 때 그 가치와 위력이 발휘되어 효과적으로 왕성한 활동을 할 수 있다.

손(巽)은 항상 다듬어도 어려운 것이므로 훌륭한 스승의 가르침 속에서 행동한다면 더욱 좋다. 사회가 복잡할수록 겸손의 도는 더욱 빛을 발할 것이다. 巽의 도를 갖춘 자가 큰 사람을 만나면 크게 쓰인다(利見大人).

지극한 겸손

어린 시절부터
훈련으로 닦은
부드러운 예절
세상에서
큰 무기 됨이니
알아보는 큰 사람 만나

더 빛나리

▣ 巽初六

進退 利武人之貞 (진퇴 리무인지정)
나아가고 물러나는 것이니(進退) 무인의 끝이 이롭다(利武人之貞)

進: 나아갈 진 / 나아가다, 벼슬하다, 전진하다, 힘쓰다, 이기다, 추천하다, 진력하다   退: 물러날 퇴 / 물러나다, 그만두다, 피하다, 떠나가다, 뉘우치다   武: 군셀 무 / 군세다, 자만하다, 군인

   진퇴(進退)는 무인에게 절대 필요한 삶과 죽음의 경계다. 진퇴를 깨우친 무인은 끝까지 이로울 것이다. 진퇴가 분명하다는 것은 예절이 바르고 절도가 있다는 뜻이다.
   무인이 손(巽)의 도를 깨우치는 것은 매우 어려운 것이며, 巽으로 무장한 무인은 끝이 길하다. 무인이 전장에서 공격과 후퇴를 자유자재로 할 수 있다면 위태로울 수가 없다. 무인이 오기를 부리지 않는다는 것은 상당한 수양의 끝이다. 무인은 명령에 움직이는 자로, 명령에 복종하는 겸손의 도가 요구되는 첫 번째 직종이다.
   겸손의 예로 무인의 진퇴를 설명하고 있다.

무인(武人)의 겸손

싸우라면 싸우고
물러가라면 물러가고
겸손되이

복종함이
무인의 본분

▣ 巽九二

巽在牀下 用史巫紛若 吉 无咎 (손재상하 용사무분약 길 무구)

겸손이 상 아래 있으니(巽在牀下) 어지러움에는(紛若) 조화로움을 쓰면 (用史巫: 사관과 제관을 쓰다) 길하고(吉) 허물이 없다(无咎)

牀: 평상 상 / 평상, 침상, 마루 史: 역사 사 / 역사, 사관, 문필에 종사하는 사람
巫: 무당 무 / 무당, 산 이름, 의사 紛: 어지러울 분 / 어지러워지다, 섞이다

巽이 상 아래 있다는 것은 겸손이 지나치다는 뜻이다. 나아가지 않는 겸손은 무용지물이다. 겸손이 지나쳐 계속 사양하며 나아가지 않음을 의미하고 있다. 답답한 형국이다.

분약(紛若)은 혼란과 어지러움이다. 이런 어지러움에는 사무(史巫)를 쓰라고 하였는데, 史는 史官으로 문필에 종사하는 사람이며 제문을 짓기도 하고 점(占)을 하기도 한다. 巫는 제문과 점에 따라 제사에 종사하는 사람이다.

史와 巫를 사용한다는 것은 겸손도 조화가 필요하다는 뜻으로 쓰였다. 史는 양의 영역 일을 하고 巫는 음의 영역 일을 한다. 음양의 조화를 강조하고 있다. 진퇴를 구체화시킨 것이다.

진정한 겸손의 도는 세상이 어지러운 때에 박차고 나가 무엇인가를 해야 한다. 자기가 필요한 상황에서 겸손만 떨고 있으면 주역이 원하는 진정한 겸손이 아니라는 것이다.

진정한 겸손

세상이 어지러워
쓰임이 생기면
분연히 일어나
세상 속으로 나가라

▣ 巽九三

頻巽 吝 (빈손 린)
찡그리며 공손함은(頻巽) 궁색하다(吝)

頻: 자주 빈 / 자주, 빈번히, 찡그리다, 물가, 급박하다, 절박하다

진심과 다르고 거짓되게 공손한 경우를 말하고 있다. 겉으로만 공손한 척하는 것은 결국 드러나게 되고 인색해진다. 또 절박한 상황에 처하여 마지못해 공손한 것은 속이 들여다보일 뿐만 아니라 공손의 대접을 받기도 힘들다.
몸에 밴 공손을 요구하고 있다.

찡그린 공손

마음도 없으면서
옆으로 공손한 척

절박한 마음에
엎디는 것

본전도 못 찾는다

▣ 巽六四

悔亡 田獲三品 (회망 전획삼품)
巽의 道를 실천하니 후회함이 없다(悔亡). 사냥에 나가 임금께 바칠 三品을 잡았다(田獲三品)

> 獲: 얻을 획 / 얻다, 짐승을 잡다, 빼앗다, 일이나 때의 마땅함을 얻다

앞에 손(巽)이 생략되었다. 진심으로 巽의 道를 실천하는 자는 후회가 없을 것이다.

전(田)은 사냥의 뜻이다. 전쟁이 없을 때는 황제와 제후들이 모여 일 년에 세 번 전렵(田獵)을 하였다.

三品을 잡았다는 말은 나아가 일을 하는 과정에서 매우 귀중한 것을 얻었다는 말이다. 세 차례의 사냥에서 잡은 짐승의 가치를 가름하여 品을 매겼다고 한다.

一品은 심장을 쏘아 잡은 짐승으로 잘 말려 제사에 사용하고, 二品은 정강이를 쏘아 잡은 짐승으로 손님 접대용으로 쓰고, 三品은 배를 쏘아 잡은 짐승으로 임금에게 진상한다.

여기에서의 三品을 얻었다 함은 임금께 진상품을 얻었다는 것으로 공손과 정성의 실천이다. 또 하나의 해석은 사냥에서 一, 二, 三品을 다 얻었다는 말이다.

여기에서 유추할 수 있는 것은 공손이라고 하는 개념이다. 고개를 숙이고 말을 부드럽게 하고 사양하는 것만으로는 공손의 성에 차지 않는다

는 뜻이기도 하다. 공손에는 적당한 재물이 가미되어야 한다는 뜻이다. 인간의 속성을 간파한 가르침이다. 말로만 겸손하기보다는 물질적인 정성을 보임으로써 정성의 정도를 가름하게 하기도 한다는 뜻이다.

 이 구절에서는 겸손한 신하가 임금의 마음에 듦 직한 짐승을 배를 쏘아 잡았다. 그 정성을 바침으로 겸손의 도를 완성하는 과정을 그린 것이다. 지금까지 미진하게 느껴져 후회스러웠던 점이 일시에 해결되는 순간이다.

겸손의 완성

간결하고
정성스런 행동
공손한 말

더하여
정갈한 재물
후회 없이 바쳤다

▣ 巽九五

貞吉 悔亡 无不利 无初有終 先庚三日 後庚三日 吉 (정길 회망 무불리 무초유종 선경삼일 후경삼일 길)

 겸손은 끝까지 길하고(貞吉) 후회함이 없으며(悔亡) 불리함도 없다(无不利). 시작할 땐 보이지 않아도 끝은 있으며(无初有終), 위험을 살필 줄 알고(先庚三日: 丁) 계획을 세우는 데 차질이 없음이니(後庚三日: 癸) 길하다

庚: 일곱 번째 천간 경 / 일곱째 천간, 길, 나이

손(巽)의 도는 처음은 표가 나지 않아도 시간이 지날수록 상대를 감화시켜 끝이 좋게 마무리된다는 뜻이다.

선경삼일과 후경삼일은 갑을병정무기경신임계(甲乙丙丁戊己庚辛壬癸), 십간(十干)의 경(庚)을 중심으로 앞으로 세 번째와 뒤로 세 번째인 정(丁)과 계(癸)를 말한다. 丁은 '위험과 신중'의 의미를 내포하고, 癸는 '계획을 세움에 모든 변수를 고려한다'는 뜻이다. 이렇게 겸손의 도는 선후를 살피고 위험을 살피고, 경우의 수를 고려하는 지혜도 터득하는 것이다.

> 선경일일(先庚一日)은 기(己), 다스린다는 뜻
> 선경이일(先庚二日)은 무(戊), 백성을 뜻함
> 선경삼일(先庚三日)은 정(丁), 신중
> 후경일일(後庚一日)은 신(辛), 몸과 마음의 고생
> 후경이일(後庚二日)은 임(壬), 아첨, 짐(책무)
> 후경삼일(後庚三日)은 계(癸), 어려움을 미리 헤아린다는 뜻

겸손의 장점

갈수록 힘이 있으며
위험은 물러가고
도움이 굴러오고
생산이 확장됨이네

■ 巽上九

巽在牀下 喪其資斧 貞凶 (손재상하 상기자부 정흉)

겸손이 상 아래에 있듯이 지나치면(巽在牀下) 돈과 권력을 모두 잃어버리는 것이니(喪其資斧) 끝이 흉하다(貞凶)

斧: 도끼 부/ 도끼, 베다

손(巽)이 상 아래 있다 함은 겸손이 지나치다는 뜻이다. 자부(資斧)는 재물과 권력을 의미한다. 도끼는 권력의 상징이다. 여기에서 말하는 상기자부(喪其資斧)는 생활의 기반이 되는 돈과 힘을 모두 잃어버리는 것이므로 흉하다고 했다. 무조건 겸손하기만 하고 나서지 못하여 물러서기만 하면 믿고 일을 맡기지도 않고, 그러므로 가진 재물을 지키기도 어렵다.

지나친 겸손

지나치게
유약하게
물러서니

힘도
재물도
멀어진다

중택태(重澤兌)

인간이 느끼는 즐거움도 세분하면 여러 경우가 있다. 어떤 즐거움이 바람직한가? 즐거움에도 조화로움이 필요하다. 마음이 통하고 믿음을 바탕에 둔 즐거움은 권장할 만하지만 순간의 쾌락이나 돈으로 만들어진 즐거움은 끝까지 기쁘지 아니하다.

第五十八卦 【兌】 重澤兌 兌上兌下

卦辭：兌 亨 利 貞
彖曰：兌 說也 剛中而柔外 說以利貞 是以順乎天而應乎人
　　　說以先民 民忘其勞 說以犯難 民忘其死 說之大 民勸矣哉
象曰：麗澤 兌 君子以朋友講習

初九：和兌 吉
象曰：和兌之吉 行未疑也

九二：孚兌 吉 悔亡
象曰：孚兌之吉 信志也

六三：來兌 凶
象曰：來兌之凶 位不當也

九四：商兌 未寧 介疾 有喜
象曰：九四之喜 有慶也

九五：孚于剝 有厲
象曰：孚于剝 位正當也

上六：引兌
象曰：上六引兌 未光也

58. 중택태(重澤兌)

쾌락의 근본

◼ 태괘(兌卦) 해설

태(兌)는 '기쁘다, 바꾸다'의 뜻이다. '기쁘게 바꿔가는 것'으로 이해할 수 있다.

인간은 누구나 기쁨을 갈망한다. 고난과 어려움 속에서도 기쁨의 순간을 꿈꾸며 희망을 품고 살아간다. 갈망하는 기쁨의 분야나 정도도 다 다르지만 나의 기쁨이 다른 이의 슬픔도 될 수 있고 반대의 경우도 있을 수 있는 요망스런 양면성을 띠고 있다.

진정한 기쁨은 어디에 있고 어떻게 느끼는 것일까? 돈으로 느끼는 즐거움, 권력이나 학문으로 느끼는 즐거움, 희생과 봉사로 느끼는 즐거움 등 기쁨의 형태는 다양하지만 조화, 믿음에서 오는 기쁨, 돈으로 사는 기쁨, 인위적인 기쁨, 노력하는 기쁨들에 대해서 주역은 설명하고 있다. 현대에는 권력이나 학문도 돈으로 그 척도가 정해지고, 물질만능의 행태로 치닫고 있는 씁쓸함도 갖고 있다.

직장의 가치는 계량할 수 없음에도 연봉의 액수에 따라 좋은 직장과 나쁜 직장으로 서열을 매기는 아이러니가 속출하고 있다.

사람이 기쁨을 추구하는 것은 길한 것도 흉한 것도 아니다. 인간의 본능이기 때문이다. 본능을 길흉으로 따질 수는 없다. 대신에 조화와 믿음을 강조하고 있다.

주역의 64괘 중에서 가장 적은 글자 수로 표현된 괘이다. 불과 30자로

兌(즐거움)를 설명하고 있다.

▣ 兌卦辭

兌 亨 利 貞 (태 형 리 정)
기쁨은(兌) 亨과 利와 貞의 시절에 통한다

兌: 바꿀 태 / 바꾸다, 기뻐하다

기쁨은 태어나기 전인 元의 시절에는 나타나지 않으며, 태어나서 죽음에 이르기까지 작용한다. 음과 양의 조화와 변화에 따라 즐거움도 변화한다.
기쁨은 환경과 심리적인 작용, 타인과의 관계에서 밀접하게 시시각각으로 변화한다.
기쁨은 상대적인 것이다. 슬픔이나 괴로움이 없다면 기쁨은 존재하지 않는다. 슬픔이나 괴로움을 기쁨으로 바꾸는 작업이 태(兌)이다. 인간은 어떤 환경에서 기뻐할까? 기쁨의 종류는 어떻게 분류할 수 있을까?

기쁨

삶의 전체
구석구석에서
숨 쉬고
움트고
자라나
동행하는 친구

▣ 兌初九

和兌 吉 (화태 길)
조화로운 기쁨은(和兌) 길하다(吉)

和: 화할 화 / 화하다, 서로 응하다, 합치다

자연이나 사람이 조화를 이루며 즐거워하는 것을 말한다. 밤과 낮의 조화, 계절의 조화, 암수의 조화로 기쁨을 느끼는 것을 의미한다.
가장 자연적이며 순수하고 순리적이고 본능적인 기쁨이다. 가장 큰 기쁨이기도 하다.

본능의 기쁨

자연스럽고
순리적이고
순수한
음양의 조화

▣ 兌九二

孚兌 吉 悔亡 (부태 길 회망)
믿음을 통한 기쁨은(孚兌) 길하고(吉) 후회가 없다(悔亡)

孚: 미쁠 부 / 미쁘다, 참되고 믿음성이 있다, 껍질, 붙다 믿는 사람들끼리의 기쁨이다. 믿음과 애정의 조화를 바탕으로 하고 있으며 예상되는 변화에 대해서도 믿음을 갖고 있다.

서로 믿는다는 것이 얼마나 소중한 것인가? 주역은 수도 없이 강조하고 있다. 한파가 몰아치는 추운 겨울이라도 며칠만 참으면 반드시 봄이 온다는 믿음, 이 지구상에 자신의 짝이 있다는 믿음, 자신의 존재가 이 세상에 필요할 거라는 믿음, 자신이 이 세상에 밝게 기여할 것이라는 믿음 등 자연적이고 원초적인 믿음뿐만 아니라 개인적인 믿음으로 기쁨을 갖는 모든 것이다. 그런 믿음은 후회를 낳지 않는다.

후회 없는 기쁨

믿음이 통하고
사랑이 통하고
자신이 통하고

믿는 바를 향해
나를 묻어도
후회 않으리

▣ 兌六三

來兌 凶 (래태 흉)

근본이 없이 굴러 들어온 기쁨은(來兌) 흉하다(凶)

조화롭지 못한 쾌락, 예상치 못한 쾌락은 경계해야 한다. 그런 쾌락을 갖고 오는 사람도 마땅히 경계해야 한다.

갑자기 일확천금이 된다는 정보를 갖고 오는 친구, 실제로 일확천금이 굴러 들어와 삶의 조화를 흩트려놓는 경우에 해당한다. 기쁘기는 하겠지만, 그 기쁨은 흉함을 동반한다. 경계해야 할 기쁨이다.

경계할 기쁨

갑자기 굴러와
정신을 홀리고
삶을 흔들고
갈등을 만들고
나를 파낸다

▣ 兌九四

商兌 未寧 介疾 有喜 (상태 미령 개질 유희)

돈으로 산 기쁨은(商兌) 편치 않으니(未寧) 병통을 막아야(介疾) 기쁨이 있다(有喜)

商: 장사 상 / 장사, 장수, 장사하다, 헤아리다   介: 낄 개 / 끼다, 돕다, 격리하다

돈으로 산 쾌락은 부작용이 따른다. 결코 편안치 않으며 병이 생길 수 있다. 여인을 돈으로 사서 쾌락을 즐긴 경우를 상상해보라. 결코 편치 않고, 병이라도 막아야 비로소 즐거움이 있다고 하였다.

쾌락의 매매

사서 느끼는 기쁨

찜찜하고 두렵고 허망하고
돈도 아깝고
병이라도 막아야

▣ 兌九五

孚于剝 有厲 (부우박 유려)
기쁨을 괴롭게 믿으니(孚于剝) 위태로움이 있다(有厲)

剝: 벗길 박 / 벗기다, 괴롭히다, 상처를 입히다, 다치다, 상하다

박(剝)은 '막히고 갉아내어 허문다'는 뜻이다. 마냥 즐겁기만 하고 변화를 거부하며, 믿음에 대하여 옹색한 경우다. 변화와 조화를 거부하면 위태롭다.

방탕한 기쁨이고, 자신을 학대하고 벗겨내고 허물어내어 느끼는 즐거움이다. 그것이 기쁨의 전부인 것으로 착각하는 경우이다.

일그러진 기쁨의 탐닉이라고 표현할 수 있다. 인간의 탐욕은 끝이 없다. 쾌락에 대한 탐욕도 마찬가지다. 자신만이 느끼는 쾌락을 향해 깊이 빠져들어 헤어 나오지 못하는 현상이다. 안타까운 기쁨의 추구다.

일그러진 기쁨

허물어지는지도 모르고
벗겨지는지도 모르고
고통이 기다리고 있는지도 모르고
한없이

빠져드는
쾌락의 탐닉

◼ 兌上六

引兌 (인태)
이끌어 기뻐한다

引: 끌 인 / 끌다, 끌어당기다, 활을 쏘다, 물러나다, 물리치다

내가 기쁨을 이끈다는 말이다. 이끌어서 기쁨을 얻는다는 뜻도 된다. 좋은 뜻이다. 반대로, 남들이 이끌어서 마지못해 기쁨을 누린다는 뜻으로 해석한다면 바람직한 기쁨은 아니다.

기쁨이란 인간이 기본적으로 탐하는 것으로 태(兌)의 본질이기도 하다. 기쁨이 있어야 신명 나기도 하고 사람들이 모이기도 한다.

인간의 욕망은 기쁨을 지향하며 기쁨을 향해 투쟁하는 속성을 갖고 있다. 그것은 길흉을 말할 수 없다.

기쁨의 제조자

기쁨을 만드는 사람
기쁨을 이끄는 사람
기쁨을 즐기는 사람
기쁨의 주체는 희열이 있다

끌려가서
함께하는 기쁨도
나쁘지는 않다

풍수환(風水渙)

흩어짐에도 두 가지가 있다. 흩어져야 하는 시기에 살기 위해서 달아나고 숨는 경우와, 침략자나 위험한 자를 흩어버리는 경우다. 어떤 흩어짐도 바람직한 상황은 아니다. 분열의 시기에는 우선 자신과 가족의 안전을 보전해야 한다. 어떻게 이 시기를 넘어설 것인가?

第五十九卦 【渙】風水渙 巽上坎下

卦辭：渙 亨 王假有廟 利涉大川 利貞
彖曰：渙亨 剛來而不窮 柔得位乎外而上同
　　　王假有廟 王乃在中也 利涉大川 乘木有功也
象曰：風行水上 渙 先王以享于帝 立廟

初六：用拯馬壯 吉
象曰：初六之吉 順也

九二：渙 奔其机 悔亡
象曰：渙奔其机 得願也

六三：渙其躬 无悔
象曰：渙其躬 志在外也

六四：渙其群 元吉 渙 有丘 匪夷所思
象曰：渙其群元吉 光大也

九五：渙 汗其大號 渙 王居 无咎
象曰：王居无咎 正位也

上九：渙其血 去 逖出 无咎
象曰：渙其血 遠害也

59. 풍수환(風水渙)

분열을 넘는 지혜

■ 환괘(渙卦) 해설

환(渙)은 '흩어짐'이다. 흩어짐에도 종류가 있다. 모여야 될 때 흩어지는 부자연스러운 것과, 흩어져야 할 때 흩어지는 자연스러운 것이 있다. 모임이 있어야 흩어짐도 있는 것이다. 모임을 이해하지 못하면 흩어짐도 이해할 수 없다. 서로 불가분의 관계를 형성하고 있다.

환(渙)괘는 자연스런 흩어짐에 대해 설명하고 있다. 질서 있게 흩어진다는 것, 언제 어떻게 흩어질 것인가? 언제 분열의 무리를 흩어버릴까 하는 문제는 그리 간단한 것이 아니다.

개인적으로는 혼란의 시기가 되면 혼란을 피해 멀리 달아나야 되는데, 갈 곳과 타고 갈 말과 도와줄 사람이 필요하다. 준비가 되지 않은 흩어짐은 고생만 낳게 된다. 고대국가의 잦은 전쟁에 대한 혼란으로 실제로 몸을 피해야 하는 상황이 자주 발생하였을 것이다. 현대사회에도 혼란은 얼마든지 있다. 다니는 회사의 심각한 경영의 어려움, 조직과 환경과의 부조화 등 어려운 결정을 해야 하는 혼란은 얼마든지 있다.

또한 공동체를 생각한다면 혼란의 시기에 힘을 합쳐 나아가 싸워야 한다. 이때는 스스로의 개인적인 사정을 흩어버려야 한다. 오직 공공의 이익만을 생각해야 싸워 이길 수 있는 것이다. 모여서 싸운다는 것은 악의 무리를 흩어버린다는 목적을 갖고 있다.

이렇게 모임과 흩어짐과의 관계는 불가분의 관계를 갖고 있다. 모임과 흩어짐의 행위에는 구심점이 중요하다.
환(渙)은 흩어짐에 대한 여러 상황을 설명하고 있다.

▣ 渙卦辭

渙 亨 王假有廟 利涉大川 利貞 (환 형 왕격유묘 리섭대천 리정)

흩어짐은(渙) 강하고 힘찬 기운이다(亨). 왕은 종묘에 나아가 제사 지내고(王假有廟) 큰 모험을 감행함이 이롭다(利涉大川). 그래야 흩어짐이 끝까지 길하다(利貞)

渙: 흩어질 환 / 흩어지다, 어질다   假: 지극할 격, 빌 가 / 이르다, 빌다, 지극하다,
거짓, 잠시, 크다, 아름답다   廟: 사당 묘 / 사당, 조상에 제사 지내는 곳

백성이 난을 만나 어려움을 당하여 흩어지는 것을 말하고 있다. 또한 무리를 만들어 악의 무리를 흩어버리는 것도 환(渙)이다. 渙은 강한 소용돌이다. 그러므로 渙은 힘찬 기운이라고 했다.

渙이 국가 차원에서 일어나면 왕은 우선적으로 종묘에 나아가 제사 지냄으로 조상의 기운을 빌리고, 백성들의 기운을 하나로 묶는 역할을 한다. 리섭대천(利涉大川)은 환의 기운에 맞서는 강력한 응징을 말한다. 혼란과 분열은 민첩하고 신속하게 대처하여 화근을 없애야 한다. 그래야 끝까지 이롭다.

분열에는 정성을 들이고 힘을 모아 강하게 대응해야 한다.

분열의 대응

강하게 밀려오는 분열의 기운
강한 지도력으로
정성과 힘을 모아
일시에 대응하여
흩어라

▣ 渙初六

用拯馬壯 吉 (용증마장 길)
(渙에서) 구원하는 데 쓰일 장한 말이 있으니(用拯馬壯) 길하다(吉)

> 拯: 건질 증 / 건지다, 구조하다, 받아들이다, 취하다, 돕다 壯: 씩씩할 장 / 씩씩하다, 장하다, 기상이 굳세다, 성하다

혼란과 분열에서 백성을 구원하기 위해서는 건장한 말이 있어야 한다. 여기에서의 말은 강한 군사력과 준비된 경제력을 의미한다. 강한 군대와 경제력이 있으면 혼란과 분열의 무리를 흩어버릴 수 있다는 말이다.

분열을 평정할 가장 바람직한 경우다.

구원의 조건

전쟁과 같은 혼란도
강한 군대와
경제력 앞에서는
사그라진다

▣ 渙九二

渙 奔其机 悔亡 (환 분기궤 회망)

분열과 혼란의 시기에는(渙) 그 궤로 달아나니(奔其机) 후회함이 없다 (悔亡).

奔: 달릴 분 / 달리다, 달아나다, 패주하다   机: 책상 궤 / 책상, 나무이름, 작은 동굴, 장롱

혼란과 분열의 시기에는 몸을 보전하여 후일을 기약해야 한다. 달아날 안전한 도피처가 있어야 한다. 주역은 궤로 달아나라고 했다.

궤(机)란 무엇인가? 이불이나 옷가지를 보관하는 농이다. 튼튼한 나무를 써서 사각의 통으로 만들어졌으며 한두 사람이 들어가 숨을 수 있는 공간이다. 그것을 궤라고 하기도 하고, 들판이나 야산에 있는 작은 규모의 동굴을 궤라고 한다. 알려지지 않은 동굴이다. 난을 피해 일시적으로 숨기에는 안성맞춤인 은신처다. 여기서는 후자를 의미하는 것 같다. 그러면 난을 피할 수 있어 후회함이 없을 것이라고 했다.

일단 혼란의 소용돌이에서 피해야 한다. 평상시에 궤를 개발하고 준비해둬야 한다.

피난처

난중(亂中)에
아녀자의 안전한 피난처로
소용돌이를 피하라

▣ 渙六三

渙其躬 无悔 (환기궁 무회)
온몸으로 흩음이니(渙其躬) 후회가 없다(无悔)

躬: 몸 궁 / 몸, 자신, 몸소 행하다

분열과 혼란의 세계에서 자신의 몸을 바쳐 희생하여 환(渙)을 물리친다는 것은 후회가 없다고 하였다. 국가나 공동체를 위하여 희생하는 아름다운 모습과 자신의 자유와 행복을 위하여 투쟁하는 삶을 칭송하고 있다.
 현대사에서도 혼란의 시기에 자유와 민주를 위해 투쟁하고 희생한 열사들이 있음을 기억하게 한다.

혼란과 싸운 투사

혼란의 시대
온몸으로 항거하고
투쟁하고
사표(師表)가 된 영웅

▣ 渙六四

渙其群 元吉 渙 有丘 匪夷所思 (환기군 원길 환 유구 비이소사)
혼란의 무리를 흩음이니(渙其群) 근원적으로 길하다(元吉). 혼란을 야기한 무리들에게(渙) 언덕이 있다는 것은(有丘) 오랑캐가 생각하는 바가 아니다(匪夷所思)

앞뒤를 연결하여 생각할 때 기군(其群)은 동북방의 기마민족인 이족(夷族)의 무리를 의미하고 있다. 그들은 호시탐탐 중원을 침략하는 혼란의 제공자로서 흩음의 대상으로 생각하고 있다. 그러므로 흩어버리면 근원적으로 길하다고 했다. 그 무리들은 용맹하기는 하나 지적인 수준이 낮다고 판단하는 것 같다.

유구(有丘)는 언덕이 있다는 말인데, 언덕이란 새로운 집결지, 비빌 언덕, 훌륭한 지도자 등으로 해석함이 옳다. 오랑캐는 흩어버리기만 하면 다시는 집결하지 못하는 어리석은 자들로 여기고 있는 것이다. 그러한 사고로 나중에는 만주족에게 중원을 빼앗기기도 했다.

여기서는 동북방의 사나운 기마민족들을 적으로 상정하고 그들을 흩어버려야 한다고 가르치고 있다. 중국은 이러한 가르침을 토대로 동북방의 단위민족들을 흩트리는 정책을 시행하고 있다. 그 민족의 정신적인 지주가 되는 비빌 언덕이 있음을 중국은 간과하고 있는 것이다. 대한민국은 중국이 간과하는 언덕이다. 사상의 높이를 가늠할 수 없는 높은 언덕이다.

혼란의 뿌리

혼란의 무리를 흩어도
그 뿌리를 파내지 못함이니
혼란의 파도는
쉼 없이 밀려온다

▣ 渙九五

渙 汗其大號 渙 王居 无咎 (환 한기대호 환 왕거 무구)

흩어져라!(渙) 큰 소리로 임금이 호령함이니(汗其大號) 흩어짐에는(渙) 왕이 거해야(王居) 허물이 없다(无咎)

汗: 땀 한 / 땀, 땀을 흘리다, 임금의 호령 居: 있을 거 / 있다, 살다, 거주하다, 앉다, 차지하다

이 구절은 잘 해석해야 한다. 왕이 "흩어져라!" 하고 큰 소리로 외치는데, 그 대상이 둘이다. 하나는 자신의 백성들에게 '혼란스러우니 흩어져라!' 하는 것이고, 하나는 혼란의 무리들을 향해 '흩어져라!' 하고 경고하는 것이다. 백성을 책임지는 왕의 모습과 외적을 분쇄하는 왕의 모습을 동시에 그리고 있다.

한(汗)은 '땀을 흘리다'로 해석하기보다는 '임금의 호령'으로 해석함이 뒤의 구절과 일치한다.

백성들에게 필요한 것은 구심점과 지도자다. 왕이 백성과 함께 거(居)하며 혼란을 수습하고 위기에서 구해야 한다.

위기상황에서 지도자의 지도력과 역할을 천명하고 있다.

왕의 임무

혼란의 시기에
백성을 보호하고
적을 흩어트리고
군을 지휘하고
백성과 동고동락하는 것

■ 渙上九

渙其血 去 逖出 无咎 (환기혈 거 적출 무구)
혼란을 피로 흩어버리고(渙其血) 멀리 피하면(去) 걱정이 없어지고(逖出) 허물이 없다(无咎)

逖: 멀 적 / 멀다, 아득하다, 멀리하다, 근심하다

피로 흩어버리는 것은 무력충돌의 혼란에서 탈출을 의미한다. 큰 난리가 발생하면 부녀자나 아이들은 멀리 도망가는 것이 상책이다. 난리 통에서 멀어지면 걱정이 없다.

자체 내의 혼란이라면 그러한 곳에 끼지 말고 멀리하라는 가르침이다. 피투성이 싸움에 끼지 말라.

피에서 멀어져라

죽고 죽이는 적과의 전쟁
내란으로 피를 부르는 혼란
둘 다 멀리하여
아녀자의 삶을 도모하라
전쟁은 군인의 몫이다

수택절(水澤節)

인생을 살아가면서 매듭을 짓고 나아가야 할 일이 많다. 기업이 매년 결산을 하는 이치와도 통한다. 어떤 자리도 물러날 때를 잘 파악해서 매듭을 지어야 한다. 매듭을 짓지 못하고 나아가려고만 하면 굽은 인생이 된다는 가르침이다. 매듭은 인생을 곧게 만든다.

第六十卦 【節】水澤節 坎上兌下

卦辭：節 亨 苦節 不可貞
彖曰：節亨 剛柔分而剛得中 苦節不可貞 其道窮也
　　　說以行險 當位以節 中正以通
　　　天地節而四時成 節以制度 不傷財 不害民
象曰：澤上有水 節 君子以制數度 議德行

初九：不出戶庭 无咎
象曰：不出戶庭 知通塞也

九二：不出門庭 凶
象曰：不出門庭凶 失時極也

六三：不節若 則嗟若 无咎
象曰：不節之嗟 又誰咎也

六四：安節 亨　　象曰：安節之亨 承上道也

九五：甘節 吉 往 有尙
象曰：甘節之吉 居位中也

上六：苦節 貞 凶 悔亡
象曰：苦節貞凶 其道窮也

60. 수택절(水澤節)

시대의 매듭

▣ 절괘(節卦) 해설

인체에 마디가 있듯이 인생에도 마디가 있다. 계절에도 마디가 있고 나무에도 마디가 있다. 단단한 마디를 가졌다면 곧은 삶을 살아갈 것이다. 나무 중에서도 대나무의 마디를 연상하게 된다. 속은 비어도 마디의 힘 때문에 한 해 동안 자신이 자랄 것을 다 자라도 곧게 자랄 수 있는 것이다.

마디는 절제와 절약의 상징이다. 일에 매듭을 짓는다는 것, 생각의 매듭을 짓는다는 것은 절제의 미덕이다.

절(節)괘는 절제와 절약의 함축이다. 절약과 절제는 억지로 하면 끝까지 갈 수도 없을 뿐만 아니라 결과를 얻을 수도 없을 것이다. 절약이 생활화되고 달갑게 행한다면 항상 좋은 일이 따른다고 했다.

절(節)은 절제와 절약의 유형과 그 결과에 대해서 설명하고 있다. 매듭이 잘 맺으면 걱정이 없는 인생이다.

이름에 節卦가 들어 있는 사람은 미남 미녀도 많고, 절도 있는 품성을 지녔으며, 직업적으로 하는 일에도 일일결산, 월말결산 등 매듭을 지어 나가고 직업이나 직장을 잘 바꾸기도 한다. 정확하고 꼼꼼하여 회계, 감리에도 맞는다.

▣ 節卦辭

節 亨 苦節 不可貞 (절 형 고절 불가정)
마디를 맺을 때는(節) 힘차야 한다(亨). 고통으로 마디를 맺으면(苦節) 가히 끝에 이르지 못한다(不可貞)

節: 마디 절 / 마디, 대나무의 마디, 뼈의 마디, 한 단락, 절개, 규칙, 제도　苦: 괴로울 고 / 쓰다, 쓴맛, 괴로워하다

작은 일이든 큰일이든 어떤 일을 맺을 때는 똑 부러지게 해야 한다. 그 기운이 힘차고 당당해야 한다. 일의 맺음을 한다는 것이 그리 쉬운 일이 아니다.

고절(苦節)은 자신의 의지와 능력으로 맺음을 하지 못하고 누군가의 힘이나 환경의 변화에 의해 억지로 마지못하여 맺음에 이르는 것으로 끝이 아름답지 못하다. 유종의 미를 거두지 못하는 경우이다.

고통스러운 맺음

가려고 해도 갈 수 없고
그만두지도 못하여
남의 힘으로 맺게 하니
끝이 어딘지도 모른 채
세월과 돈만 날렸네

▣ 節初九

不出戶庭 无咎 (불출호정 무구)
조그만 뜰에서 나오지 않으니(不出戶庭) 허물이 없다(无咎)

> 戶: 지게 호 / 지게, 외짝 문, 구멍, 굴, 집, 막다   庭: 뜰 정 / 뜰, 집 안에 있는 마당, 집 안, 조정

문(門)은 두 짝으로 된 큰 문이고, 호(戶)는 외짝의 작은 문을 의미한다. 戶는 관청이 아닌 가정집을 의미한다. 호정(戶庭)은 군자의 청빈한 삶을 뜻한다. 물러날 때 물러나는 매듭으로 청빈한 삶을 산다는 것은 허물이 없는 군자의 삶이다.

물러난 자가 자꾸 조정을 쳐다보면 안 된다. 관리에서 물러났으면 개인적인 뜰의 범위를 벗어나지 말고 과거와의 매듭을 확실하게 지어야 한다.

물러난 군자

> 물러난 관리는
> 조정과 멀리하고
> 청빈의 도를 지키며
> 개인의 뜰에 안주하라

▣ 節九二

不出門庭 凶 (불출문정 흉)
큰 뜰에서 나오지 않으니(不出門庭) 흉하다(凶)

큰문 안의 넓은 뜰에서 나오지 않는다는 것은 흉한 것이다. 몸은 조정을 나왔으면서도 마음은 조정 안을 어슬렁거리고 있다는 것이다. 복귀하려고 줄을 대고 능력에 넘치는 자리를 탐하고 자신의 욕심을 채우려고 안간힘을 쓰고 있는 꼴이다.

물러나 있으면서도 있었던 곳을 좌지우지하고, 권세를 누리고 있는 것은 흉한 것이다. 맺음이 매끄럽지 못한 경우다.

때가 되면 미련 없이 큰문에서 나와야 한다. 이때 문정(門庭)의 庭은 조정을 의미한다.

때가 되어도 나오지 않음

퇴직 후에도 조정에
어슬렁어슬렁
더 누리고
더 얻으려
텁텁한 미련

▣ 節六三

不節若 則嗟若 无咎 (불절약 즉차약 무구)

맺음을 하지 못하다가(不節若) 곧 후회하고 반성하니(則嗟若) 허물이 없다(无咎)

嗟: 탄식할 차 / 탄식하다, 감탄하다　若: 같을 약 / 같다, 너, 만일

맺음의 시기를 일시적으로 놓쳐 늦었다는 생각이 들더라도 곧 반성하

고 바로잡으면 허물이 없어진다는 뜻이다.

맺음에는 때가 있다. 박수를 받고 아쉬움의 말을 들으며 물러나는 군자다운 맺음이 있는가 하면, 아득바득 많이 누리고 많이 얻으려고 추한 모습 보이다가 본전도 못 찾고 돌아서는 소인도 있다.

맺음에 조금 늦은 감이 있어도 후회하고 서두르면 인생에 허물은 남기지 않을 것이다.

늦은 맺음

늦었다고 포기 않고
후회하며 반성하고
맺고 돌아서면
피눈물은 면하리

■ 節六四

安節 亨 (안절 형)

안전하고 편안하게 맺음을 하니(安節) 힘차고 형통하다(亨)

편안하게 환송받으며 물러나야 새로운 일을 힘차게 할 수 있다. 현직에 있을 때의 부귀와 영화를 잊어버리고 빠르게 변신해야 새로운 일에 대한 즐거움도 누릴 수 있다.

亨은 맺은 다음의 일이 '힘차고 형통하다'는 뜻이다. 정년퇴임하고 준비해뒀던 일을 진행함에 즐거움이 묻어 있다. 참 좋은 일이다.

즐거운 맺음

열심히 하던 일을 맺고
새롭게 염원하던 일
희망과 즐거움으로
신명나게

▣ 節九五

甘節 吉 往 有尙 (감절 길 왕 유상)

달갑게 맺음을 하니(甘節) 길하고(吉) 나아가면(往) 숭상함이 있다 (有尙)

甘: 달 감 / 달다, 맛있다, 상쾌하다   尙: 오히려 상 / 오히려, 바라건대, 높다, 높이다, 숭상하다

그동안 최선을 다해 자신이 세운 목적을 달성하고 물러날 때가 되어 기쁜 마음으로 물러난다는 것이다. 칭송을 받을 일이고 귀감이 되는 일이다. 가장 바람직한 매듭이다.
이제 새로운 인생이 펼쳐질 것이다.

기다리던 맺음

하던 일도 즐거운데
더 즐거운 일
기다리고 있네

아!
희망의 새 인생

▣ 節上六

苦節 貞凶 悔亡 (고절 정흉 회망)
고통으로 맺음을 하니(苦節) 끝이 흉하다(貞凶). 후회 없이 하라(悔亡)

쫓겨나거나 좋지 않은 사건으로 물러났다 하더라도 후회함이 남지 않게 최선을 다해서 일을 처리하고 앙심을 품는 일이 없도록 하라.

다 끝난 일에 미련을 갖지 말고 변화에 순응해야 한다. 끝을 잘 마무리하여 좋은 이미지를 남길 필요가 있다. 자신의 인생에 최선을 다해서 후회함을 없애는 것이 나쁠 것은 없다.

인생에도 버릴 것이 있다. 버릴 것은 과감하고 깨끗하게 버려야 새로운 도전을 할 수 있다. 버릴 것을 버리지 못하는 미련을 떨지 말라.

버릴 것은 과감히

큰 것을 버리면서
작은 것을 아까워하지 마라
미련 두지 말고
깨끗이 버려
후회도
애정도
날려버려라

풍택중부(風澤中孚)

믿음이란 무엇인가? 인간관계의 믿음과 종교적인 믿음이 있을 수 있다. 인간적인 믿음은 수시로 변하는 것이라 누구를 얼마나 믿어야 될지 가늠이 서지 않기도 한다. 배신으로 울부짖기도 하고, 아름다운 믿음으로 행복을 나누기도 한다.

第六十一卦 【中孚】 風澤中孚 巽上兌下

卦辭：中孚 豚魚 吉 利涉大川 利貞
彖曰：中孚 柔在內而剛得中 說而巽 孚 乃化邦也
　　　豚魚吉 信及豚魚也
　　　利涉大川 乘木 舟虛也 中孚以利貞 乃應乎天也
象曰：澤上有風 中孚 君子以議獄緩死

初九：虞 吉 有他 不燕　　象曰：初九虞吉 志未變也

九二：鳴鶴在陰 其子和之 我有好爵 吾與爾靡之
象曰：其子和之 中心願也

六三：得敵 或鼓 或罷 或泣 或歌
象曰：或鼓或罷 位不當也

六四：月幾望 馬匹 亡 无咎
象曰：馬匹亡 絕類 上也

九五：有孚攣如 无咎
象曰：有孚攣如 位正當也

上九：翰音 登于天 貞 凶
象曰：翰音登于天 何可長也

61. 풍택중부(風澤中孚)

믿음의 정체

■ 중부괘(中孚卦) 해설

중부(中孚)는 '중용의 믿음, 참되고 치우치지 않은 믿음'이다. 믿음이란 무엇인가? 무엇을 믿을 것인가, 누구를 믿을 것인가, 믿음이 있고 그 대상이 있다면 지금 굶고 있어도 걱정할 일이 아니다.

인간사의 모든 것은 믿음에서 비롯되고 그 믿음으로 인해 성취되는 것이다. 중부(中孚)라는 의미는 그냥 믿음이 아니라 중용의 정신을 기반에 둔 믿음이라는 의미다. 주역은 믿음의 경전이라고 해도 틀리지 않는다.

믿음은 스스로의 믿음을 우선적으로 강조하고 있다. 다음으로 상호간의 믿음이다. 전제는 당연히 치우치지 않는 믿음이라야 한다. 욕심으로 찌들지 않은 순수한 믿음을 의미한다. 어미가 새끼를 키우듯 자기를 내어주는 믿음을 강조하고 있다.

자신이 믿는 것들을 헤아려보자. 가족, 친구, 종교…… 자신이 믿는 것들과 진정으로 인생을 같이할 수 있는가? 가족도 원수 같은 가족이 있을 수 있고, 친구를 믿고 살 수 있는 인생이 얼마나 될까? 종교? 사심 없이 종교로서의 종교를 믿는 인간이 얼마나 될까? 진정으로 종교를 믿기 바라는 마음이다.

믿는 도끼에 발등 찍힌다는 말도 있다. 믿음에도 분별의 능력이 필요하다.

또한 믿음 속에 함정이 있음도 가르치고 있다. 어떻게 하면 믿음의 함정에 빠지지 않고 중부(中孚)의 도를 행할 것인가?

믿음이라는 것이 쉽지 않은 것이기 때문에 주역은 시종일관 '中孚'를 새기고 또 새기고 있다.

인생에서 믿지 않고는 아무것도 할 수 없다.

▣ 中孚卦辭

中孚 豚魚 吉 利涉大川 利貞 (중부 돈어 길 리섭대천 리정)

믿음은(中孚) 복어를 다루듯이 해야(豚魚) 길하고(吉) 큰 모험도 이롭다(利涉大川). 믿음은 리와 정의 시절에 쓰인다(利貞)

孚: 미쁠 부 / 미쁘다, 참되고 믿음성이 있다, 껍질, 붙다   豚: 돼지 돈 / 돼지, 흙부대, 복어

중용의 덕을 지닌 믿음은 신중하고 정성으로 다루어야 한다. 독이 들어 있는 복어처럼 조심해서 다룬다면 큰 모험을 해도 이로울 뿐만 아니라, 그러한 믿음은 경제활동을 하는 시절인 리의 시절과 은퇴하고 죽음에 이르기까지인 정의 시절에 쓰인다는 뜻이다.

믿음도 큰일을 할 때는 다지고 다져야 한다. 그냥 잘 되겠지 하고 방심하면 해로운 독이 스며든다. 믿음의 성격을 규명하고 있다. 그리고 그런 믿는 사람들이 뭉치면 못할 일도 없다.

믿음의 힘은 위대하다.

믿음의 힘

믿는 힘이 합치면

흐르는 강도 막고
태산도 옮기리

믿음이 새지 않도록
다지고 다져
하늘까지 쌓아라

▣ 中孚初九

虞 吉 有他 不燕 (우 길 유타 불연)

헤아려 새기니(虞) 길하다(吉). 믿음에 다른 것이 있으니(有他) 편치 않다(不燕)

虞: 헤아릴 우 / 헤아리다, 염려하다, 근심걱정하다   他: 다를 타 / 다른, 그, 저, 그 이, 저이, 누구   燕: 제비 연 / 제비, 잔치, 주연, 편안하다

믿음은 상대를 염려하고 헤아리는 데서 출발하는 것이고 또한 길한 것이다. 우(虞)는 배려를 의미한다. 상대의 입장을 새기고 헤아려 배려해야 믿음이 생긴다.

거기에 다른 불순한 의도가 들어가 있으면 편안한 관계가 아니라는 것이다. 친구의 관계에서 서로 완전하고 순수한 믿음이라야 하는데, 무언가 이용하려는 의도가 어느 일방에 숨어 있다면 편치 않은 관계가 된다. 믿음에 욕심이 스며들어 있으면 복어의 독과 같이 치명적일 수 있음이다.

믿음과 사심(私心)

견고한 믿음은 상대의 배려
믿음 속에
욕심이 스며들면
가스(Gas)가 생겨
기포의 공간이 팽창한다

■ 中孚九二

鳴鶴在陰 其子和之 我有好爵 吾與爾靡之 (명학재음 기자화지 아유호작 오여이미지)
　어미 학이 그늘에서 부르니(鳴鶴在陰) 그 새끼가 화답한다(其子和之). 나에게 좋은 잔이 있으니(我有好爵) 나의 것을 너와 더불어 나누리라(吾與爾靡之)

鳴: 울 명 / 울다, 새 짐승이 소리를 내다, 울리다, 명성이 드날리다　陰: 그늘 음 / 응달, 습기, 축축함　爵: 잔 작 / 잔, 술잔, 벼슬, 신분의 위계, 작위를 내리다　爾: 너 이 / 너, 그, 이　靡: 쓰러질 미 / 쓰러지다, 갈다, 멸하다, 호사하다, 나누다

　학이라는 아름다운 동물의 예를 들었다. 얼마나 아름다운 정경인가? 어미 학이 노래하고 새끼 학이 화답하는 흐뭇한 모습이 믿음이라는 것이다. 학은 군자를 상징하므로, 군자가 백성들을 향해 덕을 베풀고, 백성들은 군자를 믿고 따르는 정경을 상상하며 묘사하고 있다. 이 글을 쓴 주공(周公)이 성인(聖人)으로 모자람이 없음을 알려주는 구절이기도 하다.
　뒷부분에서는 나에게 가진 것이 있으면 기꺼이 벗에게 나누는 믿음의

실체를 묘사하고 있다.

앞부분은 상하관계의 믿음이고, 뒷부분은 평등관계의 믿음이다. 믿음은 아름다운 것이다.

믿음의 실체

통치자와 백성의 믿음
사장과 직원의 믿음
이웃 간의 믿음
친구간의 믿음

그 어떤 사이든
믿음이 존재하면
아름답다

▣ 中孚六三

得敵 或鼓 或罷 或泣 或歌 (득적 혹고 혹파 혹읍 혹가)
적을 얻으므로(得敵) 혹 두드리고(或鼓) 혹 그치고(或罷) 혹 울고(或泣) 혹 노래한다(或歌)

鼓: 북 고 / 북, 치다, 두드리다, 맥박   罷: 방면할 파 / 방면하다, 그치다, 쉬다, 그만두다   泣: 울 읍 / 울다, 울음, 눈물, 근심   歌: 노래 가 / 노래하다

믿는 친구에게서 배신을 당한 경우로 볼 수 있다. 친구가 아니라 적이었던 것이다. 자기의 믿음에 문제가 발생했다. 그러니 가슴을 치며 후회하고, 혹은 목 놓아 울고, 그러다가 그치고 노래 부르기도 한다. 실성한

것이다. 이렇게 믿음은 허망한 결과를 갖고 오기도 한다. 돌아버린 사람의 행동을 리얼하게 묘사하고 있다.

믿음을 행할 때는 배신에 대한 각오도 해야 한다. 그래야 미쳐버리는 것은 면할 수 있는 것이 아니겠는가?

친구의 배신

철석같은 믿음
배신으로 돌아와
돌아버렸다

믿음이 크니
충격도 크다

▣ 中孚六四

月幾望 馬匹 亡 无咎 (월기망 마필 망 무구)

달이 거의 차오르는데(月幾望) 마필이(馬匹) 사라지더라도(亡) 허물이 없다(无咎)

幾: 몇 기 / 몇, 얼마, 어느 정도, 그, 거의, 어찌, 자주   匹: 짝 필 / 짝, 동반자, 상대, 벗, 마리

달이 거의 차오른다는 말의 뜻은 일의 성취가 거의 이루어지는 단계에 와 있다는 말이다. 그런데 마필은 동반자를 의미하므로, 동고동락하기로 한 친구가 사라져버렸다는 말이다. 말이 없으면 달릴 수가 없다. 일이 진

행이 안 된다는 뜻이다.

그러나 그를 원망하지 말라. 동반자가 사라진 데는 불가피한 일이 있었을 것이다. 일을 성취시키는 것은 하늘이 하는 것이고, 일을 같이할 친구는 어디에 또 있지 않겠는가? 그 짝이 없어서 일이 안 된다면 그 일은 하늘이 허락하지 않는 일이다. 그래서 허물이 없다고 하였다.

동업자의 배신

모든 과정이 끝나고
생산의 단계만 남았는데
설계도를 갖고 사라졌다

이 사업
나의 것이 아니었다
손실을 최소화하고
맺어라

▣ 中孚九五

有孚攣如 无咎 (유부련여 무구)
믿음이 있어서 맺어지는 것이니(有孚攣如) 허물이 없다(无咎)

攣: 걸릴 련/ 걸리다, 연관되다, 관계하다, 맺다

믿음으로 인연이 된다. 남녀의 사랑에도 믿음이 기초가 된다. 련여(攣如)는 인연으로 맺어진다는 의미다. 뿐만 아니라 인간관계가 모두 믿음으로 맺어진다면 허물이 없을 수밖에 없다.

믿기 때문에 사랑하게 되고, 사랑하고 나서 믿음을 쌓아가기도 한다. 믿음으로 맺은 인연은 아름답다.

믿음의 인연

믿어서 사랑하고
사랑해서 믿고
믿음의 다리가 튼튼하면
한 마음

▣ 中孚上九

翰音 登于天 貞凶 (한음 등우천 정흉)
닭과 같이 날지 못하는 새(翰音)가 하늘에 오르니(登于天) 끝이 흉하다 (貞凶)

翰: 날개 한 / 날개, 금계, 빠르게 날다   登: 오를 등 / 오르다, 지위에 오르다, 더하다, 보태다

한음(翰音)은 날개는 있어도 날지 못하는 닭과 집오리 같은 조류를 의미한다. '날개가 있다는 말만 있는 새' 정도로 직역할 수 있다. 音은 '말'이라는 뜻이다.

날지도 못하는 것이 날 수 있다는 착각으로 높은 곳에 올라 허공으로 비행하려 하지만 결국 땅에 떨어지는 흉한 꼴이 된다. 자아도취의 허망한 꿈속에서 살아가는 경우를 말한다.

이는 잘못된 믿음이고 결과는 흉하다. 자신의 능력 밖의 것을 할 수 있

다는 착각으로 가벼이 덤볐다가 낭패를 본다는 것이다.
　자신의 능력을 과신하였거나 짝의 능력을 과신한 경우다.

　　　과신(過信)

　　　능력이 없는데 착각으로
　　　있다고 믿고
　　　허우적거리다가
　　　낭패다

뢰산소과(雷山小過)

약간 과장되어 아름다울 때가 있다. 적극적인 표현으로 자신을 드러내고 멋을 창출하는 것이 소과(小過)에 해당된다. 그 지나침이 도를 벗어나면 허풍이 되기도 하고 역겨울 수도 있다. 멈추기 힘든 지나침의 욕심을 어떻게 다스릴 것인가?

第六十二卦 【小過】雷山小過 震上艮下

卦辭：小過 亨 利 貞 可小事 不可大事 飛鳥遺之音 不宜上 宜下 大吉
彖曰：小過 小者過而亨也 過以利貞 與時行也 柔得中 是以小事吉也
　　　剛失位而不中 是以不可大事也
　　　有飛鳥之象焉 飛鳥遺之音不宜上宜下大吉 上逆而下順也
象曰：山上有雷 小過 君子以行過乎恭 喪過乎哀 用過乎儉

初六：飛鳥 以凶　　象曰：飛鳥以凶 不可如何也

六二：過其祖 遇其妣 不及其君 遇其臣 无咎
象曰：不及其君 臣不可過也

九三：弗過防之 從 或戕之 凶
象曰：從或戕之 凶如何也

九四：无咎 弗過 遇之 往 厲 必戒 勿用永貞
象曰：弗過遇之 位不當也 往厲必戒 終不可長也

六五：密雲不雨 自我西郊 公 弋取彼在穴
象曰：密雲不雨 已上也

上六：弗遇過之 飛鳥離之 凶 是謂災眚
象曰：弗遇過之 已亢也

62. 뢰산소과(雷山小過)

과장의 멋

■ 소과괘(小過卦) 해설

　소과(小過)는 '작은 지나침'을 의미한다. 사람이 살아가면서 약간의 오버(over)는 멋스러울 때가 있다. 과도한 지나침만 아니면 포용과 용서가 가능한 것이다. 이렇게 삶의 활력소가 되는 小過는 자칫 너무 지나쳐 화를 부르는 경우가 있다. 음의 기운이 양의 기운보다 강한 소과는 여성적 기운이 남성적 기운보다 강한 경우다.
　小過의 가르침은 절제이다. 뛰쳐나가려고 하는 욕망과 드러냄, 과시, 허풍 등을 절제하는 것이 중요하다. 절제하려고 노력하는 중에 약간씩 삐져나오는 오버의 기운은 멋으로 장식될 수가 있다. 허락되는 과장의 범위가 거기까지이다. 큰일을 이루고자 하면 뼈를 깎는 절제의 도를 지켜야 한다.
　小過는 장점도 있다. 약간의 과장과 멋은 인생의 활력소이고 대인관계의 역동성을 제공하기도 한다. 그리고 조화와 균형이라는 틀 속에 갇힌 정체를 흔들어 새로운 활력을 불어넣어 발전된 조화와 균형의 시발점을 만들어내기도 한다.
　小過의 일반적인 특성은 너무 높이 날고자 하는 욕망의 기운이 팽배하다. 능력보다 욕망이 강한 어리석음을 갖고 있다. 욕망을 절제하지 못하면 지나침을 만나게 되고 결국 어려움을 겪게 된다. 음의 기운이 득세하는 현상이므로, 양의 기운을 불어넣어 조화를 만들어야 한다.

▣ 小過卦辭

小過 亨 利 貞 可小事 不可大事 飛鳥遺之音 不宜上 宜下 大吉 (소과 형 리 정 가소사 불가대사 비조유지음 불의상 의하 대길)

조금 지나침은(小過) 亨, 利, 貞의 시절에 통한다. 작은 일에는 가하나(可小事) 큰일에는 불가하다(不可大事). 높이 나는 새가 소리를 남긴다(飛鳥遺之音). 올라가면 마땅치 않고(不宜上) 내려가면 마땅하니(宜下) 크게 길하다(大吉)

過: 지날 과 / 지나다, 지나치다, 초월하다, 여유가 있다   飛: 날 비 / 날다, 덜어지다, 오르다, 튀다   遺: 남길 유 / 남기다, 끼치다, 잃다, 버리다, 보내다   宜: 마땅할 의 / 마땅하다, 화목하다

소과(小過)는 괘상으로 볼 때 음의 기운이 양의 기운보다 조금 강한 기운을 갖고 있다. 元의 시기에는 음양의 구분이 없으므로 지나침의 기운을 논하지 않고 본격적으로 자신의 인생을 살아가는 형, 리, 정의 시절 전반에 小過의 기운이 두루 미친다고 하였다.

음의 기운이 강하므로 국가의 대사(大事)에는 적합하지 않고 작은 일에는 길하다고 했다.

하늘 높이 나는 새가 울음소리를 남긴다고 한 것은 음의 기운의 한계를 의미한다. 더 높이 올라가면 소리도 들리지 않을 것이고, 새의 존재가 희미해질 것이다. 그러므로 내려와야 마땅하다. 새가 높이 나는 것만이 능사가 아니라 자신의 분수에 충실해야 한다. 닭을 새가 아니라고 할 사람은 아무도 없다. 닭은 날지 않아도 이웃과 조화를 이루며 잘 살아간다. 날개가 있어도 날려 하지 않고 환경에 적응하며 살아가는 닭에게서 배워야 한다.

인간의 과욕은 금물이다. 주어진 능력과 행복이 분명한데, 맞추어 살아가는 지혜를 가르치고 있다.

절제하라

작고 세밀하게
낮은 곳에서 오밀조밀하게
능력의 9할만 쓴다는 기분으로
여유가 소과(小過)이니
멋있는 인생

▣ 小過初六

飛鳥 以凶 (비조 이흉)
높이 나는 새는(飛鳥) 흉하다(以凶)

왜 높이 나는 새가 흉할까? 능력의 범위를 벗어나 높이 날았다는 것이다. 자신의 울음소리가 들릴 수 있는 높이까지만 날아야 하는데, 더 높이 난 경우다. 종달새는 보일락 말락 하게 높이 날아도 소리는 명랑하게 들린다. 기러기도 높이 날아도 소리가 들린다.

小過는 도를 넘으려는 기운이 강하기 때문에 자신을 제어하지 못하고 끝없이 올라가려고 한다. 그것을 경계하고 있다. 한번 잘나가면 분명히 내리막이 있다는 것을 알아야 하는데, 끝없이 올라가려다 안착의 반경을 벗어나버린다.

나는 새(飛鳥)

한번 올라
창공을 날면
끝까지 가고파
위로만 향하니
돌아오는 길을 잃었다

▣ 小過六二

過其祖 遇其妣 不及其君 遇其臣 无咎 (과기조 우기비 불급기군 우기신 무구)

그 할아버지를 지나(過其祖) 그 죽은 어머니를 만났다(遇其妣). 임금에는 이르지 못하고(不及其君) 신하를 만남이니(遇其臣) 허물이 없다(无咎)

<small>祖: 조상 조 / 할아버지, 선조, 조상, 근본   妣: 죽은 어미 비 / 어미, 죽은 어머니</small>

小過는 음이 기운이 강하기 때문에 음의 덕을 입는다. 그래서 남자 조상인 할아버지와 여자 조상인 어머니의 음덕을 받았다는 것이다.

양의 기운이 대표적인 것이 임금이기 때문에 임금의 자리에는 이르지 못한다고 하였다. 그러나 신하의 자리는 허물이 없다. 또 자신의 능력은 갖추어져 있어도 그 능력을 펼칠 주군이나 시대를 만나지 못한다고 하였다. 윗사람에 대한 복은 없으나 아랫사람에 대한 복은 있다. 윗사람이라도 죽은 사람들에 대한 복은 있으니 나쁜 운이라고 볼 수는 없다.

음(陰)의 기운

음덕의 기운
여성의 기운
따라가는 기운
아래를 향한 기운

▣ 小過九三

弗過防之 從 或戕之 凶 (불과방지 종 혹장지 흉)

지나침을 막지 못하여(弗過防之) 따르니(從) 혹 죽임을 당할 수 있다(或戕之). 흉하다(凶)

防: 막을 방 / 막다, 둑, 대비하다, 수비   戕: 죽일 장 / 죽이다, 상하게 하다, 손상을 입히다

지나침을 막지 못하였다고 한 것은 小過의 범위를 넘어선 경우다. 소리가 들리지 않을 정도로 높이 날아버렸다는 것이다. 음기의 팽창을 막지 못하였으므로 그 기운에 종속되어 끌려간다.

그 결과는 죽을 수도 있고, 몸을 상할 수도 있다. 매우 나쁜 결과를 예상할 수 있다. 음의 기운은 약간의 과장에서 그치면 삶의 청량제가 되지만 지나치면 흉하다는 가르침이다.

과장(誇張)

멋의 도를 넘고

거짓말의 도를 넘고
행동의 도를 넘고
불신의 씨앗은 자란다

▣ 小過九四

无咎 弗過 遇之 往 厲 必戒 勿用永貞 (무구 불과 우지 왕 려 필계 물용영정)

처음은 허물이 없고(无咎) 지나치지도 않다가(弗過) 나중에 지나침을 만나게 되니(遇之) 나아가면(往) 위태롭다(厲). 반드시 경계하고(必戒) 긴 끝은 쓰지 말라(勿用永貞)

戒: 경계할 계 / 경계하다, 조심하고 주의하다, 삼가다, 타이르다, 알리다

지나침에도 단계가 있다. 元의 시절에는 음양의 크게 작용하지 않아 소과가 영향을 미치지 않지만, 점점 음의 기운이 강해지면서 小過의 기운을 만나게 된다는 것이다. 무구 불과(无咎 弗過)는 음양이 조화를 이루는 단계다.

점점 음의 세력이 강해지면서 나아감이 위태롭다. 욕심을 버리고 오버하지 말아야 한다.

긴 끝은 쓰지 말라고 하는 것은 장기 프로젝트는 좋지 않다는 말이다. 순간순간 매듭을 지으면서 인생을 살아야 한다. 크고 대단한 결과는 기대하기 어렵다.

절제와 매듭

순간에 충실하고
절제하고
매듭짓고

장기 사업은
피하라

▣ 小過六五

密雲不雨 自我西郊 公 弋取彼在穴 (밀운불우 자아서교 공 익취피재혈)

구름이 빽빽하나 비가 오지 않음은(密雲不雨) 내가 서쪽 외곽에 있음이다(自我西郊). 공이(公) 주살로 구멍에 있는 상대를 잡는다(弋取彼在穴)

密: 빽빽할 밀 / 빽빽하다, 촘촘하다, 조용하다, 깊숙하다, 그윽하다   郊: 성 밖 교 / 성 밖, 교외, 국경, 끝   弋: 주살 익 / 주살, 화살, 잡다, 사냥하다   彼: 저 피 / 저, 저 사람, 상대   穴: 구멍 혈 / 구멍, 움, 구덩이, 소굴, 동굴, 샘

밀운불우(密雲不雨)는 세상이 온통 음기로 가득한데, 윗사람의 도움도 없다는 뜻이다. 구름은 음의 기운이고, 모인 구름을 비로 내리게 하는 것은 하늘이고, 하늘은 양의 기운이다. 자신은 서쪽 교외에서 어슬렁거리고 있으니 현실적으로 힘도 권력도 없어서 할 수 있는 일이 아무것도 없다. 작은 일을 찾아 적극적으로 살아야 한다.

공(公)이 주살로 구멍 속의 상대를 잡는다는 말은 힘 있는 자를 동원하

여 음의 기운을 처단한다는 말이다. 음기가 지나친 것을 적극적으로 경계해야 한다는 것을 재차 강조하고 있다. 능력 밖의 욕심을 경계해야 한다.

능력 밖의 욕심

노력하지 않는 꿈은
이루지 못함이니
아침저녁으로
욕심을 걷어내고

일을
능력 안으로
몰아넣어라

■ 小過上六

弗遇過之 飛鳥離之 凶 是謂災眚 (불우과지 비조리지 흉 시위재생)

만나지 않고 지나치니(弗遇過之) 높이 나는 새가 떠남이라(飛鳥離之). 흉하다(凶). 이를 재앙이라고 말한다(是謂災眚)

離: 떠날 리 / 떠나다, 가르다, 열다, 헤어지다, 물러나다   謂: 이를 위 / 이르다, 알리다, 가리키다, 생각하다   眚: 눈에 백태 낄 생 / 눈에 백태가 끼다, 잘못, 허물, 재앙

불우과지(弗遇過之)는 멈추지 않고 지나쳤다는 말이다. 하늘을 나는 새가 소리만 들리지 않은 것이 아니라 모습도 보이지 않는다. 음의 기운이

팽창하여 욕심이 극에 달한 상황이다. 이것이 바로 재앙이다.
   순간순간 자신의 자리를 찾고 확인해야 한다. 일을 작게 분해하고 매듭을 짓는 습관이 필요하다.

재앙

높이
한없이 날아
땅에서도 보이지 않고
하늘에서도 보이지 않고
걱정만 보이네

수화기제(水火旣濟)

타고나면서부터 유복한 삶을 영위하는 사람이 있다. 결국 거친 인생을 배우지 못하여 세상살이에 적응이 어려운 경우가 많다. 절약을 모르고 나눔을 모르면 허망하게 모든 것을 잃어버린다. 그러면 세습된 권력자나 부자는 어떻게 살아야 하는가?

第六十三卦 【旣濟】 水火旣濟　坎上離下

卦辭：旣濟 亨 小利貞 初吉 終亂
彖曰：旣濟亨 小者亨也 利貞 剛柔正而位當也
　　　初吉 柔得中也 終止則亂 其道窮也
象曰：水在火上 旣濟 君子以思患而豫防之

初九：曳其輪 濡其尾 无咎
象曰：曳其輪 義无咎也

六二：婦喪其茀 勿逐 七日得
象曰：七日得 以中道也

九三：高宗伐鬼方 三年克之 小人勿用
象曰：三年克之 憊也

六四：繻有衣袽 終日戒
象曰：終日戒 有所疑也

九五：東鄰殺牛 不如 西鄰之禴祭 實受其福
象曰：東鄰殺牛不如西鄰之時也 實受其福 吉大來也

上六：濡其首 厲
象曰：濡其首厲 何可久也

63. 수화기제(水火旣濟)

가진 자의 여유

■ 기제괘(旣濟卦) 해설

　기제(旣濟)는 '이미 건넜다'의 뜻이다. '원래부터 갖고 있다'의 의미다. 태어나는 순간 빈손이 아니고 이미 갖고 태어나는 인생의 경우다. 권력을 갖고 태어나기도 하고, 부를 갖고 태어나기도 한다. 그러나 그들의 인생도 쇠락의 길을 걷게 된다.
　기제(旣濟)는 부와 권력을 물려받거나 그것을 쟁취한 사람들의 이야기다. 이들은 처세를 어떻게 해야 되는가? 기제자(旣濟者)도 자신의 기득권을 지키는 데 급급하여 자연과 시대의 흐름을 거역하면 재앙이 따른다고 경고하고 있다.
　나눔의 실천으로 자신이 갖고 있는 것을 지키고 누릴 수 있다는 가르침을 주고 있다. 쾌락에 빠져서도 안 된다. 원성을 듣지 않도록 주변과 호흡을 같이해야 하고, 하늘의 명을 존중해야 한다.
　기제(旣濟)의 운은 고귀하다. 타고난 바탕이 귀하여 돈으로 얻을 수 있는 기운이 아니다. 주변의 사람들과 환경이 호응할 때 이루어지는 운이다. 똑똑한 기운을 타고나 고시에 합격해서 가진 자의 대열에서 인생을 시작하는 경우도 있다.
　가진 것이 이미 채워져서 앞으로의 인생은 나누지 않으면 기울어지는 일만 남았다. 기울어지지 않으려면 베풀어야 한다.
　베풀기만 하면 고귀한 기운이 항상 머무는 운이니 참 좋은 인생이다.

▣ 既濟卦辭

既濟 亨 小利貞 初吉 終亂 (기제 형 소리정 초길 종란)

기제는(既濟) 형의 시절에 이루어지고(亨) 利와 貞의 시절에는 이로움이 작아진다(小利貞). 처음은 길하고(初吉) 끝은 어지럽다(終亂)

既: 이미 기 / 이미, 처음부터, 원래, 벌써, 이윽고   濟: 건널 제 / 건너다, 나루, 빈곤이나 어려움에서 구제하다   亂: 어지러울 란 / 어지럽다, 다스리다, 반역

기제(既濟)는 亨의 시절에 좋다. 조건을 잘 타고난 既濟者(부모로부터 유복한 환경을 물려받은 자)는 어린 시절 풍족하게 지낸다. 좋은 교육을 받고, 가진 자들과 교류하며, 환경이 좋은 배우자와 만나 결혼한다. 여기까지는 기제의 타고난 운이다. 이것을 초길(初吉)이라 했다.

그러나 자신의 환경이 시대의 흐름과 일치하지 않는다면 끝이 작아지고 어지러워진다. 가진 자는 나눔을 실천하며 환경의 흐름에 적응하는 노력을 해야 한다. 기제의 운은 利의 시절인 자신이 경제활동을 하며 살아갈 때부터는 과거의 귀하게 자란 인생이 현실사회와 적응이 안 되어 어지러운 인생이 된다. 자기를 받들어주기 위해 사회가 움직이는 것이 아니기 때문이다.

여기서 중요한 것을 발견할 수가 있다. 귀한 집에서 태어나 자란 사람들이 주역의 기제(既濟)에 관한 가르침을 받으면 혼란을 예방할 수 있다는 것이다. 주역을 읽지 않는 데 문제가 있다. 주역을 읽을 수 있는 환경으로 만들어놓지 못한 학자들의 책임도 있다. 주역을 점을 치는 '점서'로만 잘못 알게 만들고, 난해하게 해석해놓은 점을 지적하지 않을 수 없다.

우리 사상 바로 알기

주역은 지혜서이고, 삶의 철학이다. 우리의 정체성의 학문이고, 영원성을 확보하고 있는 귀중한 학문이다. 우리는 조상들의 슬기를 이해하고 활용하기 위해서 교육과정에 한자교육을 넣어야 한다. 그래야 주역도 읽고 이해할 수 있지 않겠는가? 불과 100년 전까지 모든 문서, 기록, 저술 등이 한자로 쓰여졌다. 그것을 읽고 배울 수 없다는 것은 역사의 단절이고, 문화의 단절이다. 우리는 허공에 뜬 민족이 아니다. 적어도 1만 년, 그 이상 알 수 없을 만큼 오랜 역사를 지닌 민족인데, 1만 년의 1%인 100년의 역사와 기록만 갖고는 다가올 유구한 역사의 고리를 어떻게 엮을 것인가? 중국이 쓰고 발전시킨 것은 틀림없지만, 우리 조상이 창안하고 만들어낸 문자인 한자를 우리가 배우고 발전시키지 않으면 누가 그 역할을 할 것인가?

중국도 간자체라는 한자를 대중화시켜 한자 정체를 읽지도 쓰지도 못하므로 역사의 단절이 심각히 우려된다고 한다. 우리는 우리 조상이 만들고 썼던 우리 문자인 한자를 공부해야 한다. 창조의 바탕이 한자 속에 숨어 있음을 간과해서는 안 된다.

우리가 쓰고 있는 한글은 세종대왕이 명명했듯이 우리의 글이라기보다는 음(音)이다. 곧 '훈민정음(訓民正音)' 이라는 말이다. 세종대왕이 왜 '正音' 이라고 했을까? 헷갈려서? 무식해서? 아니다! 한자라는 멋진 우리글이 있기 때문에 음을 표현하는 도구를 만들고자 하였으며, 그것이 한글이다. 세종이 한글로 지은 『월인천강지곡(月印千江之曲)』이나 「용비어천가(龍飛御天歌)」를 보라. 뜻 부분은 한자로 쓰고, 음 부분만 한글로 썼지 않은가? 한자와 한글의 우열을 가리는 어리석음은 범하지 말자. 둘 다 절대적으로 필요한 우리의 것이다.

우리 민족은 뜻글자인 한자와 소리글자인 한글을 갖고 있는 지구상에서 유일한 민족이다.

젊은 날의 좋은 기운

귀한 신분의 자식
어려움을 뛰어넘어
의기양양

거친 세상과 싸움은
만만치 않구나

◾ 旣濟初九

曳其輪 濡其尾 无咎 (예기륜 유기미 무구)
그 수레를 끌다가(曳其輪) 꼬리를 적시지만(濡其尾) 허물은 없다(无咎)

曳: 끌 예 / 끌다, 끌리다, 고달프다   輪: 바퀴 륜 / 바퀴, 수레, 수레를 세는 단위

濡: 젖을 유 / 젖다, 적시다, 은혜를 입다   尾: 꼬리 미 / 꼬리, 등 뒤, 흘레하다

수레는 부모로부터 물려받은 권력이나 재물을 말한다. 이를 배에 묶어 끌고 강을 건넌다 함은 자신의 방식대로 물려받은 것을 운용한다는 말이다. 물려받은 것을 기반으로 하여 새로운 도전을 시도하는 것이다. 그러다가 꼬리에 약간의 손상을 입어 손실이 발생한다 하여도 허물이 없다.

환경에 적응하는 새로운 시도를 주역은 권장하고 칭찬하고 있는 것이다. 물려받은 것으로 안주하여 쾌락을 즐기는 삶보다는 값있는 도전을 하고 있는 것이다.

귀하게 자란 사람이 처음으로 환경에 도전하는 상황을 묘사하고 있다. 실수도 하고 시행착오도 거치고 손해도 보고 배신도 당할 것이다. 자신

이 가진 것에 비하면 치명적인 손상이 아니라 인생의 수업료 정도이므로 감수할 만하다.

첫 번째 적응훈련

물려받은 것으로
자신의 판단과 의지로
끌고 가다
넘어지고
깨어지고
그래도 일어서니
장하다

▣ 旣濟六二

婦喪其茀 勿逐 七日得 (부상기불 물축 칠일득)

부인이 그 가리개를 잃어도(婦喪其茀) 쫓지 말라(勿逐). 이레면 얻는다(七日得)

茀: 풀 우거질 불/ 풀이 우거지다, 수레포장, 막히다   逐: 쫓을 축 / 쫓다, 뒤쫓아 가다, 물리치다, 추종하다, 구하다, 경쟁하다, 다투다

불(茀)은 수레를 탄 여인이 얼굴을 가리는 수레 포장으로 부인의 명예에 해당한다. 그 가리개를 잃었다는 것은 명예를 손상당했다는 것이다. 그것을 쫓아가지 마라. 일주일이면 다시 회복할 수 있다. 기제자(旣濟者)는 돈이나 명예, 권력에 약간의 손상을 입었다 하더라도 무리한 행동을

할 필요가 없다. 대범하게 있어도 다 회복할 수 있다는 뜻이다.

약간의 훼손

재물이 축나고
명예가 손상되어도
시간이 가면 덮어지고
회복됨이니
기제자(旣濟者)의 복이다

▣ 旣濟九三

高宗伐鬼方 三年克之 小人勿用 (고종벌귀방 삼년극지 소인물용)
고종이 귀방을 치리니(高宗伐鬼方) 3년이면 그것들을 이긴다(三年克之). 소인을 쓰지 말라(小人勿用)

伐: 칠 벌/ 치다, 베다, 공적, 공훈   鬼: 귀신 귀/ 귀신, 지혜롭다, 교활하다, 멀다, 먼곳

고종(高宗)은 기제의 운을 타고난 현명하고 훌륭한 왕이다. 귀방(鬼方)은 이상한 무리들이 사는 곳으로, 정벌의 대상이다.
  고종과 같이 훌륭한 왕도 보잘것없는 무리를 치는 데 3년이라는 적지 않은 시간이 걸린다. 그렇더라도 소인은 쓰지 말라고 하였다. 기제자가 큰일을 도모하는 데 소인과 손을 잡으면 안 된다는 가르침이다. 기제자는 누가 보아도 수긍할 수 있게 당당함을 보여야 한다. 그래야 만인의 지지를 받을 수 있다.

기제자는 이미 많은 사람에게 노출되어 있는 신분이다. 신분에 걸맞은 행동을 해야 한다.

큰일의 도모

큰일이
힘이 들고
시간이 걸려도
당당하고 투명하게
싸워 이겨라

▣ 旣濟六四

繻有衣袽 終日戒 (수유의녀 종일계)

비단옷에 해진 헝겊으로 꿰맨 흔적이 있고(繻有衣袽) 종일 경계한다(終日戒)

繻: 고운 명주 수/ 명주, 코가 촘촘한 그물   袽: 해진 옷 녀 / 해진 옷, 헝겊, 걸레
戒: 경계할 계 / 경계하다, 조심하다, 주의하다, 삼가다, 타이르다

비단옷에 해진 헝겊으로 기워 입었다는 것은, 바탕은 귀족이지만 수수하게 살아가는 모습을 말한다. 검소한 생활로 어려운 사람을 보살피며 항상 자신을 향락에 빠지지 않도록 경계하라는 말이다. 물려받은 것으로 좋은 집에 좋은 차를 타며 좋은 곳으로 놀러 다닌다면 기제의 삶을 이어갈 수 없다는 뜻이다.

기제(既濟)의 삶

검소하고
향락을 경계하고
만인이 보고 있음을 명심하라

▣ 既濟九五

東隣殺牛 不如 西隣之禴祭 實受其福 (동린살우 불여 서린지약제 실수기복)

동쪽 이웃의 소를 잡음이(東隣殺牛), 서쪽 이웃의 간략한 제사로(西隣之禴祭) 실로 그 복을 받음만(實受其福) 못하다(不如)

동린(東隣)은 중앙(土)에서 볼 때 상극의 방향이다. 東은 木의 방향이고, 중앙은 土方이기 때문이다. 서린(西隣)은 金의 방향으로 土를 중심으로 상생의 方이다. 그러므로 동린의 제사는 상극하는 사람들의 제사라는 뜻이고, 서린의 제사는 약소하여도 상생의 제사를 올리고 있는 것이다.

기제자는 항상 상생의 원칙을 지키기만 하면 상극의 方에서 싸움을 걸어와도 타고난 복을 다 누릴 수 있다는 뜻이다. 상생의 길을 간다는 것은 나누고 베푸는 삶이다.

사람은 스스로를 다스림이 가장 어렵다.

상생의 삶

소박하고
베풂의 삶으로

복된 길을 가는 인생

▣ 旣濟上六

濡其首 厲 (유기수 려)
그 머리를 적시니(濡其首) 위태롭다(厲)

　기제자가 물려받은 재물과 권력을 다 잃었다는 말이다. 검소하지도 않고, 상생의 원칙을 지키지 않은 경우다. 쾌락을 쫓는 삶을 살았다. 머리를 적시니 정신이 옳지 못함을 의미한다.
　기제자에게는 재물과 권력을 물려주기에 앞서 올바른 정신을 물려주어야 한다.

정신을 잃다

재물도 잃고
권세도 잃고
사랑도 잃고
정신도 잃다

화수미제(火水未濟)

　모든 인간은 자신의 꿈을 완성하기 위해 몸부림친다. 혹자는 성공하기도 하고, 더러는 꿈을 먹으며 살다 죽는다. 뭔가 이루고자 하는 것, 이룬 것을 물려주고자 하는 것과 같은 인간의 본능적 욕망이 세상을 발전적으로 돌게 만든다. 오늘도 세상은 돌고 있다. 정신 바짝 차리고 살아라.

第六十四卦 【未濟】 火水未濟 離上坎下

卦辭：未濟 亨 小狐 汔濟 濡其尾 无攸利
彖曰：未濟亨 柔得中也 小狐汔濟 未出中也 濡其尾无攸利
　　　不續終也 雖不當位 剛柔應也
象曰：火在水上 未濟 君子以愼辨物 居方

初六：濡其尾 吝
象曰：濡其尾 亦不知極也

九二：曳其輪 貞吉
象曰：九二貞吉 中以行正也

六三：未濟 征 凶 利涉大川
象曰：未濟征凶 位不當也

九四：貞吉 悔亡 震用伐鬼方 三年 有賞于大國
象曰：貞吉悔亡 志行也

六五：貞吉 无悔 君子之光 有孚 吉
象曰：君子之光 其暉吉也

上九：有孚于飲酒 无咎 濡其首 有孚失是
象曰：飲酒濡首 亦不知節也

64. 화수미제(火水未濟)

모험과 투쟁

▣ 미제괘(未濟卦) 해설

미제(未濟)는 '아직 건너지 못함'의 뜻이다. '건널 것이 남아 있다' 이다.

인생에 완성이란 있는 것일까? 인생의 목표는 무엇일까? 만족한 삶을 추구하는 모든 인간에게 주역은 마지막 장에서 메시지를 남기고 있다.

기제자(既濟者)와는 달리 가진 것이 변변치 않은 보통의 인간들은 자신의 의지로 일을 벌여 모험을 하는 중에 꼬리만 적셔도 인생 전반에 타격을 받고 어려운 삶을 살아가게 된다. 미제자(未濟者)는 더 절약하고 더 노력해야 한다. 오직 '하늘은 스스로 돕는 자를 돕는다'는 격언을 믿을 수밖에 없다. 조상의 음덕도 없고, 윗사람의 도움도 없고, 주변 환경의 도움도 없다. 그런 조건들을 스스로 개척하고 쌓아가야 한다.

미제자(未濟者)가 기제(既濟)를 향해 가려면 분연히 일어나 큰 모험을 해야 한다. 자신의 삶을 개척할 배를 띄워야 한다. 콜럼버스의 심정으로 모든 것을 집중시켜 항해해야 한다. 그것이 돈이든 권력이든, 학문이든 예술이든, 미지의 세계를 탐험하는 자가 무엇을 이루어도 이룰 것이다.

주역은 인간들에게 그 길을 제시하고 끊임없는 채찍을 가하고 있다. 아직 인생의 목표가 남아 있는 사람들은 모험하고 투쟁하며 전진해야 한다.

▣ 未濟卦辭

未濟 亨 小狐 汔濟 濡其尾 无攸利 (미제 형 소호 흘제 유기미 무유리)

　미제의 운은(未濟) 형의 시절과 통하는 힘찬 기운이다(亨). 작은 여우가(小狐) 강을 거의 건넜는데(汔濟) 그 꼬리를 적시니(濡其尾) 유리할 것이 없다(无攸利)

　未: 아닐 미 / 아니다, 아직 ~하지 못하다, 미리, 장래　濟: 건널 제 / 건너다, 나루, 빈곤이나 어려움에서 구제하다　狐: 여우 호 / 여우　汔: 거의 흘 / 거의, 물이 마르다　濡: 젖을 유 / 젖다, 적시다, 은혜를 입다

　미제자(未濟者)는 물려받은 것이 없는 상태에서 자신의 세계를 개척해야 한다. 그러니 젊은 시절부터 힘차게 나아가야 한다.
　소호(小狐)라는 작은 여우는 힘없고 연약한 미제자를 상징한다. 그나마 마른 곳을 찾아 쉽게 강을 건너려고 작은 도전을 시도하지만 그것마저 이루기가 쉽지 않다.
　유기미(濡其尾), 꼬리를 적셨다는 것은 미천한 자본금 일부를 손해 봤다는 뜻이다. 그래도 경험은 얻었으니 유리할 것은 없어도 불리한 장사는 아니었다는 의미다.
　미제자는 다시 정신을 가다듬고 전열을 정비하여 작은 실패를 거울삼아 더 큰 도전을 힘차게 해야 한다. 젊음을 다 바쳐 도전하라. 그리고 꿈을 이루어야 한다.

끝없는 도전의 시작

연약한 자
쉬운 도전에도
시행착오를 하고
넘어지고
깨어지니
경험만 챙겼다

▣ 未濟初六

濡其尾 吝 (유기미 린)
그 꼬리를 적시니(濡其尾) 궁색하다(吝)

　미제자(未濟者)가 강을 건너다(사업을 하다가, 어떤 목표를 향해 나아가다가) 꼬리를 적시니 궁색해질 수밖에 없다. 손해를 보는 경우도 있겠고, 강을 건너기는 했지만 인격에 흠이 생기는 경우도 생각할 수 있다.
　정당치 않은 방법으로 목적만 달성하고자 한다면 궁색한 지경에 놓이게 될 수 있다.
　여기서는 물질적으로 손해를 봤다고 하기보다는 일의 진행과정에 흠이 있었다고 해석함이 좋을 것 같다. 당당하지 못하고 사술을 써서 목적은 달성했으나 부끄러운 상황이다. 뒤에 린(吝)이 있어서 그렇다.

부끄러운 달성

사술로

경쟁을 물리치고
작은 목적은 달성했으나
인생의 긴긴 여정을
어찌 넘을까?

■ 未濟九二

曳其輪 貞吉 (예기륜 정길)
수레를 끌고 나아가니(曳其輪) 결국 길하다(貞吉)

曳: 끌 예 / 끌다, 고달프다　輪: 바퀴 륜 / 바퀴, 수레, 수레를 세는 단위

　　변화와 모험을 시도하고 있다. 자신의 의지로 자신의 길을 개척하고 있는 것이다. 목표를 정하고 수험공부를 하거나, 예술분야를 개척하거나 사업을 시작한 경우다.
　　주역은 도전을 강조하고 있다. 그리고 변화를 유도하고 있다. 미제(未濟)는 발전의 원동력을 말하고 있다. 혼신의 힘을 모아 자신이 결정한 일을 성공시키기 위하여 끊임없이 노력하는 모습이 얼마나 아름다운가?

아름다운 도전

목표를 세우고
기업을 일으키고
끌고 가는 도전정신

변화의 주역이다

■ 未濟六三

未濟 征 凶 利涉大川 (미제 정 흉 리섭대천)

미제의 상태로(未濟) 계속 나아가면(征) 흉하다(凶). 큰 강을(모험) 건넘이 이롭다(利涉大川)

아무것도 이룬 것이 없는 사람이 아무런 목표도 없이 세월만 보내고 있으면 흉(凶)하다는 경고다.

어떻게 하면 자신이 가장 잘할 수 있는 일, 타고난 일, 준비가 잘 된 일을 갖고 먼저 큰 내(川)를 건널 수 있을까? 자립의 기반을 마련해야 한다. 자기 방식의 모험을 해서 기틀을 잡고 나아가야 한다.

성공한 사람은 자기만의 방식이 있다. 남의 방식을 따라하는 사람은 일시적으로는 성공할 수 있을지 몰라도 큰 성공은 거두기 힘들다. 남이 하지 않은 일을 시도하는 것이 모험이다.

자신의 일을 찾아라

허송세월 보내지 말고
좋아하는 일
잘하는 일
준비된 일
그런 일로
승부 걸어라

▣ 未濟九四

貞吉 悔亡 震用伐鬼方 三年 有賞于大國 (정길 회망 진용벌 귀방 삼년 유상우대국)

끝까지 길하다(貞吉). 후회 없이(悔亡) 귀방을 치는 데 우레를 써서(震用伐鬼方) 3년이 걸렸다(三年). 대국으로부터 상을 받았다(有賞于大國)

震: 벼락 진 / 벼락, 천둥, 떨다, 움직이다, 두려워하다   伐: 칠 벌 / 치다, 베다, 공적, 공훈   賞: 상줄 상 / 상을 주다, 기리다, 찬양하다

미제(未濟)는 임금이 아니라 장졸이 되어 전쟁을 치르는 경우다. 마지못해 전쟁에 나가는 것이 아니라, 당당하게 자원해서 전쟁의 선봉에서 공을 세워 상을 받아야 한다.

그러면 기제(旣濟)의 기회가 온다. 권력을 가질 수 있다는 말이다. 과감하고 힘차야 한다. 앞을 내다보는 눈이 있어야 하고, 준비가 잘 되어 있어야 한다. 병사가 되어 참전하여 전공을 세우고 살아남으려면 무술을 연마하고 전술도 배워야 한다. 그런 준비된 자가 싸워 이기고 상을 받는 것은 당연하다.

신분을 상승시키는 데는 전쟁과 같은 혼란기에 두각을 나타내는 방법이 가장 빠르고 적절하다. 그것을 이용해 기제에 이르는 모험을 하라는 조언이다. 여기서는 실제 전쟁을 방불케 하는 기업의 전술전쟁, 판매전쟁 등을 연관하여 음미해야 한다.

신분상승의 또 다른 방법을 제시하고 있다.

참전의 모험

목숨 걸고
전쟁 통으로 들어가
후회 없이 싸워
훈장 받고
영웅이 되라

◼ 未濟六五

貞吉 无悔 君子之光 有孚 吉 (정길 무회 군자지광 유부 길)

끝까지 길하여(貞吉) 후회가 없다(无悔). 군자의 빛남이니(君子之光) 믿음이 있으면(有孚) 길하다(吉)

주역의 군자(君子)는 학식과 인덕, 용기와 지혜를 겸비한 대인(大人)을 말한다. 그런 군자가 믿음으로 행하니 길하지 아니한 것이 없고 후회할 일이 없다.

미제자가 가는 길은 군자의 길로 가는 것이다. 주역은 군자의 길을 목표로 삼으라고 권고하고 있다. 진정한 리섭대천(利涉大川)이다.

목표는 군자(君子)

학식과 덕망
존중받는
지도자
기업을 일으킨
군자

▣ 未濟上九

有孚于飮酒 无咎 濡其首 有孚失是 (유부우음주 무구 유기수 유부실시)

술을 마시는데도 믿음이 있으면(有孚于飮酒) 허물이 없으나(无咎), 그 머리를 적시면(濡其首) 믿음이 없어진다(有孚失是)

미제자가 기제로 나아가는 데 경계할 사항이다. 서로의 우정을 나누고 사상을 토론하고 나아갈 길을 협의하기 위하여 술을 마시는 것은 허물이 없는 일이다. 그러나 술을 마시는 데도 절도가 필요하다. 주사를 부리거나 거친 행동을 하면 서로의 믿음이 깨어지고 만다.

유기수(濡其首)는 머리를 적신다는 말로 정신상태가 올바르지 못함을 말하고 있다. 주역은 마지막 구절에서 정신을 똑바로 차리라고 가르치고 있다. 그리고 믿음으로 세상을 살아가며 인생을 경영하라고 말하고 있다.

마지막으로 믿음이 없으면 다 끝난다는 것을 가르친다. 주역은 믿음의 학문이다.

믿음

술을 마시든
놀이를 하든
일을 하든
믿음은 군자의
최후의 보루

맺음말

   이 책에 뜻을 둔 지 세 번의 겨울 만에 맺음이라는 단어 앞에 앉았습니다. 연구실 골방에서 홀로 싸운 고독의 열매치고는 꽤 튼실한 대과(大果)가 나와 주었습니다. 이것이 씨앗이 되어, 많은 품종의 또 다른 색깔의 열매가 수확될 것입니다.

   저는 늘 우리 청소년들에게 들려주는 『주역(周易)』의 메시지는 무엇인지 생각하며 정리해두었습니다. 한 단어로 압축하면 '리건후(利建侯)'라고 표현할 수 있을 것입니다. 그러면 직장생활을 하고 있는 보통 사람들에게는 어떤 메시지가 있을까? 주부들이 가져야 할 생활철학은 무엇인가? 특히 정치인이나 관료들에게는 무슨 가르침을 내리고 있는가? 저는 앞으로도 각 분야별로 『역경(易經)』이라는 경전이 전하는 최고의 가르침을 찾아서 풀어낼 것입니다.

상도동 연구실에서 *김창식*